« LES ÉNIGMES DE L'UNIVERS »

Collection dirigée par Francis Mazière

DU MÊME AUTEUR

L'Astrologie karmique, Éditions Robert Laffont, 1983.

Le Guide de l'Anticonsommateur, Seghers-Robert Laffont, 6e édition (en collaboration avec Martine Grapas), 1981.

Le Pendule, premières leçons de radiesthésie, Solar, 1982.

Médecines douces pour nos enfants, Stock, 1978, Le Rocher, 1982 (en collaboration avec Marie-Églé Granier-Rivière).

Le Grand Livre du Scorpion, Tchou et Sand (sous le nom de Marguerite de Bizemont) 1979.

Le Grand Livre du Cancer, Tchou et Sand (en collaboration avec Sara Sand), 1979.

Comment parler avec les animaux (en collaboration avec le Pr Lecomte et Hugues de Bonardi), Jean-Jacques Pauvert, 1978, et Trois Suisses, 1985.

Les Bons Astromariages (en collaboration avec Hélène Monsart, et sous le nom de Marguerite de Bizemont), Mercure de France, 1977, et Trois Suisses, 1985.

Le Sagittaire, Solar, 1982.

Le Capricorne, Solar, 1982.

La Balance, Solar, 1982.

L'Art des bouquets secs, Dessain et Tolra, 1977.

Le Petit Guide des rivages, Fleurus 1975.

En traduction :

De nombreuses vies, de nombreuses amours, de Gina Cerminara (suite de l'ouvrage *De nombreuses demeures*) aux Éditions Adyar, 1984.

DOROTHÉE KOECHLIN de BIZEMONT

L'UNIVERS D'EDGAR CAYCE

Toutes les révélations du plus grand médium américain sur la réincarnation, l'histoire, la médecine, le futur, etc.

ÉDITIONS ROBERT LAFFONT
PARIS

ISBN 2.221.04237.9.

ISBN 2-221-04237-9

A Gil et à Eléonore
que je retrouve de vie en vie,
de siècle en siècle, depuis la Lémurie
au commencement du Monde,
l'Egypte dans la lumière d'Hermès,
la Grèce au temps de sa splendeur...
A Gwénaëlle, encore prisonnière
d'une douloureuse vie antérieure :
aucun amour n'est jamais perdu.

Remerciements

En débarquant à New York, je n'avais aucune idée de l'endroit où se trouvaient Virginia Beach et la Fondation Edgar Cayce... Mes amis Louët, qui m'accueillirent, supposaient que c'était au bord d'une mer, *Beach* signifiant plage. Une mer, oui, mais laquelle ?

Pourtant, j'avais confiance : mon père, dans une communication médiumnique, m'avait dit que tout était préparé d'avance pour moi là-bas. Aussi, lorsqu'un beau jour je plantai mes valises sur les sables de la Beach, j'eus le sentiment très fort que l'ON m'y attendait. Et pourtant, je n'y connaissais strictement personne. « ON » m'a guidée vers une famille remarquable, qui m'a logée et beaucoup aidée dans mon travail : Will et Lila Selover. Merci à eux !

Ensuite, de nombreux amis ont surgi : Lawrence Steinhart et Gina Cerminara, écrivains tous les deux. Gina, auteur de *De nombreuses demeures* et de *De nombreuses vies, de nombreuses amours* (que plus tard j'ai traduit en français), était une femme exquise et raffinée. D'autres amis encore se sont offerts pour m'aider : Frieda Gibbons, Sharon Norton, Wendy Lukas, Marya Tryone, les Freyss, pour lesquels je garde une profonde gratitude.

Charles Thomas, petit-fils d'Edgar Cayce et président de la Fondation, m'a réservé un accueil des plus chaleureux, avec sa femme, l'exquise Leslie. Je voudrais aussi remercier tout le personnel de la Fondation, et surtout ceux qui, à la bibliothèque, m'ont assistée tous les jours avec dévouement : Adelaïde

Crockett, John Schuster, Alma Crovatt, Burley et Charlotte Schoen...

A certains moments, cependant, j'avais le mal du pays... C'est alors que j'ai rencontré mes compatriotes exilés dans ce coin perdu de la côte Est. Ce fut un grand réconfort pour moi que de connaître Geneviève Galliford, consul de France à Norfolk, femme d'une haute culture, qui fait rayonner là-bas la présence française avec un inimitable mélange d'humour et de dynamisme. Merci à tous ceux qui animent l'Alliance française de Virginie : Claudia Gerblick, l'amiral Berthon et son épouse, le commandant Kerros et sa femme Anne, qui m'ont si souvent reçue ! A Françoise Thompson, mon excellente traductrice. A Colette et Avery Drake, qui m'ont invitée si amicalement à Washington.

Merci aussi à ma fille Éléonore, qui a photocopié pour moi des milliers de pages de textes originaux d'Edgar Cayce. A mon fils Gil de Bizemont, à Nadine Kobylko, et à Odile Rullier, qui m'ont ensuite aidée à corriger ce que vous allez lire. Un merci spécial au Dr Jeanine Fontaine qui a pris la peine de faire une lecture critique de mon manuscrit, et m'a chaleureusement encouragée. Que Cayce — de l'autre monde — le lui rende au centuple !

Avertissement au lecteur

Que mon lecteur ne s'étonne pas du ton « bon enfant » de ce livre : ce fut le ton de Cayce lui-même. Lorsqu'il parlait à l'état éveillé, c'était un homme plein d'humour. Et l'humour faisait partie de sa philosophie :

Gardez toujours une attitude bienveillante, joviale, pleine d'espoir. Chaque jour, faites rire de grand cœur au moins trois personnes en leur racontant quelque chose de drôle. Non seulement cela vous aidera, mais cela aidera aussi les autres ! (lecture 789-1).

Cultivez l'aptitude à voir le ridicule, à rire. Car sachez que seuls ceux que Dieu a comblé de ses faveurs possèdent l'aptitude à rire, même au milieu des nuages de doute et de toutes sortes d'épreuves. Car rappelez-vous que le Maître Jésus souriait, et même a souvent ri... (lecture 2984-1.)

Et n'allez pas croire qu'un homme grincheux puisse cultiver un chou ou un plant de tomate aussi bons et beaux qu'un homme qui sait rire et plaisanter ! (Lecture 460-35.)

Cayce s'exprimait de façon très familière, comme un homme simple qui n'avait jamais fait d'études supérieures, mais charmait les gens par sa jovialité et son esprit. Bien sûr, il ne parlait pas une langue châtiée, mais plutôt une sorte de patois américain qui tordait le cou toutes les trois secondes à la syntaxe anglaise classique !

Et lorsqu'il s'exprimait en état de transe, « endormi », son style n'était pas meilleur : toujours très négligé, comme à l'état éveillé. Et si embrouillé qu'on doit actuellement relire chaque phrase plusieurs fois pour comprendre ce qu'il a voulu dire... Les commentateurs américains de Cayce doivent le traduire d'abord en américain normal pour le comprendre. Les bibliothécaires de la Fondation Cayce ont vu défiler des spécialistes du monde entier, de langue anglaise ou non, qui ont tous buté sur les mêmes difficultés.

Vous allez remarquer, tout au long de ces pages des expressions étranges dont use notre « prophète endormi ». Par exemple, les diagnostics donnés pour les malades, commencent presque toujours par : *Oui, nous avons le corps ici...* Au lieu de dire Dieu, comme tout le monde, Cayce utilise des circonlocutions bizarres, comme *les Forces Créatives,* ou *les Forces Universelles...* Jamais il ne dit Monsieur ou Madame Untel, mais *l'entité.* Jamais non plus il n'emploie les mots mari et femme : il dit toujours *companion* (même sens qu'en français). Ses phrases sont redondantes, verbeuses, tellement tournicotées sur elles-mêmes que l'on a le plus grand mal à les débobiner !

Cependant, il n'y a rien là d'étonnant. La plupart des médiums, lorsqu'ils doivent transcrire ce qu'ils voient ou entendent, éprouvent de grandes difficultés. Notre langage rend difficilement leurs perspectives pluridimensionnelles. Voyez Swedenborg, Rudolf Steiner, Blavatsky... Les facultés médiumniques sont régies, en astrologie, par le signe inspiré des Poissons, qui marquait Cayce. Or l'écriture est régie par la Vierge, opposée aux Poissons. L'expression verbale, elle, est régie par le signe des Gémeaux, qui n'est pas en meilleur accord avec les Poissons : les deux signes sont en « quadrature », indiquant par là que leurs vibrations sont très difficiles à coordonner.

Si vous n'êtes pas parfaitement bilingue français-anglais, et même américain, vous aurez le plus grand mal à déchiffrer Cayce dans le texte (et aussi Cayce éveillé, lorsqu'il écrit à ses amis !).

A certains moments, je trouvais même qu'il n'était ni honnête ni gentil de la part de Cayce d'avoir livré de si prodigieux secrets dans ce langage à peine intelligible !

J'avais l'impression d'être en face d'une mauvaise traduction de quelque langue archaïque ! Or Cayce a répondu lui-même à cette question :

Notez ceci, en passant. L'interprétation de ces informations, c'est sûr, n'est pas traduite de l'anglais, ni de la langue parlée actuellement en Égypte. Mais de la langue apportée dans ce pays par la tribu à laquelle appartenait l'entité. Pas le sanscrit, ni même le vieux perse. Il s'agit plutôt de la langue des peuples originaires de ce pays qui est maintenant l'Iran. (Lecture 1100-26.)

Pourquoi cette référence à l'Égypte ? Parce que tout l'enseignement de Cayce, dit-il, vient de l'Égypte ancienne, où il se serait lui-même jadis incarné dans un grand-prêtre. Cayce donne des dates pour ce personnage : autour de 10 500 avant Jésus-Christ. Le grand prêtre en question serait venu de régions situées entre l'Iran et le Caucase.

Donc, prenez ces « lectures pour ce qu'elles sont : une traduction du caucasien ancien adapté à l'américain dialectal parlé dans le Kentucky au début du siècle ! ... Bref, du « caucaysien » !

I

EDGAR CAYCE AVANT EDGAR CAYCE

MONSIEUR CAYCE, DEMANDA LE PROCUREUR DU TRIBUNAL, VOUS ÊTES ACCUSÉ D'AVOIR VIOLÉ L'ARTICLE 899 DU CODE PÉNAL, QUI INTERDIT DE DIRE LA BONNE AVENTURE. LORSQUE VOUS ÊTES DANS CES PRÉTENDUES « TRANSES MÉDIUMNIQUES », EST-CE QUE VOUS SAVEZ CE QUE VOUS FAITES ET CE QUE VOUS DITES ?

Non, Monsieur le Procureur, répondit Edgar.

VOUS N'EN AVEZ PAS LA MOINDRE IDÉE ?

Non, Monsieur le Procureur.

C'EST UN PEU FORT ! VOUS VOUS MOQUEZ DU MONDE ! MAINTENANT, NOUS ALLONS ENTENDRE LES TÉMOINS. MONSIEUR DAVID KAHN ?

Celui-ci se présenta à la barre. C'était un homme d'affaires, connu à New York, dont les excellentes manières impressionnèrent favorablement l'auditoire.

Kahn expliqua qu'il présidait l'Association des amis d'Edgar Cayce ou A.R.E., dont le but était la recherche scientifique et spirituelle. Qu'il s'agissait d'une association à but non lucratif, parfaitement légale, et qu'Edgar Cayce ne disait pas la « bonne aventure ». Kahn entreprit d'expliquer à l'honorable assemblée que l'accusé Cayce avait un don extraordinaire : lorsqu'on l'endormait sous hypnose, il pouvait voir l'intérieur du corps humain, avec chaque organe malade, en expliquant les causes de la maladie ; ensuite, si on lui demandait un traitement, il le faisait, en général avec des médecines naturelles et sans danger. Kahn affirma que Cayce avait déjà guéri des milliers de gens ainsi.

MAIS, MONSIEUR KAHN, VOUS ÊTES EN TRAIN DE NOUS PARLER D'EXERCICE ILLÉGAL DE LA MÉDECINE !

— Non, Monsieur le Procureur. L'accusé Edgar Cayce ne fait aucun commerce de son don, il est absolument et totalement désintéressé !

Puis David Kahn expliqua au procureur que, pour examiner cet étonnant phénomène, il avait réuni des juristes, des médecins, des universitaires, des scientifiques, bref, des gens hautement respectables (et l'assistance nota que certains d'entre eux étaient fort connus à New York !). Il réussit à prouver que Cayce n'avait aucune prétention à jouer les médecins, qu'il ne donnait pas de « consultations », mais seulement, nuance, des « lectures ». Et ces séances spéciales, dites lectures, étaient réservées exclusivement aux membres de l'Association. Ceux-ci acceptaient à leurs risques et périls de se prêter à une expérience scientifique.

Les comptes rendus des lectures, c'est-à-dire les sténographies de ce que Cayce avait dit pendant son sommeil hypnotique, constituaient des archives sur lesquelles pouvaient travailler les chercheurs. Les statuts de l'Association définissaient d'ailleurs, dit Kahn, clairement ses objectifs : étudier scientifiquement les dossiers et les informations fournis par M. Cayce. Kahn expliqua que l'Association était non seulement orientée sur la recherche scientifique, mais aussi sur la recherche spirituelle — dans une perspective biblique — ce qui parut extrêmement rassurant au procureur, dans cette ambiance de la puritaine Amérique...

D'autre part, ajouta Kahn, l'Association était parfaitement légale, publiait ses résultats, tenait des assemblées générales régulières, avait des correspondants dans le monde entier, et n'avait rien à cacher...

Tout cela était vrai... Sauf que Cayce, sous l'artifice légal d'une association pour la recherche scientifique, pratiquait bel et bien l'exercice illégal de la médecine (en américain : « praticing medicine without a licence »). Mais qui s'en plaignait ? Il avait déjà guéri des milliers de gens, et ne cessait de répéter que *si une seule de ses lectures devait nuire à quelqu'un, il arrêterait tout de suite.*

Cette fois, il était accusé, avec sa femme Gertrude et sa

secrétaire Gladys Davis, de dire la bonne aventure, en américain : « Fortune telling ». Autrement dit, d'être un charlatan !

C'était le 11 novembre 1931, devant le tribunal de New York. Et le juge était perplexe... Quatre jours plus tôt, deux femmes s'étaient présentées à l'hôtel où étaient descendus les Cayce. Elles étaient malades, disaient-elles, et demandaient une consultation — pardon, une lecture ! Edgar, toujours complaisant, n'avait pas cru devoir refuser.

Il avait donc, comme d'habitude, pris ses dispositions pour donner la lecture : allongé sur le lit de la chambre d'hôtel, il avait défait son col, dénoué sa cravate, desserré sa ceinture, enlevé ses chaussures. Puis il avait respiré profondément. Sa femme Gertrude, assise au pied du lit, comme d'habitude, guettait l'instant où il allait fermer les yeux — c'est-à-dire les dernières secondes avant le sommeil — pour commencer la suggestion hypnotique. C'était un moment délicat, car si l'on donnait les instructions trop tard, Cayce plongeait dans un vrai sommeil — un sommeil normal — et là, il ne pouvait plus répondre aux questions. Gertrude Cayce avait donc prononcé d'une voix douce la suggestion rituelle :

MONSIEUR CAYCE, VOUS AVEZ DEVANT VOUS LE CORPS ET L'ESPRIT REQUÉRANT DE MRS BERTHA GORMAN, PRÉSENTE DANS CETTE PIÈCE, QUI VIENT POUR DEMANDER CONSEIL, POUR SOLLICITER DES DIRECTIVES SUR CE QU'ELLE DOIT FAIRE, SUR LES PLANS MENTAL, PHYSIQUE ET SPIRITUEL ; VOUS DONNEREZ TOUTES LES INFORMATIONS QUI SERONT UTILES À CETTE ENTITÉ AUJOURD'HUI, ET RÉPONDREZ AUX QUESTIONS QU'ELLE POSERA ENSUITE.

La formule utilisée par Gertrude est bizarre, même en américain, où, comme en français, on appelle les gens des « personnes » et non pas des « entités » ! Plus bizarre encore était la réponse de Cayce :

Oui, nous avons là le corps et l'esprit enquêteur de Mrs Bertha Gorman, présente dans cette pièce...

Parfois, il disait seulement : *oui, nous avons le corps* — ce qui fait encore plus étrange ! Quoi qu'il en soit, dans cette lecture, classée aujourd'hui sous le numéro 3871-1, il commença comme d'habitude à décrire le caractère, les tendances psychologiques de la consultante, ses points faibles. Pour sa santé, il lui conseilla des bains de vapeur, et différents traitements naturels. La consultante, pas gênée du tout, posa les questions qui l'intéressaient personnellement. Après quoi, lorsque Cayce eut fini, Gertrude le sortit de son sommeil hypnotique :

ET MAINTENANT, MONSIEUR CAYCE, QUE VOUS AVEZ DONNÉ UNE EXCELLENTE DESCRIPTION DE MRS BERTHA GORMAN, VOUS ALLEZ, PLEINEMENT RELAXÉ ET DÉTENDU, VOUS RÉVEILLER DANS LES TROIS MINUTES QUI SUIVENT. VOUS NE SOUFFREZ D'AUCUN MALAISE D'AUCUNE SORTE, QUI AURAIT PU ÊTRE AMENÉ PAR LA MALADIE DU PATIENT, OU PAR LE FAIT MÊME DE LA CONSULTATION, ET C'EST EN PLEINE FORME QUE VOUS ALLEZ VOUS RÉVEILLER.

La secrétaire avait tout noté, en sténo. Cayce, comme on le lui avait suggéré, s'était réveillé. Comme d'habitude, il avait demandé :

— Alors, cette lecture, comment était-elle ?

... C'est alors que la prétendue Mrs Gorman s'était levée en déclarant :

— Je vous arrête tous. Je vous emmène au poste. Je suis de la police, et mes collègues vous attendent dans le couloir. Je ne m'appelle pas Bertha Gorman...

Et le ménage Cayce avait été emmené en prison. Là, Cayce avait fait prévenir tous ses amis de New York, qui étaient accourus pour le défendre. En prison, il avait trouvé moyen de se donner une consultation pour lui-même : étendu dans sa cellule, endormi sous la suggestion de Gertrude, il avait dit à haute voix que « tout se terminerait bien » !

Les journaux de la ville discutaient passionnément de l'affaire. Le jeune fils d'Edgar, Hugh Lynn, lui écrivit : « C'est excitant d'avoir un père dont on parle dans les journaux, spécialement quand il est en prison !... » Évidemment, chez les Cayce, qui étaient des gens honorables, cela n'était jamais arrivé !

Le tribunal était cependant bien embarrassé. Le juge estima qu'il avait affaire à une sorte d'église d'un genre nouveau, et qu'en vertu de la liberté religieuse octroyée à tout citoyen par la Constitution, il valait mieux laisser courir. Voici le jugement qu'il rendit :

« Après avoir entendu les témoins à charge... les accusés... et leurs défenseurs ; après avoir examiné les charges relevées contre eux, et après avoir pris connaissance des rapports les concernant, attendu que Monsieur Cayce et ses collaborateurs ne prétendent pas dire la bonne aventure, j'estime que les déclarer coupables d'avoir violé l'article 899 du Code pénal, paragraphe 3, constituerait un regrettable empiétement sur les libertés et les usages reconnus aux associations ecclésiastiques, qui comme celle-ci, emploient des personnes diplômées, en règle avec la loi... Je les déclare donc non coupables. »

Ainsi, le tribunal de New York nous l'apprend : Cayce n'était pas un charlatan !

Plus tard, David Kahn, dans ses Mémoires, racontant cette histoire, se posa la question : pourquoi est-ce que Cayce, qui fit tant et tant de prophéties parfaitement justes, qui prédit les deux guerres mondiales, comment cet homme, qui annonça, à l'avance, à tous ses amis financiers le krach de la Bourse de New York en 1929... Comment n'a-t-il pas vu qu'il donnait une lecture pour une policière déguisée en malade ?

Car j'ai relu la « lecture » : elle fait la morale à la pseudo Mrs Gorman, lui donne des avis judicieux... Mais lui laisse encore sa chance de renoncer à son méchant dessein. Peut-être cette affaire était-elle nécessaire aussi pour faire connaître un peu mieux Cayce du grand public ? Car, finalement, tel en fut le résultat !

Un petit paysan du Kentucky

Edgar Cayce était donc un Américain du Sud — ce Sud chaleureux et souriant, si différent du Nord puritain. Sa famille était d'origine française, comme l'indique le nom de Cayce — que l'on prononçait : « KAY-SSI ». L'ancêtre français était venu il y avait bien longtemps, probablement au temps de la révocation de l'édit de Nantes, avec les huguenots.

Aussi avait-on oublié l'orthographe d'origine. Dans le Nouveau Monde, on changeait facilement la façon d'écrire son nom. Lorsque je donne une conférence sur Cayce, à Paris, il y a toujours des auditeurs pour me faire remarquer que ça devrait se prononcer « CAISSE » ! Oui, en parisien ! Mais si c'était un nom du Midi, la prononciation était bien plus proche de KAYSSI... Si le *Dictionnaire des noms de famille en France* de Dauzat ne donne aucun Cayce, par contre les différents dictionnaires de la noblesse française parlent d'une famille de Cays, originaire d'Arles et dont on perd la trace au XVIIe siècle.

Le dernier fils émigra-t-il vers le Nouveau Monde ? Quoi qu'il en soit, c'est un nom rare, à la fois pour l'Amérique et pour la France.

Les parents du jeune Edgar ne remarquèrent rien de vraiment extravagant chez leur fils, qui faisait autant de bêtises que les autres ! Les biographes d'Edgar racontent qu'il eut de longues conversations avec les fées, et avec son grand-père décédé. Sa grand-mère, un peu sorcière, comprenait ça très bien : à la campagne, la communication avec les morts faisait partie des traditions. D'ailleurs c'était l'époque de la grande vogue des réunions spirites (sous l'influence d'Allan Kardec), où les gens se réunissaient pour parler avec les défunts.

C'était la campagne : la famille Cayce habitait une ferme, près de la petite ville d'Hopskinville. On y menait une vie patriarcale et agricole : on cultivait son tabac, on montait à cheval, on pêchait, on chassait. La plupart des fermes des environs étaient exploitées par des cousins Cayce. Le père d'Edgar avait été élu juge de paix dans le canton, et ça l'amusait beaucoup plus que son exploitation agricole, car il n'était pas fermier dans l'âme. Aussi aurait-il aimé avoir un fils brillant dans ses études... Hélas ! ce n'était pas le cas. L'école n'intéressait pas le jeune Edgar.

Pourtant, il avait appris à lire — mais uniquement pour pouvoir déchiffrer la Bible tout seul. Lorsqu'il eut dix ans, son père lui en offrit un exemplaire, et Edgar jura qu'il la relirait en entier chaque année ! Ce qu'il fit... Et voilà pourquoi vous trouverez les citations de Cayce émaillées de versets bibliques !

Deux épisodes de sa jeunesse ont particulièrement retenu l'attention de ses biographes, parce qu'ils annoncent les futurs succès du « prophète endormi ». Les voici.

La science vient en dormant

Un jour où Cayce père était particulièrement exaspéré d'avoir pour fils le cancre de la classe, il décida de lui faire répéter sa leçon. Edgar butait, entre autres, sur le mot « cabin » (cabane). Impossible de le lui mettre dans le crâne... Excédé, après trois heures de vains efforts, le juge de paix gifla son fils — puis alla boire un verre à la cuisine pour se réconforter.

Quand il revint, le jeune Edgar s'était endormi dans son fauteuil.

— Réveille-toi, abruti, lui dit son père toujours furieux. Va te coucher, je perds mon temps avec un imbécile comme toi.

— Mais attends, papa, je la sais, maintenant, la leçon! J'avais seulement besoin de dormir un peu. Pose-moi des questions, tu verras, c'est vrai!

... Et c'était vrai : cette fois, Edgar savait la leçon par cœur, y compris les illustrations, et même les numéros des pages, sans oublier, bien sûr, l'affreux mot cabane. Le juge de paix réagit mal : il crut que son fils s'était moqué de lui. Il l'envoya au lit avec une autre gifle...

Mais, à partir de ce jour-là, Edgar devint le prodige de l'école : il avait compris qu'il lui suffisait de dormir sur les livres pour les savoir par cœur!

Se guérir par le sommeil

Un jour, Edgar eut un accident : en jouant dans la cour de l'école avec ses copains, il fut frappé de plein fouet par un ballon. Tout l'après-midi, il eut en classe un comportement bizarre. Il rentra chez lui, se coucha... et sombra dans le coma.

Et voilà que, tout d'un coup, dans son sommeil comateux, Edgar se mit à parler, d'une voix forte et claire :

J'ai reçu un choc, c'est ce ballon qui m'a frappé dans le dos! Puis il ordonna à sa mère : *Pour me guérir, mettez-moi sur la nuque un cataplasme d'oignons et de maïs écrasés.* Sachant que ces deux légumes ont des vertus médicinales, sa mère exécuta l' « ordonnance » et lui fit le cataplasme demandé.

Le lendemain, Edgar se réveilla frais comme un gardon...

Plus tard, beaucoup plus tard, il se guérira encore — à sa grande surprise — d'une extinction de voix. On n'est jamais mieux soigné que par soi-même!...

C'était en 1900, Edgar était représentant de la papeterie Morton à Louisville, mais comme il gagnait tout juste de quoi vivre, il décida de prendre, en plus un portefeuille d'assurances. A cette époque, il était fiancé à Gertrude depuis trois ans... Mais n'avait jamais réussi à mettre un sou de côté pour l'épouser !

Pis encore, à force d'accumuler les travaux mal payés, il se surmenait, et la fatigue amenait la migraine. Il sonna un jour à la porte d'un docteur, pour lui demander un calmant. Qu'il prit en toute innocence... Il se réveilla à l'hôpital ! Son père au pied de son lit, racontait qu'on l'avait ramassé dans une gare des environs, dans un état d'hébétude totale. Edgar voulut poser des questions : aucun son ne sortait de sa bouche. Il avait perdu sa voix ! Tous les docteurs du pays défilèrent à son chevet : rien à faire ! Le corps médical décida alors qu'il était incurable.

Pour Cayce, c'était une catastrophe : comment voulez-vous être représentant si vous n'avez pas de voix pour séduire les clients ?

Le photographe local vint à son secours : il voulait bien le prendre comme assistant laborantin. Pour ça, on n'avait pas besoin de parler.

Un jour débarqua à Hopskinville le célèbre professeur Hart : il donnait une conférence sur l'hypnose. C'était l'époque où le grand public se passionnait pour cette technique. En France, nous avions eu Mesmer, puis, au siècle suivant, Charcot. On attendait monts et merveilles de l'hypnose — sans en voir encore les dangers. Hart proposa à Edgar de le soigner. Edgar accepta, et se prêta à une séance, chez un médecin de la ville.

Hart fit asseoir Edgar dans un fauteuil, et prit sur la table du médecin un objet en métal brillant : REGARDEZ BIEN CE SCALPEL, dit-il à Edgar, MAINTENANT, VOUS ALLEZ VOUS ENDORMIR... DORMIR...DORMIR...

A son réveil, Edgar apprit qu'il avait parlé dans son sommeil... Mais sitôt ses yeux rouverts, sa voix s'était de nouveau envolée. Hart recommença plusieurs fois l'expérience. Mais sans succès.

Ensuite vint un certain Dr. Quackenboss, grand spécialiste de New York. Aucun succès non plus. Edgar s'endormait, certes, mais, quelque part, résistait à la suggestion. Quackenboss retourna à New York, et Cayce à ses photos. Mais il y avait à Hopskinville un homme intelligent, passionné de médecine et d'hypnose : Al Layne. Il n'était pas médecin, mais gérait avec sa femme un petit magasin de modes. Il dit à Cayce : « J'ai mon idée. Si vous résistez à la suggestion de tous ces professeurs, c'est parce que vous êtes capable de vous endormir tout seul à volonté, autrement dit, de vous autohypnotiser... Nous devrions essayer de nouveau. »

En effet, Cayce s'allongea sur son vieux canapé et s'endormit tout seul. Alors Layne lui parla, à voix lente, basse, suggestive : REGARDEZ À L'INTÉRIEUR DE VOTRE CORPS. DÉCRIVEZ CE QUI NE VA PAS AU NIVEAU DE LA GORGE... PARLEZ DE VOTRE VOIX NORMALE...

Quelques minutes plus tard, on entendit Edgar se râcler la gorge — probablement pour en chasser tous les chats qui s'y étaient donné rendez-vous ! Et, à voix haute et intelligible :

Oui, nous voyons le corps. Nous constatons une paralysie partielle des cordes vocales, provoquée par une trop forte tension nerveuse. Il faudrait suggérer au corps d'amplifier la circulation du sang dans la zone malade, pendant quelques minutes.

Layne obéit à la suggestion qui lui était faite par Edgar endormi, et dit : LA CIRCULATION SANGUINE VA SE PORTER À LA GORGE. ELLE VA IRRIGUER L'ORGANE MALADE, ET GUÉRIR AINSI LA MALADIE.

Les assistants purent observer, à ce moment-là, une subite rougeur empourprant la gorge de Cayce. Cela dura deux ou trois minutes. Puis on entendit le dormeur affimer :

La maladie est guérie. Maintenant, suggérez à la circulation sanguine de revenir à l'état normal, puis au corps de se réveiller.

Ce que fit Al Layne.

Lorsque Edgar ouvrit les yeux, il ouvrit aussi la bouche, et entendit le son de sa voix ! Dans sa joie, il chanta, hurla, cria comme un fou.

Et puis Layne lui dit : « Vous parliez comme un toubib... Vous pourriez peut-être me guérir aussi ?... J'en aurais bien besoin ! Depuis des années, j'ai des maux d'estomac. J'ai vu plein de docteurs... et rien n'a changé. »

Cayce accepta ; dans l'euphorie de sa voix retrouvée, il ne pouvait rien refuser à Layne. Le lendemain, ils recommencèrent une nouvelle séance. Layne avait préparé une liste de questions à poser. Edgar refusa de la lire : « Ça ne servirait à rien, mon vieux, je ne comprends aucun de ces mots techniques. Je ne connais absolument rien à la médecine ! »

— Bon, tant pis, dit Layne. J'utiliserai la même formule qu'hier.

Et il attaqua bravement, dès que Cayce eut commencé à battre des paupières : VOUS AVEZ DEVANT VOUS, PRÉSENT DANS LA PIÈCE, LE CORPS D'AL LAYNE.

(Il reprenait l'expression bizarre « le corps », utilisée par Cayce la veille.) VOUS ALLEZ L'EXAMINER... VOUS DIREZ LA CAUSE DE SES MALADIES, ET SUGGÉRerez LES REMÈDES. »

Employant la première personne du pluriel, comme la veille, Cayce répondit : *Oui « nous » avons ici le corps d'Al Layne. Voici ce qu'il a, tel que nous pouvons le décrire...*

Et la voix d'Edgar énumérera tous les symptômes, tous les malaises, du petit homme maladif assis devant lui, et toute une série de remèdes.

A son réveil, Layne, ahuri, lui dit : « Vous avez décrit exactement tous mes symptômes... dont je ne vous avais jamais parlé ! C'est fantastique ! Je cours de ce pas acheter les médicaments que vous avez recommandés !

— Arrêtez, attendez ! Êtes-vous sûr que vous n'allez pas vous empoisonner ? J'ai peut-être raconté n'importe quoi dans mon sommeil. Je ne sais même pas ce que j'ai dit ! Et je ne connais rien à la pharmacie !

— Oh, mais moi, je connais, dit Layne. Je ne suis pas médecin non plus, mais je m'y connais assez pour identifier les médicaments dont vous avez parlé. Ils ne sont pas dangereux, et la plupart d'entre eux peuvent s'acheter sans ordonnance ! »

Et Layne s'envola sur les ailes de l'espoir.

Une semaine passa. Cayce ne savait trop sur quel pied danser. Se sentant vaguement coupable, il se gardait bien d'aller voir Layne. Celui-ci surgit en trombe dans son labo : « Je suis guéri ! Regardez la mine que j'ai ! Tout le monde s'en est aperçu, on me félicite, on me demande ce que j'ai fait... Et tout le monde veut vous consulter ! On va ouvrir un cabinet, on va recevoir les malades, vous et moi ! »

Mais si Cayce était soulagé de voir que Layne avait survécu, il n'en avait pas, pour autant, envie de recommencer ! Layne le rassura : « Que craignez-vous ? J'en connais assez long sur la médecine pour savoir si un médicament est dangereux ou pas.

Voilà ce qu'on va faire : je vais louer le deux-pièces qui est au-dessus du magasin de ma femme, et, là, on pourra recevoir les patients. Vous ne prescrirez que des remèdes naturels, pas dangereux, des remèdes de bonne femme... si vous parlez d'un médicament que je ne peux pas me procurer, je vous demanderai de le remplacer par un autre, que je peux trouver. Qu'est-ce que vous en pensez ? »

Cayce finit par accepter, à une seule condition, c'est qu'il ne verrait jamais le patient, et ne saurait pas son nom avant de s'endormir.

Guérisseur malgré lui

Les malades vinrent en foule. Beaucoup étaient contents, revenaient ensuite remercier Layne de les avoir guéris ; ils envoyaient leurs amis. Le père de Cayce assistait quelquefois aux séances, et approuvait. La tante de Gertrude, Carrie Salter, encourageait Edgar de toute son autorité. Il devait un jour, beaucoup plus tard, lui sauver la vie en diagnostiquant une occlusion intestinale, compliquée d'une grossesse tardive, qu'aucun médecin n'avait su voir !

Layne prenait les rendez-vous, préparait lui-même les remèdes indiqués ; il avait étudié l'ostéopathie, et pouvait la pratiquer. Mais il n'avait toujours aucun diplôme officiel. Edgar, lui, vivait d'angoisses, car il redoutait d'être accusé d'exercice illégal de la médecine. Et s'il provoquait une seule mort, il serait traîné devant les tribunaux et accusé d'assassinat...

Pourtant, chaque fois qu'Edgar décidait d'arrêter les consultations, il perdait sa voix. Il devait alors à nouveau se donner une consultation pour lui-même, avec Al Layne comme « suggestionneur ». Chaque fois, il retrouvait sa voix... à condition d'accepter de recevoir de nouveaux malades !

Al Layne s'était beaucoup perfectionné dans l'art de diriger ce qu'on appellera plus tard des lectures, c'est-à-dire les consultations données par Edgar en état apparent de sommeil.

Celui-ci ne voulait toujours pas d'argent. Gertrude, sa fiancée, attendait qu'il puisse assurer leur situation financière pour l'épouser (puisque telle était la coutume en ce temps-là).

Il refusera longtemps toute rémunération, obligeant les siens à vivre dans la gêne — considérant que c'était le prix de l'honnêteté absolue. Pourtant il est écrit dans la Bible : « Le travailleur mérite son salaire. » Or chaque lecture représentait un travail. Contrairement à ce que l'on pourrait croire, il ne « s'endormait » pas pour se reposer. Gertrude s'inquiétait, car elle avait entendu dire qu'on ne pouvait pas être mis en transe hypnotique trop souvent, sans risque de fatigue ou de lésions. De fait, les mystérieux informateurs qui s'exprimaient par la voix de Cayce l'avaient mis plusieurs fois en garde : pas plus de deux lectures par jour, sinon il y laisserait sa santé, et même sa vie.

C'est bien ce qui finira par arriver, lorsque Cayce, harcelé par des milliers de solliciteurs, et ne voulant pas refuser de soigner, ira jusqu'à donner six ou sept lectures par jour...

Pour l'instant, on n'en était pas encore là, et Edgar espérait encore échapper à sa vocation de guérisseur. Il venait chez Layne à reculons, presque malgré lui, et ne rêvait que d'être photographe.

Mais il était entraîné par le succès. Un jour, une patiente avait du retard. Layne, pensant qu'elle arriverait d'une minute à l'autre, commença tout de même la séance, sans même dire à Edgar que la malade n'était pas encore là. Edgar n'en donna pas moins un superbe diagnostic, bien que le « corps », comme il disait, fût encore dans la rue en train de courir !

Il avait à peine fini, qu'elle sonnait à la porte.

Layne se mit à réfléchir sur cet incident. Il se dit que, peut-être, Cayce n'avait pas besoin de la présence physique du malade. Sans oser le lui dire, il fit des expériences. Par exemple, il demanda à Edgar endormi de lui décrire ce que faisaient deux amis à lui, qui étaient partis à Paris, visiter l'Exposition universelle. Edgar décrivit leur emploi du temps et donna même les noms de lieux en français. Quand les amis rentrèrent en Amérique, Layne put vérifier auprès d'eux que Cayce avait dit juste, qu'il avait décrit heure par heure leurs activités.

Il osa alors l'avouer à Edgar, qui en conçut une rage folle. Cependant, Layne ne pouvait guère faire autrement, vu l'attitude de Cayce : celui-ci consentait à donner des consultations, mais du bout des lèvres : il ne voulait rien savoir, rien connaître, ni avant ni après. Il avait décidé que ça ne l'intéressait pas ! On ne peut pas dire que Layne ait eu un collaborateur enthousiaste. Cayce n' « exerçait » qu'à contrecœur, et parce que sa famille lui faisait la morale, en répétant qu'il devait soigner son prochain puisqu'il en avait le don !

Peu à peu, les deux associés prirent donc l'habitude de donner des consultations pour des absents : ça marchait tout aussi bien. Les malades étaient parfois très loin, dans une autre ville.

On demandait seulement au malade à quel endroit il se trouverait au moment de la lecture, et s'il le pouvait, de rester là pendant cette heure, en priant ou en méditant.

Un jour, Cayce était parti se promener en forêt. Il entendit Layne courir derrière lui :

— Edgar, j'ai reçu un télégramme ! c'est une femme de Chicago, qui est mourante à l'hôpital ; son mari demande une lecture. C'est urgent !

— Ah, bon ! dit Cayce, si c'est urgent, on va faire ça tout de suite. Et il s'allongea par terre sur la neige (on était en hiver !). Il s'endormit aussitôt et déclara que la malade était mourante, qu'elle avait été opérée quelques jours avant. Mais que la suture s'était rouverte après l'opération, provoquant une hémorragie interne. Il fallait arrêter celle-ci au plus vite, sinon c'était la mort. Layne, oubliant presque la suggestion rituelle pour réveiller Edgar, se précipita à son bureau pour téléphoner à l'hôpital. Mais lorsque Cayce l'eût rejoint, il lui dit : « Trop tard ! Elle est morte... d'une hémorragie interne, comme tu l'avais dit. »

Le cas Dietrich

L'ancien directeur du lycée d'Hopskinville, C.H. Dietrich, avait une petite fille de cinq ans, débile mentale. Elle n'était pas née ainsi, mais les premiers symptômes étaient apparus à la suite d'une grippe, vers l'âge de deux ans. L'enfant avait des convulsions fréquentes, et aucun médecin n'avait pu la soigner. Son développement mental semblait arrêté.

Cayce accepta de donner une lecture pour cette petite fille, mais refusa de l'examiner auparavant.

Oui, dit-il une fois endormi, *c'est la colonne vertébrale... Il y a eu une chute, le corps est tombé d'une carriole quelques jours avant que la grippe ne se déclare. Le virus s'est logé dans la moelle épinière de la colonne vertébrale endommagée par la chute. C'est ce qui a provoqué les crises...*

Et il recommanda des manipulations ostéopathiques. Layne devait se charger de les faire, puisqu'il avait des connaissances en la matière. Après un essai — très prudent — il demanda une nouvelle lecture à Cayce.

Non, dit ce dernier, Layne n'avait pas procédé comme il fallait. Qu'il recommence, en suivant les instructions! Ce qu'il fit.

Une troisième lecture, cette fois, dit que le traitement avait été correct.

Peu de temps après, les parents Dietrich, fous de joie, vinrent annoncer que la petite fille avait retrouvé le nom de sa poupée.

Le lendemain, elle fut capable de dire papa et maman à ses parents. Puis elle retrouva progressivement le langage et les réflexes des enfants de son âge. Trois mois plus tard, elle était à nouveau complètement normale.

Des guérisons de ce genre, il y en a des milliers dans les dossiers de la Fondation Cayce.

II

EDGAR CAYCE, GUÉRISSEUR MÉDIUMNIQUE

1.

Un prodigieux guérisseur médiumnique

A partir de 1924, Edgar Cayce se résigna à être ce qu'il était : un guérisseur médiumnique... Et combien efficace ! Renonçant à la photographie, il consacra désormais tout son temps à la clientèle. Sa femme Gertrude, sa famille, ses amis, tout le monde, lui répétait sur tous les tons qu'il devait accepter des honoraires : il n'y avait rien de malhonnête à cela, puisqu'il rendait d'immenses services à ses patients. Il finit par s'y résoudre...

Cependant, en 1917, son ami David Kahn avait perdu un jeune frère, Léon. Cayce lui avait bien donné une lecture... Mais aucun médecin local n'avait voulu appliquer le traitement, ni délivrer une ordonnance pour les remèdes. Léon Kahn en mourut, et Cayce en fut profondément affecté.

« Edgar, lui dit David, tant que tu n'auras pas un hôpital à toi avec des médecins qui comprennent tes traitements, ça risque de recommencer. Il faut construire l'hôpital Cayce. »

— Mais où trouver l'argent ? Tu sais bien qu'à l'état éveillé, je n'ai aucun sens financier !

— Et si on allait proposer nos services aux prospecteurs de pétrole ? suggéra Dave.

Et voilà nos deux copains embarqués pour le Texas ! Partis riches d'espoir... ils revinrent les poches vides. Car les milieux pétroliers, sans foi ni loi, n'étaient pas faits pour ces deux idéalistes. Edgar réussit parfaitement à localiser le pétrole — dont d'autres que lui profitèrent ! Aussi, quelques mois plus tard, rentrèrent-ils à la maison, très déçus. Edgar était bien décidé désormais à n'utiliser son don que pour guérir. Quant à l'hôpital Cayce, il sera tout de même construit, avec l'aide financière d'un jeune agent de change de New York, Morton Blumenthal, à Virginia Beach, où Edgar et sa famille s'installeront en 1924. C'est là, encore aujourd'hui, que se trouve l'A.R.E. (Association for Research and Enlightenment). C'est-à-dire la Fondation Cayce.

La mémoire de l'Univers

Les techniques de diagnostic de Cayce parurent, à l'époque, très étranges en Amérique. Les malades guéris, les amis, la famille de Cayce, les acceptaient comme des « miracles ». Cependant, les lectures elles-mêmes donnèrent toujours des explications rationnelles. Aujourd'hui où la parapsychologie est devenue un ensemble de disciplines scientifiquement étudiées, on comprend mieux les techniques de Cayce.

D'abord, pourquoi ce terme de lectures (en anglais *readings*) ? Est-ce que Cayce n'aurait pas pu dire consultations, comme tout le monde ?

A cette question, il répondit qu'il allait chercher ses informations dans une mystérieuse bibliothèque, où tout ce qui existait depuis le commencement du monde était conservé. Il disait aussi qu'il feuilletait un livre, où tout était écrit, l'histoire de chaque vie humaine, de chaque être vivant, de chaque événement... Pour désigner ce livre, il employait le mot indien *Akasha,* qui exprime ce concept. Ou encore l'expression occidentalisée « dossiers akashiques ». Il raconta plusieurs fois ce qui se passait lorsqu'il était endormi :

J'arrive dans un grand bâtiment, dans la salle des Archives, où une main me tend un livre, ouvert à la page qui concerne telle entité, ou tel événement, et je n'ai plus qu'à lire ce qui la concerne...

La tradition ésotérique occidentale n'ignore pas l'Akasha, qui n'est autre que le *Livre de Vie* dont parle l'Apocalypse. Si celui-ci n'est pas encore prouvé scientifiquement, l'hypothèse qu'il existerait une collection d'enregistrements vibratoires des événements concernant notre planète commence à intéresser le monde scientifique.

La lumière se déplace dans le Temps et l'Espace. Et, sur cet écran, situé entre les deux, chaque âme écrit l'enregistrement de ses activités à travers les éternités. Ces « mémoires » sont écrites grâce à la conscience de l'âme. Pas seulement à travers sa connaissance consciente, pas seulement dans la matière, mais dans la pensée... (Lecture 815-2.)

Sur le Temps et l'Espace sont écrits les pensées, les faits et gestes de chaque entité. C'est ce que l'on a parfois appelé le Livre de la Mémoire de Dieu... (Lecture 1650-1.)

Ces enregistrements, donc, ne sont pas exactement comme des images sur l'écran, ni comme des mots écrits. Mais ce sont des énergies qui restent actives dans la vie d'une entité, et qui sont, comme on le pense bien, indescriptibles en mots (Lecture 288-27.)

De quelle source viennent, et comment peut-on lire ces mémoires des activités du passé? Et comment peut-on savoir que l'on est branché sur un vrai souvenir d'une période dont l'Histoire n'a pas gardé de trace écrite? L'entité elle-même étudie la mémoire de la Nature dans les roches, les collines, les arbres, dans tout ce que l'on appelle la généalogie de la Nature elle-même.

Tout aussi véridique est donc l'enregistrement que l'esprit imprime sur le film du Temps et de l'Espace, par ses activités physiques et spirituelles (Lecture 487-17.)

Un guérisseur médiumnique, qu'est-ce que c'est ?

Cayce n'a jamais osé s'intituler guérisseur. Dans les années 1911-1912, il avait modestement accroché à la porte de son cabinet une petite enseigne : « Edgar Cayce, psychic diagnostician. » Ce qui n'est évidemment pas un métier, ni en anglais ni en français.

Des diagnostics, c'est sûr, il en donnait ! Quant à l'adjectif anglais « psychic », il pourrait être traduit en français par « médiumnique » que nous employons dans un sens beaucoup plus large, que les Anglo-Saxons : quelqu'un qui a des facultés « psi » très développées, au point d'être clairvoyant, clairaudient, sensitif. C'est un intuitif qui « voit » dans le temps et à distance, dans le passé et le futur. Dans ce sens, Cayce fut bien médium — c'est-à-dire, en anglo-américain, psychic.

Mais pour les Anglo-Saxons, le mot médium a un sens beaucoup plus restreint : il décrit celui qui se branche sur un esprit désincarné qui le contrôle, et parle — ou agit — à travers lui. La personnalité du médium s'efface complètement devant celle de l'entité désincarnée qui l'a envahi. Ce type de médium est, en effet, suivant l'étymologie latine du mot, un « moyen » d'expression utilisé par une entité. Bref, un « objet » manipulé par des forces invisibles, si bien qu'en général le médium, pris dans ce sens-là, doit « entrer en transe » — état paranormal encore mal défini —, pour laisser l'entité désincarnée s'exprimer par sa bouche et son corps. Les Anglo-Saxons appellent cette entité « the control », l'esprit-contrôle. L'ennui est que l'Au-delà est un vaste fourre-tout, où le pire côtoie le meilleur — comme ici-bas. Enfin, lorsque je dis « côtoie », c'est probablement inexact, car chaque entité reste sur le plan de vibrations qui correspond à son niveau d'évolution.

Donc, un être humain peut très bien être envahi par un désincarné bête et méchant : et cela peut aller jusqu'à la possession. Celle-ci se manifeste de façon destructrice pour le vivant ainsi possédé. Certains humains mal équilibrés émotionnellement entrouvrent leur porte à ces entités. Celles-ci, comme le dit Cayce, passent par les glandes endocrines, qui sont le point de contact entre le corps physique et le corps spirituel. Ainsi, ces humains, dépossédés d'eux-mêmes ne sont plus que des marionnettes manipulées par des entités frustrées, qui utilisent le corps du vivant pour satisfaire leurs pulsions. Le phénomène semble toujours actuel, comme l'indique Cayce (ainsi qu'un certain nombre d'autres médiums connus).

La plupart des cas de folie, de drogue ou d'alcoolisme relèveraient de possession — et c'est pourquoi la médecine matérialiste occidentale est impuissante à les guérir :

COMMENT EXPLIQUER QUE MON MARI N'ARRIVE PAS À SE MAÎTRISER ?

Possession !

QUE VOULEZ-VOUS DIRE PAR « POSSESSION » ?

Nous voulons dire « possession » !

VOUS VOULEZ DIRE QU'IL A DES CRISES DE FOLIE, OU L'ESPRIT DÉRANGÉ ?

Si la possession n'est pas la folie, alors, qu'est-ce que c'est?

VOUS VOULEZ DIRE QU'IL S'AGIT D'UN PHÉNOMÈNE DE POSSESSION PAR D'AUTRES ENTITÉS, LORSQUE LE SUJET EST EN ÉTAT D'IVRESSE ?

Il est habité par d'autres entités, lorsqu'il est ivre. S'il consentait à s'abstenir de boire pendant un temps suffisamment long, et s'il voulait suivre un traitement par l'électricité, on pourrait débarrasser ce corps des entités étrangères qui l'habitent. (Lecture 1183-3.)

Il faut dire aussi que, dans le contexte anglo-saxon, la notion de « purgatoire » n'était pas enseignée par les églises protestantes. Par contre, elle l'a été longtemps chez nous, en France. D'où la notion, dans notre bagage culturel, d'« âmes en peine », défunts qui n'ont pas trouvé leur équilibre après la mort. Ceux-là, bien entendu, ne sont pas aptes à donner des conseils aux vivants. Ceci pour expliquer la méfiance davantage répandue en France, en matière de médiumnité, puisque, dans les pays catholiques, on estime qu'il existe dans l'Au-delà des individus malfaisants.

Au contraire, dans les pays anglo-saxons, au XIXe siècle, s'est développée une folie de séances médiumniques où n'importe qui racontait n'importe quoi. Si le mouvement « spirite », ou « spiritualiste », a apporté des ouvertures intéressantes, ses excès ont été très critiqués en Angleterre et aux États-Unis.

D'où la méfiance des milieux spiritualistes éclairés, à l'endroit des médiums qui travaillent avec un *control.*

Cependant, il ne faudrait pas non plus tout rejeter, en bloc : de très grands médiums, comme le révérend Arthur Ford, par exemple, ont fait un travail remarquable à l'aide de leurs controls ou partenaires désincarnés. Leur secret, c'est qu'il s'agissait de personnalités qu'ils connaissaient bien : Arthur Ford s'adressait à Fletcher un de ses amis d'enfance prématurément disparu.

En France, dans le métier de médium (que d'aucuns persistent à décrier comme pure charlatanerie...) il n'est pas question d'être le jouet d'un esprit-contrôle. La liberté du médium, théoriquement, reste entière — d'autant que très souvent celui-ci reste éveillé.

Edgar Cayce, lui, était endormi. Et toujours d'autant plus angoissé qu'il n'avait aucun contrôle, sur ce qu'il disait... parfois avec un accent étranger ! Mais il a toujours nié avoir un esprit-contrôle.

Une très fameuse médium anglaise, Eileen Garrett, le rencontra à New York et lui proposa d'échanger les consultations entre confrères.

Elle disait qu'elle avait comme control une entité persane du nom d'Uvani. Lorsqu'elle fut endormie dans un profond sommeil de transe, on lui demanda :

EST-CE QUE LES POUVOIRS MÉDIUMNIQUES D'EDGAR CAYCE LUI VIENNENT D'INCARNATIONS PASSÉES ?

Dans son cas, absolument pas. Il utilise les ressources de son propre esprit pour voir, entendre et comprendre. Mais cela lui est possible parce qu'il a acquis dans des vies antérieures l'intelligence de bien des choses... (Lecture 507-1.)

Mais Uvani, dans la même consultation à travers Eileen Garrett, conseilla à Cayce de procéder autrement, et de se faire aider par les esprits.

Cayce n'en fit rien, et dans la lecture qu'il se donna à lui-même sur cette question — car il doutait toujours de ses pouvoirs —, on put l'entendre dire :

Est-ce qu'Uvani prétend en savoir plus long que le Maître qui l'a fait ? (Lecture 254-71.)

Le « Maître » étant le terme qu'emploie Cayce pour parler du Christ, cette lecture suggère que les autres lectures, au moins en partie, auraient été dictées par le Christ lui-même : c'est ce que croient actuellement les gens de l'A.R.E. à Virginia Beach. Le terme « Christ » n'est pas du tout pris dans le sens étroit du Jésus historique. Il s'agirait plutôt de « l'esprit éternel du Christ », *Christ consciousness,* deuxième personne de la Trinité, présent dans tous les âges.

Il vaut mieux, dit le proverbe, s'adresser au Bon Dieu qu'à ses saints... Si les lectures ont été inspirées par le Christ Cosmique, elles y ont certes gagné en largeur de vues !

C'est d'ailleurs ce qui frappe dans la philosophie caycienne : son absence de sectarisme. C'est une vision beaucoup plus universelle que celles de la plupart des églises actuelles.

Cependant, les informations données par d'autres esprits (angéliques ? humains désincarnés ?) ne sont pas exclues :

VOUS AVEZ DEVANT VOUS LE CORPS ET L'ESPRIT REQUÉRANT

D'EDGAR CAYCE. VOUS VOUDREZ BIEN NOUS DIRE COMMENT SON TRAVAIL MÉDIUMNIQUE S'ACCOMPLIT À TRAVERS SON CORPS.

Nous avons le corps, là (toujours ces formules bizarres...)

Nous l'avons déjà eu auparavant (il s'agit, en effet, d'une série de lectures qu'Edgar avait demandées pour lui-même).

Dans cet état, l'intelligence consciente est soumise à l'inconscient, ou esprit de l'âme. Les informations données par ce corps physique sont obtenues par le pouvoir de l'esprit sur l'esprit (mind over mind). *C'est-à-dire les pouvoirs de l'esprit sur la matière physique, grâce à la suggestion* (hypnotique) *qui est donnée à la partie active du subconscient. Il puise ses informations dans ce qu'il a récolté autrefois ; ou bien dans ce que lui donnent d'autres esprits, passés dans l'Au-Delà, qui laissent leurs impressions et sont amenés en contact par la force de la suggestion.*

Car ce qui est connu à l'inconscient — ou âme — de quelqu'un, est connu aussi aux autres, qu'ils en soient conscients ou pas. L'effacement de l'esprit conscient, mettant le subconscient en action, de la façon décrite ci-dessus, permet à ce corps d'obtenir les informations, lorsqu'il est dans l'état inconscient. (Lecture 294, 19 mars 1919.)

Vous avez compris ? Le style très spécial n'est pas celui de la traductrice, c'est simplement du Cayce...

2.

Les principes de la médecine holistique caycienne

Pour Cayce, la base de tout, c'est : *Mind is the builder.* Autrement dit : c'est votre esprit qui construit chaque cellule de votre corps.

Il n'y a, par conséquent, pas une seule maladie que vous n'ayez d'abord vous-même construite dans votre mental (dans cette vie-ci, ou dans l'une des précédentes, comme nous le verrons au chapitre suivant).

Puisque nous avons eu le pouvoir de créer en nous la maladie, nous avons aussi le pouvoir de la détruire, de la même manière : dans notre mental d'abord, qui se répercute inévitablement sur notre physique. D'où l'importance de visualiser nos organes, en pleine force et santé, et de nous mettre dans la pensée positive vis-à-vis de notre corps. Il est essentiel de croire à la puissance de l'esprit humain !

La guérison est toujours possible

Cette vision optimiste est celle des nouvelles médecines, dites « holistiques ». Depuis Balint, et quelques autres, on sait que tout problème mental ou affectif se somatise au niveau des organes physiques. Il faudrait donc d'abord régler les problèmes au niveau de notre tête et de notre cœur — ensuite, la guérison se fait toute seule !

La médecine de plombier, qui est actuellement enseignée

dans les universités d'Occident, soigne un organe localement et réussit parfois à le guérir. Mais comme elle ignore le problème affectif et mental qui a fait naître cette maladie, on voit celui-ci reparaître sous une autre forme, dans une autre maladie... La médecine holistique, au contraire, dont Cayce est l'un des pères spirituels, prend l'Homme comme un TOUT indissociable : corps physique, corps mental, corps spirituel, qui n'arrêtent pas de réagir l'un sur l'autre, il faut donc soigner les trois à la fois !

Chaque âme, c'est-à-dire l'individu, ou entité, constatera par les faits, qu'il y a :

— Le corps physique, *avec tous ses attributs permettant le fonctionnement de la personne dans les trois dimensions du plan terrestre.*

— Qu'il y a aussi le corps mental, *lequel est cette énergie directrice qui s'applique au physique, aux émotions et manifestations mentales et spirituelles de la personne [...].*

— Et qu'il y a aussi le corps spirituel, *c'est-à-dire l'âme [...], cette conscience d'exister, qui est éternelle, et en laquelle l'entité individuelle apprend peu à peu à connaître ses relations avec l'être mental et l'être physique.*

Tous ces corps ne font qu'UN dans une entité.

Ils correspondent exactement au corps, à l'esprit et à l'âme, et ne font qu'UN, tout comme Dieu, le Fils, et l'Esprit-Saint ne sont qu'UN. (Lecture 2475-1.)

On apprend encore aux écoliers que l'Homme est composé d'une âme et d'un corps : il serait temps de corriger cette version simplifiée qui ne correspond pas à la réalité (ni à la Tradition gréco-latine).

On considère si rarement que la spiritualité, l'activité mentale, et le corps physique, sont UN — bien qu'ils puissent se séparer et fonctionner l'un sans l'autre, et même l'un au détriment de l'autre. Faites-les coopérer, réunissez-les dans leur programme. Et ainsi, vous aurez une plus grande énergie dans vos activités. (Lecture 307-10.)

La consultation donnée par Cayce est en général un beau modèle de médecine holistique : il commence par donner une analyse astrologique globale de son client, en relation avec ses différentes vies antérieures. Puis une analyse spirituelle, mentale, émotionnelle ; et enfin, une analyse du corps physique. Et il montre comment ce dernier est affecté dans sa santé et dans ses émotions par le corps mental et par le corps spirituel.

Cayce ne dissocie jamais ce TOUT, ce *WHOLE*, qu'est une entité. Toute lecture a pour but d'aider cette entité à coordonner ses trois corps, à les synchroniser, à les harmoniser de façon à être enfin UNE.

En dernière analyse, toute maladie, dit Cayce, vient du péché. C'est un terme un peu trop clérical, dont on a vraiment abusé. Mais Cayce emploie les mots de son époque. Et qu'est-ce que le péché ? C'est, dit-il, la violation d'une loi cosmique, de la Loi. Toute loi cosmique violée ne peut manquer de se traduire dans notre corps physique, qui est un écho du Cosmos. Comme dit *La Table d'émeraude* : « Tout ce qui est en Bas est comme ce qui est en Haut, et réciproquement... » Voici quelques extraits de lectures là-dessus :

Toute maladie est péché — pas nécessairement sur le moment, à la façon dont l'Homme compte le Temps — mais comme un fragment d'une expérience globale (portant sur plusieurs vies précédentes).

Nous sommes physiquement ce que nous avons digéré dans notre corps physique. Nous sommes mentalement ce que nous pensons [...]. Et nous sommes spirituellement ce que nous avons digéré dans notre être mental. (Lecture 2970-1.)

Toute maladie vient du péché. C'est ainsi, que cela vous plaise ou non. La maladie est péché, qu'il ait été commis sur le plan physique, sur le plan mental, sur le plan spirituel, c'est le résultat de ces erreurs manifestées sur la Terre. [...] Car le péché n'est que la rébellion contre la Vérité et la Lumière, et, ainsi, affecte le corps physique. Car le corps est le Temple du Dieu Vivant. (Lecture 3174-1.) *Ce qui amène le chagrin, la détresse et la maladie sur la Terre, c'est la transgression de la Loi.* (Lecture 281-24.)

Cependant, il ne faut pas juger trop vite, car il y a des êtres d'exception qui, dans leur incarnation actuelle, acceptent de porter les maladies des autres dans leur propre corps physique, pour les aider à se libérer spirituellement — telle la stigmatisée Marthe Robin que beaucoup de mes lecteurs ont connue.

On ne peut pas atteindre la perfection requise par le Christ (soyez parfaits comme mon Père est parfait) si l'on n'assume pas son corps, car :

Il y a autant de Dieu dans le physique qu'il y en a dans le mental et dans le spirituel. Et ces trois corps devraient être UN! (Lecture 69-21.)

Pour Cayce, l'état de perfection que nous devons atteindre se définit par l'unité absolue, la correspondance parfaite de nos trois corps enfin harmonisés et synchronisés. C'est ce qu'il appelle *Oneness,* que l'on pourrait traduire par l'intégration harmonieuse de tous nos corps en un seul TOUT, impeccablement coordonnés...

Alors, nous serons des dieux ! Mais, pour cela, la Connaissance est indispensable. Car l'ignorance, dit le bouddhisme, est la source de nos malheurs ! C'est pourquoi j'aurai souvent, dans ce livre, l'occasion de revenir sur cette notion méconnue : l'Unité de l'Homme en lui-même, l'Unité de l'Homme avec le Cosmos et avec la Terre, et l'Unité de l'Homme avec Dieu — qui est UN. Tout cela, c'est la « Loi de Un », et c'est toute la philosophie de Cayce !

Si l'on voulait résumer la pensée caycienne, on pourrait dire que :

— toutes nos maladies ont pour origine une mauvaise attitude mentale, un Soi qui s'est désaccordé des lois cosmiques. Puisque c'est notre esprit qui construit tout, la racine de tous nos maux physiques, affectifs, psychologiques, est donc dans une mauvaise attitude de notre esprit.

— en réharmonisant notre esprit avec ces lois cosmiques, notre corps se réharmonise aussi. Ces lois cosmiques sont les lois divines qui font marcher aussi bien les étoiles que les glandes et les muscles de notre corps. Mais toutes ces énergies qui sont en nous sont aussi en notre pouvoir.

La guérison est donc toujours possible — si nous la voulons de toutes nos forces.

Car l'origine de toutes les maladies est « dans la tête ».

Personne ne peut haïr son voisin sans avoir une maladie d'estomac ou de foie! (Lecture 4021-1.)

Personne ne peut être jaloux et se laisser aller à la colère sans avoir des troubles digestifs ou des problèmes cardiaques. (Lecture 4021.)

Mais la haine et la jalousie sont filles de la peur :

La peur est la racine de presque tous les maux de l'humanité: peur de soi, peur de ce que les autres pensent de vous, de l'image qu'ils ont de vous, etc. Surmonter la peur, c'est remplir son être mental et spirituel de ce qui chasse la peur, c'est-à-dire l'amour manifesté dans le monde à travers Celui qui s'est donné pour payer la rançon de beaucoup d'entre nous. L'amour, la foi, la compréhension de ces lois, chasse la peur. (Lecture 1439-31.)

Un avertissement pour tout être humain : la colère est un poison pour tout l'organisme. (Lecture 2-14.)

Garde une attitude constructive. Ne te laisse pas dominer par le ressentiment, car cela, tout naturellement, produit dans l'organisme ces sécrétions qui nuisent à la bonne marche des différents systèmes (circulatoire, digestif, respiratoire, etc.). *Et c'est le cas, spécialement, dans les troubles provoqués par le « cafard », lequel dérègle le pancréas et certaines des fonctions hépatiques !* (Lecture 470-19.)

Si nous voulons nous guérir, il nous faut jouer le jeu à fond, et consentir à en payer le prix :

Il est inutile de soigner un corps malade lorsque l'esprit, les objectifs, les idéaux de l'entité ne s'alignent pas sur Lui, qui est la paix, la vie, l'espoir, l'intelligence... (Lecture 3078-1.)

Lorsque Cayce parle de Lui, avec une majuscule, comme nous aurons souvent l'occasion de le voir, il s'agit du Christ cosmique — pas seulement le Jésus des chrétiens — mais l'entité Christ, *présent dans tous les âges,* dit Cayce, qui a inspiré toutes les grandes religions du monde, et qui est chargé du destin de la planète Terre. D'après Cayce, cette entité est pour l'homme le modèle à suivre dans la façon d'appliquer les lois cosmiques sur le plan terrestre. (Nous y reviendrons plus loin.)

La non-application de la Vérité dans ton esprit, à ton Moi peut — et c'est bien ce qui se passe dans ta vie — provoquer une insuffisance dans l'élimination des déchets hors de ton organisme. (Lecture 3070-1.)

Éliminer les poisons pour vaincre la maladie et la vieillesse

Il y a un mot qui revient sans arrêt dans les lectures : c'est *cleasing* qui signifie « nettoyage », « purification ».

Comme nous venons de le voir dans la lecture ci-dessus, les

mauvaises pensées, les actes destructeurs, créent des poisons dans le mental, qui se somatisent ensuite dans le corps physique, provoquant des maladies. Tout notre travail consistera donc à éliminer les poisons dans chacun de nos trois corps, (physique, mental et spirituel). Les émotions, dit Cayce, relèvent à la fois du corps spirituel et du corps physique. Il est absolument nécessaire de les purifier pour ne pas sécréter ces poisons qui détraquent l'organisme.

Voici, par exemple, le cas d'un consultant qui souffrait de troubles cardiaques. Cayce en signale la cause : son refus de donner de la tendresse et de la compassion, autrement dit... sa dureté de cœur :

Car la Loi du Seigneur est parfaite, et change l'Homme [...]. Mais elle ne change pas toujours un homme sans cœur, une personne qui porte ancrée en elle des habitudes émotionnelles qui ont laissé leur marque sur certaines parties de son corps, sur ces organes qui sont travaillés par l'âme et par l'esprit. Et de quelles parties du corps s'agit-il ici ? Des énergies nerveuses et sanguines. Autrement dit, du cœur, qui est le moteur du corps. (Lecture 3559-1.)

Et comment se produit cette intoxication permanente du corps par nos mauvaises pensées ? Par l'influence de l'esprit sur la structure atomique des cellules du corps :

Chaque atome est un univers, un élément en soi. Ou bien il agit dans le sens de la coordination des énergies — ou bien il crée des énergies de rupture par les toxines qu'il produit. Celles-ci doivent être éliminées de l'organisme par les différents systèmes (respiratoire, circulatoire, digestif...) (Lecture 759-9.)

Cette élimination, ce nettoyage général doit porter sur les trois corps : — *spirituel,* en s'alignant sur les lois cosmiques indiquées par l'entité Christ (dans chacune des religions qu'Il a inspirées) :

Car si tu reconnais en toi-même ce qu'est la Vérité, c'est-à-dire ce qui a été révélé par la Conscience Christique, tu changeras tes attitudes mentales, vis-à-vis de toi-même, vis-à-vis des autres, vis-à-vis du monde qui t'entoure. C'est alors que tu verras les changements qui s'ensuivront dans ton corps physique, dans ton organisme. Car à toi aussi, Il a dit dans l'ancien temps : « Va te laver et te rendre propre de partout ! » (Lecture 3078-1.)

Personne n'échappe à cette nécessité de se purifier :

Tous doivent passer par la loi de purification, qui est indispensable si l'on veut laisser place à l'influence, à la force de la Conscience Christique de la même façon qu'Il s'est soumis Lui-Même à cette purification. (Lecture 281-5.)

— Nous devons également veiller à purifier le *corps mental,* en éliminant les pensées défaitistes, donc destructrices. En gardant la pensée positive, Cayce recommande de visualiser sa propre guérison :

Si la personne veut bien s'aider elle-même, en aidant les traitements prescrits, elle s'efforcera de se visualiser comme guérie, et aidée par les traitements en question. Tu dois savoir à quoi sert chaque prescription médicale, et visualiser comment elle agit à l'intérieur de toi. Maintiens ton esprit dans cette attitude de visualisation qui encourage et soutient les énergies continuellement en action dans ton corps, énergies qui sont comme un flot incessant, vois-tu ? (Lecture 326-1.)

— Enfin, sur le *corps physique* proprement dit, la désintoxication se fait par les remèdes et l'hygiène de vie qui seront détaillées dans le chapitre qui suit (les médecines douces cayciennes).

Si nous réussissions à maintenir cette désintoxication à un niveau satisfaisant, nous pourrions vivre aussi longtemps que nous le voudrions :

Rappelle-toi que le corps se renouvelle lui-même progressivement et constamment. Ne considère pas que la maladie qui a existé chez toi est définitive, elle peut être chassée de ton organisme. (Lecture 1548-3.)

MONSIEUR CAYCE, EST-CE QUE L'ON POURRAIT RESTER TOUJOURS JEUNE ?

Oui, il est possible de garder toujours sa jeunesse, si c'est cela que l'on désire — à condition d'en payer le prix nécessaire ! (Lecture 900-465.)

Que certains individus ignorent la vieillesse, il en existe des témoignages historiques : le cas du comte de Saint-Germain, par exemple, au XVIIIe et au XIXe siècle.

Ou encore le cas de l'« Initié » rapporté par Cyril Scott, au début de notre siècle. Les cas de non-vieillissement sont également très nombreux dans les annales tibétaines. Cayce dit que c'est possible et explique comment. Il dit que l'assimilation des aliments, en particulier, crée des déchets. Que si ces déchets ne sont pas éliminés, il y a surcharge de toxines. Et que c'est cette surcharge, cette intoxication permanente qui crée la vieillesse.

EST-IL POSSIBLE, MONSIEUR CAYCE, DE RAJEUNIR DANS CETTE VIE-CI ?

Oui, c'est possible. Car, comme le corps est une structure composée d'atomes, qui sont des unités d'énergie, les mouvements de ces énergies atomiques reproduisent dans leur schéma la structure de l'Univers. Et comme ces énergies structurelles de chaque atome du corps sont programmées pour être reliées, et unies, aux énergies spirituelles (de l'Univers) *elles travaillent sans cesse à revivifier, à reconstruire le bilan énergétique. Et comme l'âme* (qui est de nature spirituelle) *ne peut pas mourir, car elle est divine, le corps peut être revivifié et rajeuni. Et finalement — c'est son devenir — il pourra transcender la Terre et ce qui appartient à la matière terrestre.* (Lecture 262-85.)

Car le corps physique est capable, au départ, dès sa création, de se renouveler lui-même. Ainsi, chaque organe, chaque portion de l'organisme sécrète, selon sa vie physique, mentale et spirituelle, tout ce qui est nécessaire à sa croissance dans les conditions optimales. (Lecture 3337-1.)

La prolongation de la durée de la vie n'est absolument pas impossible :

On devrait dire à chacun que s'il veillait à maintenir un équilibre entre assimilation et élimination — l'équilibre le plus proche possible de la normale —, eh bien sa vie pourrait se prolonger indéfiniment, aussi longtemps qu'il le souhaiterait ! Car l'organisme est construit par ce qu'il assimile, et il est capable de se ressusciter aussi longtemps qu'il n'est pas gêné par une insuffisance des éliminations. (Lecture 311-4.)

L'importance capitale des glandes endocrines

Elles sont, dit Cayce, le point de contact entre les trois corps, le lieu où s'incarnent l'esprit et l'âme, et par lequel ces derniers agissent sur le corps physique. Si donc on veut guérir, toute guérison passe par le système glandulaire.

MONSIEUR CAYCE, DONNEZ-NOUS UN ENSEIGNEMENT SUR LES

GLANDES ENDOCRINES ET LEUR FONCTIONNEMENT DANS LE CORPS HUMAIN, LEUR RELATION AVEC LE CORPS PHYSIQUE ET AVEC LES ÉNERGIES MENTALES ET SPIRITUELLES.

Un enseignement, pour être utile, demanderait quinze ou vingt séries de lectures ! Car le système glandulaire est la source de toutes les activités humaines, de toutes les dispositions, de tous les tempéraments, et de la diversité des natures et des races.

On ne connaît encore que fort peu de choses sur les activités de ces glandes (écrit en 1937). *Car on est en train de les découvrir, ou plutôt de les redécouvrir. Et il y a encore bien d'autres informations à trouver là-dessus* [...].

Car la peur, la colère, la joie, n'importe laquelle de ces énergies émotionnelles, sont liées à une activité dans les glandes endocrines, en y produisant des sécrétions (hormonales) *qui vont se répandre dans l'ensemble de l'organisme. Ces fonctions du système glandulaire n'avaient encore été étudiées que de façon fragmentaire. C'est seulement récemment qu'elles ont attiré l'attention des spécialistes, qui les ont prises en considération parce qu'elles jouent un rôle dans toutes les activités du corps, quelles qu'elles soient. Et quelles sont les fonctions de ces glandes endocrines ? [...] L'œil, le nez, le cerveau lui-même, la trachée, les bronches, les poumons, le cœur, le foie, la rate, le pancréas, ne peuvent jouer leur rôle que grâce au système qui leur permet de se renouveler — c'est-à-dire l'ensemble des fonctions glandulaires [...].*

De là le fait que ce système endocrinien est touché par les activités de l'âme. Et c'est là le don du Créateur à l'Homme. On peut voir facilement combien les glandes endocrines sont étroitement associées au renouvellement des cellules, à la dégénérescence, ou au rajeunissement. Et ceci se fait non seulement à travers les énergies physiques, mais aussi à travers les énergies du corps mental et du corps spirituel. Car les énergies glandulaires sont, pourrait-on dire, les sources à partir desquelles l'âme peut habiter à l'intérieur d'un corps. (Lecture 281-38.)

C'est donc à travers ces mini-centrales d'énergie que notre corps mental et notre corps spirituel peuvent agir sur notre corps physique. C'est à partir de ces glandes que se crée la maladie, ou la guérison !

Rappelez-vous que les attitudes mentales ne sont pas étrangères au fait d'avoir un ongle de pied qui pousse droit, ou les yeux bien droits, ou à la faculté de garder sa voix malgré les émotions. Car toutes ces manifestations physiques marchent avec le travail des glandes endocrines (qui agissent) *sur le système sensoriel.* (Lecture 3376-1.)

Autrement dit, ce sont ces glandes qui orchestrent toutes les activités du corps physique, sa forme, ses manifestations, ses perceptions, etc. Lorsque Cayce parle des « centres glandulaires majeurs », il désigne par là les principales glandes endocrines (c'est-à-dire celles qui sécrètent des hormones) : pinéale, pituitaire, thymus, thyroïde, surrénales, cellules de Lyden ou Leydig (peu connues, mais importantes), gonades mâles et femelles. Il y a d'autres glandes dans l'organisme, mais celles-là correspondent à ce que la tradition indienne appelle « les chakras ». Toutes les énergies spirituelles et mentales passent par ces chakras, qui sont donc les clés de la personne humaine.

Chacune de ces glandes correspond non seulement à une fonction précise, mais encore à une vibration colorée, et tonale, à un élément de la Terre, à un signe astrologique, et à l'influence d'une planète.

La pituitaire est, dit Cayce, la plus haute glande du corps, elle est liée à la lumière, et se développe dans le silence. La glande pinéale est le point de départ de la construction de l'embryon, dans le sein de la mère. La thyroïde entre en action lorsque l'on doit prendre une décision et agir. Le thymus correspond au cœur. Les surrénales sont notre centre émotionnel, et agissent sur le plexus solaire. Les cellules de Leydig (ou Leyden) sont le centre de l'équilibre masculin-féminin, et enfin les gonades sont le moteur du corps physique.

MONSIEUR CAYCE, EST-CE VRAI QUE LA COLÈRE PROVOQUE LA SÉCRÉTION DE POISONS PAR LES GLANDES ? QUE LA JOIE AURAIT L'EFFET OPPOSÉ ? QUE, DANS CES DEUX CAS, CE SONT LES SURRÉNALES QUI SERAIENT CONCERNÉES ? QU'ELLES DÉCLENCHERAIENT DES RÉACTIONS DANS LE PLEXUS SOLAIRE, RÉACTIONS QUI SE PROPAGERAIENT AU CORPS TOUT ENTIER ?

Oui, en effet, les surrénales sont principalement concernées — mais toutes les autres glandes sont impliquées dans le processus. Par exemple, une nourrice trouvera que la colère affecte ses glandes mammaires, et que le bébé sera perturbé dans ses glandes digestives. Foie, reins, et toutes les autres glandes (endocrines ou pas) *sont affectées. Cependant, il est vrai que la réaction se produit principalement dans les surrénales.* (Lecture 281-54.)

EST-CE QUE LES PLANÈTES PLACÉES DANS NOTRE THÈME ASTROLOGIQUE ONT UNE RELATION ET UNE INFLUENCE SUR LES GLANDES, DE LA FAÇON SUIVANTE : LA PITUITAIRE SERAIT LIÉE À JUPITER ; LA THYROÏDE À URANUS ; LE THYMUS À VÉNUS ; LE PLEXUS SOLAIRE À MARS ; LES CELLULES DE LYDEN À NEPTUNE ; LES GONADES À SATURNE. EST-CE CORRECT ?

Oui, c'est cela. Mais ces relations entre planètes et glandes varient chez chaque personne suivant ses expériences de vie. Il s'agit d'énergies variables dans la nature de l'Homme lui-même, car il est lié à toutes les énergies qui existent et y réagit. Mais rappelez-vous que ce ne sont pas les planètes qui gouvernent l'Homme; mais plutôt que l'Homme, en tant qu'Homme de Dieu, a gouverné les planètes! Car il est une partie de cet univers planétaire. Ainsi, comme nous avons dit, cette correspondance entre planètes et glandes endocrines est seulement relative. Elle est relativement exacte. Et c'est là, sur ces glandes, que joue l'application concrète de ces forces planétaires dans la vie des individus. Plutôt que de les voir comme une sorte de couverture qui coifferait chaque individu! (Lecture 281-29.)

Dans cette série de lectures (281) Cayce donne une surprenante explication du *Livre de l'Apocalypse,* qui serait, dit-il, une description symbolique du corps humain (et particulièrement du fonctionnement des glandes endocrines dans l'organisme).

En 1930, il donna une lecture pour une jeune fille qui souffrait de troubles nerveux. Au cours de cette lecture, Cayce fit la remarque suivante :

Il serait bon que le médecin traitant de cette malade lise l'Apocalypse et l'étudie, en relation avec ce cas. (Lecture 2501-6.)

D'où le travail du groupe d'études constitué à Norfolk par Cayce, pour étudier cette question de l'interprétation médicale de l'Apocalypse. Le travail de ce groupe a été publié, et jette une lumière étonnante sur le fonctionnement de ces fameuses glandes endocrines (c'est de ces lectures que j'ai tiré les extraits ci-dessus).

Cayce estime donc que la maladie touche le corps à travers les poisons sécrétés dans les centres glandulaires par des attitudes négatives. Inversement, on pourrait provoquer la guérison — n'importe quelle guérison — en travaillant dans un sens positif sur ces centres glandulaires. Il faut agir sur eux, les réanimer, remettre leurs énergies en mouvement, les réveiller.

Cayce conseille pour cela un outil de base : la méditation — à l'instar de ce qui se fait au Tibet, par exemple. Il explique que chaque verset du « Notre Père » correspond à l'un de ces centres glandulaires. Et que la récitation méditative de cette prière peut avoir un effet dynamisant sur les glandes malades. (Le « Notre Père » est d'ailleurs beaucoup plus ancien que le judaïsme, puisqu'on le trouve déjà dans les prières d'Akhenaton à Tell-El-Amarna.)

MONSIEUR CAYCE, EST-CE QUE LE « NOTRE PÈRE » PROVOQUE BIEN L'« OUVERTURE » DE CES CENTRES GLANDULAIRES ?

Oui, c'est juste comme on vous l'a dit. Ce n'est pas la seule voie possible, mais c'est une voie qui répondra au désir de ceux qui cherchent un moyen, un chemin, pour comprendre comment agit la Force Créatrice de Dieu (sur le corps). (Lecture 281-29.)

ALORS, LA PITUITAIRE CORRESPOND AU MOT « CIEUX » ?

Correct. Car dans toutes ses activités, elle joue un rôle de déclencheur.

LA PINÉALE CORRESPOND AU MOT « NOM » ?

Relativement, oui.

LA THYROÏDE, AU MOT « VOLONTÉ » ?

Correct.

LE THYMUS, À « MAL » ?

Correct.

LE PLEXUS SOLAIRE AU MOT « OFFENSES » (On se souvient que le plexus solaire est lié aux surrénales, centre des émotions) ?

Oui.

ET LES CELLULES DE LYDEN AU MOT « TENTATION » ?

Correct.

ET LES GONADES, AU MOT « PAIN » ?

Tout à fait (Lecture 281-29.)

ALORS COMMENT, PRATIQUEMENT, UTILISER LE « NOTRE PÈRE », COMPTE TENU DE CETTE CONNECTION DONT VOUS NOUS PARLEZ AVEC LES GLANDES ENDOCRINES ?

En essayant de ressentir le flot des significations de chaque verset couler à travers votre corps physique. Car il se produit dans le corps physique une réponse aux représentations du corps mental : il y a une réaction physique qui se construit. (Même lecture.)

Cela nous amène à une autre possibilité de guérison : la guérison par la méditation et la prière, dont diverses formes se développent actuellement aux États-Unis, au Canada et en Suisse. Là encore, Cayce fut un précurseur.

Remarquons aussi que cette façon de réciter le « Notre Père » était dans la tradition des cathares, qui accordaient à ces versets (que nous récitons sans y penser) un pouvoir de guérison extrêmement fort.

CORRESPONDANCE
ENTRE LES VERSETS DU NOTRE PÈRE
ET LES PRINCIPALES GLANDES ENDOCRINES,
DONNÉE PAR EDGAR CAYCE

Notre Père qui es aux cieux	ouvre	la pituitaire (glande maîtresse du corps)
que Ton Nom soit sanctifié	ouvre	la glande pinéale
que Ton Règne vienne	ouvre	la thyroïde
que Ta Volonté soit faite sur la terre	ouvre	le thymus
comme au ciel	ouvre	la thyroïde
Donne-nous aujourd'hui notre pain de ce jour	ouvre	les gonades (glandes sexuelles mâle et femelle)
Pardonne-nous nos offenses comme nous pardonnons aussi à ceux qui nous ont offensés	ouvre	les surrénales
Et ne nous soumets pas à la tentation	ouvre	les cellules de Lyden (ou glandes de Leydig, qui ne sont pas vraiment une glande, mais un ensemble de cellules sécrétant des hormones, localisées sous le nombril, et au-dessus des gonades)
Mais délivre-nous du mal	ouvre	le thymus
car c'est à Toi qu'appartiennent le règne	ouvre	la thyroïde
la puissance	ouvre	la glande pinéale
et la gloire	ouvre	la pituitaire
Amen.		

3.

La guérison « psi »

On a beaucoup parlé des guérisseurs philippins, et de leurs méthodes « psi », c'est-à-dire des guérisons obtenues par eux sans faire appel à la chirurgie moderne, ni à la chimiothérapie ni même à l'asepsie...

Là-bas, leur outillage se réduit... à la main ! Mais les interventions se pratiquent dans une ambiance de prière intense. Les guérisseurs philippins se réclament d'Allan Kardec, ce que l'on ignore généralement en France. Leur syndicat s'intitule : Union Espiritista Christiania de Fillipinas*. Et partout où se sont multipliés les spirites d'Allan Kardec, on trouve de tels guérisseurs, en particulier au Brésil. L'Occidental prétend que tout cela est fraude, parce qu'il refuse d'admettre les pouvoirs guérisseurs de la prière. Pourtant, le Christ n'a-t-il pas guéri en imposant les mains ? Pourquoi les prêtres actuels, qui prétendent l'imiter, ne guérissent-ils plus ?

En septembre 1931, Edgar Cayce eut un rêve qu'il interpréta comme un encouragement à fonder un groupe de guérison par la prière. Ce groupe existe toujours à la Fondation Cayce, et fonctionne tous les mercredis matins. On s'y réunit pour méditer, prier, et ensuite, imposer les mains sur ceux qui désirent être guéris.

Ayant moi-même été mise à dure épreuve par l'excécrable

---

* Voir La *Médecine du corps énergétique* et *Médecin des trois corps* du Dr Janine FONTAINE (qui a été l'élève du fameux guérisseur philippin Tony Agpaoa), Éditions Robert Laffont.

nourriture américaine, et par l'angoisse du dépaysement, j'ai dû recourir plusieurs fois aux services de ce groupe. A mon avis, c'est là que se retrouve le mieux l'enthousiasme de la Fondation à ses débuts, lorsque Cayce était encore vivant. Dans d'autres secteurs, on peut se demander si l'esprit caycien n'a pas été parfois trahi. Mais, au contraire, ce groupe semble être resté fidèle à la pensée de son fondateur, et est d'une rare qualité. On m'y a guérie — sur l'heure ! — de maux variés : angines, fièvre intense, intoxication alimentaire, rhumatismes, grippe, etc. Assise sur l'une des chaises réservées à ceux qui voulaient être guéris, je me suis sentie environnée de vibrations chaudes — tandis que celui qui m'imposait les mains priait à voix haute pour demander ma guérison. A ma grande surprise, ma fièvre a cessé avec les symptômes douloureux dont elle s'accompagnait. Le phénomène s'est reproduit plusieurs fois. Et c'est la séance de guérison du mercredi matin qui m'a aidée à tenir le coup pendant des mois ! Le mercredi à midi, tous mes maux s'étaient envolés... (Malheureusement, huit jours d'infâmes bistrots me ramenaient le mercredi suivant dans un état déplorable ! La pollution alimentaire généralisée, la pollution chimique et la pollution électrique n'arrangent personne !)

Si j'ai bien compris, il n'y avait là aucun miracle, mais seulement l'application de certaines lois naturelles que l'Occident a oubliées. Cayce s'est très longuement expliqué là-dessus :

Toute guérison vient de la même source. Et qu'elle se fasse par la diète, ou par les médicaments, ou même par la chirurgie, c'est pareil : il s'agit d'amener à la conscience ces forces qui résident à l'intérieur du corps, et qui sont le reflet de la Force créatrice de Dieu. (Lecture 2696-1.)

Autrement dit, la Nature Médicatrice, chère aux anciens Grecs : c'est elle qui nous guérit, il ne s'agit que de lui faciliter le travail.

Tout d'abord, aucune guérison ne peut se faire sans effort du guérisseur pour se brancher sur les Forces Créatrices Cosmiques, — autrement dit, Dieu, comme dit Cayce. Chez le malade, le désir d'être guéri ouvre la porte à un changement spirituel, mental et physique.

Avant tout méditer

Le premier pas vers la guérison est la méditation :

Qu'est-ce que la méditation ? C'est chercher à rebrancher son corps mental et son corps physique sur leur source spirituelle. C'est mettre ton physique et ton mental en résonance avec le Créateur, en cherchant à connaître tes relations avec Lui. C'est cela, la vraie méditation. (Lecture 281-41.)

La méditation est donc prière. Mais c'est une prière qui vient du moi profond, et ne met pas seulement en jeu l'homme physique, l'homme intérieur, mais l'âme qui est ainsi éveillée par l'esprit de l'homme qui médite, au plus profond de lui-même. (Lecture 281-13.)

La méditation consiste à vider ton moi de tout ce qui empêche les Forces Créatrices (Dieu) de surgir des profondeurs de ton Moi, et de se propager par vibration le long des méridiens de ton corps physique pour se diversifier à travers ces centres glandulaires qui créent les activités physiques, mentales et spirituelles de l'homme. Et si cette méditation est faite correctement, on doit en sortir plus fort mentalement et spirituellement. (Lecture 281-13.)

J'ai traduit « les voies naturelles de ton corps physique » par un terme d'acupuncture chinoise : « méridiens » (terme inconnu aux États-Unis du temps de Cayce — et encore actuellement du grand public américain), décrivant les voies le long desquelles l'énergie se propage à travers le corps. L'énergie vitale monte des profondeurs de l'être et va revitaliser les glandes endocrines, à partir desquelles, en effet, toute activité physique et mentale nous est possible.

Par-dessus tout, prie ! Pour tout ce qui concerne le corps, fais confiance aux forces spirituelles. Car la prière des justes guérira les malades. Sache que toute force, toute guérison, de quelque nature qu'elle soit, consiste à modifier les vibrations du Moi intérieur. La guérison consiste à mettre les tissus vivants du corps en résonance avec les Énergies Créatrices (Dieu).

La guérison, c'est cela, que ce soit fait par un médicament, par un scalpel chirurgical, ou par n'importe quoi. Il s'agit de mettre la structure atomique de la cellule vivante, cette énergie cellulaire, en résonance avec sa ligne de vibration spirituelle.

Ainsi, par la prière, et si vous vivez jour après jour dans la ligne de votre prière, vous pourrez aider ce corps. (Lecture 1967-1.)

Car la prière transforme celui qui prie, mentalement, mais aussi physiquement :

La prière consiste à brancher son Moi conscient sur les forces spirituelles qui se manifestent dans le monde de la matière. La prière est un effort concerté de la conscience physique pour se mettre sur la même longueur d'onde que le Créateur. Que cela soit fait collectivement ou individuellement. (Lecture 281-15.)

Autrement dit, dans la prière, nous regroupons les différentes expressions de notre corps physique : gestes, voix, respiration, etc., pour les brancher « de concert » sur les Forces Créatrices divines.

POURRAIS-JE DEVENIR GUÉRISSEUR ? ET SI OUI, QUELLE MÉTHODE DEVRAIS-JE UTILISER ?

Celle qui t'apparaîtra comme la voie à travers laquelle un autre être pourra bénéficier de ce qui t'es donné.

Innombrables sont les voies par lesquelles peut passer la guérison : elle peut se faire par le contact individuel ; par la foi ; par l'imposition des mains ; par ce que la volonté crée dans l'esprit (puisqu'il est le constructeur de l'être humain) ; par un état de conscience qui amène à un contact plus étroit avec les Forces Créatrices de l'Univers (Dieu). Utilise ce que tu as sous la main. (Lecture 281-6.)

Lorsqu'un être humain, avec son corps (il ne s'agit pas de celui du malade) *a élevé suffisamment ses vibrations, il peut, à l'aide de la parole, éveiller le dynamisme émotionnel de cet autre qui est malade, de façon à revivifier, ressusciter, modifier les énergies tourbillonnaires de la structure atomique du corps physique c'est-à-dire la force vitale de celui-ci. Ainsi, ces énergies sont remises en mouvement.*

C'est ainsi qu'agit la force spirituelle, ou psi, d'un corps sur un autre corps, lorsqu'on apporte la guérison à un autre individu. A ce moment-là la personne qui agit comme guérisseur peut faire surgir cette force dans le système hormonal de celle qui est malade-système qui commande les énergies circulatoires, de telle sorte qu'elles pourront trouver en elles-mêmes de quoi revivifier, ou ressusciter le corps malade, en proie au désordre et à la détresse. (Lecture 281-24.)

Si l'on persévère dans cet effort pour se brancher sur l'énergie divine, on arrive à un certain nombre d'expériences surprenantes :

S'IL VOUS PLAIT, MONSIEUR CAYCE, EXPLIQUEZ CES SENSATIONS QUE L'ON ÉPROUVE PENDANT LA MÉDITATION, CES VIBRATIONS QUI PARCOURENT MON CORPS, ET QUI SE TERMINENT PAR CETTE SENSATION DE PLÉNITUDE DANS MA TÊTE ?

Ces manifestations doivent être interprétées, aussi bien d'un point de vue scientifique que d'un point de vue métaphysique, comme celles d'une force émanant de la Vie elle-même à l'intérieur de l'être [...].

Lorsque quelqu'un est capable de faire surgir en lui-même de telles vibrations, et, ainsi, de faire passer son Moi physique par toutes les étapes de cette résonance, jusqu'au centre qui dispense l'énergie, c'est-à-dire le troisième œil — alors le corps de cet individu devient comme un aimant qui, utilisé correctement, amène la guérison aux autres en passant par les mains. C'est ainsi que l'imposition des mains peut soigner efficacement. (Lecture 281-14.)

Aucun traitement médical, quel qu'il soit — par médicaments ou par manipulations mécaniques —, n'est curatif de par lui-même. Les traitements médicaux ne servent simplement qu'à rebrancher, qu'à ajuster, les activités des organes du corps à la Nature, c'est-à-dire aux Sources de vie de la Nature ! Et toute guérison vient de la Vie. Or la Vie, c'est Dieu. La guérison, c'est l'ajustement de ces forces qui se manifestent dans le corps de l'individu. Le corps, le schéma corporel, est un réceptacle de toutes les Forces de l'Univers [...].

C'est la coopération, la réponse de l'individu, qu'il faut chercher. Sachez que l'âme-entité doit trouver comment, concrètement, elle va répondre, pour se mettre elle-même, avec ses facultés, ses désirs, ses espoirs, sur la longueur d'onde de cette conscience universelle. C'est ainsi que se produit la guérison... quelle que soit sa nature [...]. Aussi, branchez votre corps sur la longueur d'onde qu'il lui faut. (Lecture 2153-6.)

S'IL VOUS PLAÎT, MONSIEUR CAYCE, DONNEZ-NOUS DAVANTAGE D'INFORMATIONS SUR CETTE LOI NATURELLE QUI AMÈNE DES VIBRATIONS PENDANT LA MÉDITATION. ET DITES-NOUS COMMENT NOUS POUVONS COMPRENDRE ET UTILISER CE PHÉNOMÈNE ?

Comme nous l'avons déjà dit ici, et comme beaucoup d'entre vous en ont fait l'expérience, il arrive ceci : lorsque nous ouvrons notre Moi aux forces invisibles qui nous entourent — et non sans combat entre diverses influences, sauf lorsqu'on est en présence de son influence à Lui — c'est alors que les énergies qui montent en nous savent avec certitude qu'elles proviennent de Son influence protectrice, laquelle peut aider, et aidera à diriger ces vibrations dans la bonne direction. Ces forces surgissent pour se diriger vers les individus que l'on veut soigner, et agissent même par la parole. Car, comme beaucoup l'ont compris, les forces actives, les principes actifs, ce sont justement les puissances invisibles [...].

Ces vibrations qui montent sont déclenchées par le corps qui met tout son être, son Moi profond, son Moi total, sur ces longueurs d'onde, et arrive ainsi à un stade de conscience où il est branché sur la Force divine. Celle-ci est la Vie elle-même, et c'est Elle qui anime la matière.

En émettant ces énergies, ce rayonnement, rappelez-vous qu'ils apportent au malade ce dont il a besoin, et de la façon la mieux adaptée [...]. (Dites) : *Non pas ma volonté, Père, mais la tienne.* (Lecture 281-7.)

Les majuscules, comme partout dans ce livre, désignent l'Entité christique, c'est-à-dire le Christ Cosmique — que d'autres que Cayce appellent aussi le Christ du Verseau.

S'IL VOUS PLAÎT, MONSIEUR CAYCE, DONNEZ UNE DÉFINITION DE LA VIBRATION, EN RELATION AVEC L'EFFET DE GUÉRISON.

Il faudrait plusieurs volumes pour épuiser le sujet. La vibration est en essence, la conscience du Christ qui surgit, qui monte des tréfonds du soi, pour pouvoir s'écouler à un moment, vers l'extérieur, vers la personne sur laquelle on veut diriger ce flot d'énergie. (Lecture 281-7.)

ET POURQUOI EST-CE QUE, PARFOIS, J'AI CETTE SENSATION DANS LES YEUX LORSQUE JE MÉDITE ?

Comme on le voit chez ceux qui apportent la guérison aux autres, celle-ci, quelle qu'elle soit, doit d'abord venir en vous avant d'être provoquée chez autrui. Cette sensation indique la guérison de votre Moi, qui s'élève au fur et à mesure que monte en vous la vision qui peut guérir les autres. (Lecture 5749-4.)

L'extérieur et l'intérieur ne font plus qu'un, quand le désir du cœur fait vibrer chaque atome du corps physique en résonance avec la conscience, la foi, la confiance dans la présence du Christ-Vie, de la Conscience Christique Universelle. (Lecture 5749-4.)

Qui peut guérir ?

... Mais tout le monde !

EST-CE QUE LA GUÉRISON PAR LA FOI DEVRAIT ÊTRE ENSEIGNÉE DANS LES FACULTÉS DE THÉOLOGIE, LES SÉMINAIRES ? ET SI OUI, QUI SERAIT MIEUX QUALIFIÉ POUR L'ENSEIGNER ?

Nous vous avons indiqué la bonne manière de procéder pour ceux qui devraient, par leur foi, imposer les mains, donner l'onction des huiles, prier sur les malades. Au sens large, ces facultés de guérir sont innées en tout individu, et peuvent être éveillées en chacun.

A condition que l'on veuille brancher son Moi profond sur les lois relatives à ces forces de guérison, et que l'on se garde pur. (Lecture 262-17.)

La guérison par la voix

Comme nous venons de le voir dans la lecture 281-24, la guérison peut se faire sans même imposer les mains, uniquement par la voix. On en trouve de multiples exemples dans l'Évangile, où le Christ guérit apparemment uniquement par le regard ou la parole.

La première fois où j'assistai à une réunion de ces *Glad Helpers,* je fus surprise de voir cinq membres du groupe, assis sur des chaises en file indienne, énumérant à haute voix des noms, et encore des noms, et cela pendant une heure ! Tous les autres, assis en rond, priaient silencieusement. C'était d'un ennui ! Mais un jour je compris ce que l'on faisait là : il s'agissait de noms d'absents qui avaient demandé à être guéris. On ne savait jamais de quelle maladie, mais on avait leur signature attestant leur désir de guérison — et leurs nom et prénom.

Or ceux-ci ne sont pas indifférents :

Celui-là a-t-il été appelé John par hasard ? ou Joe, ou Llewelyn, par hasard ? Non. Ces prénoms sont en relation avec quelque chose. D'un point de vue matériel, ils peuvent avoir été donnés à cause d'un oncle ou d'une tante à héritage qui s'appellent ainsi. Mais ces personnes, elles-mêmes, portent avec elles les vibrations de ces prénoms. Et finalement, un prénom est la somme totale de ce qu'a construit l'âme-entité, avec ses forces vibratoires, en face des Forces Créatrices (Dieu). (Lecture 281-30.)

Autour de chaque nom s'est construit quelque chose, qui contient une signification. Ce sens symbolique provoque la rencontre avec ce que ce nom suggère. (Lecture 452-4.)

QUELLE EST LA SIGNIFICATION DES NOMS ? ON M'A DIT QUE MARTHE DEVRAIT ÊTRE MON VRAI NOM. POURQUOI CELA ?

C'est une chose qui vient à l'esprit des parents lorsqu'ils doivent donner un nom à leurs enfants. Les noms, c'est sûr, ont leur signification. Mais, comme le dit le poète, la rose serait-elle moins belle, moins parfumée, si elle portait un autre nom ? Ce que le poète dit de la rose peut être dit aussi des noms (humains). *Cependant, lorsqu'ils ont été donnés par Lui, le nom a une signification indiquant les buts de l'individu lorsqu'il décide d'entrer sur le plan de la Terre.*

EST-CE QUE LES NOMS ONT UNE INFLUENCE SPIRITUELLE SUR LES GENS* ?

Oui, comme nous venons de le dire. (Lecture 457-10.)

A certains consultants, les lectures conseillent de changer de nom pour les aider à progresser spirituellement. Ainsi, peut-on en déduire que le nom d'une personne indique son stade de développement karmique en tant qu'âme. Et si quelqu'un énonce un nom à haute voix, tandis que les autres dirigent leur pensée et leur amour vers ce nom, le flot d'énergie ainsi dirigé peut effectivement guérir le porteur de ce nom.

J'ai d'ailleurs un témoignage personnel à apporter là-dessus : j'avais transmis à ce groupe les demandes écrites de deux mères, qui sollicitaient des prières pour leur enfant (l'un cardiaque et l'autre épileptique). Pendant tout le mois où ces noms ont figuré sur la liste, ils ont été lus à haute voix, tandis que le groupe priait pour ces enfants inconnus. Rentrée en France, j'ai pris des nouvelles des enfants : chacun d'eux avait bénéficié d'une amélioration spectaculaire — et inexpliquée par les médecins !

* Sur ce sujet, lire l'excellent *Un prénom pour la vie* de Pierre Le Rouzic, Éditions France-Loisirs, Paris.

La guérison des morts...

Un tel est mort — mais cela ne veut pas dire qu'il soit parfaitement bien dans sa peau... éthérique ! L'expérience millénaire de toutes les civilisations, y compris la nôtre, montre que les morts ne sont pas vraiment morts. Et qu'ils souffrent souvent, de l'autre côté, ce qui les pousse à venir solliciter l'aide des vivants. Les Églises chrétiennes, catholique et orthodoxe ont comme tradition de prier pour ces « âmes en peine », afin de les aider. Il est étonnant que Cayce, élevé dans la religion protestante où il n'est pas d'usage de prier pour les morts, ait recommandé de le faire :

MONSIEUR CAYCE, L'ENTITÉ A VÉCU L'EXPÉRIENCE SUIVANTE : UNE NUIT, ELLE S'EST RÉVEILLÉE ET A SENTI LA PRÉSENCE DE SON FRÈRE. ELLE AIMERAIT QUE VOUS LUI EXPLIQUIEZ CE QUI S'EST PASSÉ ?

C'était une réalité.

LE 2 JUIN 1942, ELLE A ENTENDU SON FRÈRE L'APPELER. ÉTAIT-CE L'HEURE EXACTE OÙ IL EST MORT ?

Pas l'heure exacte, mais l'heure où cette entité a pu trouver la longueur d'onde qui lui a permis de te parler.

VOULAIT-IL FAIRE SAVOIR QUELQUE CHOSE À SA SŒUR ?

C'est surtout qu'il a besoin d'elle. Qu'elle n'oublie pas de prier pour lui et avec lui, sans chercher à le retenir, mais en s'efforçant de l'aider à cheminer vers la lumière. C'est bien ainsi. Car ceux qui sont morts ont besoin de la prière de ceux qui sont vivants : ils y ont droit. (Lecture 3416-1.)

Et voilà pourquoi la liste des noms lus à Virginia Beach se termine par ceux des défunts.

Voici qui jette une lumière sur les états post mortem :

EST-CE QUE LA MORT, MONSIEUR CAYCE, ARRÊTE IMMÉDIATEMENT LES SENSATIONS DU CORPS PHYSIQUE ? ET SI NON, CELA DURE COMBIEN DE TEMPS ?

Cela peut, en effet être un problème. Cela dépend de la façon dont est survenue la perte de la conscience physique — ou de la manière dont la personne a été habituée à considérer la mort. La mort est seulement le passage à travers une autre porte divine. Qu'il y ait continuité de la conscience est évident, comme le montre l'aptitude des entités à se projeter, ou à créer des impressions sur la sensitivité des médiums et autres personnes réceptives.

Quant à la durée de la mort, plus d'un individu est resté dans cet état pendant des années, sans réaliser qu'il était mort ! Les sentiments, les désirs, les appétits, sont modifiés, ou bien le défunt n'en est pas conscient du tout. C'est habituellement son aptitude à communiquer qui trouble ou ennuie les autres (les vivants). Combien de temps ? Cela dépend de l'entité. Car, comme nous l'avons dit, les forces psi d'une entité sont constamment actives, que cette âme-entité en soit consciente ou pas [...].

ET SI L'ON BRÛLE LE CORPS PAR INCINÉRATION, EST-CE QU'IL LE SENT ?

Quel corps ? Le corps physique n'est pas la conscience qui pense. La conscience du corps physique est une chose différente. Il y a le corps mental, le corps physique, le corps spirituel. Comme nous l'avons si souvent dit, c'est l'esprit qui est le constructeur. Pouvez-vous brûler ou incinérer un esprit ? Une intelligence ? Mais vous pouvez facilement détruire le corps physique. Et être absent [...] de son corps physique, c'est être présent avec le Seigneur, Lui qui est la Conscience Universelle, l'Idéal. Absent de quoi ? Quelle absence ? Absence de sa conscience physique, oui. Et combien de temps met-on à perdre la conscience physique ? Eh bien, cela dépend de la puissance des appétits et des désirs du corps physique ! (Lecture 1472-2.)

Du bon et du mauvais usage des groupes...

Il existe à travers l'Amérique un réseau de « study groups » où l'on se réunit pour lire la pensée de Cayce et la discuter. Dans la conception de son fondateur, le groupe de guérison par la prière n'était qu'un complément de ces groupes d'études. Dans ces derniers, on étudie les textes donnés par Cayce et regroupés sous le titre de « Search for God » (« A la recherche de Dieu ») — et qui sont sublimes.

Mais faut-il nécessairement être en groupe pour les apprécier ? Si vous êtes américain, probablement. Si vous êtes européen d'expression française, c'est discutable... Dans ces groupes, vous n'en apprendrez pas plus qu'en lisant « The Search for God » tout seul au fond de votre lit... De notre point de vue européen, ces groupes sont d'un ennui mortel, les gens y passent le plus clair de leur temps à déballer — sans humour aucun — leurs problèmes intimes, que les autres écoutent poliment, comme si on était au théâtre (avec la différence que les répliques sont rarement bonnes...).

Je ne discute pas la nécessité des groupes dans le contexte américain. Si Cayce a créé ces study groups, il avait d'excellentes raisons. Car, en Amérique, à la différence de l'Europe de l'Ouest, les gens ont une vie socio-culturelle extrêmement appauvrie. Voici pourquoi : en Amérique du Nord, on ne sait pas ce que c'est qu'une « cité », au sens grec et latin du terme. Une cité est un espace privilégié, où l'on marche à pied grâce à quoi on bénéficie des contacts culturels, sociaux, artistiques, religieux multiples qu'offre la rue. La cité s'ordonne, chez nous, autour d'un espace libre, le « forum », qui permet des échanges intenses... En latin, cette chose merveilleuse s'appelait « civis », la cité, d'où le mot « civilisation ». Et, en grec, « polis », d'où la politesse et la politique...

Or il n'y a plus de cités dans ce sens, aux États-Unis, à part New York City ! La voiture a tué la cité : les villes ne sont plus qu'un quadrillage de blocs posés les uns à côté des autres, sur des espaces tellement vastes qu'il n'est plus question d'y marcher à pied. La peur, la violence, le racisme, ont fait le reste... Constatant cet appauvrissement des échanges culturels dans la cité, il fallait bien inventer quelque chose : ce fut la « dynamique de groupe », qui rend aux États-Unis bien des services.

Moi-même, qui m'embêtais comme un rat le soir au fond de ma banlieue, j'étais enchantée de participer à un study group : ça me faisait voir du monde ! Ça me tenait lieu du dîner de copains au bistrot dont j'aurais bénéficié à Paris — où la vie culturelle intense (par tradition et depuis au moins vingt siècles) fourmille d'occasions d'échanges, libres, spontanés et passionnants. Ici, on n'a pas besoin de groupes artificiels pour s'informer...

Voici deux opinions de Cayce, sur l'utilité — mais aussi sur les limites — du groupe :

Imprimez toujours davantage dans l'esprit des gens que cette force, qui doit apporter la purification, la foi, et l'espoir dans les esprits, les cœurs et les âmes, vient de LUI. Et que toute confiance doit être mise en Lui, PAS dans le groupe. Le groupe permet seulement à chaque individu de développer sa force, son aptitude à guérir, et d'être plus conscient des besoins de chacun dans cette recherche. (Lecture 281-9.)

Le groupe peut être un alibi commode pour fuir sa vérité intérieure :

Où a-t-Il promis de te rencontrer ? Dans ton propre tabernacle ! Car ton corps, ton propre corps, est le Temple du Dieu Vivant. (Lecture 1861-12.)

L'église est là, à l'intérieur de toi-même, et non pas dans un pape ou un prédicateur quel qu'il soit. Ni dans aucun bâtiment mais en toi-même. Puisque ton corps est le Temple du Dieu Vivant... (Lecture 5125-1)

La base de ce qui a été enseigné par LUI, c'est que la voie, la vérité, la lumière, doivent être à la libre disposition de tous. Et que les choix — aujourd'hui comme hier — doivent être faits par chaque individu en son for intérieur, et non pas selon les directives d'un groupe. (Lecture 1767-2.)

MAIS DITES-NOUS, MONSIEUR CAYCE, EST-CE QUE L'ACTION DE GUÉRIR EN GROUPE EST PLUS EFFICACE QUE LA GUÉRISON OPÉRÉE PAR UN INDIVIDU ISOLÉ. ET SI OUI, POURQUOI ?

Lorsque deux ou trois sont réunis en mon nom, Je suis au milieu d'eux. Ces mots furent prononcés par la Vie, la Lumière, l'Immortalité, et sont fondés sur une loi. Car l'union ne fait-elle pas la force ? Et pourquoi ? Parce que l'unité de buts, de désirs, dynamise les énergies qui résident à l'intérieur du corps, et les met en mouvement. La diversité des idées peut engendrer la confusion, mais les lignes de force regroupées sur une personne sont de nature à augmenter l'efficacité et l'influence de cette loi universelle qui produit la guérison. (Lecture 281-24.)

4.

Les médecines douces cayciennes

Il est réconfortant aussi de savoir que Cayce a encouragé ce renouveau des médecines douces pour lesquelles nous nous battons depuis si longtemps... Nous étions cayciens sans le savoir !

(Voir *Médecines douces pour nos enfants,* aux Éditions du Rocher, où sont résumées les caractéristiques de chacune de ces médecines douces, ainsi que leur utilisation pratique). Commençons par la phytothérapie.

Les plantes de toujours

Le ricin

L'huile de ricin se dit « Castor Oil » en anglais. Au début, j'ai cru qu'il s'agissait d'un genre d'huile de vison, et j'avais été très choquée dans mes sentiments écologiques... Puis j'ai compris qu'il s'agissait de l'huile extraite de l'arbuste bien connu appelé en latin « Palma christi » !

La grande originalité de Cayce est de l'avoir recommandée par voie externe — et très peu par voie interne (cauchemar de tant de pauvres gosses d'autrefois !). Sa façon de l'employer, ce sont des cataplasmes chauds posés sur la peau. Cayce l'a prescrite, cette Castor Oil, près de 570 fois ! C'est dire s'il la considérait comme importante ! J'ai moi-même fait l'essai... C'est génial !

Ce n'est pas un remède vraiment nouveau : on sait depuis toujours que l'huile de ricin est un puissant cathartique, c'est-à-dire une substance qui provoque une catharsis, ou réaction rapide du corps pour se débarrasser des toxines. Voici une lecture typique :

Chauffez l'huile. Plongez dedans 2, 3 ou 4 épaisseurs de flanelle. Égouttez-les et appliquez directement à même le corps. Veillez à ce qu'une source de chaleur sèche maintienne ce cataplasme chaud pendant une heure environ, tant qu'il reste en contact avec la peau. Après quoi, lavez et baignez le corps, avec une solution savonneuse, pour le débarrasser de l'acidité et des secrétions naturelles qui auront été provoquées par le cataplasme. (Lecture 1034-1.)

Pour simplifier, on peut aussi enduire la peau de cette huile de ricin, qui est assez visqueuse, puis mettre dessus une écharpe de laine (Cayce dit que la flanelle de laine était préférable au coton) et ensuite sur le tout une bouillotte bien chaude. Il faut demander de l'huile de ricin Codex* — pas trop « purifiée », la plus naturelle possible. Celle que l'on vend à Virginia Beach (au magasin Heritage store, spécialiste des remèdes cayciens) est excellente, pas trop raffinée, de teinte jaune, et d'une odeur très supportable.

Que soigne-t-on avec l'huile de ricin par voie externe ?

Eh bien !... Tout, ou presque. Oignons, verrues, dermatoses, kystes, tumeurs bénignes... mais aussi tumeurs malignes : par exemple cancers de la peau et du sein (où Cayce a obtenu des succès définitifs). Et non seulement les maladies qui se manifestent au niveau de la peau, mais aussi de très graves désordres internes qui n'apparaissent pas toujours au niveau cutané ; cystites et cholécystites, coliques hépatiques et néphrétiques, tous les problèmes hépatiques et digestifs de façon générale, colites, coliques, constipation, appendicite ; les rhumatismes, les maux de tête, certains désordres du système

* En France : pharmacie Dufour-Festy, 89, avenue de Wagram, 75017 Paris, tél. : (1) 763.28.69.

nerveux comme l'épilepsie ; les néphrites, et même la toxémie gravidique. Toutes les fièvres...

Puisque tout ces maux proviennent d'un empoisonnement interne, l'huile de ricin joue alors un rôle de catalyseur dans l'élimination des poisons. Il faut appliquer le cataplasme plusieurs jours de suite, pendant plusieurs heures de temps dans les cas aigus — jusqu'à obtenir un soulagement de la douleur et une amélioration des symptômes — et sur la zone qui correspond à l'organe (par exemple sur le foie, en cas de colique hépatique, sur les reins en cas de colique néphrétique et de calcul, etc.).

Une seule contre-indication : ne pas utiliser les cataplasmes d'huile de ricin pendant les règles. De nombreux médecins qui ont fait des recherches sur les remèdes cayciens ont confirmé l'efficacité puissante de l'huile de ricin, que Cayce explique ainsi :

L'effet de ces cataplasmes d'huile est de dynamiser, par l'absorption à travers le système transpiratoire, les activités physico-chimiques qui produisent une plus grande quantité de lymphe, en augmentant l'activité des échanges à la surface. Cela provoque un drainage qui permettra l'élimination des poisons. (Lecture 631-4.)

La bonne huile d'olive des familles

Celle-là, c'est une vieille amie — et nous n'en avons pas été dégoûtés par un usage abusif. Considérée depuis toujours comme doucement laxative, elle est très souvent recommandée par Cayce. Par exemple, il conseille une « diète de pommes », où l'on ne mange, pendant trois jours, que des pommes crues — (non traitées, bien sûr !) en terminant cette mini-cure par une tasse à café d'huile d'olive. Cette cure a un but dépuratif : elle fait maigrir, corrige la constipation, draine l'organisme à l'entrée de l'hiver. La salade niçoise aurait enchanté Cayce, s'il l'avait connue !

... On sait bien que l'huile d'olive est l'amie du foie (à condition d'être consommée crue, et que ce soit une huile d'olive vierge, extraite par première pression à froid). Cayce la recommande aussi bien par voie externe que par voie interne :

L'huile d'olive, préparée comme il faut — de la pure huile d'olive vierge — devrait toujours être utilisée. Elle est l'un des meilleurs stimulants de l'activité musculaire et de la secrétion des muqueuses, lorsqu'on l'applique sur le corps. (Lecture 440-3.)

Dans les cas de cicatrisation difficile, de brûlures, Cayce recommande l'huile d'olive camphrée (camphre naturel, bien entendu, produit du camphrier du Japon). Le mélange des deux :

appliqué sur l'épiderme, a pour effet, non seulement de produire un apaisement, un adoucissement, mais de stimuler la circulation de façon telle que, peu à peu, en deux ans ou deux ans et demi, il se produise un renouvellement complet de la peau. (Lecture 440-3.)

Avis aux grands brûlés, et à ceux qui souffrent de cicatrices chéloïdes, c'est-à-dire vicieuses. Cayce donne les proportions : huile d'olive et camphre en parties égales, mais l'on peut doser le mélange de façon qu'il ne soit pas trop fort, et ne brûle pas (donc, avec moins de camphre). Autres usages, encore, de cette huile d'olive camphrée : coups de froid, angines, pneumonies, congestions. Ou en massage pour rétablir la circulation. Demandez à votre pharmacien de vous la préparer — mais fournissez-lui l'huile d'olive « bio » ! Enfin, le shampooing à l'huile d'olive a toutes les faveurs de Cayce, ainsi que les savons. On en fabrique en France, dans le Midi, d'excellents ! (Une chance pour nous !)

De façon plus générale, pour une meilleure élimination des déchets :

Prenez matin et soir de petites quantités d'huile d'olive pure. La moitié d'une tasse à café stimulera la sécrétion gastrique, qui est activée par l'huile d'olive. (Lecture 1481-1.)

Le bouillon-blanc

Appelé encore Molène, ou Cierge de Notre-Dame, etc., vous le connaissez bien, il fleurit jaune en poussant très haut sa hampe florale. Ses feuilles sont très larges, veloutées, d'un vert amande. Et son petit nom latin est *Verbascum thapsus.* Cayce recommande d'en boire des tisanes, dans le cas de varices et hémorroïdes :

Prenez du thé de bouillon-blanc, fait à partir des feuilles vertes, fraîches et tendres. Versez un litre d'eau bouillante sur 30 grammes de feuilles. Laissez reposer 20 à 30 minutes. Ensuite, passez, et prenez-en une tasse chaque jour. Refaites une tisane fraîche tous les deux ou trois jours. Cela aidera beaucoup la circulation, et éliminera l'excès d'acidité, en aidant la circulation veineuse. (Lecture 243-38.)

Cayce donne le même conseil à une jeune femme enceinte dont les jambes étaient enflées (Lecture 457-13). Recette utile pour beaucoup de femmes de notre époque qui souffrent de troubles circulatoires dus, pas forcément à une grossesse, mais plus souvent au port quotidien de collants nylon, et à l'usage de la pilule. Je ne donne pas d'autres recettes — on les trouve dans tous les livres traitant des plantes médicinales — y compris dans *La Phytothérapie* du Dr Valnet (Éditions Maloine). Cayce, comme Valnet, recommande le cataplasme de feuilles de bouillon-blanc (lecture 5037-1) pour soulager les coliques néphrétiques, et, de façon générale, pour aider à dissoudre boues et pierres qui bloquent les voies urinaires. Avec tant de remèdes sous la main, on se demande comment il y a encore des malades... Mais ceux qui utilisent les plantes savent bien que leurs problèmes ne durent jamais longtemps !

Les amandes contre le cancer

On a fait beaucoup de bruit autour d'une prescription répétée plusieurs fois par Cayce :

Ceux qui voudront bien manger deux ou trois amandes chaque jour, n'auront plus besoin de jamais craindre le cancer. (Lecture 1158-31.)

Dans la perspective caycienne, le cancer n'est pas cette psychose collective qu'il est aujourd'hui dans le grand public. La médecine officielle ayant quasiment échoué à le guérir, les gens peu informés paniquent. Mais dans les dossiers Cayce, j'ai vu nombre de cancers guéris...

La prescription de Cayce n'a d'ailleurs rien d'étonnant, lorsqu'on sait que l'amande est très riche en chlorure de magnésium — et que celui-ci est l'un des grands préventifs du cancer (comme l'ont montré les travaux du Pr Delbet — voir les dossiers de la Fipiad*).

Cela dit, n'allez tout de même pas « gober » n'importe quoi. Pour commencer, Cayce entend bien parler des amandes naturelles, et non pas ces pauvres choses lavées, desséchées, déshydratées, salées, colorées, conditionnées... qu'on trouve préemballées « pour cocktail ». Chaque fois qu'il peut, il répète qu'il faut consommer des produits purs, non traités chimiquement... Alors, faites provision d'amandons de Provence !

D'autre part, la médecine caycienne n'est en aucun cas un ensemble de « petits trucs magiques ». Cayce répète encore et encore que toute maladie se construit d'abord dans le mental — le cancer comme les autres ! Il insiste sans arrêt sur le travail à faire dans notre mental, dans notre esprit, et sur le plan de l'hygiène de vie. La maladie est d'abord une conséquence d'une attitude mentale et émotionnelle tordue ! Et aucun médicament ne jouera si nous ne corrigons pas notre attitude intérieure. Mais j'y reviendrai plus loin. Ce n'est qu'en acceptant de travailler sur notre mental et sur nos émotions, qu'on a une chance de voir marcher les recettes. Et, en particulier, l'amande quotidienne, car elle contient :

du phosphore et du fer, combinés d'une façon plus facilement assimilable pour le corps que n'importe quel autre type de noix. (Lecture 1131-2.)

Cayce recommande aussi des plantes médicinales connues des Indiens — et dont je ferai grâce à mes lecteurs, car on trouve leur équivalent en Europe. Inutile, donc, d'aller courir à Virginia Beach (alors que nous avons tout ce qu'il faut ici !).

Les oligo-éléments

Pour ceux qui ont redécouvert — avec quel enthousiasme ! — nos médecines ancestrales, Cayce est vraiment encourageant. En feuilletant ses lectures, je n'ai cessé d'y retrouver les bonnes vieilles recettes que j'avais naguère recommandées à

* Fipiad, secrétaire : Mme Simone Vieil, 7 allée Guy-de-Maupassant, Cedex n° 67, 77420 Champs-sur-Marne.

mes lecteurs, après les avoir d'ailleurs essayées moi-même. Par exemple, les vertus de l'oignon, du raisin, du miel, du sel marin, du sable, de l'argile, de l'or, de l'air, de l'eau... Cayce affectionne particulièrement les cataplasmes — que, Dieu merci, nous connaissons encore en Europe (tant qu'il y aura des grand-mères !). En Amérique, c'est tellement oublié, qu'à la Fondation Cayce, ils sont obligés de donner des cours pour montrer comment on fait un cataplasme ! Les gens sont angoissés à l'idée de faire quelque chose dont la télévision ne leur a pas parlé ! Et puis les cataplasmes, ce n'est pas douloureux, ni violent... C'est une médecine tout ce qu'il y a de doux : les traitements cayciens ne violentent jamais le malade, ne lui imposent jamais un surcroît de douleurs, comme le fait notre médecine moderne, qui est sans pitié...

Pour en revenir aux cataplasmes, nous avons vu que Cayce prescrivait ceux préparés avec l'huile de ricin et avec les feuilles de bouillon-blanc. Mais il en prescrit également au raisin, au plantain, aux épluchures de pommes de terre... Les plus originaux sont sûrement les *cataplasmes de sable chaud* :

Mettez-vous beaucoup au soleil, cela est bon pour le corps. Faites aussi des massages avec du sable, des cataplasmes de sable. Ce serait bien. Cela augmente la circulation capillaire. (Lecture 357-1.)

Lorsqu'il y a du sable et du bain de mer, il est bon de se couvrir le corps de sable après cela, de sable sec ! Mouillez tout le corps dans l'eau de mer — avec le costume de bain ! — et ensuite, couvrez-le immédiatement de sable sec — pas de sable humide. Couvrez le corps tout entier, excepté, naturellement, la tête et la figure, qu'on doit abriter du soleil, tandis que tout le reste, c'est-à-dire le monticule de sable, doit être en plein soleil. Ne laissez pas le sable trop peser sur le corps, pas au point de créer une angoisse, un malaise — mais laissez le corps ainsi recouvert pendant vingt ou trente minutes, si vous le supportez. Le sable dans cette localité n'est pas aussi efficace que dans d'autres endroits où il contient davantage de radium et d'or, et éléments semblables. Mais enfin utilisez ce que vous avez sous la main. Une fois par jour, cela stimulera la circulation capillaire. (Lecture 849-33.)

A d'autres, qui avaient des problèmes cardiaques, Cayce au contraire, déconseilla le cataplasme total de sable. De façon générale, celui-ci ne peut se pratiquer que sous un climat chaud — comme c'est le cas à Virginia Beach, dont le climat ressemble en hiver à celui de Nice, et en été à celui de Miami ! Il est évident qu'en Bretagne, on aura du mal à trouver suffisamment de sable sec. Dans ce cas, il vaudra mieux faire des cataplasmes partiels de sable chaud. On devrait, pour être fidèle à l'esprit caycien, s'allonger à même le sable en sortant de l'eau, au lieu d'interposer une serviette de bain ou un fauteuil. Et puis tous les sables n'ont pas la même valeur, c'est aussi ce que dit Cayce. Les sables renouvelés par la marée, comme ceux que nous avons en Bretagne, ont sûrement un très grand pouvoir curatif. Quant aux bains de boue, qui se pratiquent dans les établissements thermaux, et de thalasso, ils sont parfaitement dans la ligne caycienne !

J'ai essayé un bain de sable complet sur la plage de Virginia Beach : il est vrai que le sable pèse très lourd, et cela fait une drôle d'impression. Voilà pourquoi le bon Cayce disait qu'il ne fallait prendre un bain de sable *que si la personne pouvait le supporter sans angoisse.* Car on « s'enterre » (avec tout de même le bout du nez à l'air libre !).

Cette thérapie n'a vraiment rien de redoutable, et j'ai trouvé, personnellement, qu'un bon bain de sable mettait en forme pour le reste de la journée. C'est que les sables contiennent, comme l'a souligné plusieurs fois Cayce, ce que l'on appelle aujourd'hui des oligo-éléments : ce sont les corps simples de base recensés par la classification de Mendeleïev, dont certains sont présents en très petite quantité. *Oligo* veut dire « peu » en grec. On les a baptisés ainsi, car, dans la médecine des oligo-éléments du Dr Ménétrier, on estime que ces minéraux, métaux métalloïdes, sont essentiels, même en quantité infime : leur présence, sous forme de traces impondérables, est indispensable, car ils jouent un rôle de catalyseur dans la formation des tissus*. Une carence dans l'un ou l'autre de ces oligo-éléments, dans notre corps, entraîne la maladie. Il faudra donc en absorber pour remédier à la carence. La médecine des oligo-éléments les donne sous forme d'ampoules buvables, dans une solution aqueuse. Par exemple, à quelqu'un qui souffre de certaines infections, on prescrira : « or » et « argent »

---

* Voir le livre du Dr de Tymowski *Une autre médecine* (Éditions Robert Laffont).

Argentum — ou bien des combinaisons simples de ces éléments : *Argentum nitricum,* par exemple. Dans les recettes de bonne femme d'autrefois, on connaissait la macération d'or : les paysans laissaient tremper un bijou de ce métal, toute la nuit dans un verre d'eau. Et, au matin, on buvait cette eau qui contenait des traces d'or... En l'absence d'homéopathie, ou d'oligo-éléments, médecines inconnues aux États-Unis, Cayce donna des équivalents, par différents traitements tant internes qu'externes. Je ne les donnerai pas ici — puisque nous avons tout ce qu'il nous faut en Europe (voir plus loin l'hydrothérapie par les eaux thermales : soufrées, ferrugineuses, carbonatées, radioactives, de source ou marines, ces eaux minérales naturelles nous apportent, par bains, ou par ingestion ces fameux oligo-éléments tant recommandés par Cayce).

Nos traditions médicales font également usage de l'argile-silicate d'alumine hydratée — qui a de grandes propriétés revitalisantes, cicatrisantes, désinfectantes... Combien de fois n'ai-je pas soigné mes enfants, moi-même — et nos animaux domestiques — avec des cataplasmes d'argile verte sur brûlures, éruptions et bobos divers ! Ou bien avec un peu d'argile dans l'eau de boisson en cas de diarrhée (on trouve de l'argile dans toutes les pharmacies de France et de Navarre !). Cayce parle beaucoup de ce dernier traitement :

N'ayez pas peur de consommer un peu d'argile de temps en temps. Vous devez savoir qu'il faut en manger une certaine quantité si l'on veut équilibrer sa santé. C'est à cause de ce manque qu'arrivent toutes sortes de maladies. Car l'Homme est poussière, et il doit y retourner. (Lecture 3352-1.)

QUEL EST LE MEILLEUR MOYEN DE PRENDRE CETTE ARGILE, MONSIEUR CAYCE ?

Comme vous le sentez : dans la bouche, et avalez-la ! Ça n'est pas mauvais du tout. Le corps en a besoin, en crie son besoin ! Il y prendra goût au bout de trois ou quatre jours !(Lecture 4740-1.)

J'ai souvent fait l'expérience de mettre une pincée d'argile dans l'eau de boisson des animaux malades : je vous jure qu'ils se précipitent dessus ! Quant à nous-mêmes, les humains, si nous en avons besoin, c'est vrai que nous lui trouvons bon goût ! Cayce a recommandé aussi de chercher ces oligo-éléments dans l'alimentation — ce que nous n'ignorons pas, d'ailleurs :

QU'ORDONNEZ-VOUS POUR SOIGNER CETTE ANÉMIE ?

Il n'y a rien de meilleur, en cas d'anémie, que le phosphore ! Une soupe de coquillages sera très efficace. Et aussi, rien n'est plus utile pour augmenter les globules rouges du sang, que ce que nous trouvons dans les fruits de mer : huîtres, clams... (Lecture 698-1.)

Notre version française de la soupe de coquillages connue aux États-Unis, est, bien sûr, la soupe de poisson provençale, ou ses sœurs des autres régions, (comme la pauchouse). Quant au plateau de fruits de mer, il me paraît répondre parfaitement aux conseils de Cayce.

A Virginia Beach — Norfolk, qui est au bord de la mer, ils ont du très bon poisson, dont j'ai fait mes délices... Mais attention, si vous allez là-bas : ne le mangez pas frit, ni hyper-bouilli ni encadré de ces sauces ignobles qui se disent « french dressing », ou « italian dressing ». Demandez seulement un quartier de citron... Ce sera plus sain. Leurs huîtres sont surprenantes : elles ne sont pas salées, car elles sont cultivées dans des eaux saumâtres. Aussi sont-elles meilleures cuites ! Les clams et praires, y sont excellents — quant aux coquilles Saint-Jacques, elles sont toujours servies sans leur corail : ce qui est dommage, car c'est justement cette partie rouge qui contient les oligo-éléments et l'iode en particulier.

Cayce adorait le fameux ragoût de clams : *Clams showder.* Mais je ne vous le conseille pas dans les restaurants là-bas, car on y ajoute du brandy, et des tas d'autres ingrédients plus ou moins chimiques qui ont pour résultat de pénaliser les foies sensibles. Ne le consommez que chez une maîtresse de maison qui le fera elle-même, à partir de vrais clams.

Dans l'eau de mer, on trouve des traces de tous les corps simples connus. Voilà pourquoi les poissons et fruits de mer sont une source irremplaçable d'oligo-éléments. Cayce les a recommandés de multiples fois :

EST-CE QUE LES HUÎTRES FOURNISSENT ASSEZ D'IODE POUR CE CORPS ?

Les huîtres fournissent une quantité considérable d'iode. (Lecture 275-17.)

Il peut être fourni par ces aliments riches en iode, que sont les fruits de mer et poissons. [...] Préférez prendre l'iode dans ces ali-

ments, car c'est ainsi qu'il sera le plus assimilable. (Lecture 257-243.)

Ce sont les pêcheurs bretons qui vont être contents ! Et, à mon avis, la soupe de poissons méditerranéenne, qui inclut les « parures » de poissons, c'est-à-dire les cartilages, la peau, les parties qu'on ne mange pas habituellement me paraît un festival d'oligo-éléments !

Quant au fer :

Ce corps [...] a besoin de davantage de sang rouge [...]. Son régime devrait apporter davantage de fer, comme on en trouve dans la poire... (Lecture 4834-1.)

PRÉCISEZ-NOUS LES ALIMENTS QUI CONTIENNENT DU FER ?

Épinards, choux, navets, salsifis, radis [...]. Pour les fruits : mangez des poires [...], certaines espèces de pommes, de citrons, d'oranges...

DE QUELS MINÉRAUX EST-CE QUE JE MANQUE PLUS PARTICULIÈREMENT ?

Il y en a dix-neuf ! Or, argent, platine, silice, fer, etc.

POURQUOI AI-JE CET APPÉTIT D'OGRE ?

Mais c'est parce que votre corps désire combler les carences en minéraux ! (Lecture 924-1.)

Ces extraits de lecture montrent combien Cayce attachait d'importance aux carences minérales.

Les vertus de l'eau

Bains et eaux thermales

Pour celles-ci — nos chères « eaux minérales ! » — nous sommes vraiment un pays gâté par les dieux ! Et plus encore, de n'avoir jamais oublié les traditions gauloises de la thérapie par l'eau ! Les stations thermales et marines de France, de Belgique, de Suisse, correspondent parfaitement aux recommandations de Cayce.

Nous avons aussi (surtout en Suisse et en Alsace) bénéficié des enseignements de l'abbé Kneipp, qui guérissait tout par l'eau, chaude ou froide — et dont les succès furent éclatants. Aux États-Unis, au contraire, le thermalisme est abandonné. On n'y croit pas (c'était une médecine indienne... donc considérée comme arriérée !). Il était impossible à Cayce d'envoyer ses patients dans des stations thermales qui n'existaient plus ! Il fallait donc trouver quelque chose pour les remplacer. Car les lectures — par centaines ! — insistent sur la guérison par l'eau, sous toutes ses formes, et par toutes les voies du corps.

Pour commencer, il recommanda les bains additionnés de « sels d'Epsom », en vente aux États-Unis, et dont la composition chimique se rapproche de celle d'un grand nombre de nos eaux thermales. Ces bains furent ordonnés en cas de rhumatismes, de mauvais fonctionnements glandulaires, de séquelles d'accidents... Par exemple :

Nous vous conseillerions de prendre tous les jours au moins un bain d'eau additionné de sels d'Epsom. (Lecture 5169-1.)

Je n'insiste pas, parce que les recommandations qui suivent et les indications sont exactement celles de certaines de nos cures thermales... Allez suivre une cure à Vichy ou à La Bourboule, vous serez parfaitement dans la ligne de la pensée caycienne !

L'hydrothérapie, au sens large, inclut toutes les formes de thérapie par l'eau, externe et interne, et c'est bien ainsi que l'entend Cayce.

Non seulement les bains d'eau minérale (naturelle ou reconstituée en baignoire), mais aussi les bains de vapeur :

Nous recommandons en premier lieu l'usage des bains pour se faire transpirer... Pas tant ceux qui chauffent le corps directement au contact de l'eau, mais plutôt, dans ce cas, les bains de vapeur. (Lecture 1302-1.)

Cayce recommandera aussi les « pédiluves » ou bains de pieds curatifs, dont ceux, bien connus, à la farine de moutarde. Il recommandera les bains aux huiles essentielles (celles qu'on pouvait trouver à son époque, le pin par exemple), les bains de soleil, les bains de mer, et tout ce qui pouvait remplacer les bains turcs, ou bains maures, ou bains finlandais, que nous avons en Europe (dont le principe est d'amener le corps à transpirer, pour ensuite le laver dans une eau très froide).

Ce serait bien de baigner les pieds et les membres dans de l'eau très chaude, en y ajoutant de la moutarde pour activer la circula-

tion dans ces parties du corps [...]. Et, en cas de grippe, de coup de froid, baigner les pieds dans cette eau additionnée de moutarde, jusqu'aux genoux, et même jusqu'aux cuisses. Et vous pouvez même prendre des bains de siège dans cette eau à la moutarde, mais dans ce cas, n'en mettez pas trop. (Lecture 1005-15.)

Vous trouverez de la farine de moutarde chez tous les pharmaciens et herboristes. Cayce a aussi recommandé les bains d'amidon, de son, de bicarbonate de soude et même le cataplasme d'eau glacée sur l'abdomen en cas d'insomnie.

Boire beaucoup d'eau

Cayce insiste aussi beaucoup sur la nécessité de boire de l'eau pure : (*aqua pura,* dit-il) complément indispensable de toute hydrothérapie :

Car, comme nous l'avons souvent dit, lorsqu'un aliment quel qu'il soit, pénètre dans l'estomac, ce dernier devient immédiatement un entrepôt, un laboratoire médical où se créent tous les élémens nécessaires à une bonne digestion à travers le corps. Si ce processus est dynamisé tout au début par l'ingestion d'aqua pura, les réactions seront bien plus normales. (Lecture 311-4.)

COMBIEN D'EAU DOIS-JE BOIRE PAR JOUR ?

De cinq à six grands verres pleins. (Lecture 574-1.)

Et dans une autre lecture, il répète qu'il a bien recommandé l'eau pure, de préférence à toute autre boisson. Il ne faudrait donc jamais passer une journée sans boire de l'eau...

Buvez plein d'eau ! [...] Le soin du corps, de façon générale, demande que l'on maintienne beaucoup d'eau dans celui-ci, à la fois par voie interne, et par voie externe [...]. C'est cela qui construira les défenses normales du corps. (Lecture 583-4.)

Chaque matin, il est bon, dès qu'on se lève, de prendre un verre d'eau chaude, plein à moitié ou aux trois quarts. Pas chaude au point d'être imbuvable, ni tiède au point d'être écœurante ! Mais cela aidera à l'élimination des toxines [...]. Vous pouvez, à l'occasion, y ajouter une pincée de sel. (Lecture 311-4.)

Honni soit qui mal y pense : les lavements...

Cayce ne cesse d'insister sur les lavements — en accord avec la médecine ayyurvédique, qui insiste sur le nettoyage des intestins, et parfaitement en accord avec nos médecines douces européennes. Car la maladie est toujours créée par une intoxication — le plus souvent une auto-intoxication. Lorsque le transit intestinal, dans sa lenteur, n'élimine pas les toxines, elles sont remises en circulation dans le sang — et là, ça peut devenir gravissime. Ces toxines provoquent un empoisonnement général, le plus souvent sournois, avec un affaiblissement progressif de la personne — qui ne s'en rend pas toujours compte.

Je venais d'arriver aux États-Unis lorsque je fis la connaissance d'Adelaïde Crockett à la Fondation Cayce. C'était une dame de l'Amérique préhippie — une vraie dame, élégante, fine, cultivée, courtoise, d'un dynamisme défiant les années. Un modèle américain très réussi des générations précédentes. Elle me plaisait beaucoup par son enthousiasme, sa gaieté, sa passion pour n'importe quel sport disponible.

... Donc, j'avais rendez-vous pour déjeuner avec Adelaïde, dans la bibliothèque de la Fondation Cayce dont elle est l'un des piliers.

— Ah, non ! me dit-elle, ça n'est pas possible. Je suis désolée. J'ai un gros rhume, je ne me sens pas bien du tout. Alors j'ai pris rendez-vous au Therapy Department pour me faire faire un « clonic ».

— Un quoi, Adelaïde ?

— Un « colonic enema ».

— Qu'est-ce que c'est ?

— Enema. Venez avec moi si vous voulez, vous verrez bien !

Je n'en croyais pas mes oreilles. *Enema* veut dire lavement en anglais, et le dictionnaire répétait la même chose. *Colonic enema* se traduisait par lavement du côlon. Et cela dans la bouche d'une dame presque aussi distinguée que ma propre grand-mère... Incroyable ! J'en étais gênée pour elle. Mais pas du tout, elle riait !

Puis elle m'expliqua qu'à la Fondation Cayce, on avait une machine à faire les lavements — dont on était très fier ! Puisque Cayce insiste tellement sur cette forme d'hygiène... (En réalité, j'ai trouvé cette machine assez archaïque, et Cayce ne dit nulle part que le traitement dût être effectué à la machine !... Mais, en Amérique, ils ont une telle passion pour les machines, qu'il fallait qu'ils en mettent une là aussi !)

Adelaïde sortit toute souriante du Therapy Department.

— Alors, Adelaïde, est-ce que vous vous sentez guérie de votre rhume ?

— Mais oui, darling. Maintenant ça va, le rhume est passé, je peux enfin respirer. *Isn't marvellous?*

... En rentrant à Paris — où le sujet est tabou pour les intellectuels — j'ai relu les « Mémoires » de Saint-Simon. Il décrit la vie quotidienne de la Cour du Roi-Soleil, et parle, sans inhibition aucune, des purges et lavements divers que l'on prenait... en public. Décidément, c'est ce XIXe siècle puritain qui est la cause de tous nos malheurs... Tabous qui se payent cher sur le plan de la santé ! Cayce :

Il existe des voies naturelles pour éliminer les poisons, c'est-à-dire les énergies usées par le corps. Après avoir travaillé sur les éléments nutritifs venus de l'extérieur, ces forces usées sont triées, grâce à la circulation des différents systèmes, et mises à part. Les déchets, ainsi produits doivent être éliminés. Nous les éliminons principalement grâce à la respiration, c'est-à-dire l'activité des poumons, grâce à la transpiration, grâce au tube digestif, grâce aux reins [...]. Les maux de tête, par exemple, sont un signal indiquant que les éliminations ne se font pas comme elles le devraient. De plus, dans ce corps précis, le tube digestif souffre d'un état pathologique au niveau du côlon où se produit une surcharge [...]. D'où la nécessité de procéder à des irrigations du côlon, de temps à autre, et de pratiquer, de façon générale, diverses formes d'hydrothérapie. (Lecture 2602-2.)

Car l'hydrothérapie — comme les massages — est aussi préventive que curative, elle permet le nettoyage général de l'organisme, qui rétablit le fonctionnement général de celui-ci, en éliminant les poisons, en soulageant les zones congestionnées. Sans quoi, les maladies risquent de devenir aiguës. (Lecture 257-254.)

Si l'on ne devait jamais laisser passer une journée sans laver de pied en cap la transpiration sécrétée sur tout le corps, on ne devrait pas non plus :

Laisser passer vingt-quatre heures sans évacuation des selles.

Car c'est cela qui accumule les poisons et déchets toxiques qui pèsent sur le système nerveux, sur le sympathique et le parasympathique, ainsi que sur le système cardiaque, provoquant un engorgement, un surmenage de l'activité du cœur. D'où les lavements, et la nécessité d'améliorer le régime alimentaire. Faute de quoi les accumulations de déchets amènent la maladie. D'où également, la nécessité d'adopter mentalement une attitude positive et constructrice à leur égard. (Lecture 294-184).

Et Cayce de conseiller, plutôt que les laxatifs, un changement de régime alimentaire (dont nous parlerons plus loin), et des lavements ! Pour ceux de mes lecteurs qui seraient choqués, je tiens à dire ici que je trahirais la pensée de Cayce si je passais sous silence une chose sur laquelle il a tant insisté. Ce grand principe de se purifier physiquement est essentiel dans la philosophie caycienne. Dans les lectures revient sans arrêt le mot *cleansing,* qui signifie nettoyage, purification...

Car tout un chacun — tout le monde — devrait prendre un lavement interne de temps à autre, tout comme l'on prend des bains externes. Les gens se porteraient mieux s'ils voulaient bien le faire. (Lecture 440-2.)

Nettoyez votre corps, comme votre esprit, de tout ce qui l'encombre. Ce qui encombre le corps, ce sont les éliminations insuffisantes. Aidez votre corps à mieux éliminer ses toxines. (Lecture 2524-5.)

De l'importance d'exercer son corps tous les jours

Un effort physique quotidien semble indispensable à tout le monde :

Comme beaucoup de gens en font la découverte, se maintenir en forme est un travail qui mérite d'être entrepris [...]. Pour commencer, faites ce qu'il faut pour cela : prenez le temps de vous reposer, de faire de l'exercice, de vous garder en bonne condition physique. (Lecture 849-18.)

Car, dit Cayce, il passe autant de spirituel dans les soins du corps que dans d'autres activités considérées — à tort — comme plus nobles. C'est pourquoi il n'y a pas lieu de mépriser l'hygiène la plus terre à terre.

Lorsque les Anciens disaient « mens sana in corpore sano » cela voulait bien dire que le sage doit parvenir à la maîtrise de son corps. Et celui qui méprise son véhicule terrestre n'a pas encore atteint la sagesse ! De l'effort quotidien pour purifier et assainir notre corps, il y a de grandes leçons spirituelles à tirer. Pour commencer, Cayce dit que chacun doit absolument pratiquer un exercice physique :

Il est bon que chaque personne, que tout le monde, prenne de l'exercice pour compenser la routine des activités quotidiennes, de telle sorte que l'on puisse s'en reposer. (Lecture 416-1.)

Prenez davantage d'exercice — en plein air ! — ceci de façon à faire jouer les énergies musculaires du corps. Ce n'est pas que l'activité mentale doive être ankylosée, ou bien éliminée de ce que l'on fait avec les muscles, mais tout cela doit contribuer à faire une personne plus équilibrée. (Lecture 341-31.)

Cayce propose des exercices pour guérir toutes les variétés de maladies : la constipation, les hémorroïdes, la mauvaise digestion, les insuffisances glandulaires, les maladies hépatiques et rénales, celles des os, des dents, des doigts de pied, etc. TOUT, TOUT, TOUT !

Mais n'importe quel professeur de yoga, de tai-chi-chuan, d'aérobic ou de lutte bretonne vous dit aujourd'hui la même chose... Seulement Cayce l'a dit il y a cinquante ans !

Cependant, il ne faut jamais rien forcer :

Ne jamais faire travailler à l'excès une partie du corps au détriment des autres, ce qui rendrait l'exercice plus néfaste qu'utile. L'exercice est quelque chose de merveilleux, et de nécessaire. Et l'on peut en prendre beaucoup, ou peu, selon les besoins, d'une façon systématique. Mais il faut toujours en cela user de bon sens et de modération. (Lecture 283-1.)

Comme dit mon ami Olivier Merlin, grand chroniqueur sportif au *Monde,* en regardant courir les drogués du jogging dans le bois de Boulogne : « Je suis persuadé qu'une partie de ces types-là, se raccourcissent leur ticket d'un bon nombre d'années ! »

D'autre part, Cayce insiste sur la persévérance : dans la pensée, il est absolument inutile de faire des exercices surhumains... Il faut les faire en douceur, et tous les jours. Le secret du succès est la constance :

Lorsque vous entreprenez systématiquement un exercice, il faut persévérer. (Lecture 40008-1.)

... Petite phrase qu'il répète chaque fois qu'il parle d'exercice.

Cayce recommande aussi très souvent ce qu'il appelle « head and neck exercises », c'est-à-dire une série de mouvements d'assouplissement de la nuque. D'après lui, la pratique quotidienne de ces mouvements soigne, ou prévient, un nombre incalculable de maladies : des yeux, du système sympathique, des dents, de la circulation générale, etc. C'est au point qu'à la Fondation Cayce, on les fait tous ensemble à l'heure de la méditation quotidienne, à midi. Ça fait un drôle d'effet, quand on débarque la première fois, de voir cette assemblée de personnes très dignes se mettre à branler du chef tous azimuts... :

Le matin, en vous levant, commencez les exercices de la tête et du cou. Faites tourner la tête d'abord, très doucement, trois à cinq fois vers la droite, et autant vers la gauche. Assis ou debout, penchez lentement la tête en arrière, aussi loin que vous pouvez, trois fois. Puis idem en avant, trois fois. Ensuite, trois fois à gauche, puis trois fois à droite. Prenez le temps de faire ces exercices lentement, mais fidèlement ; pas comme une routine, mais comme un acte accompli en vue d'un objectif précis. (Lecture 1131-3.)

Dans d'autres lectures, il souligne l'importance de la respiration. Voir plus loin.

Les exercices de la tête et du cou paraissent spécialement importants à cause du grand nombre de fonctions vitales réunies dans cette partie du corps. « Peuple à la nuque raide », lit-on dans la Bible, suggérant par là que l'orgueil, c'est-à-dire la peur d'avoir à se changer soi-même, se somatise au niveau du cou. J'ai personnellement moi-même pratiqué ces exercices, et spécialement, comme on le fait à la Fondation Cayce, avant toute séance de méditation, et je dois dire qu'on en ressent le bienfait immédiatement.

Les massages : une médecine vieille comme le monde

Cayce a beaucoup insisté encore sur l'importance des massages. La lecture citée plus haut (257-254) affirmait que le massage n'est pas seulement curatif, mais aussi préventif. Je n'insisterai pas beaucoup à mon tour là-dessus, car Cayce ne nous apporte rien de vraiment original : les massages en France sont remboursés par la Sécurité sociale, sur ordonnance médicale — c'est dire combien nous les estimons importants ! N'importe qui peut s'en faire prescrire, et rembourser !

Cayce a recommandé les massages en douceur. Il emploie souvent le mot « gentle » qui signifie doux — et il ne semble pas qu'il ait jamais recommandé de prendre le patient pour un ballon de foot, ce qu'on fait avec certaines méthodes comme le rolfing ! Ces massages, très agréables et relaxants, sont donnés au Thérapy Department de la Fondation. On ne vous y brutalise pas, bien au contraire, tout baigne dans l'huile... Car, justement, Cayce liait l'efficacité des massages à l'emploi d'huiles végétales : huile d'arachide, huile d'olive, surtout. L'huile d'arachide est une production locale de la Virginie, et elle est là-bas très bonne, bien meilleure que celle que nous avons en France, qui est trop traitée, et en tout cas importée (à condition, en Virginie, d'acheter de l'huile biologique, non traitée, dans les « health food store »). Le principe de Cayce était d'utiliser ce que produit le sol sur lequel on vit (lecture 4047-1), s'il fait exception pour l'huile d'olive, c'est qu'il la juge irremplaçable (voir pages précédentes).

Donc, pour vous conformer à ce principe, utilisez plutôt de l'huile d'arachide si vous êtes en Virginie, et plutôt de l'huile d'olive si vous êtes en Europe, et particulièrement dans le Midi, où nous avons la chance de produire de merveilleuses huiles d'olive fruitées et peu traitées.

Mais revenons aux massages, avec la lecture donnée pour un garçon de dix-huit ans atteint de leucémie :

Le massage, c'est très bien, mais nous le ferions encore beaucoup plus souvent, voyez-vous ? Chaque fois qu'on a la possibilité de stimuler dans toutes les parties du corps une meilleure activité des organes. La raison pour laquelle nous recommandons ces massages mérite votre attention : l'inactivité provoque un affaiblissement, un relâchement de certaines zones le long de la colonne vertébrale — zones d'où partent les influx nerveux qui vont jusqu'aux divers organes. Certains reçoivent plus de stimulation nerveuse que d'autres : aussi le massage rétablit-il l'équilibre en aidant les ganglions à recevoir l'influx nerveux comme ils devraient et cela aide la circulation à travers les différentes parties de l'organisme. (Lecture 2456-4).

Dans toutes les maladies où le système nerveux est défaillant — et il y en a beaucoup —, Cayce ordonnait des massages. Il considérait aussi que c'était, de toute façon, un traitement préventif contre les rhumatismes :

Ceux qui prennent un massage d'huile d'arachide chaque semaine n'ont pas à craindre l'arthritisme. (Lecture 1158-31.)

Dans la lecture 1206-13, il ajoute même :

ni les maladies du foie et des reins.

Parmi les lectures données à la gloire de l'olivier, en voici une donnée pour une pauvre femme boiteuse, qui souffrait d'asthénie et de toxémie :

Deux fois par jour, massez le corps, spécialement le long de la colonne vertébrale. Dans la soirée, utilisez pour le massage de l'huile d'olive — de l'huile d'olive vierge — où chaque segment de la colonne, chaque vertèbre, sera massée. Frottez bien pour faire pénétrer l'huile dans le corps. Massez les membres, spécialement le long du nerf sciatique et les nerfs qui vont du plexus jusqu'aux bras et aux avant-bras ; et massez le long de l'avant-bras, interne et externe. Baignez votre corps après le massage complet. Ce massage doit prendre au moins vingt, vingt-cinq minutes, voyez-vous? Le matin, massez le corps avec de la teinture de myrrhe) (Cayce explique ailleurs qu'il faut mélanger celle-ci avec de l'huile d'olive, en parts égales, pour l'adoucir, et faire chauffer un peu l'huile. La myrrhe en question est extraite d'une résine d'un arbuste des bords de la mer Rouge, et vous la trouverez en vente dans les pharmacies homéopathiques).

Ceci a pour but de raffermir et de relaxer le système musculaire, d'améliorer la locomotion, d'aider le corps à se libérer de ses poisons, et de fortifier tout l'organisme en général. A suivre pendant au moins quinze jours de suite, voyez-vous? (Lecture 5421-6.)

Pour terminer, le Dr Reilly, auteur d'un bon livre sur les

thérapies cayciennes, posa la question : ET QUI DOIT FAIRE CES MASSAGES ?

Celui qui se sent sur la même longueur d'onde que le traitement à entreprendre.

Autrement dit, si les professionnels du massage sont souvent les meilleurs — puisqu'ils ont choisi ce métier ! — toute personne qui se sent douée, qui en a le goût peut en soulager une autre. Dans cette perspective caycienne, de massages doux, où l'on ne brusque rien, ce n'est pas dangereux. Et si cela vous intéresse, vous pouvez vous inspirer de techniques comme le do-in, le shiatsu, la réflexologie, qui sont très proches des massages décrits par Cayce. Il y a seulement quelques principes à respecter :

— les massages vont vers le haut, et en direction du cœur, à l'exception des massages de la tête et du cou ;

— demandez à votre patient de vous signaler ce qui le soulage, ou, au contraire, ce qui lui paraît désagréable, et qu'il faudra éviter ;

— respecter la loi de symétrie : massez toujours un bras après l'autre, une jambe après l'autre, un côté après l'autre, etc. Tout mouvement du côté gauche doit être répété du côté droit, tout ce que l'on fait en avant doit être contrebalancé par un travail en arrière, etc.

Allongez le patient sur une table, ou un lit, dans une position confortable. Et là, en commençant par les extrémités des membres, prenez chaque main, chaque doigt, chaque articulation, et faites-les jouer doucement dans tous les sens où elles peuvent fonctionner. Ensuite, le long de la colonne vertébrale, massez, avec les deux mains parallèlement, chaque vertèbre, et surtout la zone autour de celle-ci.

Cayce a également recommandé les massages que l'on fait soi-même. Par exemple, pour lutter contre l'insomnie, massez chaque centimètre carré de la plante des pieds avant de vous coucher... Mais pour les endroits plus difficiles à atteindre, comme le dos, utilisez une serviette. Cependant, le contact avec une autre personne est bienfaisant, car c'est son énergie qui stimule la vôtre !

La médecine ostéopathique

Elle a été si souvent recommandée par Cayce, qu'elle mérite que l'on s'y arrête.

Andrew Taylor Still (1828-1889), fondateur de la médecine ostéopathique, un pionnier lui aussi, avait beaucoup de points communs avec Cayce. Et, d'abord, son point de vue holistique : le corps est un tout (« whole ») et doit être traité comme tel. Chaque partie est reliée au Tout, lequel ne doit jamais être perdu de vue. Andrew Taylor Still, comme Cayce, fait confiance à la Nature Médicatrice : le corps est capable de se défendre, il suffit de l'encourager, au lieu de le priver de ses défenses naturelles. D'autre part, la vie est mouvement : tout doit circuler. Le sang, l'eau, l'air, les aliments, l'influx électrique, la lymphe qu'on oublie souvent, etc, tous ces fluides sont des énergies en mouvement. Dès qu'ils arrêtent de circuler survient le blocage, qui déclenche la maladie — car ce blocage amène immédiatement une accumulation de déchets qui empoisonnent tout l'organisme. D'où la nécessité, par les massages et les manipulations, de débloquer ces zones afin de rétablir les différentes circulations. Pour les ostéopathes, la contribution du système musculo-osseux à la santé générale est plus grande qu'on ne le croit. Muscles et articulations bloqués empêchent tous les systèmes de fonctionner. Voilà pourquoi cette médecine est appelée ostéopathique, parce qu'elle travaille à rétablir le jeu naturel des articulations, même les articulations fixes et semi-fixes, comme celles du crâne ou du coccyx. Enfin, en vertu du principe holistique, lorsqu'une maladie se manifeste dans une partie du corps, on peut la maîtriser en travaillant sur d'autres parties du corps. Par exemple, une migraine provient souvent d'une vertèbre lombaire bloquée : on peut la débloquer, et la migraine s'arrête. Enfin, la médecine ostéopathique utilise le toucher comme moyen de diagnostic (c'est bien moins dangereux que les rayons X !). Andrew Taylor Still estimait que les manipulations, lorsqu'elles sont bien faites, contribuent à guérir presque tout. Et Cayce lui fait écho. Il est bien vrai que chaque vertèbre est en liaison avec un organe du corps — comme l'expliquait Cayce dans une lecture que j'ai citée plus haut. Mais c'est aussi le principe de la réflexologie, et de l'auriculomédecine, de la pensée chinoise sur la circulation des énergies.

Je n'insisterai pas davantage sur l'ostéopathie, qui est bien connue chez nous...

Cependant, elle n'est efficace qu'à une condition : qu'elle soit pratiquée par un vrai spécialiste, qui connaisse son métier. A la différence des massages, on ne peut pas faire exécuter une manipulation vertébrale par n'importe qui ! C'est dangereux. Et même les médecins compétents peuvent parfois se tromper... J'avais consulté aux États-Unis une doctoresse qui passait pour excellente : elle avait le diplôme officielle de « D.O. » : « Doctor of osteopathy ». Elle m'a manipulée assez brutalement les vertèbres du cou... Je ne retirais aucun bénéfice de son traitement ! Cette doctoresse était une personne revêche, qui n'avait guère de sympathie pour les autres femmes (ni a priori pour une Française, dont la nationalité évoquait pour elle des choses dégoûtantes... comme le « sex », ou le « Moulin-Rouge »). Dans toutes les médecines, il y a des toubibs qui se trompent dans leur diagnostic — mais cela ne remet pas en cause la validité de la médecine qu'ils utilisent. Alors, un bon conseil : passez le pendule sur le nom du médecin que vous pensez consulter, si vous ne le connaissez pas. Demandez s'il est bon pour vous... Ne prenez rendez-vous que si la réponse est positive ! La radiesthésie vous épargnera quelques déboires (voir : *Le Pendule, premières leçons de radiesthésie* aux Éditions Solar, Presses de la Cité, 1983). Mais sutout :

Rappelez-vous que ces manipulations mécaniques, comme tout traitement médical, sont seulement des correctifs. C'est la Nature, c'est-à-dire la Force divine, qui opère la guérison. (Lecture 1467-2.)

Que l'aliment soit ton médicament

C'est Hippocrate qui l'a dit... sous serment ! et Cayce est d'accord :

Ce que nous pensons et ce que nous mangeons, combinés ensemble, fabriquent ce que nous sommes, tant physiquement que mentalement. (Lecture 288-38.)

Cayce donne quelques règles simples :

Ne mangez jamais lorsque vous êtes tendus, très fatigués, excités, ou bien en colère. Vous ne devriez jamais vous alimenter à ces moments-là, voyez-vous? Et aussi ne jamais rien prendre dont vous n'avez pas envie. (Lecture 137-30.)

Halte aux sucres !

Avis, donc, aux parents angoissés qui forcent leur malheureuse progéniture à manger les haricots tant détestés...

Cayce rappelle avec énergie que certains aliments sont très néfastes : fritures, pâtisseries, sucres, féculents, graisses animales cuites, pain blanc, sucre blanc, etc. Or tout cela, nous le savons. Et je me demande encore comment, après d'innombrables campagnes d'information faites par les différents organes de la presse médicale, il y a encore des gens qui croient bien faire en nourrissant leurs enfants de pain blanc, de nouilles blanches, de sucre blanc, de riz blanc. Alors que la preuve a été faite, depuis Cayce, que ces produits « morts » parce que trop élaborés, sont très nocifs. Cayce n'arrête pas de le répéter :

Pas de fritures. Pas de pain blanc. Pas trop de pâtisseries. (Lecture 2415-2.)

QU'EST-CE QUI EST PARTICULIÈREMENT MAUVAIS DANS MON ALIMENTATION ?

La tendance à consommer trop de féculents. Les pâtisseries, le pain blanc, devraient être totalement éliminés, sous quelque forme qu'ils soient. Il ne sont jamais bons pour l'organisme. (Lecture 416-18.)

Attention aux fritures. Pas de pommes de terre frites, de viandes frites, de steacks frits, de poisson frit, rien de tout cela. (Lecture 926-1.)

Hélas! ces prescriptions cayciennes, répétées maintes et maintes fois au cours des lectures, sont ignorées aux États-Unis, où l'on abuse quotidiennement des sucreries et des fritures. Quant au « steack-frites » de nos bistrots, il semble également désastreux... Cayce recommande davantage de légumes, de salades, de fruits de mer, de poissons, de laitages et de sucres non raffinés :

QUELS SONT LES MEILLEURS SUCRES POUR L'ORGANISME ?

Les meilleurs pour tous, ce sont les sucres de canne non raffinés. (Lecture 1131-2.)

QUELLE SORTE DE SUCRE DEVRA-T-IL CONSOMMER ?

Du miel [...]. Des conserves faites avec du sucre de betterave plutôt que du sucre de canne, et pas en trop grande quantité. (Lecture 808-3.)

Dans l'esprit de Cayce, lorsqu'on relit tout ce qu'il a dit sur les sucres, il s'agit d'abord de consommer du sucre qui ne soit pas raffiné — qu'il soit de canne ou de betterave. Comme on l'a expérimenté depuis, ce n'est pas l'une ou l'autre de ces plantes qui fait la différence, mais le degré de traitement subit par le produit final. Il ajoute :

Les sucres sont nécessaires pour construire le corps, car ils favorisent la fermentation normale dans le système digestif. Donc, deux à trois fois par semaine, prenez du miel sur du pain — ce qui fournira le combustible nécessaire au corps. (Lecture 808-3.)

D'autre part, Cayce ne cesse de renchérir sur les « verdures » ! Il aurait aimé nos hors-d'œuvre variés, nos salades, nos desserts de fruits :

Les légumes reconstruisent la matière grise beaucoup plus vite que la viande et les sucres !

ALORS PUIS-JE MANGER LES LÉGUMES COMME LE MAÏS, LES TOMATES ?

Maïs, tomates, excellent. Il y a plus de vitamines dans les tomates mûries sur pied que dans aucun autre légume ! (Lecture 900-384.)

Chaque jour, prenez au moins un repas qui contienne une certaine quantité de légumes crus, tels le chou, la salade, le céleri, les carottes, les oignons, etc. Et la tomate en saison. (Lecture 2602-1.)

Un régime normal doit comporter au moins trois légumes qui poussent au-dessus du sol, contre un légume-racine (Lecture 3373-1.)

Peu de viandes, beaucoup de poissons et beaucoup de légumes

On aurait pu s'attendre à ce que Cayce recommande le végétarisme absolu. Il ne va pas jusque-là, mais déconseille cependant la viande rouge :

Quant à la viande, il serait préférable de prendre plutôt du poisson, de la volaille, de l'agneau. Le lard au petit déjeuner — seulement occasionnellement. (Lecture 1710-4.)

Attention aux pommes de terre blanches, aux graisses et graillons de toutes sortes. Pas de viande, sauf poisson, volailles ou agneau. (Lecture 2415-2.) Pas de viande crue, très peu de porc. Un peu de lard à la rigueur. (Lecture 303-11.)

EST-CE QUE JE DEVRAIS SUIVRE UN RÉGIME COMPOSÉ DE FRUITS, DE LÉGUMES, D'ŒUFS, DE LAITAGES ? EST-CE QUE CE N'EST PAS LE MEILLEUR POUR MOI ?

Comme on vous l'a indiqué, consommez le plus possible de produits locaux du sol sur lequel vous vivez. C'est meilleur pour l'organisme, plutôt qu'un régime particulier de fruits ou de légumes. (Lecture 4047-1.)

Ne consommez pas en grandes quantités les fruits, légumes, viandes, etc. qui ne sont pas produits dans la région où vous vivez [...]. C'est la règle générale à suivre pour tout le monde.

Cela apprendra à l'organisme à s'adapter n'importe où. (Lecture 3542-1.)

C'est la sagesse ! Alors ne réclamez pas de hot-dogs lorsque vous êtes à Karachi... La viande consommée du temps de Cayce n'était pas traitée comme aujourd'hui. Les Occidentaux n'étaient pas encore devenus si vicieux : en Virginie à cette époque, les gens cultivaient encore leur jardin, y compris Cayce lui-même, qui y prenait grand plaisir. On ne connaissait pas encore ces sinistres élevages en batterie qui sont de véritables camps de concentration pour animaux, et dont la viande privée de goût et de valeur nutritive contribue actuellement aux « maladies de civilisation ! » (de « barbarie », serait-il plus juste de dire).

D'autre part, l'enseignement de Cayce, tout en ayant une valeur universelle, n'en fut pas moins adapté à une époque et à un certain public. C'est pourquoi il insiste sur certains principes, et en laisse d'autres de côté, qui paraissent moins urgents à l'époque. Si les lectures ne parlent pas de végétarisme, c'est que les consultants de Cayce n'avaient pas encore la maturité nécessaire.

Cayce lui-même aurait-il accepté de renoncer à la viande ? Probablement pas. Il était très gourmand, très attaché à sa cuisine traditionnelle du Sud. Cayce éveillé n'a jamais changé son style de vie pour s'adapter aux remèdes indiqués par Cayce endormi (en ce qui le concernait personnellement). Et puis cet homme, qui était déjà extrêmement malheureux de se singulariser en donnant des lectures bizarres, pouvait-on lui demander d'en rajouter encore avec un régime alimentaire opposé aux usages locaux ?

Cayce, dans l'ensemble des lectures sur la diététique, penche vers un végétarisme modéré. Par exemple, il laisse entendre que la viande favorise la constipation. Il s'agit d'un gamin de onze ans atteint d'épilepsie auquel Cayce dit que son état peut s'améliorer si l'on active les éliminations. Il faudrait encourager :

tout ce qui contribue à une meilleure élimination des toxines, en empêchant l'accumulation des déchets qui perturbent l'organisme lorsqu'ils ne sont pas évacués : maintenez le transit intestinal en pleine activité. Par le calme, un régime approprié avec beaucoup de légumes, plein de jus de fruits, peu ou pas de noix, des soupes, des bouillons, avec quelques légumes. Pas de viandes. (Lecture 4798-1.)

A chaque occasion, il conseille de remplacer la viande par poisson et fruits de mer :

Au moins une ou deux fois pas semaine, mangez les fruits de mer : clams, huîtres, homards. (Lecture 275-24.)

Cayce critique beaucoup les graisses, surtout cuites :

N'utilisez pas le lard ou les graisses pour cuire les légumes. (Lecture 303-11.)

Évitez trop de graisses ou trop d'aliments cuits dans la graisse, que ce soit de porc, de mouton, de bœuf ou de volaille. Mais utilisez plutôt le maigre. (Lecture 303-11.)

Les aliments bouillis, rôtis ou grillés sont bien meilleurs pour la santé que n'importe quelle friture d'aucune sorte. (Lecture 416-6.)

Cayce a beaucoup recommandé les laitages, lait, yogourts, lait ribot (que l'on appelle « buttermilk » en anglais). Voici, par exemple, une recette à base de lait pour mieux dormir, à prendre le soir :

Pour éliminer les poisons et les tensions dues à une activité bourdonnante, qui fatigue le système nerveux, voici ce qui amè-

nera un meilleur sommeil : [...] délayez une cuillerée à café de miel pur dans un verre de lait chaud, et buvez. (Lecture 2050-1.)

Les fromages, cependant, sont les grands absents de la diététique caycienne : c'est qu'ils étaient peu répandus dans l'Amérique de son temps. Encore aujourd'hui, en dehors des très grandes villes, on ne trouve dans les magasins ordinaires que des pâtes cuites à goût de savon, type cheddar, et l'affreux « cream cheese », immangeable ! que Cayce à juste titre conseille de consommer *avec modération* (lecture 459-11). Dans certains magasins, on trouve aussi du gruyère importé d'Europe sous le nom de « Swiss cheese », et plus souvent sa copie industrielle, privée de toute saveur, ainsi que de la « fetta » là où sont implantées des communautés grecques. Ce n'est que très récemment que la vogue de la cuisine française a permis l'importation de fromages de l'Hexagone aux États-Unis (dont un camembert baptisé le « La Fayette ! »). Les fromages artisanaux, qui tiennent une si grande place dans notre alimentation, sont inconnus outre-Atlantique et c'est pourquoi Cayce n'en a pas parlé.

Quant aux œufs, Cayce les recommande, mais précise que certaines personnes n'en supportent pas le blanc, qui crée de l'acidité. Il conseille de les cuire à la coque, et donne des prescriptions très diverses selon les cas. La lecture 1560-1 ordonne, par exemple, des œufs crus entiers, gobés (ou délayés dans la bière ou le whisky) à une femme qui souffrait de tuberculose, et cela tous les jours. A d'autres consultants, il est dit que :

Les œufs [...] sont particulièrement indiqués pour préserver les dents. (Lecture 1523-3.)

Aux États-Unis, actuellement, les œufs n'ont pas bonne presse : les journaux les ont accusés de donner du cholestérol. Évidemment, les œufs recommandés par Cayce n'étaient pas des œufs de batterie comme aujourd'hui !

Comment cuire les aliments ?

Cayce recommande la vapeur, qui détruit moins les vitamines (Lecture 462-14) mais ne parle pas des cocottes-minutes telles que nous les voyons aujourd'hui. Celles-ci sont loin d'être saines, en partie à cause des métaux employés dans la fabrication du récipient :

EST-CE QUE LA NOURRITURE CUITE DANS DES USTENSILES D'ALUMINIUM EST MALSAINE POUR L'ORGANISME ?

Certaines sortes d'aliments, cuits dans l'aluminium, deviennent mauvais pour tous les organismes, surtout pour ceux qui souffrent de maladies chroniques, par exemple, les hépatiques. (Lecture 1196-2a.)

EST-CE QUE JE SOUFFRE D'UN EMPOISONNEMENT À L'ARSENIATE DE PLOMB, OU À L'ALUMINIUM ?

Ni l'un ni l'autre. Cependant, les effets de l'aluminium sur votre corps, à travers les aliments cuits dans ce métal, contribuent à détériorer le fonctionnement général de votre organisme. Comme nous l'avons indiqué à ceux qui souffrent de troubles digestifs liés à des problèmes nerveux, à une suractivité des nerfs durant la digestion, on devrait dire d'éviter de consommer des aliments cuits dans l'aluminium. Car cela produit des troubles au niveau des reins et de la circulation hépatique inférieure, en gênant l'élimination de l'acide urique par les reins. (Lecture 843-7.)

Dans plusieurs lectures, Cayce recommande la cuisson dans des récipients émaillés, ou en verre. C'est bien sûr ce que nous enseignait la cuisine française traditionnelle, qui utilisait beaucoup la céramique, les plats en terre, en particulier tous les plats à four. L'intoxication par l'aluminium est soignée en homéopathie. La cuisson la meilleure, d'après Cayce, serait à l'étouffée, c'est-à-dire :

Cuisez les légumes enveloppés dans du papier de Patapar. Ne les mettez pas dans l'eau pour les bouillir, mais cuisez-les enveloppés de ce papier, ou à la vapeur, de façon que les légumes donnent leur jus sans ajouter d'eau. (Lecture 133-4.)

Le « papier de Patapar » n'est pas connu en France sous ce nom, c'est un genre de papier sulfurisé. Au célèbre cours de cuisine « Le Pot-au-Feu », on nous apprenait à cuire les aliments « à sec » dans des plats allant au four, dont le couvercle bien fermé était prévu pour laisser retomber la vapeur sur l'aliment qui, ainsi, cuisait dans son jus. C'est le principe des « touajen » marocains, et c'est ce que Cayce recommande. On cuit aussi les pommes de terre, et autres légumes, dans des

« diables » de terre, où le papier de Patapar est remplacé par la peau naturelle du légume, ce qui est encore mieux. Évidemment, l'usage moderne d'emballer les aliments dans du papier d'aluminium est archi-malsain !

Le moins de conserves possible !...

Quant aux procédés de conservation, Cayce n'est pas très enthousiaste :

ET LES ALIMENTS SURGELÉS ? LES FRUITS ET LÉGUMES ? LA CONGÉLATION TUE-T-ELLE TOUTES LES VITAMINES ? ET QU'EST-CE QUE CELA VAUT COMPARÉ AUX FRUITS ET LÉGUMES FRAIS ?

Il faudrait faire une liste détaillée. Certains fruits et légumes sont davantage détruits que d'autres. Les fruits perdent plutôt moins leurs vitamines. Cependant, certains sont dénaturés par la congélation. Quant aux légumes, beaucoup de leurs vitamines disparaissent. (Lecture 462-14.)

La valeur des aliments dépend de facteurs divers, du temps de conservation, de la date de la cueillette. Tout cela modifie la valeur de la nourriture. Ainsi, on doit savoir que le café rend sa valeur nutritive vingt à vingt-cinq jours après avoir été torréfié. Il en va de même pour les autres aliments, en particulier pour les légumes, lesquels perdent leur valeur nutritive après avoir été récoltés, en autant d'heures que le café de jours... (Lecture 340-31.)

Avis aux maîtresses de maison négligentes qui laissent traîner les denrées dans leur réfrigérateur pendant des jours et des semaines. Après deux jours de réfrigérateur, aucun aliment ne devrait plus être consommé. Quant aux agents conservateurs, on n'en utilisait pas encore beaucoup au temps de Cayce, du moins pas autant qu'aujourd'hui. Il n 'y est pas favorable :

Consommez le plus possible de légumes crus. Faites-en des salades, avec des sauces comportant le plus possible d'huile d'olive, ce qui favorisera l'assimilation des divers aliments, laitues, navets, choux [...], tomates, mûries sur pied — ou celles qui sont mises en boîte sans conservateur — en particulier sans être additionnées de benzoate de sodium. N'utilisez pas de tels conservateurs. (Lecture 135-1.)

Comme on vient de le voir, il insiste pour que les végétaux ne soient pas mûris artificiellement :

Les tomates sont bonnes pour l'organisme, mais seulement si elles ont mûri sur pied. Pas lorsqu'on les a récoltées vertes et forcées. (Lecture 894-4.)

Quelques vedettes de l'alimentation caycienne

J'ai déjà parlé de l'huile d'olive, des amandes, des salades, qui sont très importantes à la fois pour Cayce et dans notre cuisine. Je n'insisterai donc pas davantage — sauf pour trois ou quatre aliments qui peuvent étonner le lecteur français (comme ils ont d'ailleurs étonné le lecteur américain !).

— Le topinambour jaune, appelé en anglais « Jerusalem artichoke » — restons bibliques — a été vigoureusement recommandé par Cayce.

C'est un légume-racine très fin, qui a un goût de champignon de Paris.

POURQUOI EST-CE QUE J'AI ENVIE DE ME GAVER DE SUCRERIES ?

C'est naturel, c'est à cause de troubles digestifs dus au pancréas. Mangez un topinambour jaune chaque semaine, de la taille d'un œuf à peu près. Cuisez-le dans du papier de Patapar, pour ne pas le laisser perdre son jus. Assaisonnez-le. Cela améliorera les désordres dont vous souffrez entre le foie, les reins, le pancréas, et diminuera votre boulimie de sucreries. Et surtout, aucun chocolat ! (Lecture 3386-2.)

— La gélatine : cela peut paraître bizarre que Cayce l'ait recommandée. Et pourtant, il l'a souvent conseillée avec les légumes crus (voilà qui enchantera les artistes de la nouvelle cuisine) :

Ce n'est pas son contenu en vitamines qui importe dans la gélatine. Mais c'est le fait qu'elle favorise l'activité des glandes et les aide à extraire les vitamines des aliments absorbés. (Lecture 849-75.)

A croire que l'inventeur de l'œuf en gelée, si populaire chez nous, a lu Cayce ! Ce dernier a recommandé aussi la gélatine pour améliorer la vue (Lectures 5148-1, 5401-1, 3051-6, etc.) et particulièrement les carottes en gelée, si on les mange crues, sans jeter la partie supérieure de la carotte (celle qui affleure à ras de terre).

— Les épluchures de pommes de terre : Cayce les a recommandées plusieurs fois. Il leur prête des vertus remarquables dans certaines affections : rhumatismes, problèmes dentaires... Il dit qu'elles préviennent le blanchissement des cheveux.

Ajoutez à votre régime des pelures de pommes de terre — mais pas trop de pulpe. Il vaudrait mieux nettoyer de belles pommes de terre, les peler, et ne consommer que les pelures, cuites. Jetez le reste, donnez-le aux poules! (Lecture 1904-1).

Autrement dit, les pommes de terre en robe des champs, où l'on consomme la peau grillée au four, sont très cayciennes (à condition de n'être pas traitées).

Les aliments qui apportent du phosphore sont principalement les carottes, les laitues, les fruits de mer, les salsifis, et les pelures de pommes de terre, si elles ne sont pas trop épaisses. (Lecture 560-2.)

La peau des pommes de terre [...] est excellente. Car il y a dedans des sels minéraux qui sont bons pour l'organisme. Même si ces pelures de pommes de terre sont cuites longtemps dans l'eau, il serait excellent d'en consommer le bouillon de cuisson. (Lecture 2179-1.)

Ne mangez pas trop de pommes de terre, bien que leurs pelures, elles, puissent être consommées tout le temps. Car ces dernières sont fortifiantes, comportant des forces, des éléments qui favorisent les activités glandulaires de l'organisme. (Lecture 820-2.)

Les épluchures de pommes de terre, appliquées en cataplasme sur les yeux, soulagent la fatigue oculaire (à condition de les garder pendant deux heures, dans le noir, appliquées sur les yeux)... Bref, je comprends pourquoi mes poules se précipitaient sur les épluchures de pommes de terre !

L'équilibre bases-acides du corps et la vaccination

Cayce insiste beaucoup sur l'incompatibilité de certains aliments entre eux, à cause de la nécessité de maintenir l'équilibre entre acides et bases (alcalinité) dans le corps. A son époque, c'était un son de cloche tout à fait nouveau. Il dit que l'obésité, les angines, les désastres intestinaux et stomacaux, etc, sont causées par un déséquilibre du pH dans tout le corps.

QU'EST-CE QUI FAIT QUE J'ATTRAPE FROID ? POUVEZ-VOUS ME DONNER UNE MÉTHODE OU UNE RECETTE POUR ÉVITER CELA ?

Gardez à votre corps son alcalinité. Les microbes qui jouent un rôle dans le coup de froid (rhume, bronchite, angine, grippe...) ne peuvent pas vivre en milieu alcalin (basique). *Alors, n'encouragez pas les excès d'acide dans votre organisme.* (Lecture 1947-4.)

QUELS SONT LES ALIMENTS QUI CRÉENT UN MILIEU ACIDE DANS LE CORPS ?

Tous ceux qui combinent les graisses avec les sucres. Les féculents, naturellement, produisent des réactions acides. Mais un régime normal doit être à 20 % acidifiant et à 80 % alcalinisant. (Lecture 1523-3.)

ET QUELS SONT LES ALIMENTS QUI RÉTABLISSENT L'ÉQUILIBRE EN CRÉANT UN MILIEU ALCALIN (BASIQUE) ?

Les fruits, frais et secs, les légumes, à part les légumineuses telles que lentilles, pois secs, haricots..., les laitages.

COMMENT POURRAIS-JE ÊTRE IMMUNISÉ CONTRE LES MALADIES CONTAGIEUSES, AUTREMENT QUE PAR LA VACCINATION ?

C'est possible, si vous maintenez l'alcalinité du corps spécialement en consommant des salades, des carottes, des céleris ; ainsi se créeront des conditions qui immuniseront l'organisme. (Lecture 480-19.)

EST-CE QUE LES VACCINATIONS CONTRE LES MALADIES CONTAGIEUSES SONT NÉCESSAIRES POUR MOI AVANT MON DÉPART EN SEPTEMBRE ?

Seulement si les dispositions légales l'exigent absolument. [...] Mais l'usage régulier des carottes chaque jour comme repas, ou partie du repas, vous assurera de ne pas contracter de maladie contagieuse, de ne pas être atteinte par les infections avec lesquelles votre corps pourrait entrer en contact.

EST-CE QUE L'IMMUNISATION CONTRE LES MALADIES CONTAGIEUSES PEUT-ÊTRE ACQUISE D'UNE AUTRE FAÇON QUE PAR LA VACCINATION ?

Comme nous l'avons dit, si l'alcalinité est maintenue dans le corps, spécialement grâce aux carottes, celles-ci construiront dans le sang, un système de défense qui immunisera la personne. (Lecture 480-19.)

ET QUELS SONT LES ALIMENTS QUI CRÉENT DE L'ACIDITÉ ?

Les graisses animales, les huiles végétales, les céréales, le pain, les corn-flakes, les gâteaux, le riz blanc — le riz brun est moins acide — tous les sucres, les noix, les légumineuses, les viandes, la volaille, les abats, les jaunes d'œufs... (Même lecture.)

Cayce dénonça particulièrement certaines combinaisons néfastes : il y a des aliments que l'on ne doit jamais marier au même repas, ni dans la même journée :

Ne combinez pas les fruits acides avec les féculents autres que le pain complet. C'est-à-dire les citrons, oranges, pommes, pamplemousses, ni même le jus de tomate. Ne prenez pas de céréales — qui contiennent un maximum de féculents — au même repas que les agrumes. (Lecture 416-9.)

Voilà qui condamne le principe du petit déjeuner anglais (pourtant si bon !), où l'on commence par un jus d'orange pour continuer par des toasts... Il faudrait, d'après Cayce, prendre les jus d'orange, citron ou pamplemousse, entre les repas, à dix heures du matin, par exemple. Mais, dit Cayce, ces jus de fruits peuvent se combiner avec un œuf.

Cayce déconseille le café, et aussi le thé (lecture 303-2), surtout additionnés de lait (lecture 5097-1). Mais c'est bien connu des diététiciens.

Il insiste sur le fait que c'est désastreux pour l'organisme. Il ne faudrait pas non plus mélanger le jus d'orange et le lait (Lecture 5097-1).

mais les prendre chacun à un bout de la journée — jamais ensemble ! Autre mariage néfaste : la viande et les féculents (ce qui condamne notre « biftèque »-pommes frites !). Cayce dit même :

Les sucres et les viandes pris au même repas sont préférables aux féculents et aux viandes ensembles. (Lecture 416-9.)

Alors ce sont les Chinois qui ont raison, avec leur porc sucré... (Voir sur ce sujet le livre de Robert Masson sur la guérison des maladies infantiles par la diététique : *Plus jamais d'enfants malades,* Albin Michel, 1984, et l'enseignement de l'Institut Alain-Rousseaux, 39 rue de Châteaudun, 75009 Paris.)

Faut-il jeûner ?

Cayce n'a pas encouragé les jeûnes de très longue durée, qui peuvent être nuisibles à certains (par exemple quarante jours). Par contre, il a beaucoup encouragé les jeûnes courts, trois à cinq jours, en général.

Mais il semble préférer les jeûnes partiels, à base de jus de fruits : oranges ou raisins, par exemple.

Ne rien prendre d'autre pendant cinq jours, que des jus d'agrumes. Oranges seulement, ou bien oranges plus citrons, rien d'autre pendant cinq jours. Et en quelle quantité ? Autant que vous voudrez ! (Lecture 1713-21.)

Les cures de jus de fruits cayciennes se terminent toujours pas une prise d'huile d'olive :

Le soir du dernier jour de cette cure (d'oranges, dont il vient de parler) *prenez une demi-tasse à café d'huile d'olive. Cela nettoiera l'organisme de ses impuretés, empêchant la formation des gaz, et la régurgitation* (des toxines) *qui se produisent dans la partie inférieure du duodénum.* (Lecture 1713-21.)

Cayce recommande cette cure d'oranges contre la constipation (lecture 1713-17). Une de ses cures préférées est aussi celle à base de lait ribot avec des bananes. Le lait ribot, bien connu en Bretagne (où il accompagne crêpes et galettes) jouit des faveurs de Cayce (lecture 538-60). Cette dernière cure a également des effets de désintoxication générale et de lutte contre la constipation. Cependant, une réserve : les bananes que nous trouvons aujourd'hui en France sur le marché sont extrêmement traitées, importées vertes et forcées dans des mûrisseries industrielles, aussi leur valeur nutritive est-elle discutable. Elles n'étaient pas ainsi traitées du temps de Cayce.

La cure de raisin nous sera plus facile, et davantage fidèle au principe caycien de consommer ce qui pousse sur place. Pendant trois jours, on consomme autant de raisin que l'on veut, pour soigner les troubles divers du système digestif. Cela peut se combiner avec un cataplasme de raisins écrasés sur le ventre (lecture 757-6).

Enfin, ce qui a le plus de succès auprès des lecteurs américains de Cayce, c'est la cure de pommes (« apple diet ») : *Trois jours de pommes crues à croquer, autant que l'on veut. Ensuite, une tasse à café d'huile d'olive le dernier soir, pour terminer.*

(Lectures 1409-9, 1206-8, 567-7, etc.) Ici encore, préférez des pommes non traitées.

La guérison par les pierres

Cayce, reprenant une tradition très ancienne, parle beaucoup de l'effet thérapeutique des pierres précieuses, dures et semi-dures, portées à même la peau. Les pierres, dit-il (lecture 531-3), concentrent en elles les énergies cosmiques et c'est ainsi que s'explique leur pouvoir. Elles stimulent, ou bloquent les fonctions du corps physique et du corps mental. Mais pas toutes les pierres, ni pour tout le monde. Chaque personne est sensible à une pierre qu'elle devra porter, tandis qu'il y en a d'autres qu'elle devra éviter.

Dans les lectures, Cayce parle beaucoup des différents lapis, parfois lazuli, du rubis, de l'opale, de l'améthyste, du diamant, du cristal de roche, de la topaze, du jade, de l'agate, etc. Mais aussi de la perle et du corail.

Ces lectures devraient éveiller notre attention touchant à la nature des bijoux que nous portons. Il ne faudrait pas mettre n'importe quoi sur n'importe qui, et à n'importe quel endroit. Cayce conseille à certains de porter une pierre particulière autour de la taille, à d'autre autour du cou, etc. Ce que nous mettons en contact avec la peau semble influer beaucoup sur notre santé. Il y a quelques années, j'avais acheté un collier qui, à l'œil, me plaisait beaucoup. Or, chaque fois que je le portais, j'avais le soir la gorge prise : enrouement, ou même début d'angine ! A l'aide du pendule, je posai la question : ce collier est-il bon pour moi ? La réponse fut négative, et même très négative. Y a-t-il dedans un métal ou une pierre qui me soit néfaste ? Réponse affirmative...

Alors, avant d'acheter un bijou, pensez-y... S'il s'agit d'une vraie perle, cela semble rarement mauvais :

La perle devrait être portée sur le corps, c'est-à-dire au contact de la peau. Car ses vibrations guérissent... (Lecture 951-2.)

La perle a été produite par des irritations (provoquées par l'introduction d'un corps étranger dans le mollusque). *De là, son pouvoir de construire les défenses de l'organisme.* (Lecture 1189-1.)

Quant au corail, Cayce le recommande tantôt rouge, tantôt blanc, tantôt rose, selon les personnes :

Que l'entité porte toujours du corail rose sur elle. Les vibrations de ce dernier l'aideront sur le plan mental — et à se défendre contre certaines influences perturbatrices, qui, ainsi, seront moins nocives. (Lecture 2154-1.)

Ces recommandations ont souvent à voir avec les incarnations précédentes de chaque consultant, avec sa sensibilité à certaines couleurs, à certains oligo-éléments, à certains influx planétaires jouant sur les glandes endocrines (voir plus loin).

Voici quelques lectures sur le rubis :

Si le rubis est maintenu en contact avec votre corps, il lui apportera puissance, force, pouvoir, pour assumer les objectifs choisis par l'entité. (Lecture 2571-1.)

Ces forces vibratoires de la couleur, cristallisées dans les énergies de la matière sous forme de minéral, vous devez les utiliser en les gardant en contact avec votre corps. Cette pierre rouge doit être portée sur la peau, de telle sorte que les forces vibratoires de celle-ci vous donnent, — de pair avec votre pensée, positive — une ambiance de créativité. (Lecture 1770-2.)

Ainsi, il ne s'agit pas de magie, de porte-bonheur, comme le précise Cayce dans une autre lecture — mais du jeu subtil des énergies cosmiques matérialisées dans le règne minéral. Par exemple, le lapis-lazuli :

DONNEZ-MOI PLUS DE DÉTAILS SUR LE LAPIS QUE VOUS M'AVEZ CONSEILLÉ DE PORTER À MÊME LE CORPS ?

C'est une pierre bleu-vert, qui contient des dépôts de cuivre, et dont les vibrations sont les mêmes que celles de votre corps. Ainsi, cette pierre peut exercer une bonne influence, pas seulement comme un gri-gri, une amulette porte-bonheur, mais en tant qu'énergie vibratoire favorable à votre santé. (Lecture 1651-2.)

S'IL VOUS PLAÎT, MONSIEUR CAYCE, DONNEZ-MOI MA PIERRE ?

Le lapis-lazuli, porté en contact avec la peau, qui sera bon pour votre santé générale. (Lecture 3416-1.)

Lapis-lazuli et jade, pierres vertes, sont, d'après Cayce, porteurs de vibrations de guérison, à cause de cette couleur, car, dit-il encore, la couleur des pierres est en relation avec les couleurs de l'aura d'une personne : et il faut qu'il y ait harmonie entre elles.

La thérapie par la couleur

Comme le disait la lecture 1334-1, la couleur joue un rôle essentiel dans la santé. Là encore, Cayce fut un pionnier.

S'IL VOUS PLAÎT, MONSIEUR CAYCE, DÉTAILLEZ DAVANTAGE LA RELATION QUI EXISTE ENTRE LES COULEURS ET LES SEPT CENTRES GLANDULAIRES DU CORPS. EST-CE QUE LES COULEURS RELIÉES À CHAQUE CENTRE DIFFÈRENT D'UN INDIVIDU À L'AUTRE, OU BIEN PEUT-ON ASSOCIER DES COULEURS À CHAQUE CENTRE GLANDULAIRE, DE FAÇON FIXE ?

Les deux. [...] Car, dans le monde matériel, comme l'on sait, la vibration est l'essence même, la base de la couleur. En tant que couleur, et en tant que vibration, elle parvient à la conscience grâce à ces différents centres glandulaires, comme l'individu peut en faire l'expérience au cours de la méditation, et même l'expérience très précise. Juste comme la colère est rouge, ou comme la déprime est bleue... Cependant dans leurs teintes, leurs nuances, leurs influences, chacune est utilisée différemment suivant les degrés de l'expérience d'un individu. (Lecture 281-30.)

La suite de la lecture donne les couleurs correspondant à chaque centre glandulaire : le rouge aux gonades, l'orange aux cellules de Lyden (ou Leydig), le jaune au plexus solaire, donc aux surrénales, le vert au thymus, le bleu à la thyroïde, l'indigo à la glande pinéale, le violet à la pituitaire. Chacune de ces couleurs peut, suivant les individus, apparaître comme « plombée », teinte sombre correspondant aux vibrations les plus basses, ou brillante et claire, dans le haut de gamme correspondant à une évolution harmonieuse approchant de la perfection. Et comment utiliser les couleurs pour guérir ? Voici quelques cas :

Les couleurs ont une grande influence sur l'activité de l'entité particulièrement celles qui ne sont pas trop éclatantes, le violet, l'ultraviolet, certains tons de vert, le mauve, le rose. [...] Les tons pastel, ceux que l'on peut qualifier de spirituels, influenceront davantage l'entité. Et lorsqu'elle sera sur le point de tomber malade, ces teintes douces calmeront ses maux, là où la médecine échouerait. (Lecture 773-1.)

Gardez à même le corps le mauve, le bleu lavande, et des objets brillants; ajoutez-y certaines musiques harmonieuses [...]. Ces vibrations rétabliront peu à peu l'état normal, mental et physique, si toutefois l'on persévère dans le traitement. (Lecture 2712-1.)

Et Cayce de suggérer un traitement électrique aux diverses couleurs, rayons violets en particulier.

La lumière verte, dit-il, a un puissant effet de guérison sur les cancers :

Dans bien des cas, lorsqu'il y a besoin de modifier les vibrations (d'un corps malade) *la projection de lumière verte est préférable, car le vert est une couleur qui a un pouvoir guérisseur. Et donc, lorsqu'il y a formation de tumeurs malignes, la lumière verte sera plus efficace que les autres, ou même que les rayons X, qui détruisent les tissus, mais, n'étant pas capables d'éliminer ce qui a été détruit, provoquent le retour* (de la maladie) *sous certaines radiations.* (Lecture 3370-1.)

On devrait être très attentif aux couleurs que l'on choisit de porter :

Chaque corps, chaque activité, chaque âme-entité, vibre plus ou moins à certaines couleurs. En conséquence de quoi, il y a des tons de vert et de bleu auxquels cette personne réagit particulièrement bien. (Lecture 288-38.)

Même le noir peut avoir un effet thérapeutique :

En ce qui concerne les couleurs, l'entité devrait porter beaucoup de noir et d'or. (Lecture 1849-2.)

Bien que : *Le noir soit lié à tout ce qui touche la mort elle-même* (lecture 1800-20), la mort n'est négative que dans une perspective occidentale matérialiste. Elle symbolise aussi le dépouillement, la purification souhaitable, la mort symbolique des mauvaises passions de l'ego. Et c'est pour aider à cette purification nécessaire que Cayce recommande à la personne ci-dessus (lecture 1849-2), de porter du noir, à cause :

de ce besoin de purification ressenti intérieurement, afin de progresser vers les objectifs choisis et désirés.

D'autre part, la couleur des murs, dans les établissements hospitaliers, a son importance dans la guérison des malades :

MONSIEUR CAYCE, QU'ELLE SERAIT LA MEILLEURE COULEUR POUR LES MURS D'UNE SALLE DE SOINS ?

Entre le vert et le bleu. (Lecture 165-17.)

De même, pour une boutique :

J'AIMERAIS CRÉER UN LIEU RAFFINÉ, UN ENDROIT LOIN DE TOUTE CONFUSION, DE TOUTE BOUSCULADE, UNE BOUTIQUE OÙ L'ON POURRAIT VENIR ET SE SENTIR COMPLÈTEMENT DÉTENDU, ET CONTENT. QUELLES COULEURS, QUEL MOBILIER, CRÉERAIENT LES MEILLEURES VIBRATIONS POUR MOI ET POUR LES AUTRES ?

Bleu pastel et doré. (Lecture 2448-3.)

D'après Cayce, non seulement les personnes, mais encore les collectivités, vibrent sur certaines nuances :

Car chaque ville a sa propre couleur (lecture 1456-1), contribuant puissamment au bien-être (ou au mal-être) de ceux qui l'habitent. Dans les lectures, le rouge est considéré comme tonique, mais non sans danger. Il est à manier avec prudence :

Les réseaux capillaires, la lymphe, absorbent certaines vibrations. En conséquence de quoi, pour cette personne, les rouges sont des poisons, ainsi que certains jaunes. Exactement comme certaines plantes qui empoisonnent le corps à leur contact. (Lecture 45-3.)

Il s'agissait d'une personne qui souffrait d'une insuffisance de globules rouges dans le sang ! Cayce insiste :

La personne découvrira que même certaines couleurs, comme certains aliments deviennent immédiatement des poisons pour son corps, dès leur absorption. (Même lecture.)

Car les couleurs sont absorbées, comme la lumière du soleil, par les yeux, par la peau, par les muqueuses internes lorsqu'on mange. La lecture suivante évoque une réaction allergique :

Plus spécifiquement, certaines couleurs affectent cette personne de la même façon que les pollens peuvent en affecter d'autres. (Lecture 5511-1.)

A plusieurs de ses patients, Cayce a recommandé une exposition aux rayons ultraviolets, aux infrarouges et à diverses couleurs. A l'époque, on les obtenait en projetant une lumière électrique à travers les verres colorés. A un anémique :

Les rayons ultraviolets, les infrarouges, et la lumière verte, absorbés (par la peau) auront comme effet un retour des forces, un drainage naturel de l'organisme. (Lecture 5524-1.)

A ce malade, Cayce recommandait une exposition de deux minutes par jour pour chaque couleur.

Mais le traitement peut se faire aussi par le rayonnement naturel de la lumière solaire. Ces expositions à différents rayons lumineux n'étant pas sans danger doivent être de courte durée et alternés. Et même :

Si vous utilisez la lumière du soleil, ou lumière claire, intercalez (entre les temps d'exposition) *de la lumière bleue.* (Lecture 1758-1.)

Ailleurs, Cayce recommande d'intercaler de la lumière verte. Voilà pourquoi, après un bain de soleil, il serait bon de se reposer dans une chambre bleue ou verte. Quelle leçon de vie nous donnent ces pays musulmans autour de la Méditerranée, où les murs intérieurs sont badigeonnés de bleu et de vert, où les cours intérieures des maisons et des mosquées sont décorées de merveilleuses harmonies de faïences dans ces teintes ! C'est aussi le principe des « azulejos » au Portugal, dont l'effet décoratif — et thérapeutique ! — joue sur l'emploi de camaïeux de bleu.

La chromothérapie n'est pas inconnue chez nous. Il y a quelques années, j'avais raconté dans *Le Guide de l'anticonsommateur* (Éditions Robert Laffont), comment j'avais guéri ma fille Éléonore d'une rougeole, par les vibrations rouges ! C'est-à-dire qu'en l'habillant de rouge des pieds à la tête, en lui donnant à boire des jus de fruits rouges et en mettant près de son lit une lumière tamisée par un abat-jour rouge : cette rougeole (pourtant très forte au départ) n'avait duré que quatre jours ! Et ma fille n'avait souffert d'aucune complication ensuite.

(Voir aussi le livre de Gilbert Shakra, « Yoga Nidra », Éditions le Souffle d'Or, B.P. 05300 Barret-Le-Bas, qui donne de très utiles indications sur l'emploi de la couleur comme thérapie.)

Tout guérir par la musique, même la vieillesse

La musique est une puissante thérapie. On l'a su longtemps autour de la Méditerranée, notamment à Naples, où, lorsque sévissaient des épidémies de fièvres dues (croyait-on) à la piqûre de la tarentule, les gens dansaient pour s'en guérir. Des orchestres étaient installés dans les rues, et jouaient une musique endiablée — la tarentelle — de telle sorte que les gens pussent danser pour guérir. De toute façon, la danse fait transpirer, la transpiration éliminer les toxines, et l'élimination des toxines, c'est la guérison... Mais il y a plus encore dans la musique. Cayce raconte longuement (voir chapitre III) comment, dans les Temples de la Beauté en Égypte, on soignait les malades par la musique et le chant.

Les sons, la musique et les couleurs peuvent contribuer puissamment à la création de vibrations adéquates convenant aux individus perturbés, que ce soit mentalement ou physiquement, c'est-à-dire ceux qui sont malades dans leur corps ou leur esprit. (Lecture 1334-1.)

Une petite fille de cinq ans, sourde, à la suite d'une naissance difficile, reçut cette lecture :

Jouez-lui un genre de musique à cordes, celle qu'elle trouvera plaisante, et qui provoquera une réaction émotionnelle chez elle. Cela doit faire partie de sa rééducation. (Lecture 2527-1.)

Pour une femme aveugle d'un œil :

Étudiez la musique, cela vous aidera, car il y a beaucoup de musique dans la construction du corps. Et ces vibrations musicales aideront votre organisme à récupérer la vue, et à utiliser les énergies du son, qui sont liées à celles de la vision. (Lecture 4531-2.)

A un professeur de musique, Cayce conseilla d'utiliser son art pour guérir les gens. Car :

Chaque entité individuelle vibre sur certaines longueurs d'onde précises. Toute maladie, ou perturbation, crée dans le corps des vibrations opposées, c'est-à-dire non coordonnées, en désaccord avec le corps/intelligence/esprit de cet individu. Et [...] si l'on utilise certaines vibrations, on voit qu'il se produit une réaction. Certaines vibrations sont nécessaires comme contrepoint ; elles sont nécessaires pour provoquer une modification (de la maladie). (Lecture 1861-2.)

Cayce a beaucoup recommandé de chanter :

Chantez lorsque vous travaillez, chantonnez, chantez pour vous, pas pour être entendu des autres, mais pour vous ! (Lecture 3386-1.)

Car il dit que tout être a besoin de musique et que l'on peut devenir malade de l'absence de musique. Il dit aussi que certaines musiques, au contraire, peuvent rendre malade :

La musique est soit une force destructrice, soit une force constructrice à l'intérieur de l'entité. Cela dépend de ce qu'elle recherche. (Lecture 3509-1.)

L'incantation « A-R-E-I-O-OUM » est recommandée, car elle élève les vibrations de celui qui la chante. Elle a un pouvoir guérisseur très fort — qui est utilisé encore actuellement dans le groupe de « guérison par la méditation » fondé par Edgar Cayce à Virginia Beach. Certaines de ces incantations, (l'A-R-E-I-O-OUM, comme l'AUM indien, comme l'AMEN) sont si puissantes que, dans l'Égypte antique, elles faisaient partie d'un arsenal thérapeutique destiné à rajeunir les gens — vous avez bien lu « rajeunir » ! Voici l'un des textes qui y fait allusion :

L'entité vécut jusqu'à un âge avancé, car elle était avec le Grand Prêtre, lorsqu'il se fit rajeunir. Ces rajeunissements s'opéraient principalement selon des méthodes où l'entité elle-même devait prononcer certaines incantations. Ces dernières élevaient l'influence des énergies spirituelles au-dessus des forces de la matière terrestre. C'est ainsi que l'entité put vivre jusqu'à un âge qu'on estimerait aujourd'hui à 254 ans! (Lecture 949-12.)

La syllabe sacrée AUM a un impact sur les glandes endocrines (voir plus loin). Prononcée sur le ton adéquat :

Elle ouvre ces centres glandulaires, de telle sorte que les forces de la kundalini s'éveillent à travers ces lieux du corps. Prononcez-la, et vous verrez ce qui se passe en vous. (Lecture 2072-10.)

Le corps est un instrument de musique, dont il faut apprendre à jouer. Les passionnés de musicothérapie seront heureux de savoir que Cayne en a beaucoup parlé : il a devancé l'intérêt moderne dans ce champ de recherches. Cayce dit que tout le monde devrait s'exercer à jouer d'un instrument, cela lui paraît essentiel pour le bon équilibre tant psychologique que physique de tous.

L'aromathérapie et l'importance des parfums

Ceux qui vivent au contact de la Nature savent l'importance des odeurs dans la vie animale et végétale. De nombreuses lectures en parlent, pour souligner que nous devrions utiliser davantage les essences odorantes comme moyen de thérapie :

Car l'Homme a la possibilité de créer des odeurs qui influenceront certains individus ou certains groupes. D'innombrables personnes réagissent aux parfums, et ceux-ci produisent des effets à l'intérieur de leur organisme. Effets que psychanalystes et psychologues ont pendant longtemps sous-estimés, de la même façon qu'ils ont ignoré en grande partie la manière dont les Forces Créatrices, c'est-à-dire Dieu, se manifestent dans un individu! (Lecture 274-10.)

L'une des plus grandes forces qui puissent influencer le corps physique de l'homme ou de l'animal est l'action des parfums sur les nerfs olfactifs du corps. (Lecture 274-7.)

C'est bien sur cette puissante action des parfums qu'est fondée l'aromathérapie — très ancienne médecine égyptienne qu'a reprise et modernisée le Dr Valnet. Huiles essentielles et parfums faisaient partie des traitements employés en Égypte ancienne pour guérir les malades :

Car pour cette personne — mais pas pour tout le monde —, les odeurs facilitent la méditation. Car l'entité, dans son expérience de vie ancienne au temple du Sacrifice, apprit à se brancher beaucoup sur son odorat. En effet, les thérapies qui étaient mises en jeu agissaient sur les nerfs olfactifs, et de là sur les muscles du corps lui-même. (Lecture 2823-3.)

Le temple du Sacrifice était ce fameux hôpital dont parle souvent Cayce dans ses lectures sur l'Égypte ancienne (voir chapitre suivant). Cette connaissance de la puissante action des parfums ne s'est jamais perdue complètement en France. Comme en témoigne cette lecture de vie antérieure, pour une personne qui :

a vécu dans ce pays connu comme la France [...] pendant la période où Richelieu était au sommet du pouvoir. L'entité était une personne que Richelieu allait consulter souvent, et elle donnait des conseils suivant une technique d'interprétation des encens que l'on brûlait à cette époque. [...] Et l'entité gagna et perdit moralement à travers cette expérience de vie. Gagnant dans la connaissance de l'influence des parfums, des odeurs [...]. Perdant dans l'application pratique de cette connaissance sur les hommes. Aujourd'hui, elle doit faire face à ce karma, en travaillant sur le bon usage de ces influences, et en les employant pour aider les gens dans leur développement. (Lecture 1714-1.)

Parmi les essences odorantes les plus souvent mentionnées par Cayce — et naturellement produites par notre sol — se trouve la lavande :

Et la lavande [...] a une influence particulière sur cet organisme à l'heure actuelle, car elle lui rappelle ses aptitudes à se revivifier et à se rajeunir elle-même, âme, corps et esprit. (Lecture 578-2.)

Selon Cayce, la lavande est une essence extrêmement importante, car elle *élève les vibrations,* provoquant une désintoxication de l'organisme (lecture 379-3). D'après lui, les Égyptiens anciens en faisaient grand usage pour stimuler l'activité des glandes endocrines, et aider à éliminer les toxines.

Mais attention : utilisez la lavande naturelle. Cayce récuse l'emploi des essences de synthèse :

On a accepté d'utiliser des parfums synthétiques... C'est comme si l'on utilisait l'ombre d'une chose réelle! (Lecture 274-10.)

Personnellement, j'ai constaté les bienfaits de l'huile essentielle de lavande (en déodorant, en dentifrice, en tisane, etc — et je dors mieux depuis que j'ai un oreiller rempli d'épis de lavande ! La meilleure huile essentielle, on peut se la procurer en s'adressant à la famille FRA, lavandiculteurs biologiques, 84400 Lagarde d'Apt, qui ne fabriquent que des produits naturels).

III

EDGAR CAYCE
ET LA RÉINCARNATION

1.

Edgar Cayce découvre la réincarnation ... sur un divan !

Edgar Cayce aurait pu se contenter d'une très belle carrière d'exercice illégal de la médecine... Mais il va, bien malgré lui, lancer une bombe à retardement qui n'a pas fini d'exploser : la réincarnation !

Une découverte embarrassante

En 1923, Cayce vit arriver un homme du nom d'Arthur Lammers. Celui-ci ne venait pas chercher une consultation médicale : il se portait comme le Pont-Neuf !

Ses problèmes étaient d'un autre ordre : Lammers, imprimeur de son métier, et curieux d'esprit, se posait des questions, auxquelles, pensait-il, un médium pourrait répondre, surtout un médium réputé comme Cayce...

L'ASTROLOGIE, LA CABALE, L'ALCHIMIE, QUE FAUT-IL PENSER DE TOUT CELA, MONSIEUR CAYCE ?

... M. Cayce n'en pensait rien du tout. Il ouvrait des yeux ronds comme des soucoupes volantes. Les préoccupations ésotériques lui étaient complètement étrangères. Il n'avait jamais entendu parler de tout ça chez lui. En parfait représentant de son milieu, il pensait que la Bible devait suffire pour répondre à tout. Une telle recherche, hors des sentiers bibliques, sentait le soufre... Cependant, au fur et à mesure que Lammers parlait, il sentait que cet homme n'était pas venu le voir par hasard. Il savait qu'il le connaissait déjà, depuis bien longtemps... Lammers était le nouveau visage de son destin.

— Je ne peux pas rester ici plus de quelques jours, dit l'homme d'affaires. Mais je vous invite à Dayton, dans l'Ohio, où j'habite. Je louerai pour vous une suite à l'hôtel Philipps, et là, nous pourrons travailler !

Lammers, follement généreux, avait offert à Cayce un tapis d'or. Celui-ci, toujours en mal d'argent, avait été trop heureux d'accepter. Le 11 octobre 1923, donc, installé dans son hôtel de luxe, Cayce voit arriver Lammers tout frétillant, suivi de ses secrétaires. Détail qui n'a l'air de rien, mais qui est capital : c'est grâce à ces enregistrements sténographiés que Cayce pourra un jour être connu. Combien de grands médiums ont fait de révélations fondamentales, qui ont été oubliées, parce qu'elles n'ont jamais été enregistrées !

— Si nous commencions par l'astrologie ? propose Lammers

— Mais voyons, je n'y connais rien ! proteste Cayce.

— Aucune importance, répond Lammers. Vous ne connaissez rien à la médecine. Est-ce que ça vous empêche de donner d'excellentes consultations médicales ? Alors ?

Et voilà, sans enthousiasme excessif, Cayce qui s'allonge sur le divan de la chambre d'hôtel, sous la suggestion de l'assistant de Lammers. Celui-ci donne sa date de naissance...

Et Cayce, endormi, analyse tout haut le thème de l'imprimeur. Puis il se réveille :

— Qu'est-ce que j'ai dit ?

— Eh bien, il semble qu'il y ait quelque chose d'inexact dans notre astrologie, répond Lammers. Elle ne tient pas compte de la réincarnation.

— La... quoi ? demande le pauvre Cayce.

— La réincarnation : vous avez dit que j'ai vécu d'autres vies avant celle-ci.

— J'ai dit ça, moi ?

— Eh oui. Non seulement vous avez confirmé ce que je pressentais, c'est-à-dire la valeur de l'astrologie, mais encore vous avez parlé de réincarnation...

— Vous voulez dire ce truc indien ?

— Oh ! On croit que c'est indien, mais en fait c'est universel. Les Grecs, les Égyptiens, les Celtes connaissaient. D'ailleurs ma secrétaire va vous lire elle-même les notes qu'elle a prises. Voici ce que vous avez dit dans votre sommeil :

Cet individu est quelqu'un de très costaud physiquement. Cependant, il est encore grossier, avec la puissance d'une nature encore très engagée dans le siècle. Cet individu peut apporter avec lui certaines forces destructrices, par ses appétits personnels, à moins qu'il ne fasse appel à sa force de volonté, à ses énergies spirituelles, pour se gouverner [...]. Il est sous l'influence de Jupiter, avec Vénus en Maison XII [...]. Ses affaires d'argent sont influencées par la position du Bélier et de Septimus (Pluton), qui lui donnent leur force sur le plan financier [...]. Il a le pouvoir de contrôler les hommes... Pour lui, aucune occasion n'est jamais perdue! C'est quelqu'un dont la puissance réside dans le développement de son être vers la médiumnité, les facultés psi. Il doit négocier à la fois avec les forces de la Vie, celles de la volonté, et la position des astres; d'où la difficulté de décrire un tel individu, ses désirs, ses dispositions... Bref, un être à la volonté forte, qui ne compte que sur lui-même, un individualiste... Il en est à sa troisième apparition sur ce plan. Autrefois, il a été moine. (Lecture 5717-1.)

Cayce écoutait, atterré, ces deux dernières phrases... Incroyable !

Plus tard, reviendront couramment dans ses lectures ces expressions bizarres : le « plan terrestre », ou le « plan matériel », ou « ce plan-ci », pour désigner la planète Terre.

Mais ce n'est pas tout : avec Lammers, il ira encore plus loin... Dans une lecture donnée un peu plus tard pour le riche imprimeur, il déclarera que Lammers et lui s'étaient déjà connus autrefois, il y a très longtemps, dans des circonstances où *ils étaient associés dans un but destructif.*

Lorsqu'on lui demanda de préciser où, quand, et sous quelle forme, voici ce qu'il répondit :

La seule circonstance, du point de vue du plan terrestre, où ces personnes (Lammers, Cayce et deux autres amis) se trouvèrent associées était — contrairement à aujourd'hui où elles sont associées dans un but constructif — à la guerre de Troie. Lammers n'était autre que Hector, tandis que Cayce était un soldat [...]. De là viennent ces forces destructrices qu'ils ont montrées à diverses époques, voyez-vous. (Lecture 5717-5.)

... Le but constructif, c'était évidemment d'aider Cayce à

soigner ses malades... Mais la violence des tempéraments eut raison de l'association. Des divergences s'élevèrent, Lammers se ruina ; Cayce et lui se quittèrent.

Quant à cette révélation sur la guerre de Troie, Cayce à cette époque ignorait tout à fait de quoi il s'agissait (... puisque la Bible n'en parle pas !). Que cette guerre ait eu lieu ou non, avec ou sans Lammers, il s'en moquait éperdument... LA chose qui le troublait était d'un autre ordre : « Moi, disait-il, je ne connais que le Sermon sur la montagne. Pour moi, le reste n'existe pas... Est-ce que le Christ a parlé de réincarnation ? C'est la seule chose qui m'intéresse. » Et Cayce, qui savait sa Bible par cœur, savait aussi que nulle part n'y figurait le mot RÉINCARNATION.

Si le mot n'y était pas, peut-être l'idée y était-elle ?

Il fallait chercher*...

La réincarnation est-elle dans la Bible ?

A partir de ce jour-là, et pendant les dix ans qui vont suivre, Cayce, sa famille et ses amis, vont discuter passionnément, jour après jour, de la réincarnation. Est-elle dans la Bible ? C'est ce qu'il faudrait savoir. Ils reliront chaque livre des Écritures, mot après mot, verset après verset...

Cayce, profondément troublé dans sa conscience de chrétien, va traverser une crise dramatique. Impossible d'esquiver le problème : les vies antérieures des patients reviennent de plus en plus souvent dans les lectures. Chaque fois que le malheureux Cayce se réveille, il prend connaissance des choses invraisemblables qu'il a proférées dans son sommeil : c'est la consternation ! Il vit dans un total inconfort intellectuel, ne comprenant pas pourquoi cette « fantaisie indienne » revient sans cesse dans sa bouche... Dévoré d'incertitude, il fera sur cette question un énorme travail d'approfondissement, avec la

---

* A vrai dire, la célèbre lecture de Lammers n'est pas la première où Cayce ait parlé de réincarnation. Le 22 mai 1911, il avait dit : *Ce corps vient d'un autre corps plus ancien, car son âme a transmigré.* (Lecture 4841.) Mais personne n'y avait fait attention : à cette époque Cayce ne relisait jamais ses lectures !

collaboration de Gertrude ; celle-ci posera des questions à la mystérieuse source d'informations à laquelle Cayce a recours une fois endormi. Par exemple :

OÙ LA RÉINCARNATION EST-ELLE ENSEIGNÉE DANS LA BIBLE ?

Dans l'Évangile de Jean, et dans tout le reste, en général ! (Lecture 452-6.)

En effet, au troisième chapitre de l'Évangile de Jean, le Christ dit à Nicodème : « En vérité, en vérité, je te le dis : à moins de renaître, nul ne peut voir le Royaume des Cieux. » Nicodème s'étonne : « Mais comment un homme peut-il naître, une fois qu'il est vieux ? Peut-il une seconde fois rentrer dans le sein de sa mère, et renaître ? » Suit une explication du Christ à laquelle les traducteurs de nos bibles ont essayé de donner un sens « raisonnable ». Certains ont traduit par « naître d'en-Haut », naître simplement, en expliquant que c'était d'une « naissance spirituelle » qu'il s'agissait... Le Christ insiste, et répond à Nicodème : « En vérité, je te le dis, à moins de renaître, nul ne peut entrer au Royaume de Dieu ». « Comment cela peut-il se faire ? » redemande Nicodème... qui reçoit une semonce : « Comment, tu es docteur en Israël, et tu ignores ces choses ? »

Avant de reprendre en détail quelques passages intéressants du Nouveau Testament, arrêtons-nous un instant pour nous demander pourquoi le mot RÉINCARNATION n'y figure pas.

Eh bien ! Il ne peut pas y figurer, pour la bonne raison qu'il est récent : il a été inventé au XIXe siècle par Allan Kardec. Pour les théologiens catholiques qui ont préparé les traductions modernes de la Bible, il était impensable d'utiliser le vocabulaire des spirites, ces abominables hérétiques !

Oui mais... Il y a un autre mot, celui des philosophes grecs : c'est MÉTEMPSYCOSE. Il a généralement été traduit par « transmigration des âmes » ; son sens est : « réincarnation », en général, humaine ou éventuellement animale. (Nous reviendrons là-dessus.) Ce mot a peut-être figuré dans nos bibles aux premiers siècles... Mais on sait qu'elles ont été expurgées assez vigoureusement par la suite. Les textes qui nous sont parvenus ont sans aucun doute été récrits...

Cependant, certains passages ont échappé aux censeurs !

Par exemple, au chapitre IX de Jean, l'épisode de l'aveugle-né. Les disciples demandent à Jésus : « Maître, pourquoi cet homme est-il né aveugle ? Qui a péché, lui, ou ses parents, pour que cela soit arrivé ? »

La question des disciples montre qu'ils croyaient que l'on peut renaître infirme pour des péchés commis antérieurement. Puisque l'enfant est né ainsi, ce n'est donc pas dans cette vie-ci qu'il peut avoir péché.

La réponse de Jésus, dans le texte originel, était sûrement compréhensible. Elle ne l'est plus dans le texte qui nous est parvenu : « Ni lui, ni ses parents, mais c'est pour manifester la gloire de Dieu » — ce qui ne répond pas à la demande des disciples.

Autre passage, tiré de l'Apocalypse, chapitre XIII, celui-là : « Celui qui a emprisonné devra être emprisonné, celui qui a tué par l'épée doit mourir par l'épée. » A quoi fait écho Matthieu (chapitre XXVI, 51, 52) : « Et voilà qu'un des compagnons de Jésus, portant la main à son glaive, le dégaina, et, frappant le serviteur du Grand Prêtre, lui trancha l'oreille. Alors Jésus lui dit : " Rengaine ton glaive, car tous ceux qui prennent le glaive périront par le glaive. " »

Or nous connaissons des centaines d'assassins qui sont morts dans leur lit, bien tranquillement. Ils auraient donc échappé à la Loi ?

Le Christ aurait-Il raconté n'importe quoi ? Mais si l'on admet le principe de la réincarnation, ce passage obscur s'éclaire : l'effet de boomerang revient sur l'assassin dans la vie suivante !

Il y a aussi l'affaire du retour d'Élie, qui apparaît dans plusieurs passages des Évangiles. Dans Matthieu (chapitre XVII), les disciples posent cette question à Jésus : « Que racontent donc les Scribes, sur Élie le Prophète, qui doit revenir ? » Et le Christ répond : « Oui, il est vrai qu'Élie doit revenir, et tout remettre en ordre. Mais moi, je vous dis qu'Élie est déjà revenu, et qu'ils ne l'ont pas reconnu ! »

Le texte, ici, implique absolument que les disciples aient cru au retour physique de certains personnages, donc à la réincarnation. Plusieurs lectures de Cayce affirment l'identité de Jean-Baptiste et d'Élie, par exemple :

L'Entité appelée Jean le Baptiste, c'est-à-dire Élie, celui qui devait revenir. (Lecture 1000-4.)

... Et Cayce expliquera même la mort de Jean-Baptiste — causée par une femme — comme un karma créé en tant qu'Élie. Car celui-ci, tout prophète de Yahvé qu'il était, s'était laissé dominer par la peur, et la haine, d'une femme : la reine Jézabel...

Pour l'époque du Christ, nous avons aussi le témoignage de Flavius Josèphe : « Ne savez-vous pas que ceux qui quittent la vie [...] en s'étant libérés de leur dette auprès de Dieu, gagnent la vie éternelle [...]. Et que leur âme persiste dans la pureté et l'obéissance, après avoir obtenu une place au ciel, d'où, par l'effet de la révolution des âges, elle redescend habiter dans des corps sans souillure ? » (« La Guerre des Juifs », Livre III, chapitre 8.)

Comment l'Occident a-t-il oublié la réincarnation ?

Intéressante question... Cayce la fit poser par Gertrude, au cours d'une série de lectures. La réponse, en résumé, fut la suivante : les passions étaient si violentes (comme on le voit par exemple dans l'histoire des Mérovingiens !) que l'Église ne pouvait enseigner que des vérités très élémentaires. Car les âmes qui manquent de maturité utilisent la réincarnation comme prétexte pour éviter de travailler sur elles-mêmes... Puisqu'on a tout son temps ! Autant de vies que l'on veut !

Le niveau moral avait bien baissé depuis les Gaulois dont César admirait tant le courage « lequel était dû, disait-il, à ce qu'ils croient que l'âme ne meurt point, mais passe après la mort dans un autre corps ». (« De Bello Gallico », Livre VI.)

La pensée gnostique

Or les Évangiles reconnus officiellement aujourd'hui ne sont qu'une sélection parmi tous ceux qui avaient été écrits, reflétant les facettes variées des enseignements de Jésus. On a retrouvé en Égypte, à Nag Hammadi, les manuscrits des chrétiens gnostiques. Ceux-ci, principalement autour d'Alexandrie, représentaient un courant de pensée assez différent de la tradition romaine dont nous sommes aujourd'hui, en France, les héritiers. La doctrine des gnostiques (qui resurgira sous forme de catharisme dans le midi languedocien), affirmait la réincarnation. Les gnostiques se moquaient de la naïveté des chrétiens romains, qui croyaient que quelques heures de martyre permettaient automatiquement de s'asseoir pour l'Éternité à la droite du Tout-Puissant ! Quant à eux, ils savaient que la perfection ne s'obtient qu'après plusieurs vies de purification... Et plusieurs martyres !

A ce courant mystique, pour lequel la relation intérieure avec Dieu était plus importante que les formes extérieures, s'opposera le courant « romain » : un christianisme simplifié, réduit à quelques principes, à quelques règlements, selon une « ligne de la pensée correcte ». Celle-ci sera imposée d'une manière autoritaire : les hérétiques seront brûlés, exterminés, leurs livres détruits... Cette chasse aux sorcières commence très tôt. Dès la proclamation officielle du christianisme par Constantin, les anciens martyrs se changent aussitôt en persécuteurs... On demanda à Cayce :

EST-CE QUE LE CHRISTIANISME GNOSTIQUE EST CE QUI SE RAPPROCHE LE PLUS DE LA DOCTRINE CHRÉTIENNE TELLE QU'ELLE EST DONNÉE PAR CETTE SOURCE D'INFORMATION (LES LECTURES) ?

Il y a un parallélisme. Le christianisme gnostique était le plus couramment accepté — jusqu'à ce que certains commencent à établir des règlements pour permettre des compromis... Et, dans la doctrine du Christ, il n'y en a pas... (Lecture 5749-14.)

Théodora ne veut pas se réincarner

Pour la réincarnation, le tournant fatal, c'est le VIe siècle après J.-C. A cette époque, l'Église, alliée à l'État, a perdu en sainteté ce qu'elle a gagné en pouvoir politique.

L'impératrice Théodora veut être divinisée après sa mort, comme les anciens empereurs romains. Une chose la gêne : les enseignements d'Origène, le grand spécialiste chrétien de la réincarnation. Selon lui, ceux qui ont assassiné leur prochain devront se réincarner pour payer leurs crimes. Or Théodora a du sang sur les mains... Origène est sa bête noire ! (Heureusement pour lui, il est mort depuis longtemps déjà, en 254.) L'empereur Justinien, époux de Théodora, réunit donc, en 553, le deuxième concile de Constantinople — pour condamner une série de propositions tirées d'Origène. Le pape et les évêques, morts de peur, signent et votent tout ce qu'on leur demande : le terrible couple impérial a déjà fait assassiner au moins deux papes, et quelques évêques... Sans compter du menu fretin ecclésiastique !

Mais ces décrets, promulgués sous la pression, ne peuvent qu'être nuls du point de vue canonique. De plus, il faut remarquer que ce concile — pas plus qu'aucun autre — n'a condamné la réincarnation en soi. Ont été condamnées en 553 seulement des « propositions » s'y rapportant.

Ce succès politique impérial eut pour conséquence une révision « déchirante » des Évangiles — d'où toute mention de la réincarnation fut effacée. Et voilà pourquoi elle a disparu de nos catéchismes depuis le VIe siècle !

La redécouverte de la réincarnation par les Occidentaux

... Cathares et Rose-Croix, qui l'avaient retrouvée, furent brûlés.

Bien plus tard, en 1911, furent publiées *Les Vies successives* du colonel de Rochas (1837-1914), administrateur de l'École polytechnique. Ses recherches systématiques sur la réincarnation, sous formes d'enquêtes et d'expériences, peuvent être considérées comme les premiers travaux scientifiques occidentaux sur la question.

Les travaux de Rochas ont eu un certain retentissement — mais il est sûr que Cayce n'en avait jamais entendu parler avant la fameuse lecture donnée pour Lammers.

Les sources d'information sur la réincarnation sont en grande partie, à cette époque, d'origine parapsychologique. Elles sont dues essentiellement aux écrits de trois grands mystiques, qui, chacun dans leur sphère, ont eu un immense retentissement.

— Allan Kardec (1804-1869) d'abord. Il avait répandu en France, puis dans le monde, la doctrine du « spiritisme ». Il s'agissait d'un enseignement religieux ésotérique, complémentaire de la Bible (mais nullement opposé à celle-ci dans l'esprit de son auteur). Cet enseignement était obtenu par un dialogue avec de mystérieux « esprits » informateurs, entités-guides désincarnés. Le malheureux Kardec, dans un pays aussi farouchement rationaliste et matérialiste que la France du XIXe siècle, déclencha une tempête de condamnations. L'Église catholique l'aurait très volontiers brûlé sur un bûcher !

Scandale également dans l'intelligentsia française, dont Kardec dénonçait le triomphalisme scientifique. Les uns et les autres firent tout pour le ridiculiser : ils y réussirent si parfaitement, qu'encore aujourd'hui, en France, personne n'ose plus utiliser le mot spirite. Or, Kardec parle énormément de réincarnation, qu'il avait parfaitement intégrée à sa foi chrétienne. Il était persuadé avoir été un druide à l'époque celtique, sous ce nom : Allan Kardec, qu'il reprit pour signer ses livres.

— Un peu plus tard, Helena Petrovna Blavatsky (1831-1891) parlera avec éclat de la réincarnation. Sa doctrine, la théosophie, aura un vif impact sur les milieux intellectuels anglais et américain. Cependant, Mme Blavatsky se réfère aux livres sacrés de l'Inde. Aussi, la réincarnation, vue sous l'angle théosophique, gardera-t-elle toujours un « cachet d'origine » oriental.

Et c'est encore ainsi que beaucoup de gens la voient. Ils pensent qu'elle va de pair avec les vaches sacrées, le curry de mouton et les charmeurs de serpents : tout un exotisme de pacotille !

— Enfin, Rudolf Steiner (1861-1925), d'abord disciple de Mme Blavatsky, s'est ensuite détaché de la famille théosophique pour fonder son propre groupe : les anthroposophes. Contemporain de Cayce, il a la même envergure, le même souffle prophétique, la même vision universelle. Comme Cayce, il a parlé très longuement de réincarnation. Mais Steiner est un intellectuel de l'Europe rhénane. Et, comme tel, il a surtout été entendu en Suisse et en Allemagne.

Cayce, lui, ne connaît ni Kardec, ni Steiner, ni Blavatsky : c'est Lammers qui lui expliquera ce que c'est que la théosophie ! Mais il s'en moque. C'est un parfait Américain, un enfant de ces « Fathers Pilgrims », qui ont débarqué la Bible à la main, et ne veulent rien connaître d'autre.

Cayce ne parle aucune langue étrangère, sa femme non plus, sa secrétaire encore moins. Ce sont des béotiens, qui n'ont vraiment jamais mis le pied hors de chez eux : ils savent à peine que le monde extérieur existe ! Pour nous autres, Européens, c'est difficile à concevoir.

Et c'est justement cette inculture épaisse, pachydermique, qui sera la chance de Cayce : son manque d'instruction favorisera son audace de pensée, et lui permettra d'aller très loin, en réintégrant la réincarnation dans sa pensée chrétienne. Mais c'est heureux qu'au départ il ne connaisse rien : on ne pourra pas l'accuser de plagiat ! Il faudra bien reconnaître que ses lectures ne « copient » personne.

Le génie particulier de Cayce, c'est la réincarnation débarrassée de ses oripeaux indiens.

Si, plus tard, Cayce adopte deux ou trois mots indiens, dont karma, c'est par utilité : le mot karma décrit une réalité que l'anglais n'avait guère de mot spécifique pour traduire. Lorsque Cayce emploie les mots karma, et akasha, il ne s'agit pas, dans sa pensée, de bouddhisme, mais d'une loi cosmique universelle qui dépasse de très haut toutes les religions.

Bref, la réincarnation, version Cayce, n'oblige personne à s'entortiller dans un sari en psalmodiant « haré Krishna » aux coins des rues !

La grande innovation de Cayce, c'est donc la réincarnation intégrée dans notre vie culturelle, nos traditions, et débarrassée de l'exotisme indien. Ainsi présentée, toutes les sciences humaines occidentales peuvent en bénéficier : la psychologie, l'histoire, la médecine...

La réincarnation, *made by* Cayce...

Cayce sortira donc de la terrible crise de conscience dans laquelle il s'était débattu des années durant. La lumière totale se fera dans son esprit à l'état éveillé : oui, la réincarnation est chrétienne ! Non seulement elle est compatible avec l'enseignement du Christ, mais plus encore : elle en a fait partie à l'origine.

Dépouillée de son emballage indien, la réincarnation devient universelle, accessible à tout homme de bonne volonté. Elle donne une réponse aux angoissantes questions que nous nous posons — questions auxquelles les Églises officielles sont incapables de répondre.

Par exemple, le problème du Mal : pourquoi Jules est-il né infirme, alors que Jim, lui, bénéficie d'une santé de fer ? Pourquoi Dieu, dans Sa bonté, permet-Il une telle inégalité ? Que certains naissent riches et d'autres pauvres ?

Les clergés des différentes Églises répondent : « Ce sont les mystères de la Volonté divine ; il faut s'incliner sans les comprendre. » Une telle réponse n'est plus recevable au XXe siècle : c'est vraiment prendre les fidèles pour des débiles !

Au contraire, la philosophie caycienne de la réincarnation n'a pas peur de répondre à ces questions. Elle offre une explication claire, cohérente, logique, acceptable pour des esprits scientifiques occidentaux.

La réincarnation pourrait être comprise comme une variante de la « théorie de l'Évolution ». Mais il faut un peu expliquer ce mot bizarre : karma, qui est sanscrit, et signifie « action et réaction ».

J'aurais tendance à le traduire par « bilan », lequel résulte, en effet, des différents actes précédents. Le karma est le principe actif de la Loi d'Évolution ; il est, en soi, un programme de transformation continuelle. Cayce s'est très souvent et très longuement expliqué là-dessus. D'après lui, ce que l'on a fait de mal, ou de bien, vous revient nécessairement dans une vie suivante. C'est la « Loi de Boomerang » que l'Ancien Testament avait formulée : « Œil pour œil, dent pour dent. » (Non pour exciter les gens à la vengeance, mais pour les faire réfléchir un peu sur les suites de leurs actes.)

Cette « Loi de cause à effet », d'après Cayce, est automatique, absolument comme les lois de la physique :

Chaque âme paie pour ses propres erreurs, PAS pour celles de quelqu'un d'autre. (Lecture 1056-2.)

Un des grands principes de base — qui est en passe de devenir celui de toute la psychologie holistique, c'est que : *Mind is the builder,* phrase que Cayce répète inlassablement.

C'est-à-dire : « C'est l'esprit (humain) qui construit. » Notre corps physique n'est que le résultat de l'activité de notre mental... Mais aussi toutes les circonstances extérieures de la vie que nous rencontrons. La réincarnation selon Cayce met l'accent sur notre totale responsabilité.

Chaque pensée mauvaise engendre un acte mauvais, et chaque pensée bonne de même. D'ailleurs, la pensée en elle-même est un acte. Chaque acte mauvais engendre des conséquences en nous-mêmes, que nous projetons sur l'extérieur. Nous ne sommes pas victimes, jamais, de personne, sinon de nous-mêmes, et de nos actes passés. Le gentil qui n'a « que des malheurs » a peut-être été un monstre il y a dix mille ans : il affronte aujourd'hui les conséquences de son passé karmique.

C'est dire que nous sommes d'abord les fils de nos œuvres. Évidemment, c'est une philosophie qui oblige à se tenir debout. Ce qui ne plaît pas à tout le monde !

La philosophie indienne n'admet aucune entorse à la rigueur de la loi karmique de cause à effet. Aussi, dans la pensée religieuse de l'Inde, la « roue » des réincarnations successives tourne-t-elle sans fin pendant des siècles, jusqu'à ce que la dernière miette de karma soit payée. Dur, dur, dur... C'est comme un examen qu'il faudrait repasser chaque année, et, à la moindre peccadille, on est recalé : il faut alors redoubler la classe, et même tripler, quadrupler !... Il y en a qui se découragent... Et recommencent interminablement les mêmes erreurs !

La Loi de Grâce

Au contraire, la pensée caycienne introduit une nouvelle dimension : la « Loi de Grâce ». La grâce, c'est l'amour gratuit, la tendresse de Dieu pour chaque âme. La confiance et l'amour peuvent nous affranchir de cette impitoyable loi du karma. Cayce résume le principe de la Loi de Grâce en quelques mots :

Ce que tu sèmes, tu le récoltes, à moins que tu n'aies passé de la loi charnelle, c'est-à-dire la loi du karma, à la Loi de Grâce. (Lecture 5075-1.)

A quelqu'un qui lui demande : QUELLE DETTE AI-JE ENVERS JOHN ? il répond :

Seulement celle que tu construis dans ta propre conscience. (Lecture 1298-1.)

En effet, il y a des gens qui utilisent la notion de karma, ou de « dette karmique », comme excuse facile à leur passivité : « Je n'y peux rien, c'est une dette karmique », disent-ils lorsqu'ils n'ont pas le courage de prendre les décisions qui s'imposent. Ainsi, voici la réponse de Cayce à une personne qui lui posait la question :

EXISTE-T-IL ENTRE MES DEUX PARENTS ET MOI-MÊME, OU AVEC L'UN D'ENTRE EUX, UNE DETTE QUI DOIVE SE LIQUIDER ? DEVRAIS-JE RESTER AVEC EUX JUSQU'À CE QUE J'AIE RÉUSSI À LES ADOUCIR À MON ÉGARD ?

Qu'est-ce qu'une dette karmique? Tu mélanges tout! Tu embrouilles cette idée dans ton esprit! Qu'est-ce que la Vie, sinon un don de ton Créateur, afin que tu puisses pleinement être Un avec Lui? Tes relations à ton prochain, à travers les différentes expériences des incarnations terrestres, s'éclairent à la lumière des Forces Créatrices, dans ta relation à l'acte en soi. Et, plus précisément, pour tes relations personnelles avec ton père, ta mère, ton frère, ou n'importe qui d'autre, ce qui compte, C'EST DE TE REGARDER EN FACE, dans le cadre des relations mises en œuvre par tes proches. Il ne s'agit pas d'une dette karmique entre tes parents et toi, mais d'une DETTE KARMIQUE AVEC TOI-MÊME. Cette dette qui doit être travaillée au moyen des relations familiales qui existent aujourd'hui! Cela est vrai pour toute âme. (Lecture 1436-3.)

Selon ce texte, la première dette karmique est envers soi-même : se débarrasser de tous les sentiments d'égoïsme, de jalousie, d'agressivité, de toutes les inhibitions qui parasitent et affaiblissent le Moi. C'est cela qui engendre de vie en vie une mémoire négative. Cayce dit souvent : *Self is being met,* ce qui signifie qu'il faudra, un jour, « se faire face à soi-même », c'est-à-dire prendre conscience de cette mémoire négative. Il n'y aurait donc pas, à proprement parler, de dette karmique entre deux individus, mais d'abord une dette vis-à-vis de soi-même à travailler dans la situation de vie où l'on se trouve, et dans la relation à l'autre. Les actes négatifs ont détruit, dans d'autres vies, une partie de notre Moi, qui, ainsi, s'est désuni des

Forces Créatrices, c'est-à-dire Dieu. Les relations humaines dans notre vie actuelle ont pour but de guérir notre Moi, de l'aider à se remettre en harmonie avec les lois divines. L'expression dette karmique devrait être remplacée par mémoire karmique, laquelle doit être purifiée si elle est négative. Dans une autre lecture, Cayce dit encore :

Jésus seul est le modèle structurel de chaque âme. Il est ton karma, si tu veux bien mettre ta confiance en Lui. (Lecture 2067-2.)

On peut affronter son karma soit en soi-même, soit en Lui. (Lecture 2990-2.)

Autrement dit, affronter sa mémoire négative, ses mauvais réflexes inconscients, est moins dur si on le fait dans la lumière du Christ que si l'on en reste à la vieille Loi de Cause à Effet :

Affronter ces choses qui ont été appelées karmiques...

Cependant, se souvenir qu'avec la Loi de Grâce, elles peuvent se réduire à une simple impulsion intérieure. Et si l'on accorde sa volonté avec la Voie du Christ, on peut par là empêcher le malheur d'arriver; on peut surmonter les difficultés, et faire les bons choix, ceux qui donnent joie, amour et bonheur pour toute la vie. C'est préférable, plutôt que de choisir la Loi de Cause à Effet, qui oblige à une confrontation de soi-même avec tout, sur le mode le plus dur. (Lecture 1771-2.)

... Au fond, c'était ça, la « Bonne Nouvelle » de l'Évangile !

Quand se réincarne-t-on ?

Eh bien, pas du tout au petit bonheur la chance ! Dans cette affaire, il n'y a ni hasard ni loterie, mais des cycles précis, qu'on connaît encore mal, mais dont parle Cayce.

Notre Temps terrestre est défini par des circuits d'étoiles : Soleil, Lune, planètes et étoiles fixes des constellations.

« Et Dieu dit : Qu'il y ait des luminaires au firmament du Ciel, pour séparer le jour de la nuit ; qu'ils servent de signes, tant pour les fêtes, que pour marquer les jours et les années... » (Genèse, I.)

Ces corps célestes, pour nous, égrènent le Temps. Le retour

périodique de la même position d'une étoile, ou de plusieurs conjointes, est un cycle : ainsi des retours périodiques de la Lune, du Soleil, de Sirius, de Saturne, etc. Ces corps célestes marquent des cycles de jours, d'années et de siècles.

Le séjour terrestre, répété autant de fois qu'il est nécessaire, aurait donc pour but un apprentissage pratique des leçons apprises... sur les autres plans planétaires.

Car on n'entre pas par hasard dans le séjour matériel de la Terre. Mais on y est né en vue d'un objectif précis. Et chaque âme est attirée ici par les influences qu'elle a pu visualiser depuis Là-Haut. (Lecture 3128-1.)

Ou encore :

Car chaque cycle est un degré de plus dans l'expérience de l'entité, ou âme. Et lorsqu'elle doit le travailler, il lui vient le désir impérieux de s'incarner dans la matière à ce moment-là. (Lecture 1703-3.)

Donc, c'est clair, on comprend que les âmes s'incarnent suivant des cycles, qui sont comme des cycles scolaires !

L'incarnation sur la Terre est un atelier de travaux pratiques des leçons cosmiques. L'incarnation se fait suivant des dates qui correspondent à des cycles astronomiques/astrologiques, en fonction des besoins spirituels de chaque entité. Celle-ci choisit elle-même son moment.

EN CE QUI CONCERNE LA VIE SUR LES AUTRES PLANÈTES, ET LE SÉJOUR SUR CELLES-CI ENTRE DEUX VIES TERRESTRES, VOUS NOUS AVEZ DIT QUE L'ENTITÉ EDGAR CAYCE [...] AVAIT ÉTÉ DANS LE SYSTÈME D'ARCTURUS, PUIS ÉTAIT REVENUE SUR LA TERRE. EST-CE QUE C'EST UN STADE D'ÉVOLUTION NORMAL, OU ANORMAL, POUR UNE ÂME ?

Comme nous l'avons dit — et cela a été donné aussi par d'autres — Arcturus est ce que l'on pourrait appeler le centre de l'Univers, à travers lequel les individus passent à la période de leur choix ; et là ils doivent choisir aussi où ils doivent retourner pour compléter leur stage — c'est-à-dire dans notre système planétaire, notre Soleil, avec notre Terre et son système de planètes... Ou bien s'ils passeront dans d'autres systèmes. (Lecture 5749-14.)

EST-IL NÉCESSAIRE DE FINIR LE PARCOURS DU SYSTÈME SOLAIRE AVANT D'ALLER DANS D'AUTRES SYSTÈMES ?

Il est nécessaire de finir le parcours du système solaire.

DOIT-ON FINIR LE CYCLE DU SYSTÈME SOLAIRE PAR LA TERRE, OU

DOIT-ON LE COMPLÉTER PAR UN SÉJOUR SUR UNE AUTRE PLANÈTE ; OU BIEN CHAQUE PLANÈTE A-T-ELLE UN CYCLE EN PROPRE, QUI DOIT ÊTRE PARCOURU COMPLÈTEMENT ?

Ce qui a été commencé sur la Terre doit être fini sur la Terre. Le système solaire auquel appartient la Terre n'est seulement qu'une partie du tout. Car, en ce qui concerne le nombre des planètes qui gravitent dans le même système que la Terre, ces planètes forment un tout et sont reliées les unes aux autres. C'est le cycle système dans son entier, qui doit être fini, voyez-vous? (Lecture 5749-14.)

On n'est pas sûr de voir très clair, mais nous reviendrons sur cette question plus en détail, au chapitre de l'astrologie.

Combien de fois se réincarne-t-on ?

Platon croyait que les âmes se réincarnaient tous les mille ans. Dans *La République*, il raconte l'histoire d'Er le Pamphilien, extraordinaire reportage dans l'Au-Delà, par un homme qui en revint. Er le Pamphilien dit comment, laissé pour mort sur un champ de bataille, il fut emmené dans les Champs Élysées (le séjour des morts pour les Grecs). Là, il put assister à la distribution des futures incarnations, où chaque âme tirait au sort, et choisissait sa nouvelle vie terrestre...

Cayce donne des séquences de vies beaucoup plus rapprochées dans le temps... ou alors, au contraire, beaucoup plus espacées.

MONSIEUR CAYCE, DANS LES LECTURES DE VIES ANTÉRIEURES QUE VOUS AVEZ DONNÉES, IL Y A DE GRANDES DIFFÉRENCES DANS LES INTERVALLES DE TEMPS QUI SÉPARENT DEUX INCARNATIONS. EXPLIQUEZ-NOUS POURQUOI. EST-CE PARCE QUE TOUTES LES INCARNATIONS NE SONT PAS DONNÉES DANS LES LECTURES, OU BIEN EST-CE PARCE QUE CERTAINS PROGRESSENT SUFFISAMMENT DANS UNE VIE POUR N'AVOIR PLUS BESOIN DE SE RÉINCARNER AVANT LONGTEMPS ?

PAR EXEMPLE, LA PREMIÈRE APPARITION SUR LA TERRE QUE VOUS AVEZ DONNÉE POUR MONSIEUR UNTEL ÉTAIT IL Y A DIX MILLIONS CINQ CENT MILLE ANS. LA SUIVANTE, IL Y A DOUZE MILLE ANS. EST-CE QUE L'ENTITÉ EN QUESTION N'A FAIT AUCUNE APPARITION SUR LA TERRE ENTRE CES DEUX INCARNATIONS ?

Ses apparitions sur le plan terrestre ont été données au complet. Dans les intervalles, il s'est développé ailleurs que sur le plan terrestre. Car c'est souvent dans des systèmes planétaires autres que le nôtre que l'entité a eu sa résidence : ceux-ci ont eu une influence sur sa vie. Ainsi, il est exact de dire que, dans le développement des âmes, il peut y avoir des intervalles plus ou moins longs — ou courts ! — d'une vie à l'autre. (Lecture 139-1, 2.)

Donc, voilà un natif qui n'en est qu'à sa troisième vie... Comme Lammers. On se souvient que celui-ci en était à sa troisième apparition sur cette planète. Ce qui suppose pas mal de tourisme planétaire ! A l'autre extrême, il y a les 547 réincarnations du Bouddha Gautama... Cayce a donné pour lui-même une séquence de vies antérieures.

Il s'étendra longuement sur certaines, que nous verrons en détail un peu plus loin. Il dit encore :

La perfection n'est pas possible dans un corps matériel, avant d'être revenu au moins une trentaine de fois ! (Lecture 2982-1.)

Groupes karmiques : on se réincarne tous ensemble, c'est plus gai !

La majorité des Américains du XXe siècle, qui sont venus consulter Cayce, l'avaient déjà connu dans une de leurs vies précédentes, et certains très étroitement. Sa femme, sa secrétaire, ses enfants, ses meilleurs amis, semblent avoir été mêlés de près ou de loin à ses aventures dans d'autres vies. Au début, cela m'a paru une coïncidence bizarre. Et puis j'ai réfléchi : si l'on se réincarne par cycles, selon des « affinités électives », il serait donc logique qu'aux mêmes époques et aux mêmes endroits se retrouvent périodiquement des gens qui ont quelque chose à faire ensemble. Ils sont sensibles aux mêmes vibrations. On retrouve les mêmes vieilles connaissances qui faisaient partie des mêmes promotions...

Comme beaucoup d'âmes qui sont entrées dans ce cycle de 1910, 1911, ou pendant ce cycle, l'entité fut Atlante... (Lecture 2428-1.)

Nous retrouverons, au chapitre suivant, ces cycles historiques, ou préhistoriques, de réincarnations collectives.

Les individus sur la Terre évoluent de cycle en cycle, dans leur propre ligne de développement, dans leurs relations avec les autres, et dans les activités qu'ils doivent entreprendre dans telle vie terrestre. Chacun prend son chemin dans des circonstances bien définies. (Lecture 993-4.)

Chaque cycle amène l'âme-entité à une nouvelle croisée des chemins, où elle se sent poussée intérieurement vers une ou plusieurs activités sur la Terre. Mais ces activités ont été choisies exprès, pour que l'entité comprenne pourquoi : elles sont une partie nécessaire de son expérience totale. (Lecture 3128-1.)

Personnalité et individualité

Les séquences de vies antérieures données par Cayce ne sont pas forcément complètes :

Vos vies antérieures ne vous sont pas données au complet, mais seulement celles qui ont une relation avec les activités et les problèmes de l'expérience de vie actuelle. (Lecture 2460-1.)

Il faut comprendre qu'à chaque incarnation, nous ne mettons pas en jeu toutes nos ressources, mais seulement une partie de celles-ci. C'est pourquoi notre PERSONNALITÉ présente peut être fort différente des précédentes : elle n'extériorise qu'une partie de notre INDIVIDUALITÉ, de notre Moi complet (lequel est un univers à lui tout seul !).

C'est ainsi que Cayce, dans son incarnation précédente, n'avait nullement montré ses facultés médiumniques. Dans cette vie-là, dit-il, ses dons étaient restés latents, non manifestés.

Voici une lecture qui exprime bien pourquoi la personnalité exprimée dans une vie n'est qu'un fragment de l'individualité totale :

VOUDRIEZ-VOUS, MONSIEUR CAYCE, ÉNUMÉRER MES INCARNATIONS SUR LA TERRE, DEPUIS LE TEMPS DES CROISADES. EST-CE QUE L'UNE D'ELLES INFLUENCE MA VIE ACTUELLE ?

Elles n'ont pas toutes d'influence à l'heure actuelle. Mais cela dépend aussi de ce que vous déciderez de faire [...]. Les choses se passent ainsi : on peut être dans un état, incarné dans une expérience de vie précise, et cependant ne pas travailler dans les direc-

tions explorées précédemment. C'est qu'on n'en éprouve pas le besoin. Ou alors, on n'est pas conscient de ces activités antérieures, ou bien on n'est pas influencé par elles. Celles de vos vies qui ont un impact direct sur votre vie actuelle vous ont été présentées. (Lecture 1602-4.)

Aucun amour n'est jamais perdu

Bien entendu, on se réincarne aussi en famille ! Pour le meilleur et pour le pire. Mais tous ceux qui ont perdu un être aimé, que tous ceux-là se consolent : ils pourront le retrouver !

QUESTION :

Y A-T-IL UNE RAISON POUR LAQUELLE MON FRÈRE ET MOI AVONS CHOISI LA MÊME MÈRE ?

Réponse de Cayce :

Ces expériences de vie en Palestine ancienne vous avaient étroitement liés, et créé des relations telles que vous avez choisi de vous réincarner ensemble. (Lecture 2454-3.)

Il s'agit de deux personnes qui avaient, ensuite, été associées dans le même travail, dans l'Amérique du XVIIIe siècle, avant de se réincarner encore une fois ensemble au XXe !

Voici encore le cas d'une petite fille de cinq ans, dont les parents avaient demandé une lecture :

Auparavant, l'entité appartenait à la famille Audubon. Là, elle était déjà la fille de sa mère actuelle — mais elle n'avait pas vécu très longtemps : car, dans cette vie-là, elle était morte jeune dans un accident de voiture. (Lecture 1635-3.)

Donc, voilà une maman désolée d'avoir perdu son enfant, et qui, dans la vie suivante, la retrouve dans les mêmes conditions : elle est toujours sa petite fille, et dans le même pays (les Audubon étant une famille américaine connue à l'époque coloniale).

Mais ce n'est pas tout... Car, d'une incarnation à l'autre, on peut changer de sexe ! Puisque, comme dit Paul, « dans la Jérusalem céleste, il n'y a ni juif, ni grec, ni esclave, ni homme libre, NI HOMME, NI FEMME ». Ces conditions ne sont que temporaires. De nombreux cas de changement de sexe apparaissent d'ailleurs au fil des lectures :

Auparavant, l'entité était dans l'Empire romain, à une période d'expansion maritime vers d'autres pays. Là, l'entité était un homme, un marin, un capitaine qui commandait la flotte romaine dans les parages de l'Irlande et de l'Angleterre. (Lecture 2454-3.)

Or, aujourd'hui, c'est une femme. Pourquoi s'est-elle incarnée cette fois dans le sexe féminin ? Parce que :

Si elle avait acquis de grands talents d'enseignant, de chef, d'instructeur, de directeur — talents qu'elle conserve aujourd'hui —, elle avait peu connu la vie de famille. Et c'est pour cela qu'elle est revenue aujourd'hui, pour en faire l'expérience.

Plus curieux encore, elle n'en est pas à son premier changement de sexe :

Auparavant, l'entité était en Perse, dans les milieux dirigeants. Elle vivait à la cour de Sémiramis, dont elle était la confidente — on dirait aujourd'hui la secrétaire. En réalité, un poste de décision. (Même lecture.)

Ainsi, on peut choisir un sexe différent, selon le programme désiré. Untel, qui a passionnément aimé une femme qu'il n'a pu épouser, pourra certes la retrouver dans la vie suivante comme épouse, mais aussi comme sa sœur, sa mère... ou même son mari s'il s'est réincarné en femme lui-même ! Comme nous sommes tous appelés à devenir des dieux, et que Dieu, comme disaient les gnostiques, est Père et Mère, masculin et féminin, nous devons donc expérimenter les deux polarités.

Dans certaines vies, nous nous incarnons en homme, et nous apprenons à manier des vibrations masculines, en tant que soldat, marin, bûcheron, ou ramoneur... Au bout d'un certain temps, ayant maîtrisé les situations masculines, nous aspirons naturellement à connaître la vie au féminin. Par exemple, quel effet cela fait de mettre au monde un enfant, de le nourrir, de s'occuper de toute une maisonnée, etc. Et cela, afin que rien de ce qui est humain ne nous soit étranger. On n'est donc pas homme, ou femme pour l'Éternité. C'est seulement un état temporaire d'incarnation.

Ainsi, les homosexuels ne seraient que des entités en transition entre deux corps de sexe différent, et non pas des anormaux, ou des pervers. Mais, plus simplement, des entités qui ont changé récemment de sexe et ne sont pas encore complètement habitués à leur nouveau corps !

Voici une très belle lecture de Cayce sur la nécessité de traverser de multiples expériences, dans tous les états, tous les sexes, tous les pays :

L'âme — expression du désir de Dieu d'avoir une compagnie — doit trouver elle-même son expression. Et, dans ce dessein, les âmes des hommes et des femmes furent appelées à l'existence, afin que chaque âme puisse devenir compagne/compagnon de Dieu, parfaitement adapté(e) à ce royaume divin.

Il est donc nécessaire que l'âme humaine se perfectionne à travers de multiples expériences ; elle doit parcourir tous les royaumes existants. Cela, afin que l'âme, ayant atteint sa perfection, ne se trouve pas désaccordée au royaume de beauté, d'harmonie et de force divine où elle est appelée à devenir compagne/compagnon de cette Force créatrice (Dieu, en caycien !).

D'où la nécessité de ces expériences de vie, qui ne sont que des occasions de grandir ; en effet, quel que soit le niveau de conscience où chacun d'entre nous pense être parvenu, le Père désire que chaque âme continue à dérouler le fil d'or de sa force consciente, pour se hisser jusqu'à lui. (Lecture 805-4.)

Cette lecture nous fait comprendre pourquoi nous changeons souvent de sexe d'une vie à l'autre.

Mais il existe aussi des entités qui s'incarnent uniquement dans des corps masculins, ou uniquement dans des corps féminins. Cela dépend de leur programme.

Par exemple, Cayce donne pour lui-même une série d'incarnations uniquement masculines — mais où la vie familiale est expérimentée.

Selon Cayce, le Christ lui-même n'aurait eu que des incarnations masculines : comme Adam, comme Melchisedech, comme Josué, comme Joseph, etc. (mais nous y reviendrons). La raison en est qu'il avait un programme d'initiateur. Celui qui doit montrer la voie, qui doit être le Premier, l'Agneau Premier-Né de Dieu, correspond aux valeurs masculines du Bélier. Tandis que Marie, sa Mère, réincarnation d'Ève, n'aurait eu que des incarnations féminines puisqu'elle doit montrer l'autre face de l'amour créateur, la polarité féminine, qui est Terre, fruit, réceptivité, silence, alchimie secrète nécessaire à l'accouchement des âmes.

Cependant, les incarnations répétées dans un seul sexe ont aussi des inconvénients :

L'entité est l'une de celles qui n'ont jamais changé de sexe. Ainsi, elle est femme jusqu'au bout des ongles — dépendante, et pourtant ni plus ni moins libre que d'autres du besoin d'un compagnon... Mais l'entité n'arrive pas à comprendre ces émotions chez les autres (de l'autre sexe); pas plus que ceux-ci ne comprennent ses émotions et sa façon d'être... (Lecture 2390-1.)

Le choix du sexe se fait librement, selon le vœu de chaque âme :

Il dépend des désirs qui ont été formés par l'entité depuis le début de son incarnation précédente [...]. Le désir, lorsqu'il est nourri et entretenu, peut changer un univers! Car des désirs du cœur naissent les activités du cerveau et celles de l'être physique, ainsi que la forme de celui-ci. (Lecture 276-3.)

Les jumeaux

Il y a un cas spécial, ce sont les jumeaux. Vrais ou faux, la tradition ésotérique dit que ce sont des êtres qui se sont follement aimés dans une vie précédente, et n'ont pas voulu se quitter dans celle-ci. Ils peuvent aussi s'être haïs, et avoir choisi cette chance de se réconcilier dans l'amour fraternel. Tel semble être le cas des jumeaux de la Bible, Esaü et Jacob (Genèse, XXV, 19), dont parle Cayce :

Bien que conçus en même temps, nés le même jour, ils étaient très éloignés dans leur programme de vie; l'un, Jacob, harmonisait son esprit et son âme à travers le corps physique qui en est l'expression. L'autre, Esaü, n'avait qu'un but : satisfaire ses appétits... (Lecture 281-48.)

Et Cayce d'expliquer que ces êtres si différents avaient été attirés ensemble par le manque d'unité de leurs parents. Et si ces jumeaux « se battaient déjà dans le sein de leur mère », c'est qu'ils étaient déjà ennemis dans une vie précédente.

De toutes les races, de toutes les nations, de toutes les religions...

Selon Cayce, il nous faut donc expérimenter toutes les facettes de la vie terrestre : pas seulement des sexes différents, mais encore des pays, des races, des religions variés...

Ceci, afin de tout apprendre, au moyen de trois dimensions, qui sont :

— le Temps ;
— l'Espace ;
— la Patience.

C'est ce que dit Cayce. Les deux premiers termes nous sont bien connus, puisqu'on utilise de plus en plus la notion d'espace-temps. Le troisième surprend.

Le Temps, l'Espace et la Patience, sont les moyens qui permettent à l'Homme, en tant qu'esprit limité, de devenir conscient de l'Infini. (Lecture 3161-1.)

La Patience ne veut pas dire simplement attendre, mais elle est l'attitude de ceux qui amènent leur nature à s'accorder avec les lois de la Nature. Ainsi, avec patience, accomplis ton travail selon les lois de la Patience, qui sont amour, dessein précis, foi, espoir, charité, en exprimant ces lois dans les associations avec ceux que tu rencontreras quotidiennement sur ton chemin. (Lecture 1968-5.)

Ainsi, la patience nous permet-elle de faire le meilleur usage possible du Temps et de l'Espace. Elle nous permet de travailler sur nous-mêmes en traversant les siècles...

Pour cela, il est utile que nous fassions l'expérience de religions différentes, afin de comprendre que chacune développe une facette de la Vérité totale.

Voici par exemple le cas d'une petite fille qui arrive d'une vie indienne :

L'entité a vécu en Extrême-Orient et a appartenu, à Poona, au groupe de Brahma Samaj (en Inde entre 1800 et 1878 ?).

D'où le fait qu'elle est absorbée dans ses visions [...]. Ne la tourmentez pas avec vos questions, mais notez ce qu'elle vous dit. Encouragez ses rêves et ses visions, mais n'ayez pas une attitude d'inquisiteur.

Quand l'entité aura 13-14 ans, nous vous donnerons des indications plus complètes sur ce qu'elle peut accomplir — si elle veut bien se guider sur l'étoile de Bethléem, et non plus sur celle de Poona ! (Lecture 5043-1.)

Ainsi, pour chacun de nous, la même recherche spirituelle se poursuit-elle, mais sous des formes religieuses variées, de vie en vie.

Mozart a-t-il déjà été musicien dans une vie antérieure ?

C'est la question que l'on peut se poser, pour lui, et pour tous les enfants prodiges qui semblent être venus au monde en maîtrisant déjà un art ou une science... Il semble y avoir une progression logique dans les activités terrestres des âmes humaines. A travers les « séquences » d'incarnations données par Cayce, on trouve fréquemment un même métier exercé de vie en vie — dans des civilisations différentes. Cayce, par exemple, assez étonné tout de même d'avoir ce don de médium, avait demandé (dans une lecture pour lui-même), d'où cela venait. Il lui fut répondu par sa propre voix, en état de sommeil, que, s'il avait maintenant ces facultés médiumniques exceptionnelles, c'est qu'autrefois il avait atteint un très haut développement spirituel.

Après quoi, il avait vécu une série de vies assez peu reluisantes... et ces pouvoirs ne s'étaient plus manifestés.

Cependant, il y avait un fait précis : dans l'une de ses incarnations il avait été blessé sur un champ de bataille. Agonisant tout seul pendant plusieurs jours, incapable de faire un mouvement, il ne lui restait plus que son esprit comme arme contre la douleur. Et, peu de temps avant de mourir, il avait enfin réussi à sortir de son corps en projection astrale.

Cet effort énorme avait libéré chez lui des pouvoirs psi, une aptitude à se dégager de la matière en libérant son esprit. (De nombreux médiums le sont devenus à la suite d'une expérience semblable.)

Ces pouvoirs psi, utilisés au service du prochain, pouvaient lui permettre de remonter à son ancien niveau spirituel. Mais si ces facultés étaient utilisées à des fins égoïstes, ou destructrices, il pouvait tomber dans les pires bas-fonds.

Cayce, d'ailleurs, avait un thème marqué par le signe ambigu des Poissons : capables du meilleur et du pire, ils donnent des mystiques rayonnant d'amour et de bonté, ou alors des traîtres fuyant leurs responsabilités... (Ce signe des Poissons explique aussi la difficulté de Cayce à s'exprimer clairement avec des mots : les Poissons sont opposés à la Vierge, signe des écrivains !)

L'exemple de Cayce indique bien qu'il faut plus d'une vie pour devenir un bon médium ; que, pareillement, il faut plus d'une vie pour maîtriser un art ou une profession. Les lectures cayciennes laissent entendre que l'on se perfectionne, au fil des existences, dans un ou plusieurs métiers.

Un agent d'assurances de trente-cinq ans, américain, avait demandé à Cayce une consultation :

Ce n'est pas par hasard que chaque entité entre dans le séjour matériel, mais pour que l'entité, comme une partie du Tout, occupe la place qu'aucune autre âme n'occuperait aussi bien. [...] Sur le plan de la conscience mercurienne, on peut voir l'activité mentale de l'entité, son besoin de tout analyser autour d'elle, les gens, les événements, l'environnement; et son besoin de diriger ceux-ci...

De là son goût pour les statistiques, l'analyse des données, le classement et l'interprétation des faits et des personnes. Auparavant, l'entité vivait dans le pays de son actuelle nativité (les U.S.A.). *Mais dans un endroit différent, et à la période de la guerre de l'Indépendance. Là, l'entité était une personnalité connue, dont l'influence et le pouvoir n'ont pas suffisamment été étudiés. Au début, c'était un philosophe; puis un instructeur, un fermier, un général d'armée, délaissant sa charrue et ses bœufs pour aller défendre un idéal; il dut se battre, se défendre contre les attaques de ceux qui avaient un idéal différent...*

Dans cette expérience, l'entité a gagné non seulement sur le plan matériel dans ses entreprises, et dans la réalisation de ses idéaux, mais aussi sur le plan spirituel, en devenant de moins en moins égoïste, de plus en plus soucieuse de l'intérêt général. Sa grande préoccupation était d'aider les hommes à devenir libres.

De cette expérience, voilà ce qu'il lui reste : l'amour de l'Histoire, le goût de rechercher les faits historiques peu connus; l'intérêt pour les livres parlant des pionniers, fondateurs de nouveaux mouvements, de nouveaux courants de pensée, de nouvelles idées...

Ces goûts sont une expression actuelle de l'entité. Dans cette vie précédente, son nom était Israël Putnam. (Lecture 2533-1.)

C'est donc ce souci du bien général, acquis en tant qu'Israël Putnam, qui a poussé le natif d'aujourd'hui vers les assurances. Et aussi le goût mercurien d'analyser les faits, de travailler sur les statistiques... Mais ce n'est pas fini :

Avant cela, l'entité était dans le pays iranien [...], dans un monde à la fois grec et romain. En ce temps-là, l'entité faisait partie des Romains qui avaient comme travail d'analyser les activités des habitants, leurs foyers, etc. L'entité n'était pas un soldat, mais plutôt un conseiller politique. [...] Il agissait en tant qu'inspecteur des affaires sociales et conseil en la matière auprès des autorités régionales [...].

Ce travail a développé chez l'entité le goût des analyses sociales, l'étude des rapports de cause à effet dans les activités des groupes, ou des individus nous dirions : des sondages d'opinion et des études de motivation !

D'où, aujourd'hui, la compétence de l'entité pour tout ce qui touche aux enquêtes sur les groupes, les familles, les individus ; pour tout ce qui est analyse économique et sociale, ou parfois politique. C'est à travers de telles analyses que l'entité est le mieux en relation avec les autres. (Même lecture.)

Car le métier actuel de cet homme implique des analyses économiques, des études de marché et de statistiques assez poussées, car, bien entendu, on n'assure pas n'importe qui, n'importe comment... Et à n'importe quel tarif !

Mais retournons en arrière, dans une existence encore plus ancienne :

Auparavant, l'entité vivait en Perse, à une période de conflits entre les Bédouins — ou tribus arabes — et les Perses ! [...] L'entité était interprète, et avait comme fonction de garder le trésor du roi Crésus. Car l'entité avait fait une analyse économique des diverses populations du royaume, de façon à savoir quand, comment et sous quelle forme on pouvait taxer les habitants (ce qu'on appellerait aujourd'hui établir l'assiette des impôts !).

Mais voici encore une autre vie, en remontant le Temps :

Avant cela, l'entité était en Égypte. Là, pendant une période de reconstruction, son rôle avait consisté à... ASSURER les familles et les groupes de travailleurs dans certains services. Cela, afin que l'État prenne en charge les enfants et les familles des ouvriers, en cas de mort, d'accident, ou de risques divers pouvant survenir dans leur travail, ou à cause de celui-ci. C'est ainsi que se développèrent ce que l'on appelle aujourd'hui les assurances, pour protéger ceux qui étaient engagés dans un travail à haut risque, au service de la collectivité [...]. D'où les branches dans lesquelles l'entité est aujourd'hui compétente : la statistique, l'analyse sociale et politique, les assurances. De là vient son aptitude à rédiger des rapports écrits pour ceux qui travaillent dans ces secteurs, aptitudes que l'entité pourrait développer si elle le voulait. Car elle a une grande facilité naturelle pour les statistiques, et pour les présenter d'une façon qui soit utile à autrui... Comme elle l'avait fait en Égypte ancienne pour défendre énergiquement les pauvres travailleurs de ce temps-là. (Même lecture.)

Je n'ai donné ici qu'une partie de cette étonnante suite de biographies, où l'on découvre que les assurances existaient déjà chez les pharaons, les statistiques chez les Grecs, et les sondages d'opinion chez les Romains ! (Voir chapitres suivants sur ces civilisations.)

La connaissance des vies antérieures pourrait-elle aider les gens dans le choix de leur profession ? C'est dans ce sens que Cayce a travaillé. On lui demandait assez souvent des lectures pour de très jeunes enfants. Après avoir soulevé un coin du voile de leur passé antérieur, il ajoutait en substance : « Encouragez cet enfant dans tel ou tel métier ; il y sera compétent parce qu'il le connaît déjà ; il l'a déjà exercé ! » Voici le cas d'une petite fille, dont nous avons déjà parlé plus haut (Lecture 1635-3.), incarnée jadis dans la famille américaine des Audubon :

C'est un tempérament d'artiste, qui a besoin de s'exprimer par l'art, pas exactement dans le dessin commercial, mais plutôt dans la décoration, l'architecture intérieure, ou l'art du papier peint... Les activités de l'entité, comme nous allons le voir, ont été liées aux étoffes, aux tissus d'ameublement... Ces activités anciennes peuvent lui être utiles dans la décoration d'intérieur, l'ameublement...

Mais, avant d'avoir été cette petite Audubon morte dans la fleur de sa jeunesse :

L'entité vivait en France, lorsque les rois Louis avaient comme emblème symbolique la fleur de lis (en français dans le texte). *Là, l'entité travaillait pour la Cour ; elle devint, non seulement créatrice et dessinatrice de tissus, mais plus spécialement décoratrice d'intérieur : son domaine, c'étaient les murs, les tentures, les voilages, les tapisseries et la tapisserie des sièges, la passementerie, la literie, les draperies... Aujourd'hui, l'entité aime beaucoup s'occuper d'ameublement. Et si vous lui en donnez l'occasion, vous la verrez s'activer à tapisser meubles et murs... Il faudrait l'encourager dans cette voie, qui devrait devenir son métier dans cette vie. Car l'entité devrait absolument avoir une profession. Même si elle se marie tôt, elle n'aura de cesse de développer une carrière professionnelle... Alors, préparez-la à son futur métier! Donnez-lui l'occasion de développer ses dons innés [...]. L'entité à cette époque était connue sous le nom de Mlle Rheulicheu* (orthographe de la lecture telle qu'elle a été transcrite, en toute innocence, par la secrétaire de Cayce !... Les noms français, hélas, sont tous réduits en bouillie : personne de l'entourage de Cayce ne parlait français... Mais Cayce dans son sommeil, ajoute : *Non, aucune relation avec le Cardinal* (de Richelieu), *mais presque le même nom, avec une variante dans la manière de l'épeler.*

... Voilà du travail en perspective pour un archiviste qui voudrait retrouver cette dame, à laquelle nous devons peut-être une partie des splendeurs de Versailles, ou du Musée de l'Impression à Mulhouse (car on peut voir dans ce musée les œuvres des grands décorateurs et dessinateurs de papier peint et tissus du XVIIIe siècle).

Et comme il semble que nous autres Français ayons des liens spéciaux avec l'Égypte — comme on le verra plus loin — notre décoratrice est une réincarnation égyptienne :

Avant cela, l'entité était en Égypte, à l'époque où les enfants de la Promesse (faite à Abraham) quittèrent ces villes égyptiennes. L'entité était elle-même de cette nation, pas de celle que l'on a appelée Juifs ou Hébreux [...]. Son nom était Shalmahr, et elle occupait un poste important. Son compagnon et ses associés étaient des dirigeants de ce pays. A nouveau, nous retrouvons l'entité s'occupant de décoration : mais là, il s'agissait de bateaux, de ce qui touchait à la navigation de plaisance; elle dessinait les voiles, les sculptures, la décoration et l'arrangement intérieur de ces bateaux. Aujourd'hui, vous verrez que l'entité veut toujours prendre un bateau pour aller quelque part! Cela fait partie de ses expériences vécues. [...] Auparavant, dans une vie plus ancienne, l'entité était aussi en Égypte. Là, associée au Grand Prêtre, elle s'occupait de la fabrication de papiers et de tissus, pas seulement de tissus de coton, mais de différents matériaux que l'on cultivait en Égypte. D'où son intérêt actuel pour le dessin de tissu, et spécialement pour les tissus tissés à la main. Ce qu'elle aimera aussi faire elle-même. (Lecture 1635-3.)

Et voilà pourquoi la France est le pays de la Haute Couture ! Le génie du beau vêtement nous viendrait de l'Égypte ancienne...

Cette lecture est intéressante parce qu'elle donne une « séquence d'incarnations » typique des dossiers cayciens.

Les séquences d'incarnations

La nature, on l'a remarqué, aime les transitions : on le voit bien en zoologie et en botanique où l'on passe d'une espèce à l'autre par des caractéristiques intermédiaires. Il en serait de même pour les vies antérieures : des transitions professionnelles, géographiques, sociales, semblent avoir été ménagées. Très souvent, on remarque, dans les dossiers Cayce, que les gens ne passent pas brusquement d'une civilisation à l'autre, mais progressivement. La petite Audubon citée plus haut n'est pas passée brusquement d'une vie française du XVIIIe siècle à la vie totalement américaine d'aujourd'hui : entre les deux, elle a eu une incarnation dans une famille cultivée du sud des États-Unis, de tradition française. Il y a comme une évolution, de proche en proche, l'âme s'incarnant dans des civilisations dérivées les unes des autres : l'Amérique est greffée sur la vieille Europe, laquelle est l'héritière de l'Égypte ancienne à travers Grecs et Juifs. C'est pourquoi, dans cette séquence typique apparaissent ces civilisations. Et aussi parce que Cayce lui-même, comme nous le verrons plus loin, en est un exemple : Égypte ancienne, Perse antique, Grèce, Israël, Rome, Angleterre, France du XVIIIe siècle, Amérique du Nord. On ne connaît pas encore les lois générales qui semblent régir ces séquences d'incarnations. Cayce parle surtout de cette séquence méditerranéenne-atlantique : il a dit que les gens qui sont venus le consulter avaient presque tous vécu (et souvent avec lui) dans l'une ou l'autre de ces civilisations.

La lecture donnée à la petite Américaine qui fut Macie Audubon pose aussi le problème de la mobilité sociale à travers la suite des vies. La tradition ésotérique veut que l'on s'incarne une fois riche, une fois pauvre... Mais, dans les lectures cayciennes, il y a une grande variété de conditions, chacune étant choisie par l'intéressé pour lui permettre un progrès précis. La lecture ci-dessus donne une séquence de vies exceptionnellement brillantes du point de vue social : l'entité a toujours été parmi les puissants de son époque, les rois et les pharaons ! Et même en Amérique, remarquez bien, elle avait choisi une famille de notables ! Elle semble avoir eu des qualités de décision qui la poussaient toujours à la première place :

Elle est très décidée, et elle a de très hautes possibilités intellectuelles [...] car il s'agit là d'une entité assez exceptionnelle, qui ira loin, si elle décide de faire carrière. (Lecture 1635-3.)

Cette femme, qui, d'après Cayce, aurait plusieurs fois imposé la mode à son époque, n'a-t-elle jamais eu de vie obscure, comme par exemple... petite main, ou cousette dans les ateliers de couture dirigés par d'autres ? N'aurait-elle jamais été couturière à domicile, comme ces pauvres femmes qui venaient travailler chez les riches bourgeoises au XIXe siècle ?

Les gens ont tellement tendance à croire qu'ils ont été quelqu'un d'important, Toutânkhamon ou Cléopâtre, par exemple, que c'en est ridicule.

Cayce ne donne jamais TOUTES les vies antérieures d'une personne, mais seulement celles qui ont influencé sa vie actuelle. Toute une partie de l'entité peut ainsi rester dans l'ombre, en latence, sans s'exprimer, pendant une incarnation, ou pendant une série de vies obscures.

Quand l'âme entre-t-elle dans le corps ?

Question très discutée. L'âme entre-t-elle dans le corps au moment de la conception, ou au cours de la grossesse, ou même au moment de la naissance ?

Le choix de ses parents par l'enfant se fait-il au moment de la conception, ou avant ? Ceux qui se sont aimés jadis peuvent-ils se mettre d'accord longtemps à l'avance pour que l'un vienne un jour s'incarner chez l'autre ?

Selon Cayce, on choisit son corps physique en fonction d'un programme karmique. Si vous avez les yeux bruns ou bleus, si vous êtes grand ou petit, rhumatisant ou cardiaque, c'est donc que vous l'avez choisi. C'est, bien sûr, l'hérédité de vos parents ; mais ces parents, ce « terrain » physique héréditaire, ont été choisis par vous avant votre naissance, parce que convenant à votre programme. Libre à vous, d'ailleurs, de le modifier ensuite par tous les moyens possibles. Mais n'en accusez personne : c'est votre choix.

Dans bien des cas, les parents sont donc utilisés seulement comme un canal, comme un moyen adéquat pour l'enfant d'arriver à son but.

Dans d'autres cas, l'enfant ne reviendrait que pour retrouver ses parents, les aimer encore, régler ses problèmes anciens avec eux, apurer des dettes réciproques, les aider dans leurs problèmes actuels. Dans ce cas, l'enfant reste souvent avec eux jusqu'à sa mort.

Voici la question qui a été posée à Cayce :

PEUT-ON DIRE QUE L'ATTITUDE (DES PARENTS) À LA CONCEPTION, ATTIRE TELLE OU TELLE ÂME EN PARTICULIER, PARCE QU'ELLE LUI OFFRE À PEU PRÈS LES CONDITIONS D'EXISTENCE DANS LESQUELLES ELLE SOUHAITE TRAVAILLER ?

A peu près. Pas complètement. Car l'entité individuelle, ou âme, si on lui en donne l'occasion, manifestera sa volonté propre pour travailler à sa manière sur les problèmes amenés par ce couple de parents choisis. Ainsi, l'union physique des parents attire l'entité individuelle en lui offrant une chance de s'exprimer. (Lecture 5749-14.)

On s'est beaucoup posé de questions sur les enfants mort-nés, et sur les enfants morts en bas âge : pourquoi disparaissent-ils si vite ? C'est souvent un drame pour la mère qui n'en comprend pas la raison. D'après les régressions qui ont été faites par certains psychologues (notamment par le docteur Hélène Wambach), régressions où l'on demande au patient de raconter sa naissance, il semble que certaines âmes se découragent des difficultés terrestres dès les premières minutes. L'accueil est, en général, peu avenant : lumière violente, bruit, indifférence aux douleurs du bébé en état de choc, personnel médical sans égard pour la mère et l'enfant (ce contre quoi ont réagi les docteurs Leboyer et Odent). Le bébé est traité comme une chose insensible, alors qu'au contraire il semble être à ce moment-là hypersensitif et fragile. Il observe ceux qui l'entourent... Les âmes qui n'ont pas tellement envie de s'incarner et qui arrivent dans cette froideur, cette atmosphère de manque d'amour ou de refus, parfois repartent immédiatement.

Mais il y a aussi des fœtus mal construits, techniquement, qui, n'étant pas viables, ne peuvent servir de véhicule.

Cayce s'explique là-dessus :

Alors, arrive dans la chair une âme qui a été attirée, qui a été appelée, par toutes ces influences et activités qui ont amorcé le processus de la grossesse. [...]

Beaucoup d'âmes cherchent à rentrer (sur le plan terrestre), mais toutes ne sont pas attirées. Certaines peuvent être repoussées. Certaines sont attirées et ensuite soudainement repoussées. Et, dans ce cas, leur vie sur la Terre ne dure que quelques jours; souvent, on attribue la mort du bébé à la maladie, à la négligence dans les soins, ou à n'importe quoi d'autre. C'est vrai aussi, mais il y avait tout de même au départ cette attraction, n'est-ce pas?

De là à dire que le corps est de toute façon construit par l'entité depuis l'autre monde, non, c'est faux. Mais ces forces physiques et mentales qui ont été construites sont justement nécessaires pour permettre à l'âme d'entrer sur la Terre. (Lecture 281-53.)

Ce que l'on comprend, à travers ces deux lectures de Cayce, c'est que l'acte même d'union physique, entre deux personnes de sexe différent, a un pouvoir d'attraction sur les âmes. Le « Livre des morts tibétains », le fameux « Bardö-Thodol », parle des « matrices ouvertes » qui cherchent à attirer le candidat à la réincarnation par des sons agréables, des couleurs et des formes attrayantes... Le Bardö-Thodol, qui considère que la réincarnation est un pis-aller, explique au « nouveau-mort » comment il ne doit pas se laisser attirer n'importe où...

Quant à la contraception mécanico-chimique, elle implique une contradiction fondamentale entre l'union physique, qui tend à attirer les âmes, et le refus de celles-ci.

Comment avons-nous perdu la mémoire ?

« Si j'avais eu des vies antérieures, je m'en souviendrais ! » entend-on dire par les gens (qui ne se souviennent pas davantage de leur premier biberon !). Comment avons-nous oublié nos existences précédentes ?

Réponse de Cayce :

Lorsque l'Homme prend conscience de son existence dans le monde matériel, la matérialité envahit son esprit et efface souvent sa conscience d'être une âme. (Lecture 262-89.)

Voici une lecture qui résume les buts de ce mécanisme appelé réincarnation :

Chaque entité était, est appelée à devenir compagne/compagnon de cette Force Créatrice que nous appelons Dieu. Ainsi, chaque entité est une enfant de ce Dieu, et une partie du Tout. Aussi, les désirs latents, et réalisés, sont-ils des moyens de s'exprimer pour l'entité dans les différentes étapes de sa prise de conscience. Dans le séjour matériel sur la Terre, ces désirs trouvent leur expression et leur réalisation à travers trois dimensions : corps, esprit et âme, pour chaque entité. Ces dimensions, ou étapes, représentent les trois attributs spirituels, qui sont accessibles à l'intelligence de ceux qui sont incarnés sur le plan terrestre. Cependant, au fur et à mesure que le mental et le spirituel gagnent en expression et en force, en contrôlant de mieux en mieux les expériences terrestres, l'entité s'éveille à d'autres dimensions pendant son séjour sur la Terre. Par suite, l'âme arrive de mieux en mieux à s'exprimer à travers et au moyen de la matière, elle manifeste de mieux en mieux son esprit et son âme. Bien que le corps soit dépendant de toutes les influences matérielles, il peut être contrôlé, et les émotions aussi, par le mental. Et le mental doit être dirigé par l'esprit. L'esprit est cette portion de la cause première, qui trouve son expression dans tout ce qui est durable, dans notre mental, et aussi dans la matière. (Lecture 2533-1.)

Ainsi, chaque entité doit exprimer ses désirs, c'est-à-dire sa personnalité, son individualité particulière, sa recherche personnelle, à travers un corps qu'elle contrôle de mieux en mieux au fur et à mesure des incarnations ; à chaque vie, elle apprend un peu mieux à maîtriser les vibrations de la matière... Puis elle s'en dégage peu à peu. Pour finir, elle retourne à la Source Divine.

Karma et maladies

Pour Cayce, comme on l'a vu, aucune maladie n'arrive par hasard : c'est nous qui l'avons déclenchée dans cette vie-ci, ou une vie précédente, en violant une loi cosmique. L'effet de boomerang nous rattrape alors tôt ou tard... Dans cette vie-ci ou dans la suivante. Bien évidemment, toutes les maladies ne sont pas karmiques : si vous avez une indigestion le lendemain d'un jour de fête où vous vous êtes gavé de foie gras arrosé de champagne, le karma n'a rien à voir là-dedans... Cependant, attention : céder trop souvent à la gourmandise aujourd'hui amènera des troubles digestifs dans une prochaine vie. Vous risquez de renaître avec un corps physique maladif, dont le « terrain » déficient correspond à une mauvaise attitude mentale ancienne. Vous serez donc, à ce moment-là, obligé de travailler sur cette attitude mentale incorrecte, c'est-à-dire en disharmonie avec certaines lois cosmiques et somatisées dans votre corps.

Un grand nombre des cas analysés par Cayce semblent démontrer que chaque maladie physique correspond à un karma particulier.

Par exemple, la stérilité, féminine ou masculine, correspond à un karma créé dans une vie où l'on a abandonné un enfant. Ceux qui souffrent d'hémorragies graves, ou chroniques, sont ceux qui ont jadis versé le sang de leur prochain. Ceux qui sont atteints de cécité, actuellement, sont ceux qui, dans une existence ancienne, ont fermé leurs yeux sur la souffrance d'autrui, etc.

Voici le cas d'une personne atteinte de surdité, parce que autrefois, elle avait fermé ses oreilles aux demandes de ceux qui souffraient :

Les réactions profondes de ce tempérament sont de nature karmique. Concrètement, elle peut s'améliorer, en faisant face à ces conditions karmiques dans sa relation aux autres [...].

[...] Alors, ne fermez plus vos oreilles, votre esprit et votre cœur à ceux qui viennent vous demander de l'aide !(Lecture 3526-1.)

Dans les dossiers Cayce, il semble y avoir des maladies plus ou moins karmiques. Par exemple, on trouve vingt-trois cas d'épilepsie dont les lectures affirment qu'ils ont une cause antérieure à cette vie-ci.

Dans tous ces cas, l'épilepsie était mise en relation avec un karma d'abus sexuel dans une vie antérieure. Lorsqu'il s'agissait de jeunes malades, le karma en cause ne concernait pas seulement l'enfant malade, mais aussi les parents. Tel le cas de ce petit garçon :

Ainsi, souvent, comme dans le cas présent, les individus sont-ils réunis à nouveau, encore et encore... Cela afin que chacun d'eux, dans son expérience de vie actuelle, puisse prendre conscience des erreurs qu'il avait commises en tant qu'individu dans ses expériences passées, de vies incarnées dans la matière; et qu'il puisse y faire face.

Cette entité (le jeune garçon) *est venue au monde dans une ambiance matérialiste. Ce qui a comme conséquence que non seulement lui, mais aussi ceux qui ont été, et sont responsables de la naissance de cette âme, doivent affronter un ensemble de mauvaises conditions tant sur le plan physique que sur le plan mental. Vienne enfin le jour où les hommes comprendront la nécessité de se préparer intérieurement avant de donner à une âme la possibilité de naître. Car cette âme-ci, ce petit corps, n'a pas été désiré par les parents.*

Cependant il est venu, dans cette ambiance, ces attitudes mentales et ces désirs physiques qui ont provoqué sa naissance. Et tout cela doit être affronté (par les parents). *Mais s'ils adhèrent consciencieusement à ce que nous leur avons indiqué, la maladie pourra être en grande partie éliminée — surtout à l'adolescence, lorsque se produiront ces changements internes dans le corps [...].*

Avant cette vie, l'entité était dans la région de Salem, dans la ville de Providence Town, alors qu'il y avait des troubles, de l'agitation, et que l'on cherchait à supprimer certaines personnes qui vivaient des expériences (mystiques), *accompagnées de manifestations spirituelles. L'entité fut parmi ceux qui, non seulement firent tout pour discréditer ces personnes* (les fameuses sorcières de Salem), *mais tentèrent de les supprimer, elles et leurs manifestations. Et non seulement il exploita ceux et celles qui étaient persécutés, mais en abusa pour satisfaire ses pulsions sexuelles.* (Lecture 693-3.)

Au petit malade de cette lecture, Cayce recommanda non seulement un traitement médical, mais aussi une attitude de prière. Cependant, l'enfant, après une amélioration, retomba dans un état pire. Le traitement était simple, mais fastidieux :

les parents se découragèrent. Cependant, j'ai vu d'autres dossiers d'épileptiques à l'A.R.E. montrant des guérisons définitives, attestées par des médecins dont les malades ont suivi les prescriptions de Cayce. Dans ces maladies karmiques, quelles qu'elles soient, disait Cayce, aucune amélioration ne pouvait être espérée sans un changement de l'attitude intérieure du malade (de ses proches).

Voici une lecture donnée pour une femme de trente-sept ans, qui souffrait d'un cancer du fémur ; elle décrivait la douleur comme une impression continuelle de déchirement dans ses chairs :

Sous le règne de Néron, à Rome, dans la dernière partie de son règne, l'entité appartenait à la maison de Parthesias. Elle eut alors l'occasion de rencontrer de nombreux adeptes du christianisme, au moment où ils étaient persécutés et contraints à descendre dans les arènes pour y combattre. L'entité assistait à ces combats parce qu'elle était sous l'influence de ceux qui les encourageaient. L'entité sentait au fond d'elle-même que ces malheureux exposés au Cirque signifiaient quelque chose de plus profond qu'un spectacle, et cependant, elle se mit à rire de l'une des jeunes filles amenées dans l'arène, parce qu'elle pensait que c'était indispensable pour plaire à ses compagnons. Puis elle prit conscience de la souffrance physique de cette jeune fille. [...] De là vient qu'elle doit affronter la même souffrance aujourd'hui. (Lecture 275-19.)

Une autre lecture dit encore de la même personne :

L'entité appartenait à la maisonnée de l'un des hommes au pouvoir, une haute personnalité qui avait de l'influence sur les gens à cette époque. De là vient le fait que l'entité regarda plus d'un individu périr dans l'arène, et c'est cela qui lui apporte aujourd'hui cette souffrance de sentir ses membres comme déchirés... En ceci, l'entité perdit moralement. (Lecture 275-11.)

QUEL EST LE NOM DE CETTE JEUNE FILLE DONT JE ME SUIS CRUELLEMENT MOQUÉE ? demanda la malade.

Cette personne, qui souffrit la torture sous la dent des fauves, est aujourd'hui pour toi un être cher, et très proche. (Lecture 275-22.)

En effet, la jeune fille en question était aujourd'hui sa belle-sœur, qui la soignait avec un grand dévouement.

ET POURQUOI AI-JE DÛ ATTENDRE CETTE INCARNATION POUR LIQUIDER CE KARMA ROMAIN ?

Parce que cela ne pouvait être fait avant ! (Lecture 275-25.)

ET QUELLE IDÉE — OU QUEL IDÉAL — REMONTANT À L'ÉPOQUE ROMAINE, NOUS A DÉCIDÉES À NOUS RÉINCARNER AUJOURD'HUI, DANS CETTE RELATION FAMILIALE ?

... Chaque âme a cherché le moyen, l'occasion d'exprimer ce qui était nécessaire à son propre développement spirituel, dans cette vie-ci, et en relation avec l'autre âme. (Lecture 275-38.)

Dans la première lecture, la malade demanda s'il y avait un espoir de guérison. Cayce répondit :

Cela dépend entièrement de la réponse de ce corps. Son éveil, sa prise de conscience intérieure des forces accumulées en elle, peuvent amener les forces du mental à s'appliquer avec succès aux forces de la matière. (Lecture 275-1.)

Autrement dit, la guérison dépendrait de la pensée, de l'attitude mentale de la malade, de son pouvoir de contrôler les réactions de son corps. Plus tard, Cayce ajouta :

La réponse positive du corps à cette attitude mentale ne sera pas rapide, au début ; mais une fois le processus amorcé, l'amélioration est sûre et certaine.

La jeune femme avait pris conscience qu'en affrontant cette maladie, elle affrontait, en fait, une mauvaise attitude intérieure créée par elle autrefois. Elle prit très au sérieux les conseils de Cayce : elle médita, pria, s'efforça de s'oublier, et de progresser spirituellement. Et, finalement, le cancer guérit complètement !

En juillet 1926, Cayce reçut un appel au secours d'un jeune homme, un ancien mineur de fond des mines de charbon de Virginie :

J'AI ÉTÉ BLESSÉ DANS UN ACCIDENT DE VOITURE IL Y A QUATRE ANS [...]. ET ME VOILÀ PARALYSÉ DES PIEDS À LA TÊTE. ON M'A OPÉRÉ TROIS FOIS, MAIS SANS RÉSULTAT. LES TOUBIBS NE COMPRENNENT RIEN À MON CAS.

Dans le mois qui suivit, Cayce donna pour lui la lecture suivante :

La vie actuelle de cette entité, à travers son état physique, est la suite normale de ses expériences terrestres. Et cette vie-ci est plus intéressante que la maladie en elle-même [...]. Car beaucoup de ses maux actuels ont été mérités par lui, ils sont une conséquence de ses pensées et de ses actions...

ET, À LA FIN DE LA LECTURE, LES TÉMOINS ENTENDIRENT CAYCE DIRE D'UNE VOIX SI BASSE QU'ON POUVAIT À PEINE L'ENTENDRE :

Voyez, cet homme, c'est Néron. (Lecture 33-1.)

Cayce n'avait guère promis d'amélioration, mais avait plutôt encouragé l'infirme à progresser spirituellement et moralement. Dans une autre lecture donnée pour quelqu'un qui connaissait cet homme, Cayce déclara :

Nous n'avons pu lui faire aucun bien sur le plan physique. Cependant, les informations qui lui ont été données (par sa lecture) ont pu éveiller quelque peu l'esprit de cet homme, considéré comme analphabète. Cette entité, dans son subconscient, devient progressivement consciente du fait qu'elle affronte en elle-même ces forces destructrices qu'elle avait manipulées autrefois, et fait peser sur l'humanité, dans une autre période de son expérience terrestre. (Lecture 900-295.)

En 1940, cet homme mourut. Il avait vécu pendant dix-huit ans, complètement impotent, entièrement à la charge d'organisations charitables... chrétiennes ! Sa vie douloureuse, totalement ratée, et inutile en apparence, l'avait probablement aidé à liquider une partie du karma accumulé en tant que Néron.

Et comme on se réincarne en groupe, on trouve aussi l'une des maîtresses de Néron dans les dossiers Cayce ! Il s'agit d'une consultante qui souffrait depuis toujours d'une malformation du dos et de diverses mutilations accidentelles :

Étant l'une des compagnes de cet homme qui persécuta l'Église si profondément, et se faisait jouer du violon pendant que Rome brûlait. C'est la raison pour laquelle l'entité a été défigurée dans son corps, dès la naissance. (Lecture 5366-1.)

Ainsi, on n'est jamais victime de personne, sinon de soi-même. Et si les apparences immédiates semblent laisser croire que vous êtes victime, c'est toujours faux, en regard des lois du karma : vous récoltez seulement ce que vous avez semé dans cette vie-ci ou dans une vie antérieure. Les affirmations de Cayce sur l'origine karmique des maladies ont suscité un grand nombre de travaux de recherche. Et, s'il est difficile de vérifier une vie antérieure à l'époque romaine, où manque la documentation, il est possible de vérifier les vies antérieures plus récentes. C'est ce qu'a fait le Dr Ian Stevenson, à l'université de Charlotteville, en Virginie (U.S.A.). Ses travaux ont pu confirmer cette hypothèse de l'origine karmique de certaines maladies. Le Dr Stevenson s'attache depuis des années à mener des enquêtes dans différents pays du monde ; il y étudie particulièrement les marques de naissance que portent les enfants en arrivant au monde, et les infirmités dites également de naissance. Il les analyse à la lumière de ce que dit l'enfant lui-même, quand il est encore très petit, aussitôt qu'il se met à parler. On ne peut lire ces enquêtes sans en être frappé. Par exemple, le cas du petit Witjeratne Hami, à Ceylan, né avec une main paralysée, qui disait : « C'est avec cette main que j'ai tué ma femme avant de naître ici. »

La réincarnation peut-elle être prouvée scientifiquement ?

Sur plusieurs centaines de cas étudiés dans le monde, le Dr Stevenson en a choisi vingt, les plus frappants, qu'il a regroupés sous le titre *Vingt cas qui suggèrent la réincarnation**. Ces enquêtes minutieuses, d'une rigueur scientifique indiscutable, ne prouvent peut-être pas à cent pour cent la réincarnation... mais on n'a pu leur trouver aucune autre explication logique ! L'équipe du Dr Stevenson a systématiquement envisagé que ces cas puissent s'expliquer par la télépathie, la suggestion, la manipulation, la fraude, etc., mais n'a rien trouvé de tel.

Mais s'il est relativement facile d'obtenir des récits de vie antérieure récente et de les vérifier, il est très rare que l'on ait les moyens de vérifier les vies antérieures anciennes : qui pourra vous apporter la preuve que vous avez été un esclave atlante ou une pleureuse égyptienne ? Par contre, s'il s'agit d'un personnage connu, on a des preuves de son existence... Mais on peut aussi supposer que le sujet qui prétend avoir été ce personnage en a lu une biographie ! Et que ces prétendus « souvenirs » d'une vie antérieure ne sont qu'une mémoire de lecture, ou de film, etc.

---

* Éditions Sand/Tchou, Paris, 1985.

En somme, les gens connus sont trop connus, et les inconnus impossibles à vérifier ! Une grande partie des vies antérieures décrites par Cayce tombent dans ce dernier cas.

Pourtant, pour les dix derniers siècles, il existe des archives.

En France, on peut remonter très loin : je pense, par exemple, aux dossiers de l'Inquisition qui ont gardé les témoignages des Cathares du Languedoc. Ces dossiers précis, si détaillés, que l'on peut y lire le nom, l'âge, le sexe, le métier, le domicile, de chaque suspect interrogé (aux XIIe et XIIIe siècles !) existent toujours (voir Jean Duvernoy, *Histoire des Cathares,* Éditions Privat, Toulouse, 1979). C'est ainsi qu'un médecin anglais, le Dr Arthur Guirdham a pu vérifier les « souvenirs » cathares de l'une de ses patientes, qui se souvenait d'avoir été brûlée autour de 1250 (*Les Cathares et la Réincarnation,* Éditions Payot, Paris, 1971).

Pour les vies antérieures américaines, on a beaucoup moins d'archives que pour l'Europe. Cependant, on a pu effectuer certaines vérifications des dossiers Cayce. Par exemple, dans le cas de ce musicien aveugle (qui, d'ailleurs, récupéra la vue à la suite des conseils de Cayce !) lequel avait une passion pour les chemins de fer et montrait également un vif intérêt historique pour la guerre de Sécession. Cayce lui dit qu'il avait été un soldat sudiste, dans l'armée du général Lee ; que dans le civil, il avait été cheminot ; la lecture donnait son nom : Barnett Seay. Et ajoutait que les archives de Virginie en portaient la trace. Cet homme alla vérifier. Il retrouva, en effet, mention d'un certain Barnett Seay, porte-drapeau de l'armée de Lee, répondant au signalement.

« Il semble difficile de s'obstiner à dire que tout cela n'est que pure imagination de la part d'Edgar Cayce : nous sommes ici confrontés avec un document tangible, qui confirme l'histoire. Si l'on voulait s'expliquer l'affaire par l'astuce d'une voyante qui saisirait les intérêts vitaux de son consultant, et son tempérament, en y ajoutant beaucoup d'imagination, c'est insuffisant. Il faudrait aussi une voyance spéciale pour aller fouiller dans les registres de l'État de Virginie un dossier inconnu... »

J'ai emprunté ces lignes à l'excellent livre du Dr Cerminara sur la réincarnation : *De nombreuses vies, de nombreuses amours* (Éditions Adyar, Paris, 1984).

Il est certain que l'on ne peut pas nier en bloc, ni la réincarnation en général, sur laquelle s'accumulent actuellement les documents, ni balayer d'un geste méprisant les dossiers Cayce, sous prétexte qu'on est encore loin de pouvoir tous les vérifier. Cayce n'a peut-être pas dit vrai à cent pour cent. Il est certain qu'il y a dans ces dossiers des erreurs et des incohérences. Sont-elles dues à des erreurs de transcription ? Cependant, on pourrait accorder à Cayce le bénéfice du doute : puisque les lectures médicales ont été si souvent justes, qu'elles résistent si bien à l'enquête scientifique faite aujourd'hui, pourquoi ne pas penser que les lectures de vie antérieures peuvent être exactes dans la même proportion ?

D'ailleurs, si l'on considère qu'elles ont été données :

— par un homme qui, pendant longtemps, n'a pas cru à la réincarnation ;

— qui était totalement dépourvu de culture littéraire ou historique ;

— qui pendant longtemps a même refusé de se faire payer.

Alors comment expliquer ces fantastiques révélations scientifiques et archéologiques, où Cayce a parlé du laser avant qu'il ne soit connu, des Esséniens avant que l'on ne traduise les « Manuscrits » de la mer Morte, et de la planète Pluton avant qu'on ne la découvre ?

Karma et accidents

Comme on vient de voir dans la lecture donnée pour cet infirme qui aurait été Néron, les accidents eux aussi pourraient avoir une cause karmique. C'est ce qu'affirme Cayce, en ajoutant qu'ici aussi, la loi naturelle du Karma « Œil pour œil, dent pour dent » cède la place à la Loi de Grâce du Christ... si l'entité y consent. Et les accidents peuvent ainsi être évités !

Reprenons le cas de cette petite fille dont j'ai parlé plus haut, qui avait été décoratrice à la Cour de France, puis une petite Américaine morte dans un accident de voiture au siècle dernier. Voici ce que dit encore la lecture :

Dans la vie actuelle, elle a des tendances latentes aux accidents. Et on doit avertir l'entité, et l'en préserver, non pas l'empê-

cher de voyager, mais savoir avec qui elle part en voyage, dans quelles conditions. Sinon, il peut y avoir accident en voiture, ou dans n'importe quel voyage et un risque de rester partiellement invalide. C'est une partie de son karma, SAUF *si elle observe la Loi de Grâce, qui permet que le karma ne se concrétise pas en expérience vécue. De là l'importance extrême, la nécessité d'aider l'entité à développer sa confiance dans les Sources Divines, à s'en remettre à elles ; à confier ses buts, tous ses espoirs à ces forces de la nature divine.* (Lecture 1635-3.)

Un peu plus loin, Cayce dit que :

L'entité a toujours aimé voyager et, cependant, comme nous l'avons dit, elle devra être prudente, particulièrement en voiture — que ce soit une voiture automobile ou une voiture de train. Il y aurait plus de sécurité pour elle à voyager en avion. (*Idem.*)

Cayce ne précise pas exactement pourquoi les accidents font partie de son karma, mais décrit cette petite fille comme colérique et impulsive... Aujourd'hui, si on la laisse aller, sans prendre de précautions, l'accident risque d'arriver. Mais si, volontairement, plus tard, elle s'efforce d'entrer, dit Cayce, dans la Loi de Grâce elle n'aura plus à subir la dure Loi du Karma. En travaillant sur elle-même selon les enseignements du Christ, les conséquences impitoyables de la Loi de Cause à Effet seront annulées. En apprenant à maîtriser son impulsivité et son égoïsme, elle évitera l'accident : le karma restera à l'état latent.

Beaucoup d'accidents arrivent par impulsivité : on peut apprendre à se contrôler, à canaliser son feu intérieur, à adoucir son égoïsme primaire. Je pense aux chauffeurs de voiture qui veulent à tout prix passer avant les autres...

Ils courent au-devant d'un accident, dans cette vie-ci, par simple Loi de Cause à Effet, ou dans la vie suivante, par Loi du Karma. S'ils comprennent combien leur attitude est égoïste, s'ils s'aperçoivent à temps que les autres existent aussi, alors l'accident n'est plus indispensable. Il devient inutile dès que la leçon est comprise. L'accident karmique ne se produit qu'en tant que choc permettant la prise de conscience. Il peut donc être évité...

Et quand a-t-on fini de se réincarner ?

Beaucoup de vieilles âmes éprouvent une grande lassitude de vivre. Lorsqu'elles commencent à s'éveiller sur le plan spirituel, elles retrouvent des impressions d'« entre-deux-vies », et se souviennent qu'elles ont connu des mondes meilleurs. Des hommes et des femmes de grande qualité m'ont dit : « La réincarnation ? Horreur ! Je ne veux pas revenir sur cette planète ! » « Ras le bol » caractéristique de ceux qui ont vécu déjà un grand nombre de vies terrestres. Oui, mais tant qu'il leur reste une leçon à apprendre ici :

Tout ce qui a été commencé sur la Terre doit être fini sur la Terre. (Lecture 5747-14.)

Certains y réussissent.

Dans l'exemple cité plus haut — la bande à Néron ! — il s'agissait d'un groupe d'âmes tombées bien bas. Cependant, l'une d'elles :

peut être mise à part. Car, à travers ses expériences sur la Terre, elle a avancé. En partant d'un degré très bas, elle a évolué jusqu'à ne plus avoir besoin de se réincarner sur la Terre. Ce n'est pas qu'elle ait atteint la perfection, mais il existe des royaumes où cette entité pourra continuer son instruction, si elle s'accroche à l'idéal de ceux qu'autrefois elle avait méprisés (il s'agit des martyrs chrétiens du temps de Néron)... *Car cette entité a décidé : « Que les autres fassent ce qu'ils voudront, quant à moi, je servirai le Dieu vivant. »* (Lecture 5366-1.)

Se réincarner ou pas dépend donc de la volonté de chacun. Selon le degré d'accomplissement auquel il est parvenu, une autre vie sera ou ne sera pas nécessaire :

EST-CE QUE, EN MOYENNE, PLUS OU MOINS DE LA MOITIÉ DES ÂMES ACCOMPLISSENT CE QU'ELLES AVAIENT PRÉVU ?

Comme il s'agit d'un avancement continuel, plus de la moitié.

EST-CE QUE L'HÉRÉDITÉ, L'ENVIRONNEMENT ET LA VOLONTÉ JOUENT À ÉGALITÉ POUR AIDER, OU RETARDER, LE DÉVELOPPEMENT DE CHAQUE ENTITÉ ?

La volonté est le facteur le plus important, car elle peut dominer n'importe quel autre facteur, à condition qu'elle soit mise en accord avec le programme de vie, voyez-vous ? Car aucune influence héréditaire, aucune pression de l'environnement, ou autre, n'est plus forte que la volonté. (Lecture 5749-14.)

Progresse-t-on automatiquement d'une vie à l'autre ?

En relisant certaines lectures de Cayce, j'ai noté une phrase qui revient très souvent : *L'entité a gagné, et perdu, dans cette expérience de vie* (ou bien seulement gagné, ou seulement perdu...).

Il est évident, d'après d'innombrables lectures, y compris celles de Cayce pour lui-même, que l'on peut régresser moralement :

Dans cette vie-là, l'entité gagna, puis perdit. Car, lorsque certains parlaient d'elle en la critiquant, elle pouvait très facilement, grâce à ses fonctions importantes, semer la terreur autour d'elle. Elle était redoutée, et ceux qui ne lui marquaient pas assez de déférence en ont pâti. (Lecture 1700-1.)

... Car si nos programmes terrestres sont faits pour nous aider à progresser, certains êtres n'avancent pas, et même, font assez longtemps l'école buissonnière ! C'est ainsi que l'on rencontre de vieilles âmes qui traînent encore, après des dizaines et des dizaines de vies dans lesquelles elles se sont toujours embourbées dans les mêmes ornières... Ces âmes sont aujourd'hui fortement encouragées, par leurs guides spirituels, à s'incarner afin de progresser maintenant plus vite. Puisque, comme le dit Cayce, nous allons vers un nouveau type d'humanité, les attardés sont encouragés à évoluer :

Car, comme il a été indiqué, dans les prochaines années vont entrer sur la Terre beaucoup de ceux qui doivent préparer la voie à une nouvelle race d'hommes, aux nouvelles expériences de l'Homme. Et ce sera une partie des activités, des bouleversements, qui prépareront le Jour du Seigneur. (Lecture 3514-1.)

Si notre génération ne comprend pas très bien de quoi il s'agit — les futurs lecteurs de Cayce le comprendront mieux.

Dans sa perspective optimiste, on finit toujours par arriver. Il répète souvent :

Il veut qu'aucune âme ne périsse, entendant par là que Dieu dans son amour, ne se lassera jamais d'aller « tendre la perche » aux égarés.

Ce qui revient à dire que l'Enfer éternel des catholiques n'existe pas dans la perspective caycienne. C'est d'ailleurs l'une des raisons qui expliquent la disparition de la réincarnation dans l'enseignement des églises chrétiennes : l'Enfer éternel a paru plus dissuasif ! (Voir aussi sur ce sujet le livre de J.-F. Crolard *Renaître après la mort,* Éditions Robert Laffont, 1979.)

D'après les lectures, beaucoup d'hommes et de femmes semblent avoir vécu autrefois des vies remarquablement élevées sur le plan moral. Mais c'était seulement la grâce de l'enfance, l'innocence des débutants... Ces âmes, encore très jeunes, étaient toutes proches, explique Cayce, de leur origine divine. Elles gardaient le souvenir de leur création. Plus tard, elles se laissèrent aller... Combien d'enfants délicieux se transforment en fruits secs, en ratés, à l'âge adulte... C'est que, sous le charme de l'enfance, ils cachaient des tendances négatives. Ou bien qu'ayant été trop gâtés par leur entourage, ils ont pris des habitudes d'indulgence vis-à-vis d'eux-mêmes. Il n'y a donc aucune autosatisfaction à cultiver d'avoir été « quelqu'un de bien » mille ans plus tôt ! On a pu être un « saint », selon Cayce, et tomber ensuite bien bas... Imaginez ma surprise en lisant les deux lectures suivantes :

MONSIEUR CAYCE, VOUS VOUDREZ BIEN RÉPONDRE (...) AUX QUESTIONS QUE L'ON VOUS POSERA CONCERNANT LA PRÉSENTE ENTITÉ (Il s'agit d'un petit garçon de sept ans né le 11 novembre 1935 à Chicago) :

Oui, nous avons là les dossiers concernant cette entité. Ils sont assez insolites. Il s'agit d'un personnage tout à fait inhabituel dans son individualité, et la personnalité de cette entité se trouve dans un contexte tout différent de celui d'autrefois. Si l'on considère les activités de cette entité à travers ses séjours précédents sur la Terre, cela risque de donner un choc à certains [...]. Car, avant cette vie-ci, l'entité fut un saint patron de la France ! Et pourtant, quelqu'un d'assez paresseux, suivant les normes d'aujourd'hui...

Expérience qui semblerait assez contradictoire avec sa vie actuelle, si nous ne la retrouvions influençant le présent. L'entité verra se présenter devant elle certaines chances — donnez-les-lui, ces chances et ces atouts ! — lui permettant de jouer un rôle directeur dans les relations diplomatiques entre les peuples de France, les Églises, les peuples d'Amérique... Car l'entité devrait faire des études pour être diplomate. Elle aura un rôle à jouer dans les relations qui se développeront un jour en vue du développement spirituel et matériel des peuples... Et cela arrivera lorsqu'elle aura atteint l'âge de cinquante-quatre ans. Bien des changements se seront produits alors. Mais le corps appelé aujourd'hui M. X. y est préparé. Il peut les affronter comme il le fit en Gaule, lorsqu'il s'appelait Martin — cette vie où l'on a fait de lui un saint patron ! [...] Il sera spécialement intéressé par les langues, en particulier le français, le latin et l'espagnol, qui devraient faire partie de son programme scolaire. Pas dans une perspective cléricale, mais en vue des relations diplomatiques entre les nations, relations qui doivent être inspirées par les principes du Christ.

Mercure et Jupiter, ainsi que Saturne, sont les forces les plus influentes ici. L'entité, si on ne lui apprend pas à canaliser ces forces, à les diriger, risquera de devenir une personne indolente, paresseuse. D'où la nécessité de commencer à étudier ces tendances, afin de motiver l'entité ; grâce à quoi, elle s'intéressera à ce qu'elle a été, et peut-être ira-t-elle jusqu'au bout de ce qui l'intéressera. [...]

Auparavant, l'entité vivait lorsque le Maître marchait sur la Terre, dans la maison de Cornélius, qui fut dirigé et enseigné plus particulièrement par Pierre. D'où l'intérêt de l'entité pour tout ce qui est insolite et mystérieux [...] et pour les principes du christianisme. [...]

Avant cela, l'entité était en Égypte à une époque où l'on formait des diplomates en vue de missions à l'étranger.

[...] L'entité fut préparée à être envoyée comme émissaire dans les pays du Temple de l'Or (la Mongolie, comme nous le verrons par la suite). *[...] Ainsi, cet enfant s'intéresse-t-il aux choses orientales, spécialement ce qui vient de la Chine et de l'Indochine. Car, dans ces pays et à ces époques, il atteignit un grand pouvoir. Sans jamais, cependant, oublier les idéaux religieux qu'il avait amenés d'Égypte [...].*

Alors, élevez cette entité dans la direction où elle doit aller... Prêt pour les questions. (Lecture 3202-1.)

Et voilà ! La lecture est telle que je vous l'ai traduite. La grand-mère de l'enfant, qui avait demandé la consultation, posa des questions :

QUAND ET OÙ CET ENFANT A-T-IL CONNU SA GRAND-MÈRE ACTUELLE ?

En Terre sainte : elle était son professeur, elle l'enseignait. Et en Égypte, où il était son enfant.

ET POURQUOI CETTE ENTITÉ A-T-ELLE CHOISI CE CORPS ?

Pour trouver les conditions, les circonstances, qui lui permettront de développer un choix d'activités qui constituent son expérience à travers les différentes vies sur la Terre.

ET L'ENTITÉ A-T-ELLE ÉTÉ ASSOCIÉE AVEC SON GRAND-PÈRE PATERNEL ?

Dans la vie juste précédente (donc, comme saint Martin de Tours). *Il était son adjoint, son aide, et ils s'instruisaient réciproquement. Préparez cet enfant* (Cayce dit : « ce corps » !) *au travail qu'il aura à faire. Terminé pour cette lecture.* (Donnée le 9 septembre 1943.)

... Le plus drôle, pour un lecteur français, c'est que la grand-mère de l'enfant ne s'inquiète pas le moins du monde de savoir qui est saint Martin : elle ne pose là-dessus aucune question ! Visiblement, le nom de ce personnage lui est totalement inconnu. Pour Cayce et ses consultants, l'Europe était « terra incognita » ! Quant à la France, les gens que j'ai vus à la Fondation Cayce, dans leur immense majorité, ignoraient que ce pays eût continué d'exister après La Fayette...

Voici une autre apparition — en provenance d'Égypte, comme beaucoup d'incarnations françaises — et non moins étonnante :

Dans la vie d'avant, nous trouvons l'entité vivant pendant cette période du royaume de France, où une femme surgit en tant que chef de ce pays. C'était elle, l'entité, qui devint dans l'esprit de beaucoup, un modèle de force et de beauté. Cependant, on la persécuta — et, dans cette vie-là, elle gagna tout et perdit tout — gagnant et perdant sur le plan spirituel ; son nom était Jeanne d'Arc. Aussi, dans la vie présente, cherche-t-elle toujours à guider, à conduire, à diriger. Cependant, la force de ses talents ne semble toujours pas s'appliquer dans la bonne direction.

Dans la vie précédente [...] l'entité fut la mère d'Achille [...]. Elle perdit sur le plan moral par son goût du pouvoir [...].

Dans la vie encore précédente, nous retrouvons l'entité dans ce qui est connu comme l'Égypte, lorsque des divisions déchirèrent le pays. Et l'entité était le leader de ce pays, lorsque le roi du Nord alors au pouvoir, déposa le souverain ; l'entité guida celui-ci dans une mauvaise voie, un mauvais emploi du pouvoir populaire. Son nom était Isdio. L'entité perdit moralement pendant la première partie de sa vie — gagnant ensuite lorsque son peuple fut attaqué [...]. Et, dans ses derniers jours, aida beaucoup son peu-

ple dans la voie de la compréhension entre conquérants et conquis, entre poètes et paysans, entre maîtres et esclaves [...]. Toujours avec ce dévorant besoin d'action... Toujours active, active, active... (Lecture 302-1.)

Le 29 octobre 1927, Edgar Cayce lui-même écrivit :

« Eh bien ! Cette lecture pour miss Unetelle nous est dégringolée dessus comme une pomme de pin de l'arbre de Noël... »

Mais la personne concernée, elle, ne s'émut nullement de cette extraordinaire révélation : « Merci pour cette lecture que j'ai lue et relue. Elle est vraiment intéressante et me fait souhaiter mieux comprendre votre travail, que, j'espère, je pourrai un jour approfondir. Je dois avouer, cependant, que quelque chose m'a un peu déçue : vous ne me dites pas si j'ai trouvé mon métier idéal pour le futur. Pourtant, il m'intéresse beaucoup, et je suis sûre d'en faire le succès de ma vie. » Elle était « saleswoman », c'est-à-dire vendeuse !

Cayce ignorait peut-être saint Martin de Tours, mais les Anglo-Saxons en général ont tout de même entendu parler de « Joan of Arc ». Ce qui, une fois encore étonne le plus, c'est la réaction de la vendeuse, ou plutôt son absence d'intérêt en ce qui concerne Jeanne d'Arc : a-t-elle réalisé qu'il s'agit d'une des grandes figures de l'Histoire ? Sûrement pas, sans quoi elle aurait posé des questions sur sa dette karmique en tant que Jeanne d'Arc...

Évidemment, comme dit Cayce, ça donne un choc. Lorsque l'Église catholique canonise un saint, peut-elle vraiment en juger ? On sait que Calvin et Luther lui ont contesté cette compétence. Les canonisations au Moyen Age ont souvent été des actes politiques, et déjà à l'époque de saint Martin de Tours.

Quant à Jeanne d'Arc, sa canonisation est tardive : il y a longtemps eu des « doutes ». Sur le plan théologique, l'attribution officielle d'un brevet de sainteté est extrêmement discutable, et discutée. Le Christ Jésus a-t-Il jamais parlé de canoniser qui que ce soit ?

Enfin, qu'on ait été Pucelle ou apôtre des Gaules :

Il n'est jamais trop tard pour réparer ta route. Car la vie est éternelle. Et si tu es aujourd'hui ce que tu es, c'est à cause de ce que tu as été. Pendant des années, tu es cocréateur avec Ton Créa-

teur, de façon que tu puisses un jour être présent à Son avènement, avec tous ceux qui L'aiment. (Lecture 5284-1.)

Vieilles âmes, jeunes âmes et futures incarnations

Au fur et à mesure que les âmes progressent vers la lumière, elles s'incarnent dans des personnalités plus complexes et plus lumineuses. Leurs talents, leurs aptitudes, développés de vie en vie, expriment un plus grand pourcentage de l'entité totale, et de façon plus harmonieuse. C'est ainsi que l'on dit de certains : « C'est étonnant, il est doué pour tout ! » Il s'agit typiquement de « vieilles âmes », c'est-à-dire de gens qui ont expérimenté tant de situations, vécu tant d'aventures, qu'aucune situation ne leur paraît vraiment nouvelle. En chaque circonstance, en chaque personne, ils et elles retrouvent quelque chose de connu. Par contre les « jeunes âmes », celles qui ont encore peu d'expérience sur le plan terrestre, doivent apprendre à en manier les vibrations.

Lorsqu'un individu s'enlise dans les mécanismes de la matière, ses aptitudes intellectuelles, artistiques, physiques, parapsychologiques, etc., s'atrophient, et il apparaît comme une personnalité très fruste.

Que fait l'âme entre deux incarnations ? Nous verrons cela au chapitre de l'astrologie : Cayce dit que chaque entité doit parcourir tous les plans planétaires, les lieux planétaires, si l'on préfère, de notre système solaire, afin d'en apprendre toutes les vibrations. Elle doit devenir elle-même un soleil en fin de parcours !

La connaissance des vies antérieures n'est pas toujours sans danger pour des âmes immatures. Lorsqu'il aura donné de nombreuses lectures de vies antérieures, Cayce comprendra mieux que la réincarnation n'est pas à mettre entre toutes les mains. On s'en aperçoit dans certaines thérapies : il y a des gens auxquels cela ne fait aucun bien de déterrer leurs cadavres... Mieux vaut les laisser dormir dans les placards ! C'est aussi la raison pour laquelle Cayce ne donnait pas toutes les vies antérieures des consultants : inutile de s'encombrer de souvenirs qui ne servent à rien !

Certaines personnes s'inquiètent déjà de leurs futures incarnations. Or on trouve très peu de réponses là-dessus dans les dossiers Cayce. Et c'est normal, puisque cela dépendra, en fin de compte, de la façon dont on aura mené cette vie-ci.

OÙ, ET QUAND ME RÉINCARNERAI-JE LA PROCHAINE FOIS ? ET SERAI-JE ASSOCIÉ AVEC LES MÊMES QU'AUJOURD'HUI ? ET LESQUELS ?

Vous feriez mieux de vous préparer à vous réincarner en bonne forme. Tout cela dépend beaucoup de la façon dont on utilise les occasions offertes par la vie présente. Ce que vous serez d'une vie à l'autre n'a pas été défini depuis un temps immémorial...

Le Créateur avait créé l'Homme dans l'intention d'en faire Son compagnon, que ce soit au ciel ou sur la terre, ou sur n'importe quel plan de conscience... Pour arriver à devenir le compagnon des Forces Créatrices, où que tu sois, quelle quantité de volonté, quelle force de vouloir devras-tu y mettre ? C'est aussi une Loi. Ce que tu sèmes, tu le récoltes [...]. Aussi, tu dois commencer là où tu es actuellement. Que nous a-t-on enseigné ? Qu'il fallait commencer avec ce qu'on avait à portée de la main ! Donc, dès aujourd'hui, si tu entends Sa voix, ne ferme pas ton cœur.

(Lecture 416-18), donnée pour un homme qui avait des problèmes d'audition — parce que, suggère la lecture, il n'« entendait pas » sa voix intérieure... Voici un autre cas, exceptionnel, car Cayce y prédit très clairement une future incarnation :

En ce qui concerne les vies antérieures de cette entité, elle a vécu à la cour d'Alfred le Grand, en Angleterre. Et dans sa vie actuelle, peut en voir l'influence dans cette aptitude à comprendre tout ce qui touche au Droit écrit. Aussi, dans sa prochaine vie, retrouverons-nous cette entité comme avocat. (Lecture 304-5.)

Karmas différés et karmas collectifs

Le lecteur se souviendra de cette consultante qui avait un karma à liquider, datant de la Rome ancienne (lecture 275-25, citée plus haut).

C'est ce que l'on appelle un « karma différé » : l'entité attend plusieurs siècles pour se trouver dans la situation adéquate ; c'est-à-dire celle où les conditions lui permettront de travailler dans le sens qu'elle souhaite, et avec les personnes choisies par elle-même.

Cayce dit que beaucoup d'âmes atlantes se réincarnent actuellement, parce qu'elles trouvent dans notre époque un niveau technologique qui les replace dans les mêmes conditions qu'en Atlantide : conditions où elles avaient à choisir entre le progrès scientifique à des fins égoïstes, ou le service d'autrui impliquant un contrôle spirituel de la science. Mais nous en reparlerons un peu plus loin.

Il existe aussi des « karmas collectifs », concernant toute une collectivité, et cela aussi bien sur le plan de la santé, que des accidents, ou des guerres...

Un exemple : lorsque les âmes qui ont participé à une guerre, et créé un karma de violence, reviennent dans la même nation, on peut être sûr qu'il y aura une nouvelle guerre faite à cette nation. Cela, c'est la tradition ésotérique qui le dit... Mais aussi Cayce ! Les journalistes, eux, diront que tel pays a agressé tel autre. En réalité, les agressés d'aujourd'hui avaient été les agresseurs d'hier.

Les malheureux, qui se sont retrouvés réunis dans les camps de concentration, étaient, certes, au premier degré, des victimes. Mais si l'on examinait leurs incarnations précédentes serait-il possible de retrouver ces mêmes victimes en situation d'agresseur ? Selon les principes de la philosophie caycienne, il est probable que oui. Et que ceux qui se sont incarnés dans une nation, ou un groupe social destiné à être victime, le savaient à l'avance ; ils ont choisi leur destin pour liquider un karma ancien...

Le 24 juin 1938, Cayce donna une lecture générale sur la situation internationale. Lorsqu'on l'interrogea sur l'Espagne où la guerre civile faisait rage, il déclara :

C'est là une conséquence de ce qui a été semé il y a bien longtemps... (Lecture 3976-19.)

Et d'après lui, si cette guerre d'Espagne fut particulièrement violente, c'est parce qu'elle correspondait à une période de réincarnation de conquistadores et d'âmes atlantes... Lorsqu'on l'interrogea sur la France, il dit :

En France, voyez-vous, il y a une vieille dette que l'on devra un jour affronter... (Même lecture.)

Cette dette allait prendre la forme de l'invasion allemande !

Le 5 juin 1943, Cayce dit encore :

Comme il a souvent été dit, à certaines périodes arrivent sur terre les individus appartenant à certains groupes d'âmes. Ainsi, entre '09, '12, '10 et '11 (1909 à 1912), est arrivé un grand flux d'Atlantes, qui a eu, et a actuellement, une énorme influence sur le monde d'aujourd'hui. On peut dire qu'il n'y a pas un seul homme célèbre de cette guerre actuelle, qui n'ait été un Atlante — vivant ou mort! (Lecture 3029-1.)

Si l'on en croit Cayce, Hitler était donc atlante ?

Le problème du mal et la réincarnation

Pour finir, voici les réponses données par Cayce à quelques grandes questions éternelles... Thomas Sugrue, son biographe, lui demanda :

LE MAL, LES TÉNÈBRES, LA NÉGATION, LE PÉCHÉ, COMME ON DIT... PEUT-ON AFFIRMER QUE CELA ÉTAIT UN ÉLÉMENT NÉCESSAIRE DE LA CRÉATION ? ET QUE LES ÂMES, UNE FOIS DOTÉES DE LIBRE ARBITRE, SE RETROUVÈRENT AVEC LE POUVOIR D'EN ABUSER, C'EST-À-DIRE DE L'EMPLOYER POUR LEUR PERTE ?

C'est le libre arbitre qui a été utilisé pour se perdre (alors que l'âme vivait) *en relation à Dieu.*

ET LA CHUTE DE L'HOMME ? EST-CE QUE C'ÉTAIT QUELQUE CHOSE D'INÉVITABLE DANS LE DESTIN DES ÂMES HUMAINES ? OU BIEN ÉTAIT-CE UNE CHOSE QUE DIEU NE DÉSIRAIT PAS, MAIS QU'IL N'EMPÊCHA PAS APRÈS AVOIR FAIT DON À L'HOMME DU LIBRE ARBITRE ? LE PROBLÈME EST DE RÉCONCILIER L'OMNISCIENCE DE DIEU, LE FAIT QU'IL SAIT TOUT, AVEC LE LIBRE CHOIX DE L'ÂME ET SA CHUTE DANS LA DISGRÂCE ?

Dieu n'empêcha rien, après avoir fait don aux âmes du libre arbitre. Car, dès le début, il créa les entités individuelles ou âmes. Et les débuts du « péché », pour celles-ci, furent de rechercher leur expression en dehors du plan prévu par Dieu pour elles. Ainsi, ce fut une erreur des individus, voyez-vous? Leur ayant donné le libre arbitre, donc, bien que sachant à l'avance ce qu'elles allaient en faire et tout ce qui allait se passer — puisqu'Il est Omniprésent et Tout-puissant. C'est seulement lorsque l'âme, qui est une partie de Dieu, fait son choix, que Dieu sait comment cela va se terminer!

ET LA PRÉSENCE DE L'HOMME SUR LA TERRE ? EST-CE QU'IL ÉTAIT PRÉVU, À L'ORIGINE, QUE LES ÂMES RESTERAIENT EN DEHORS DES FORMES TERRESTRES ? EST-CE QUE LES RACES HUMAINES DEVINRENT NÉCESSAIRES POUR RÉPARER L'ERREUR ?

La Terre et ses manifestations de vie étaient seulement pour Dieu un moyen de s'exprimer — mais pas nécessairement un lieu d'habitation pour les âmes humaines — jusqu'à ce que l'Homme fût créé, pour répondre au besoin des circonstances.

LORSQU'ON ÉTUDIE LES LECTURES DE VIES ANTÉRIEURES QUE VOUS DONNEZ, ON A L'IMPRESSION QU'IL Y A UNE TENDANCE À LA DÉCADENCE ; DEPUIS LES INCARNATIONS LES PLUS ANCIENNES, IL Y A UN GLISSEMENT VERS DAVANTAGE DE MATÉRIALISME, ET MOINS DE MORALITÉ... ENSUITE, UNE REMONTÉE, ACCOMPAGNÉE DE SOUFFRANCES, DE PATIENCE, D'EFFORTS DE COMPRÉHENSION ET D'INTELLIGENCE... EST-CE LE PARCOURS NORMAL ? PARCOURS OÙ LE PROGRÈS S'OBTIENT EN APPLIQUANT SA LIBRE VOLONTÉ, ET SA PENSÉE, À RETROUVER L'UNITÉ AVEC DIEU ?

Correct. C'est le schéma qu'Il a établi.

LES CONDITIONS CRÉÉES PAR LES PARENTS LORS DE LA CONCEPTION ATTIRENT-ELLES UNE ÂME PRÉCISE, PARCE QU'ELLES LUI OFFRENT À PEU PRÈS L'ENVIRONNEMENT DANS LEQUEL ELLE SOUHAITE TRAVAILLER ?

A peu près. Mais pas définitivement. Car l'entité individuelle, l'individu, ou âme, une fois qu'on lui a donné cette chance, dispose de sa propre liberté pour travailler — ou pas — sur les problèmes apportés par l'union de ce couple parental. Cependant, cette union ouvre une voie, c'est-à-dire offre sa chance de s'exprimer à une entité individuelle.

EST-CE QUE L'ÂME SE CHARGE, QUAND ELLE ARRIVE, D'UNE PARTIE DU KARMA DE SES PARENTS, OBLIGATOIREMENT ?

Dans la mesure de sa relation avec eux, oui. Autrement, non.

EST-CE QU'IL Y A PLUSIEURS PROGRAMMES DE DÉVELOPPEMENT POSSIBLES POUR UNE ÂME ? SELON LE DEGRÉ DE SON ÉVOLUTION SUR LEQUEL ELLE SOUHAITERAIT TRAVAILLER. ET, DANS CE CAS, UNE ÂME PEUT-ELLE CHOISIR L'UNE OU L'AUTRE DES DIVERSES PERSONNALITÉS QUI CONVIENDRAIENT À SA PROPRE INDIVIDUALITÉ ?

Exact.

AUTRE PROBLÈME : CONCERNANT LES FACTEURS DE L'ÉVOLUTION

DE L'ÂME. EST-CE QUE L'ESPRIT CONSTRUCTEUR (« MIND, THE BUILDER ») DOIT SE DÉVELOPPER EN DERNIER, PARCE QU'IL NE PEUT PAS SE DÉPLOYER S'IL N'A PAS UNE BASE SOLIDE D'ÉQUILIBRE ÉMOTIONNEL ?

Oui et non, les deux. S'il arrive que l'âme applique toute sa volonté à ce désir d'être unie à Dieu, alors il est nécessaire qu'avant d'atteindre ce but, elle reconnaisse que l'esprit en est le moyen.

EST-CE QUE LES ÂMES SONT PRISES DANS L'ENGRENAGE D'AUTRES SYSTÈMES COMME ELLES LE SONT DANS NOTRE SYSTÈME SOLAIRE ?

Dans d'autres systèmes analogues, où il existe quelque chose de comparable à ce que la Terre représente pour nous.

EST-CE QU'IL FAUT ABSOLUMENT FINIR SON ÉVOLUTION DANS LE SYSTÈME SOLAIRE AVANT D'ALLER DANS D'AUTRES SYSTÈMES ?

Il faut finir le cycle du système solaire.

EST-CE QUE L'UNITÉ AVEC DIEU PEUT ÊTRE ATTEINTE, C'EST-À-DIRE LE TERME DE NOTRE ÉVOLUTION — DANS N'IMPORTE QUEL SYSTÈME STELLAIRE — OU BIEN CELA DOIT-IL ÊTRE FAIT DANS UN SYSTÈME PARTICULIER ?

Cela dépend dans quel système l'entité est entrée, pour sûr. L'évolution peut être achevée dans n'importe lequel des nombreux autres systèmes stellaires. (Lecture 5749-14.)

Ce qui nous amène à la théorie caycienne des « séjours planétaires » : que font les âmes entre deux incarnations sur la Terre ? Eh bien ! elles vont explorer d'autres planètes. Nous en reparlerons au chapitre sur l'astrologie.

En tout cas, la philosophie caycienne de la réincarnation a ceci de merveilleux, qu'elle réconcilie le destin et la volonté. En d'autres termes, la prédestination et le libre arbitre. Ce qui arrive dans cette vie n'est pas le résultat d'une prédestination aveugle : c'est nous qui l'avons choisi, décidé et amené dans d'autres vies et dans celle-ci (même si, souvent, nous l'avons oublié !).

Cayce insiste beaucoup sur la puissance du libre arbitre, c'est aussi le sens de la phrase qu'il répète sans arrêt : *Mind is the builder,* c'est-à-dire que « c'est votre esprit » — lequel est libre — qui « construit TOUT ».

La réincarnation animale

Question très discutée, sur laquelle les grands médiums ne sont pas d'accord. Peut-être y a-t-il des vérités que nous ne sommes pas assez mûrs pour accepter...

Les humains se réincarnent-ils dans des corps animaux ?

En Inde, beaucoup pensent que oui.

C'était également le point de vue admis dans certaines écoles d'initiés à l'époque grecque et romaine. Témoin, l'épisode où Apollonius de Thyane parle à l'âme du pharaon Amasis, emprisonnée dans le corps d'un lion en punition de ses fautes. Et le lion se met à pleurer devant la foule... Saint Justin († 165) enseigne que : « Les âmes qui se sont rendues indignes de voir Dieu, par suite de leurs actes durant des incarnations terrestres, reprennent des corps de bêtes inférieures. » (*In* Dr Berthollet, *La Réincarnation,* Éd. Rosicruciennes.)

Puisque le pouvoir de notre esprit est si grand, pourquoi lui serait-il impossible de nous incarner dans un corps animal si besoin est ?

Cayce ne s'est pas prononcé nettement là-dessus. Dieu sait qu'il y a pourtant des choses claires dans sa philosophie, des choses qu'il a répétées tant de fois qu'il n'y a aucun doute. Mais là, il faut avouer que les lectures restent obscures :

EST-CE QUE MON ÂME-ENTITÉ A FAIT L'EXPÉRIENCE DE TRANSMIGRATION À TRAVERS LES RÈGNES MINEURS, L'ANIMAL ET LE VÉGÉTAL ?

Ces règnes appartiennent à l'Âme-Conscience Universelle. Chaque âme-entité fut créée, c'est-à-dire a commencé au commencement avec le Père. (Lecture 1641-1.)

Cette réponse met le doigt sur le complexe de supériorité du consultant vis-à-vis de ces règnes qu'il traite de « mineurs » (dans ce texte : *Minor plant and animal kingdom*).

D'où la réponse : ils ne sont pas mineurs, puisqu'ils appartiennent à l'Âme-Conscience Universelle, en d'autres termes, à Dieu, et comportent également des âmes-entités créées par le Père. A ce consultant trop peu évolué, Cayce ne donne qu'une réponse très générale, pour éviter de le choquer. Il y a dans la civilisation américaine, cette gêne, ce sentiment d'insécurité en face des animaux. Ce qui étonne toujours le visiteur européen. Aux États-Unis, les animaux sont l'objet d'un violent racisme, au même titre que les Noirs ou les Indiens. Pis encore, le Blanc américain perçoit le Noir et l'Indien « comme un animal ! ». Pareille attitude est beaucoup moins marquée en Europe, où l'animal est mieux intégré, depuis des millénaires, dans la vie quotidienne. On peut expliquer cette mentalité par le fait que la Nature américaine est plus agressive, plus terrifiante que la nôtre : chez nous, la Nature est aménagée depuis longtemps, et nous avons créé une symbiose avec elle... Une telle symbiose n'existe absolument pas aux États-Unis, où l'on se méfie de la Nature, tant animale que végétale. On y vit une peur obsessionnelle du microbe et de l'insecte ainsi que du sexe considéré comme « animal » c'est-à-dire « sale » (lire à ce propos, dans *De nombreuses vies, de nombreuses amours, op. cit.,* le terrifiant chapitre consacré à la vie animale aux États-Unis).

Cayce en a parlé plusieurs fois : comme nous le verrons aux chapitres suivants, il explique la mentalité américaine actuelle par la réincarnation des Atlantes, et les difficultés qu'ils eurent à combattre les gros animaux qui envahirent la planète. Il y a aussi la fameuse histoire des robots mi-humains, mi-animaux... que nous verrons plus loin. Donc, compte tenu de la mentalité de ses consultants, Cayce n'avait aucune raison de consacrer son temps à parler des animaux à un public qui les méprisait.

Pour nous, lecteurs européens, qui vivons donc dans une amitié et une connaissance plus étroite du monde animal, je donnerai les lectures où Cayce a traité de cette question (presque à regret, semble-t-il !).

Les animaux se réincarnent-ils ?

Une dame avait demandé une lecture de vie pour elle et son mari. Il lui fut répondu qu'elle avait été une noble romaine, et son mari actuel, à la même époque, un gladiateur d'une force herculéenne. Il avait combattu dans l'arène pour défendre les chrétiens, et c'est là qu'ils s'étaient connus... (Drôle d'endroit pour rencontrer son futur mari !) Elle demanda :

OÙ, ET QUAND, AI-JE DÉJÀ CONNU MA PETITE CHIENNE MONA ?

Dans cette même vie.

LA VIE ROMAINE ?

La vie romaine.

MONA ÉTAIT-ELLE UNE CHIENNE DANS CE TEMPS-LÀ ?

Un lion ! (Lecture 268-3.)

Et voici la lecture donnée pour le mari de la dame, l'ex-gladiateur :

QUELLE RELATION MON MARI AVAIT-IL AVEC LA PETITE CHIENNE MONA ?

Il l'a combattue corps à corps dans cette expérience à Rome.

QU'EST-CE QUE MONA ÉTAIT ALORS ?

La lionne qui combattit avec cette entité (le mari, aujourd'hui !) *et avec ceux qui tuèrent un grand nombre des gens* (les chrétiens) *que l'entité cherchait à défendre.* (Lecture 280-1.)

Toujours dans cette famille exceptionnellement intéressée par les animaux, une petite fille de onze ans, nièce de la dame ex-romaine, demanda :

DANS QUELLE VIE ANTÉRIEURE AI-JE CONNU MONA, LA PETITE CHIENNE DE MA TANTE ?

A Rome.

EST-CE QUE MONA SERA TOUJOURS UNE CHIENNE ?

Cela dépend de la conjoncture, et des circonstances. Non.

EST-CE QU'ON POURRAIT OBTENIR UNE LECTURE DE VIES ANTÉRIEURES POUR CETTE PETITE CHIENNE DE MA TANTE ?

Peut-être. Mais cela pourrait être très différent de ce que vous croyez. Vous risqueriez de ne pas comprendre, à moins de parler « chien » ! (Lecture 406-1.)

Extraordinaire, ne trouvez-vous pas ? Mais ce n'est pas tout. Une amie de la famille vint également demander une lecture des vies antérieures à Cayce. Or cette amie ressentait une sympathie particulière — et réciproque — pour la petite chienne en question.

QUELLE SORTE D'ASSOCIATION A PU EXISTER, DANS UNE VIE ANTÉRIEURE, ENTRE MOI ET MONA, LA PETITE CHIENNE DE MON AMIE ?

Nous n'en trouvons aucune.

ALORS, POURQUOI CETTE PETITE CHIENNE SEMBLE-T-ELLE SI ATTIRÉE VERS MOI ?

C'est à cause des hautes fréquences vibratoires de chacune de vous deux. (Lecture 1318-1.)

Il y a aussi des dettes karmiques entre animaux et humains :

POURQUOI CET ENFANT A-T-IL PEUR LORSQU'IL EST PRÈS DU CHIEN DE LA MAISON ? QUE FAUT-IL FAIRE ? ÉLOIGNER LE CHIEN ? OU AIDER L'ENFANT À SURMONTER SA PEUR ?

Cet état de choses est en partie karmique. Il vaudrait mieux se débarrasser du chien, car sa présence crée une ambiance très mal-

saine non seulement physiquement, pour l'enfant, mais aussi pour le chien. Celui-ci ne peut plus être utile. (Lecture 2963-4.)

Une autre histoire est extrêmement intéressante. Je n'en donnerai que quelques extraits. Il s'agit de quelqu'un qui a vécu 10 500 ans avant J.-C., comme une princesse arabe.

Elle s'appelait Valtui, et était de la maison royale, étroitement associée au roi.

Dans ce séjour terrestre, ses activités ont consisté à apprivoiser et à utiliser la vie animale — ceux qui plus tard devinrent les animaux domestiques, auxiliaires de l'Homme, et les animaux sauvages. Elle s'occupait de toutes sortes d'animaux, de chevaux, depuis les espèces naines, jusqu'aux grands chevaux de trait et aux coursiers; elle apprivoisait les loups... L'entité avait vingt-deux ans lorsqu'elle commença à régner [...].

Elle s'efforça alors d'encourager ses sujets à se développer socialement et commercialement, en faisant plus grand usage du règne animal.

Ce que l'on peut savoir de cette âme, c'est que, par l'usage qu'elle fit de la vie animale, inconsciemment, elle apporta à l'Homme les compagnons domestiques qui devaient l'aider dans les âges à venir. Mais, dans l'utilisation consciente de son influence, inspirée par la relation entre la Force Créatrice (Dieu), la créature humaine et ses frères animaux, entre la Créature et le Créateur, elle s'efforça d'apporter l'harmonie dans ses relations avec le monde animal. Elle cherchait à se faire obéir des animaux, non par la peur, mais par l'amour : elle les charmait en utilisant la flûte et le pipeau — dont on joue encore aujourd'hui, et qui mettent une ambiance joyeuse. Et elle en jouait, non pas de manière à exciter les instincts charnels les plus bas, mais de façon à éveiller en chacun la musique de l'esprit [...]. (Lecture 276-6.)

Plus tard, Valtui s'est réincarnée :

Dans un autre pays, qu'on appelle aujourd'hui Rome; là, l'entité accepta les enseignements qui venaient de Judée.

Elle était capable de contrôler les bêtes sauvages par la force de sa pensée [...], que ce soit dans les champs, dans leurs tanières, ou dans les arènes... Et elle gagna souvent sa liberté physique grâce à ces pouvoirs — ce qui lui permit de survivre pour continuer à enseigner aux gens (le christianisme). (Lecture 276-2.)

Elle s'appelait alors Phoebia, et ces étranges pouvoirs :

lui permettaient de marcher avec les hôtes de la forêt sans être effrayée; et aussi de marcher au milieu des fauves, en liberté et dans les arènes, sans avoir peur. Et aucun mal ne lui vint jamais de l'action des animaux, mais seulement de l'action des hommes, qui étaient tombés plus bas que les bêtes fauves... Car celles-ci peuvent être domptées, mais l'homme n'a pas encore dompté sa langue. Ceci se passait au Ier siècle. (Lecture 276-3.)

Dans son incarnation actuelle, l'entité a un karma particulier à remplir auprès des humains : éveiller leur amour envers les animaux. Elle a le devoir :

d'attirer l'attention des humains sur les animaux, en leur montrant combien ceux-ci sont dépendants, dans leurs divers habitats, de l'homme qui les possède ou les côtoie. De montrer aux hommes combien les activités animales peuvent leur être bénéfiques. Car, comme il avait été dit au commencement « soyez féconds, multipliez-vous et soumettez la Terre », faites tout ce qui est possible pour réaliser et compléter cette promesse dans le sens de l'Amour. Elle doit s'entendre dans le sens suivant : l'Homme doit être uni aux Forces Créatrices de l'Univers dans la façon dont il utilise toutes les possibilités du monde matériel. Et comme toute la création sur la Terre est de l'amour matérialisé, l'expression de l'amour divin — lequel se manifeste à tous ces êtres, qui doivent être « un » avec le Créateur — ainsi, l'amour que l'on voit exprimé dans les royaumes inférieurs dans leur expression et leur développement sur le plan matériel, ce même amour devra être manifesté par l'Homme aux animaux. Et l'entité devra plaider en faveur des animaux, plaider leur cause en faisant connaître tout ce qu'elle a reçu d'eux. (Lecture 276-3.)

Enfin, pour terminer, cette personne a demandé :

SI L'ÂME — CONSCIENCE DE L'UN DE SES ANIMAUX D'AUTREFOIS (EN TANT QUE VALTUI) — NE S'ÉTAIT PAS INCARNÉE DANS SON CHIEN ACTUEL, PEGGY ?

Cayce répondit que oui.

LEQUEL ?

C'était l'un des animaux du foyer, de la maison. (Lecture 276-6.)

Lecture tout à fait exceptionnelle, car la transmigration est très peu évoquée chez Cayce, et jamais de façon claire. On ne lui a pas non plus posé beaucoup de questions là-dessus...

En fait, les problèmes des animaux sont ceux que nous leur causons par notre égoïsme. En travaillant à améliorer l'Homme, Cayce contribuait indirectement à améliorer le sort de l'animal.

Malheureusement, dans notre civilisation, les animaux sont des morts en sursis : on les élimine progressivement des grandes villes, puis des campagnes (voir ce qu'en dit Roland de Miller, dans son livre passionnant : *Les Noces avec la Terre,* Éditions Scriba, 2, rue Raspail, 84800 l'Isle-sur-Sorgue). Cayce parlait à des chrétiens et à des juifs. Or, le judéo-christianisme, est, dans son évolution actuelle, lamentablement déficient dans sa théologie de l'animal. Le zoroastrisme, le bouddhisme, la religion des druides, furent beaucoup plus avancés.

Heureusement, le centre spirituel de Findhorn en Écosse est venu un peu combler cette lacune. Mais nous sommes encore très loin de la prise de conscience à laquelle nous devrons arriver un jour... Avant d'avoir transformé la planète en désert !

2.

La réincarnation comme clé de l'histoire

Un archéologue professionnel m'a dit un jour : « Lorsque je suis sur le terrain, je sais exactement à quel endroit il faut creuser. Je devine souvent ce que je vais trouver : une poterie, des monnaies, etc. Je " sens " les objets anciens qui sont enfouis dans le sol ! » Il ne se croyait pas médium... Et pourtant, il pratiquait ce que l'on appelle en Amérique : « psychic archeology », c'est-à-dire l'archéologie médiumnique, où les informations obtenues par voyance complètent les données scientifiques.

Certaines personnes ont la faculté de revivre des événements passés, de décrire des civilisations disparues. C'est ce qu'a fait, par exemple, Anne-Catherine Emmerich. Et des fouilles menées d'après ses célèbres visions ont même abouti à des résultats.

La même faculté semble se retrouver chez Cayce : il vous décrit une réunion internationale en Atlantide, il y a 50 722 ans... Comme si vous y étiez. Un seul ennui : c'est invérifiable ! (pour l'instant).

En fait, qui dit réincarnation dit aussi Histoire. Je veux bien que l'on me dise que j'ai été joueur de flûte en Égypte il y a dix mille ans... Mais alors, qu'on m'explique à quoi ça ressemblait la vie dans ce temps-là ! Lorsque mon petit garçon de six ans m'expliquait qu'il avait été « muvian », « du pays de Mû », cela n'évoquait rien pour moi. Car je n'avais pas la moindre notion archéologique sur ces anciennes civilisations du Pacifique.

Pour situer les vies antérieures de ses consultants, Cayce a donc, avec beaucoup de logique, donné énormément de détails historiques et préhistoriques.

Certains de ces détails ont pu être confirmés par des découvertes archéologiques : par exemple, le rôle important joué par les Esséniens, insoupçonné avant la découverte des « Manuscrits » de la mer Morte en 1947 (après la mort de Cayce).

D'autres lectures n'ont pu recevoir encore aucune confirmation. Cayce a-t-il vu juste ? Ou était-il complètement mythomane ? Le temps le dira.

De l'ensemble des lectures émergent quelques grandes fresques historiques :

— le continent perdu de l'Atlantide et celui de Mû ;
— l'Égypte du XIe millénaire avant Jésus-Christ ;
— les civilisations disparues du Gobi et de l'Indochine ;
— la Perse huit mille ans avant Alexandre ;
— le monde grec de la guerre de Troie, puis de l'époque hellénistique ;
— le Moyen-Orient, Rome et l'Égypte au temps du Christ ;
— la France des XVIIe et XVIIIe siècles ;
— l'Amérique des premiers colons... pour ne citer que les principales.

Ces fresques historiques, éparpillées dans les lectures, sont apparues au fil des années, dans des consultations données pour des individus qui ne se doutaient pas le moins du monde avoir été muvians ou persans...

Il a fallu regrouper ces lectures, les classer par époques et par pays, et tenter de les situer chronologiquement. Tâche difficile, car les dates données par Cayce sont loin de concorder avec l'Histoire officielle !

Le lecteur sera surpris de constater que Cayce recule dans un temps très ancien certaines civilisations extraordinairement brillantes, comme l'Égypte des pyramides ou la Perse de Zoroastre...

D'après Cayce, les hommes primitifs étaient plus intelligents et plus civilisés que nous... qui sommes devenus très décadents. Nous commençons seulement à redécouvrir leurs fantastiques pouvoirs.

Voici donc ces étonnantes lectures historiques, dont la réincarnation nous donne la clé.

3.

L'Atlantide refait surface !

Lorsque mon ami Louis Hermand m'a parlé de l'Atlantide, je suis restée sceptique : maintenant qu'on ne croit plus au Père Noël, il faut bien trouver autre chose pour rêver un peu... Alors, Atlantide ou cigares volants, tout ce qui nous fait planer au-dessus des pâquerettes, c'est bon !

Mais Louis Hermand, grand lecteur de Rudolf Steiner, prétendait qu'au contraire, l'Atlantide était à l'ordre du jour. Que ce continent était sous la mer des Sargasses, d'où il allait émerger incessamment. Je couvris ses propos... d'une mer de sarcasmes !

Il revint à la charge quelques mois plus tard, avec un livre d'Edgar Cayce, le premier que j'aie jamais vu. C'était il y a dix ans. Maintenant j'ai des remords vis-à-vis de Louis Hermand : il était, à l'époque, l'un des rarissimes Français à avoir visité la Fondation Cayce à Virginia Beach. Un pionnier... A ce titre, il méritait tout mon respect ! Car, je m'aperçois maintenant que beaucoup de scientifiques s'intéressent à l'Atlantide, sans pour autant être des illuminés. Je ne sais pas si vraiment ce continent émergera à nouveau des eaux de l'Océan, comme l'a affirmé Cayce. Des fenêtres de la Fondation, où je travaille, je surveille la mer. Pour l'instant, elle est plate comme un parking... Mais tout peut arriver : on a bien vu, en 1901, au large de la Sicile, se pointer une nouvelle île qui sortait de dessous les vagues ! Il est vrai qu'elle disparut avant que les nations intéressées aient pu y planter leur drapeau.

Sur l'Atlantide, nous n'avons officiellement que Platon : les deux textes superbes du « Critias » et du « Timée »... Mais une très vaste littérature aussi bien scientifique qu'historique, et ésotérique.

Les voyances de Cayce ne doivent rien à un travail scientifique. C'est entièrement l'œuvre d'un visionnaire. Il n'avait pas lu Platon, ni ses commentateurs, lorsqu'il commença à parler de l'Atlantide en 1924. La bibliothèque de la Fondation Cayce conserve actuellement 2 500 lectures qui ont trait à l'Atlantide... toutes plus surprenantes les unes que les autres ! Elles ont été données à environ 1 600 personnes différentes, et décrivent une incarnation en Atlantide. Il y a aussi une grande lecture générale « The lost continent of Atlantis » (le continent perdu de l'Atlantide) qui donne l'histoire et la description du continent mythique.

S'il est facile d'accepter le Cayce des médecines douces, qui a prouvé par ses succès la justesse de ses diagnostics, il est plus difficile à certains de le suivre sur le terrain de la réincarnation.

Mais que dire de l'Atlantide ? Cayce, comme Jules Verne, a certes pressenti des découvertes qui viendraient après sa mort. Mais à Jules Verne, on pardonne tout, parce qu'il a très habilement choisi d'en faire des romans. Il a, de cette façon, évité les attaques des milieux scientifiques.

Cayce, au contraire, a pris le risque de livrer ses intuitions telles quelles, se mettant d'emblée dans la catégorie extrêmement discutée des prophètes ! Voici quelques extraits significatifs de ces lectures à la fois archéologiques et prophétiques.

Le royaume de l'homme rouge

Pour commencer, un peu de géographie. Où était situé le continent disparu ? Cayce, comme Platon, l'abbé Moreux, Steiner, Paul Le Cour et Ignatius Donnelly, en tient pour l'Atlantide atlantique :

Le continent de l'Atlantide était situé entre le golfe du Mexique, d'une part, et la Méditerranée, d'autre part.

Des traces visibles de cette civilisation peuvent être retrouvées dans les Pyrénées, au Maroc, au Honduras britannique, au Yucatan, en Amérique. Certaines terres avançant sur la mer, ou émergeant, ont, à un moment ou l'autre, fait partie de ce grand continent. Les Antilles britanniques, les Bahamas, en sont une portion, visible aujourd'hui. On devrait faire des sondages géologiques dans certains de ces endroits, en particulier à Bimini, et dans les parages du Gulf Stream. (Lecture 364-3.)

Cependant, la géographie du monde n'était pas celle d'aujourd'hui :

Bien des terres ont disparu. Beaucoup ont apparu, puis de nouveau disparu... (Lecture 5748-3.)

Les océans étaient disposés différemment : ils ne portent plus leur nom d'origine. Ce qui est maintenant la partie centrale de ce pays, les États-Unis, c'est-à-dire le bassin du Mississippi, était alors entièrement sous l'Océan. Seul émergeait le plateau, c'est-à-dire les régions qui sont maintenant en partie le Nevada, l'Utah, l'Arizona [...]. Ce qui est aujourd'hui la côte atlantique était le bord externe, c'est-à-dire les basses plaines, du continent Atlante. (Lecture 364-13.)

Virginia Beach était-elle déjà une station balnéaire atlante ? Et le Soleil, qui se lève sur la mer, devant moi, se levait-il alors sur les plaines de l'Atlantide ? Peut-être...

Le climat était-il différent de celui d'aujourd'hui ?

L'Atlantide, plutôt qu'une zone tropicale, était bien davantage une zone tempérée. (Lecture 5750-1.)

C'est que cela se passait... avant le Déluge.

PAR RAPPORT À L'HISTOIRE DE L'ATLANTIDE QUE VOUS NOUS PRÉSENTEZ, MONSIEUR CAYCE, OÙ SITUEZ-VOUS LE DÉLUGE RACONTÉ DANS LA BIBLE, AVEC NOÉ ET L'ARCHE ? A QUELLE ÉPOQUE S'EST-IL PRODUIT ?

Lors de la seconde période d'éruptions volcaniques (en Atlantide), *c'est-à-dire deux mille, deux mille six* (22 600 ans ?) *avant la venue du Prince de la Paix, selon la chronologie actuelle en « années légères »...* (Lecture 364.)

L'histoire de l'Atlantide s'étend sur une période de quelque 200 000 années légères, comme on les compte aujourd'hui. (Lecture 364-4.)

Comme nous allons le voir par la suite, Cayce décrit trois séries de destructions majeures, qui, en trois temps, séparés par des milliers d'années, ont détruit le continent atlante. Quant aux « années légères » dont il parle, on ne sait pas comment elles se mesuraient : la durée de révolution de la Terre autour du Soleil n'était probablement pas la même qu'aujourd'hui.

ET DITES-NOUS, MONSIEUR CAYCE, LE CONTINENT ATLANTE ÉTAIT-IL GRAND ?

Comme l'Europe, y compris l'Asie d'Europe — pas l'Asie, mais l'Asie d'Europe. C'était sa dimension après le premier des cataclysmes, comme on dirait aujourd'hui [...]. A l'extrême sud de ce continent, des îles se formèrent à la suite des premières secousses volcaniques qui amenèrent la destruction de l'ensemble [...]. C'était un grand continent, avant qu'il ne fût bouleversé par les premières éruptions. (Lecture 364-4.)

ET QUEL ÉTAIT LE NOM DES PRINCIPALES ÎLES ATLANTES, À L'ÉPOQUE DE LA DESTRUCTION FINALE ?

Poséidia, Aryan et Og. (Même lecture.)

Mais le continent atlante doit un jour resurgir :

... La terre atlante, qui a sombré, qui émergera de nouveau — Et qui est en train d'émerger! (Lecture 2012-1.)

De la terre ferme apparaîtra au large de la côte est de l'Amérique! (Lecture 3976-25.)

Poséidia sera parmi les premières terres de l'Atlantide à émerger de nouveau, vers '68 ou '69, dans pas très longtemps. (Lecture 958-3.)

On retrouvera des documents, qui sont des copies de ceux qui ont été engloutis avec l'Atlantide — car celle-ci, avec les changements à venir, doit s'élever à nouveau. (Lecture 378-16.)

Avis aux promoteurs immobiliers !

Or, l'Atlantide revient aussi par le jeu de la réincarnation : il y aurait actuellement, comme nous l'avons déjà dit, une arrivée massive d'âmes atlantes :

De plus en plus d'âmes atlantes sont en train de se réincarner aujourd'hui. Elles apportent une convergence d'énergies aux activités terrestres. (Lecture 528-14.)

Comme nous l'avons dit, les Atlantes sont tous exceptionnels. Ils manient le pire et le meilleur, la destruction, ou, au contraire, un grand développement. Leur influence se sent que l'individu le reconnaisse ou pas. (Lecture 1744-1.)

Les influences mercuriennes et uraniennes affectant la Terre durant ces cycles d'incarnation, de 1909 à 1913, et jusqu'à la fin de la vie de ces natifs, sont dues au fait qu'ils ont été atlantes dans l'un de leurs séjours terrestres. Et qu'ils ont expérimenté les séductions du mal, l'usage que l'on peut faire des puissances mentales, et l'abus des forces de la chair, exercées sur autrui... Car, dans ces incarnations en Atlantide, et pour beaucoup d'entre elles, l'excessive gratification de leur ego fut leur tort. Aussi, dans leur vie d'aujourd'hui, ont-elles l'occasion d'exercer une influence capitale sur les groupes humains, sur la Terre actuellement, avec le pouvoir de gouverner ou de détruire. (Lecture 518-1.)

Cayce dit quelque part que :

Les âmes atlantes sont des extrémistes.

On verra comment, plus loin, ces Atlantes ont mené les choses à de telles extrémités qu'ils ont fait sauter leur continent :

Les Atlantes furent ceux-là qui parvinrent à un grand avancement, car On leur avait confié, sur la Terre, des activités divines. Et — comme l'a fait cette entité — ils oublièrent de Qui ils tenaient toute leur vie et tout leur être ; ce qui amena, en eux-mêmes, la destruction de leur corps, mais pas de leur âme. (Lecture 2794-3.)

D'après Cayce, l'Atlantide n'est pas seulement une fascinante histoire du passé. Elle nous intéresse, car :

L'influence des Atlantes marqua la vie des peuples dans les pays où ils se réfugièrent. Et, aujourd'hui, que ce soit par l'influence directe de ceux qui se sont réincarnés sur la Terre, ou par l'influence mentale sur les pensées des individus, ils sont encore capables d'influencer actuellement les nations, les groupes, les personnes. (Lecture 364-3.)

Mais qui étaient ces terribles Atlantes ? Reprenons l'histoire de l'Atlantide telle que l'a vue Cayce. Sur cette terre, va apparaître l'Homme Rouge :

A cette époque de l'existence du Monde, et jusqu'au temps présent, dix millions et demi d'années se sont écoulées. Quand l'Homme vint sur le plan terrestre en tant que seigneur de cette sphère, il apparut en cinq endroits différents en même temps. (Lecture 5748-1.)

Après avoir expliqué que les cinq races (blanche, brune, noire, jaune, rouge) correspondaient aux cinq sens de notre corps, Cayce précisa :

Oui, Atlantes et Américains, la race rouge. (Lecture 364-13.)

La couleur de la peau, dans chacune de ces races, s'expliquait par l'influence du milieu naturel :

Leur couleur reflétait celle de l'environnement, un peu à la manière du caméléon aujourd'hui. De là, l'apparition de cette forme humaine [...] connue plus tard comme la race rouge. (Lecture 364-3.)

Gens précoces, qui vont se développer très vite :

Ces peuples (de la race rouge), capables d'utiliser dans leur évolution progressive toutes les forces de la Nature autour d'eux [...], trouvèrent donc dans cet environnement des facilités pour leur développement. Celui-ci se fit beaucoup plus rapidement dans cette partie du globe que dans les autres. (Lecture 364-3.)

Aussi, en essayant d'interpréter l'époque poséidienne, c'est-à-dire l'Atlantide, il faut comprendre que c'était seulement l'un des groupes humains représentés sur la Terre; et, dans ce temps-là, c'était celui qui avait atteint le stade d'avancement le plus élevé, parmi les âmes ou entités, incarnées alors dans le séjour terrestre. (Lecture 877-26.)

Cependant, ces Atlantes n'étaient pas tout à fait comme nous :

Quant aux formes des corps dans ce temps-là, elles étaient plutôt de la nature des formes-pensées, c'est-à-dire capables de se projeter dans la direction dans laquelle leur développement prenait forme en pensée... Un peu comme fait l'amibe aujourd'hui, qui projette ses pseudopodes dans les eaux stagnantes. (Lecture 364-3.)

Les entités incarnées commencèrent par être hermaphrodites :

En Atlantide, dans ce temps-là, avant qu'Adam ne fût sur la Terre, l'entité était parmi ceux qui se projetaient dans des formes-pensées, et son être physique comportait l'union des deux sexes dans un seul corps. (Lecture 5056-1.)

Précoces, également, dans ce domaine :

C'est en Atlantide qu'eut lieu la première séparation des sexes. (Lecture 2753-2.)

L'ère des robots

Parmi les plus étonnantes de ces lectures, sont celles qui décrivent des robots mi-humains, mi-animaux, que Cayce appelle les « choses » (en américain : *the things*). Ces malheureuses créatures étaient apparemment des esclaves, des robots au service des appétits des puissants :

En ce temps-là, on ne travaillait pas pour gagner sa vie comme aujourd'hui. Mais certains Atlantes étaient servis par des automates, c'est-à-dire des « choses » qui appartenaient soit à des particuliers, soit à des groupes. Et ces choses faisaient le travail dans la maison, dans les champs, ou travaillaient comme artisans... (Lecture 1968-2.)

Comment ces pauvres « choses » (qui, d'après Cayce, avaient néanmoins des âmes humaines) en étaient-elles arrivées là ?

Ces individus, qui, pendant leurs séjours sur la Terre, en tant qu'âmes, s'étaient projetés dans la matière afin de devenir des entités autonomes, ne s'étaient pas souciés d'apprendre à se diriger eux-mêmes... Ils pourraient être comparés aux animaux domestiques d'aujourd'hui, tels le cheval, la mule, le chien, le chat, dans leur stade actuel de développement [...]. Où ils sont dépendants de leurs maîtres pour leur vie matérielle et mentale. (Lecture 2464-2.)

Dans une autre lecture, Cayce explique que ces « choses » étaient des entités qui s'étaient projetées dans des corps animaux pour satisfaire leurs pulsions physiques... Et qui s'étaient trouvées coincées (Cayce dit *entangled*) dans les mécanismes de la reproduction animale. Leur vie était misérable, et Cayce les compare aux intouchables de la société indienne :

L'entité était alors dans le pays atlante, à l'époque où se posait la question, comme on dirait aujourd'hui, de la reconnaissance des castes, dans un pays où les intouchables n'étaient pas plus considérés que des chiens par les hautes castes. (Lecture 333-2.)

Ceux qui avaient une forme complètement humaine se divisaient en deux groupes. Les Enfants de la Loi de Un, et les Fils de Bélial. Les Bons et les Méchants ! Voici le portrait de ces derniers, gens sans foi ni loi, qui n'avaient qu'une idée :

... la satisfaction de leur ego, l'usage des choses matérielles pour leur gratification personnelle, sans aucune considération pour la source divine (de ces plaisirs), ni pour la douleur expérimentée par autrui. Ou, en d'autres termes, ce que l'on appellerait aujourd'hui des gens dépourvus de tout souci moral. Les Fils de Bélial n'avaient aucun principe, sinon celui d'agrandir leur Moi. (Lecture 877-26.)

C'est cette rivalité qui va amener, comme on va le voir, la fin de l'Atlantide :

Les Atlantes devenaient décadents, affaiblis par les disputes entre les Enfants de la Loi de Un, et les Fils de Bélial. (Lecture 470-22.)

L'étiquette Bélial, dans cette histoire, semble cristalliser toutes les forces négatives. Apparemment, les Fils de Bélial usaient et abusaient des pauvres « choses » pour satisfaire leurs vices ; tandis que les Enfants de la Loi de Un s'efforçaient au contraire de reconnaître la dignité de ces misérables créatures, qui, néanmoins, abritaient une âme humaine. Au chapitre suivant, sur l'Égypte, je donnerai les lectures qui décrivent en détail ces hybrides mi-animaux, mi-humains :

L'entité était parmi les Enfants de la Loi de Un qui se souciaient du bonheur de ces « choses ». (Lecture 3579-1.)

L'entité était en Atlantide avant Adam, et était le contremaître de ceux qui étaient appelés les « choses », c'est-à-dire les esclaves, les travailleurs. Il sentait bien la nécessité d'une réforme qui donnerait à chaque individu le droit de choisir en toute liberté sa condition. (Lecture 5249.)

Ces entités étaient alors les producteurs, comme nous dirions aujourd'hui, c'est-à-dire les laboureurs, les paysans, les artisans, ceux qui étaient dans la même situation que ce que nous appellerions aujourd'hui des machines [...]. Et ce fut au sujet de leurs relations avec ceux qui avaient le pouvoir, que s'élevèrent les contestations. (Lecture 877-26.)

En Atlantide, entre le deuxième et le dernier cataclysme, alors qu'il y avait un violent antagonisme entre les Fils de Bélial et les Enfants de la Loi de Un, l'entité fut une prêtresse qui s'occupait de la classe laborieuse. Elle s'efforçait de faire reconnaître la dignité des travailleurs, et d'adoucir le sort de ceux qui étaient considérés comme des choses et non comme des âmes de personnes. (Lecture 1744-1.)

Au cours d'une lecture où on lui demanda de décrire l'apparence physique des Atlantes à l'époque archaïque, Cayce expliqua qu'ils poursuivaient leur évolution vers la forme humaine actuelle. Tant les « choses », que les Atlantes d'allure humaine :

étaient de stature très variable, depuis les nains jusqu'aux géants. Car il y avait des géants sur la Terre en ce temps-là, des *hommes qui mesuraient jusqu'à dix ou douze pieds de haut**, *et bien proportionnés de partout. Parmi tous ces corps, certains avaient une forme mieux adaptée que d'autres, ils avaient la taille idéale, tant masculine que féminine, car la séparation des sexes avait déjà commencé. Et le modèle le plus parfait comme on dit aujourd'hui, fut Adam, quand il apparut.* (Lecture 364-11.)

Ceux qui étaient bâtis sur le modèle adamique éprouvaient un mépris total pour ceux qui s'étaient fourvoyés dans des corps animaux. Le racisme a des racines préhistoriques... Tout comme la peur névrotique de la vie animale :

POURQUOI, MONSIEUR CAYCE, EST-CE QUE J'ÉPROUVE TANT DE DÉGOÛT AU CONTACT DES ANIMAUX, EN TOUCHANT LEURS POILS ET LEURS PLUMES ? POURQUOI AI-JE L'IMPRESSION DE ME SALIR À LEUR CONTACT ?

L'origine de cette phobie se trouve dans une expérience de vie en Atlantide [...] où l'entité avait vu ces « choses », plus ou moins animales, prendre une forme menaçante. (Lecture 288-29.)

La réincarnation massive des Atlantes en Amérique du Nord explique-t-elle cette phobie de la contamination animale qui sévit là-bas ? Phobie qui se traduit par l'omniprésence des désinfectants, des poisons chimiques, des microbicides ; par la crainte obsessionnelle des mouches (une maîtresse de maison se croirait déshonorée s'il en traîne une seule dans sa maison !) ; par l'interdiction de tout animal domestique dans de très nombreux contrats de location d'immeubles, et, bien sûr, par cette atroce invention qu'est l'élevage en batterie ?

L'animal doit toujours être *under control,* et, en général, il est *non wanted.* Mais nous-mêmes, en France, n'avons-nous pas eu un certain Pasteur, qui voyait dans les microbes la source de toutes les maladies, et la médecine comme une guerre déclarée aux agents infectieux d'origine animale ?

La médecine pastorienne ne reprendrait-elle pas, sous un déguisement scientifique, le dégoût atlante pour toute vie animale ? Car il y eut, en Atlantide, une concurrence dramatique entre l'Homme et l'Animal :

Rappelez-vous que la Terre était peuplée par les animaux avant d'être peuplée par l'Homme. (Lecture 364-6.)

Les enfants des hommes n'étaient pas les seuls à croître et à

* Entre trois et trois mètres et demi.

se multiplier, les animaux préhistoriques aussi ! Au bout de quelques millénaires, ceux-ci devinrent si dangereux et si menaçants sur toute la Terre, qu'une réunion au sommet fut organisée en Atlantide. Tous les chefs d'État se réunirent pour se concerter sur la manière dont on pourrait purger la planète de cette faune envahissante :

... L'entité fut parmi ceux qui se rassemblèrent pour discuter comment débarrasser la Terre des énormes animaux qui l'avaient envahie. (Lecture 5249-1.)

Et à quelle date eut lieu cette réunion ?

C'était en 50 722 (avant notre ère). (Lecture 262-39.)

Pendant ce rassemblement des nations pour combattre les forces du règne animal qui rendaient la vie des hommes de plus en plus difficile, l'entité fut parmi ceux qui proposèrent d'utiliser les éléments de l'air, de l'océan, de la terre, et d'en tirer les énergies nécessaires pour combattre ceux du règne animal. De là, le fait que, dans son expérience de vie actuelle, l'entité a déjà été capable de comprendre les raisons de la disparition des animaux préhistoriques. (Lecture 2893-1.)

Différents moyens furent proposés, mais finalement :

La glace, la Nature, Dieu, changèrent l'axe des pôles et les animaux furent détruits. (Lecture 5249-1.)

Et voilà comment furent congelés les mammouths de Sibérie... Cayce parle à différentes reprises du changement de l'axe des pôles :

The turning of the axis (lecture 364-13), qui semble s'être produit déjà plusieurs fois dans l'Histoire de la Terre... et devoir se produire encore.

Comment les Atlantes firent sauter leur continent

La réunion citée plus haut aurait amené :

le début des explosifs (dans le texte : « explosives »), *qui furent inventés à cette période où l'homme tenta de contrôler les formes animales.* (Lecture 364-4.)

Les lectures décrivent une société technologiquement très avancée, mais d'une folle imprudence :

L'entité s'appelait alors Deui, et son activité consistait à enre-

gistrer les messages, et à diriger certaines forces, non seulement des rayons solaires amplifiés par des cristaux, mais une combinaison de plusieurs formes d'énergie, car c'étaient ces gaz, que l'on utilise aujourd'hui pour le chauffage, l'éclairage, la production d'énergie, c'est-à-dire les phénomènes de radiation, les combinaisons électriques, l'énergie de la vapeur, etc., utilisés pour le confort moderne [...]. L'utilisation de ces énergies par les Fils de Bélial amena alors le premier des cataclysmes, car, en captant les rayons du Soleil, utilisés par les Enfants de la Loi de Un, dans un cristal pour produire de l'énergie, les Enfants de Bélial provoquèrent ce que l'on appellerait une éruption volcanique et la terre se disloqua en plusieurs îles — cinq en tout. Poséidia [...] devint l'une de ces cinq îles. (Lecture 877-26.)

Les Fils de Bélial ne réussirent pas du premier coup : ils s'y reprirent à trois fois pour faire exploser leur continent ! Les lectures parlent donc d'une première destruction, vers 50 000 avant notre ère, puis d'une deuxième, vers 28 000, enfin, de la troisième et dernière vers — 10 000. La technologie atlante ne cessait de se perfectionner, mettant entre les mains de ces inconscients des armes de plus en plus puissantes... :

En Atlantide, à cette époque qui marqua l'apogée des techniques, c'est-à-dire des différents moyens d'offrir le maximum de confort aux gens — comme l'aéroplane, comme on dirait aujourd'hui, et aussi les bateaux aériens — car ils ne naviguaient pas seulement dans l'air, mais aussi dans les autres éléments. (Lecture 2437-1.)

A Poséidia, l'entité habitait parmi ceux qui étaient responsables du stockage des énergies motrices provenant des grands cristaux qui concentraient les rayons lumineux. Cela afin d'alimenter en énergie certaines formes d'activité, comme le téléguidage des bateaux dans la mer et les airs, ainsi que des commodités pratiques comme la télévision et l'enregistrement de la voix. (Lecture 813-1.)

Dans la lecture ci-dessus, il y a bien, dans le texte d'origine, les mots *télévision* et *recording voice.*

Ailleurs, on suppose que Cayce parle de l'énergie atomique :

Les mystères de l'application de ces forces appelées le côté nocturne de la vie (en américain : « nightside of life »), *c'est-à-dire l'utilisation des énergies de l'Univers comme on les comprenait en ce temps-là.* (Lecture 2896.)

Cette lecture date de 1930, et reprend la même expression étrange qu'une autre de 1928 :

Ces forces qui appartiennent au côté nocturne de la vie.

(On sait qu'en astrologie, Pluton régit le plutonium et l'énergie atomique.) Or, Pluton, c'est aussi, dans la mythologie antique, le symbole du monde souterrain, des forces de la nuit : Hadès/Pluton régnait sur les Enfers, le monde des morts, censés habiter les profondeurs obscures de la Terre... Une autre lecture parle explicitement de la désintégration de l'atome, et du « rayon de la mort ».

... La faculté d'utiliser [...] certaines sources d'information [...] sur ces éléments qui sont à l'intérieur des énergies de l'Univers amena, à cette période, des forces qui provoquèrent la destruction du pays lui-même [...]. Et ils (les Atlantes) *produisirent ces forces destructives, que l'on connaît aujourd'hui, dans des gaz, avec ce qui est appelé le rayon de la mort* (dans le texte : « death ray »), *ce qui provoqua, depuis les entrailles de la Terre elle-même [...], ces destructions d'une partie du continent [...]. Et, cependant, la puissance de telles énergies est celle qui fait naître les mondes...* (Lecture 364-11.)

DÉCRIVEZ-NOUS, EDGAR CAYCE, AVEC PLUS DE DÉTAILS, LES EFFETS DE LA DESTRUCTION DE LA PARTIE DE L'ATLANTIDE MAINTENANT IMMERGÉE SOUS LA MER DES SARGASSES ?

Certains individus introduisirent alors l'usage des gaz [...], et les « élémentaux » (dans le texte : « elementals ») *eux-mêmes, ajoutés à ce qui était utilisé sous la forme connue aujourd'hui comme l'énergie solaire, au rayon qui provoque la désintégration de l'atome, dans les énergies gazeuses ainsi constituées — tout ceci amena la destruction d'une partie du pays, aujourd'hui immergée à l'emplacement de la mer des Sargasses.* (Lecture 364-11.)

Voici encore une lecture où Cayce emploie le mot « atomique » :

L'entité hésita dans ses choix (entre les Enfants de la Loi de Un et les Fils de Bélial). *Et, très peu de temps avant la destruction amenée par l'usage de ces radiations, l'entité fit mauvais usage de ces techniques. D'où l'influence des énergies atomiques, ou du courant électrique de toute nature sur cette personne aujourd'hui, pour le meilleur et pour le pire.* (Lecture 1792-2.)

L'énergie atomique ? mais peut-être pas exactement sous la même forme, ni avec les mêmes applications qu'aujourd'hui. En tout cas, le rayon laser et l'énergie solaire apparaissent ici :

... En Atlantide, à l'époque du développement des énergies électriques appliquées aux transports d'engins d'un endroit à l'autre; à la photographie à distance; à la lecture des inscriptions à travers les murs, même à distance; aux techniques permettant d'échapper à la pesanteur; à la préparation du cristal — le terrible et puissant cristal! —, toutes ces techniques furent pour beaucoup responsables de la destruction. (Lecture 519-1.)

Donnée en 1934, cette lecture décrit des découvertes qui commençaient tout juste à être appliquées — et qu'on connaît évidemment mieux aujourd'hui. Précisons encore que Cayce, qui n'avait nullement une formation d'ingénieur, ne les connaissait pas à l'état conscient. Et lorsque le douanier de l'aéroport regarde ce que contient ma valise fermée, sur son écran lumineux... il fait une chose que ni Cayce ni son entourage ne pouvaient concevoir à l'époque! Toute la puissance atlante reposait sur ce cristal produisant le rayon laser. Voici la description d'une centrale d'énergie atlante construite autour d'une « roche à feu » (dans le texte américain : *firestone*)... (... Si vous trouvez une meilleure traduction, signalez-le-moi !)

Dans le centre d'un bâtiment isolé, comme on dirait aujourd'hui, avec un matériau non conducteur, une roche voisine de l'amiante [...], dans ce bâtiment, donc, qui avait une forme ovale et était construit au-dessus de cette fameuse roche, le toit formait un dôme, dont une partie « décapotable » s'ouvrait de façon à laisser passer les influences stellaires — la concentration des énergies émises par les corps célestes, qui sont eux-mêmes de feu — avec les éléments contenus dans l'atmosphère et en dehors de celle-ci.

La concentration à travers les prismes ou le verre — comme on dirait aujourd'hui — se faisait de telle sorte qu'elle agissait sur les instruments qui étaient connectés avec les différents moyens de transport. C'est un peu ce que l'on appellerait maintenant la direction téléguidée par radio [...].

Seuls des spécialistes étaient initiés à la manipulation de cette poche; et l'entité était parmi ceux qui dirigeaient l'énergie ainsi produite par rayonnement, sous forme de rayons invisibles à l'œil, mais agissant sur les pierres elles-mêmes comme agent pro-

pulseur. Et cela qu'il s'agisse d'un avion propulsé par des gaz, ou de véhicules de tourisme et de loisir évoluant près du sol ou des engins évoluant sur et sous l'eau. Toutes ces machines étaient propulsées par un faisceau de rayons concentrés à partir de la roche à feu située au cœur de la centrale [...]. Là, l'entité introduisit des forces destructives, alors qu'elle était chargée de distribuer cette énergie dans les différentes régions du pays grâce à des installations pourvoyant aux besoins des gens dans les villes, les villages, les campagnes tout autour : sans le faire exprès, la tension fut réglée trop fort ; et c'est ce qui amena la seconde période de destruction du pays. Le sol se fractura, se brisa en plusieurs îles — celles qui devinrent plus tard le théâtre d'un autre cataclysme. (Lecture 440-5.)

Description qui évoque fâcheusement les accidents nucléaires...

Et voici la façon dont était construite cette roche : c'était un grand cristal cylindrique, comme on dirait aujourd'hui ; il était taillé à facettes de telle sorte que la pointe à l'extrémité du sommet concentrât toute l'énergie qui se rassemblait entre les deux extrémités du cylindre. Comme nous l'avons déjà dit, les détails techniques de sa construction sont inscrits quelque part : on peut les retrouver dans trois pays : dans la zone engloutie de l'Atlantide, ou plutôt de Poséidia, où les restes d'un temple peuvent être découverts sous les sédiments, accumulés au fond de la mer ; c'est près de ce qui est maintenant Bimini, au large de la Floride ; deuxièmement, dans les archives d'un temple en Égypte [...]. Et, en troisième lieu, dans les documents atlantes qui furent transportés au Yucatán, en Amérique, où ces pierres, sur lesquelles on sait si peu de chose, sont maintenant sur le point d'être découvertes durant ces derniers mois [...]. Elles seront amenées en Amérique, ici, aux États-Unis. (Lecture 440-5.)

Ainsi, ces Atlantes, apprentis sorciers comme nous, avaient-ils forcé leurs centrales nucléaires, car ils croyaient avoir maîtrisé complètement :

l'utilisation des générateurs électriques dans la fission de l'atome, pour libérer l'énergie... (Lecture 364-4.)

Et pourquoi donc commirent-ils cette imprudence fatale ? Parce qu'apparemment, les Fils de Bélial étaient des superconsommateurs, engagés à fond dans la course au confort qu'

ils aimaient par-dessus tout. (Lecture 37-1.)

Ces gens, au niveau de leur vie quotidienne, avaient atteint un stade plus développé encore que celui que nous connaissons aujourd'hui, dans la vie matérielle — ce que l'on appelle la « civilisation »! Mais chez eux, le matériel étouffait le spirituel. (Lecture 38-1.)

Et Cayce d'insister sur le fait que ce même dilemme, fringale de consommation à n'importe quel prix, ou progrès spirituel, nous l'affrontons maintenant. A un consultant ancien Atlante, il dit :

Il faut d'abord savoir en quoi et en qui vous mettez votre foi. Qui vous voulez servir, et pourquoi. Et quelle voie vous choisissez : l'esprit de la Loi de Un, ou bien la satisfaction, l'agrandissement de votre petit ego. Car, de la même façon que dans une vie en Atlantide vous aviez choisi les deux à la fois, dans cette vie actuelle, vous serez confronté au même genre de choix. (Lecture 263-4.)

Faire sauter tout un continent!... Faut le faire! Provoquer des éruptions volcaniques (lecture 4219-4), des tremblements de terre (lectures 1849-2, 3479-2, 1626-1, etc.), est-ce possible ?

Car les Fils de Bélial disposaient de sources d'énergie d'une puissance infinie, qu'ils tournèrent en moyen de destruction. (Lecture 1792-2.)

Dans ce pays que l'on appelle maintenant Atlante [...], dans le chaos qui suivit les éruptions volcaniques provoquées par le mauvais usage des énergies destructives, lesquelles avaient non seulement disloqué le continent et changé le climat qui, de tempéré devint torride, mais également modifié l'équilibre de la Terre elle-même. (Lecture 884-1.)

On se souvient que, dans le Critias, le prêtre égyptien dit à Solon : « Vous autres, Athéniens, vous ne vous souvenez que d'un déluge seulement, alors qu'il y en eut plusieurs. » Et le prêtre évoque les déviations qui se produisirent dans la course apparente des corps célestes, et les déflagrations qui secouèrent la Terre... Les lectures cayciennes ont beaucoup de points communs avec les descriptions du « Critias » et du « Timée » de Platon.

Cependant, à la différence de ce dernier, Cayce parle de rescapés qui avaient pressenti l'imminence de la catastrophe :

Lorsque les Enfants de la Loi de Un réalisèrent que leur Poséi-

dia atlante allait définitivement se désintégrer, ils commencèrent à partir. Ils émigrèrent sous la conduite de leurs chefs, vers d'autres pays. (Lecture 1007-3.)

Émigration qui ne se fit pas dans la panique, mais fut organisée méthodiquement, puisque Cayce parle d'un Atlante qui,

avant la destruction finale, coordonna les programmes de départ. (Lecture 914-1.)

Beaucoup d'entre eux atterrirent à bon port, soit en Amérique centrale, soit au Pays basque... soit en Égypte, où nous allons les retrouver au chapitre suivant. Quant aux Fils de Bélial, qui ne se doutaient de rien, et continuaient :

à n'avoir comme religion que leur ventre, et comme dieux les plaisirs du monde matériel. (Lecture 3654-1.)

... ils disparurent avec l'Atlantide.

Un mythe qui a la vie dure

On peut s'étonner qu'un mythe aussi ancien que l'Atlantide soit parvenu jusqu'à nous, et soulève autant de passions !

On peut s'étonner aussi que tant d'érudits et de savants « distingués », comme on dit, tiennent ce mythe pour une réalité historique. Alors que nous n'en avons actuellement aucune preuve indiscutable, c'est-à-dire acceptée par les scientifiques à l'unanimité.

On pourrait tirer de tout cela un magnifique roman de science-fiction... et même un roman philosophique, car les problèmes atlantes évoqués par Cayce ressemblent aux nôtres : l'exploitation de l'Homme par l'Homme, la manipulation des forces de la Nature, le racisme, la rage de consommer...

Quoi que l'on pense de ces textes cayciens, ici encore, leur cohérence interne est remarquable. Pensez que ces lectures ont été données sur près de vingt années... Par un homme endormi ! S'il est déjà difficile de ne pas se contredire d'une année à l'autre, lorsqu'on est éveillé, qui d'entre nous est capable de donner ainsi un cours d'archéologie préhistorique sous hypnose, sans jamais se contredire ? Or la quasi-totalité des lectures sur l'Atlantide, ainsi que celles sur l'Égypte (voir ci-après), présentent une concordance interne sur les grandes lignes. Ce qui est plus flou, ce sont les dates, dans certains cas. Par exemple, l'île atlante qui doit refaire une apparition en face de la Floride, dans les années « 68 ou 69 », semble avoir manqué le rendez-vous ! A moins qu'il ne s'agisse des années 2068 ou 2069 ? Ce qui n'est qu'une paille en comparaison des millénaires cités. De façon générale, les datations cayciennes ont de quoi surprendre. Cependant, la date qu'il avance pour la dernière catastrophe atlante a déjà été donnée par de nombreux atlantologues, depuis Platon, qui s'accordent sur le XIe millénaire avant notre ère.

Je ne suis pas compétente pour discuter de la réalité ou de l'irréalité du continent atlante. Je renvoie donc mes lecteurs aux livres publiés chez Robert Laffont, dans la collection « Les Portes de l'Étrange », en particulier l'excellente série d'Albert Slosman (*Le Grand Cataclysme, Les Survivants de l'Atlantide,* etc.), ainsi que dans la collection : « Les Énigmes de l'Univers » (excellents livres sur l'Amérique précolombienne, sur toutes les dernières découvertes archéologiques, en particulier sur le « mur » de Bimini, qui pourrait faire partie des ruines atlantes dont a parlé Cayce, etc.), et à l'excellent livre de J.-Y. Casgha, *Les Archives secrètes de l'Atlantide,* Édition du Rocher, 1980. Quant à l'association Atlantis (30, rue de la Marseillaise, 94300 Vincennes), elle s'est donnée pour but d'encourager les études sérieuses dans ce domaine.

4.

Les mystères de l'Égypte

L'une des surprises que réservent les textes cayciens est un ensemble de lectures sur l'Égypte ancienne. La vision qu'avait Cayce de l'Atlantide était, en un sens, plus facile à accepter, car elle allait dans le même sens que Platon.

Pour l'Égypte, c'est assez différent. Vous serez peut-être surpris par les textes de Cayce. Pourtant, l'égyptologie n'est pas à l'abri, elle non plus, des « révisions déchirantes » : dans le monde scientifique, une théorie chasse l'autre... Aussi ne faudrait-il rien rejeter a priori. Bien entendu, les lectures qui vont suivre ont été données par un homme qui, à l'état éveillé, ignorait dans quel coin du monde coulait le Nil !

Avant de vous donner un choix de ces lectures, je voudrais rappeler que l'égyptologie moderne commence avec l'expédition de Bonaparte en Égypte, en 1798-1799. Expédition hasardeuse et difficile, où des milliers de soldats français périrent de soif, de fatigue ou de maladie. Mais Bonaparte avait emmené avec lui une centaine de savants, et un très grand artiste, Vivant Denon. Celui-ci, armé de son carton à dessins, suivait l'armée en croquant hâtivement sphinx, pylônes ou pyramides... Rentré en France, il publia sa fameuse *Description de l'Égypte* en 24 volumes. C'était la première fois que le public cultivé d'Europe avait sous les yeux un « reportage » sur ces fabuleux monuments égyptiens. La *Description de l'Égypte* reste d'un très haut intérêt archéologique, car c'est parfois le seul témoignage de monuments qui ont, depuis, disparu.

Bonaparte fit rapporter d'Égypte un grand nombre d'échantillons et de documents... dont la célèbre « Pierre de Rosette ». Celle-ci permit plus tard à Champollion de déchiffrer enfin les hiéroglyphes que les savants européens cherchaient en vain à comprendre.

Pendant le Consulat et l'Empire, la mode fut à l'Égypte : dans le vêtement, l'architecture, le mobilier, le papier peint, fleurirent des sphinx et des papyrus... Charmants, mais approximatifs ! Ils étaient inspirés des dessins de Denon — mais très peu de voyageurs les avaient vus en réalité. On peut encore voir ces motifs égyptiens de la fin du XVIIIe siècle sur de nombreux monuments français de cette époque.

Tout au long du XIXe siècle, puis du XXe, les vocations d'égyptologues se multiplièrent en France. Parmi ceux-ci, l'un des plus fameux est Mariette, « Mariette Pacha », comme on l'appelait, car il devint le premier conservateur en chef des monuments d'Égypte, au service du gouvernement ottoman (entre 1858 et 1881). Il protégea le patrimoine national égyptien : avec lui cessèrent les fouilles sauvages des profanateurs de tombeaux et des chercheurs de trésors. Ce fut Mariette qui dégagea les pattes du Grand Sphinx enfouies sous le sable. Innombrables furent les statues, les temples, les tombes qu'il mit au jour... Son œuvre fut continuée par Gaston Maspero, qui redécouvrit la Vallée des Rois, et fit beaucoup avancer l'égyptologie.

L'intérêt passionné des Français pour l'Égypte culmine avec l'inauguration du canal de Suez, en 1869, qui fut percé par le Français Ferdinand de Lesseps. Il fut inauguré par Napoléon III et l'impératrice Eugénie, au milieu de fêtes éblouissantes.

Je me demande souvent si un grand nombre de citoyens français des trois derniers siècles n'ont pas été des réincarnations d'anciens Égyptiens ? Sinon, comment expliquer cette curiosité nationale pour une civilisation si lointaine ? J'ai travaillé sur les 280 dossiers d'incarnations françaises décrites par Cayce. Sur ce nombre, 225 avaient eu auparavant une incarnation égyptienne — soit plus des trois quarts ! Cayce dit que l'intérêt récent pour l'archéologie égyptienne est lié à un phénomène de réincarnation en groupe, d'entités jadis égyptiennes :

COMMENT, MONSIEUR CAYCE, POURRAIT-ON FAIRE PROGRESSER L'ÉGYPTOLOGIE ?

En retrouvant les éléments nécessaires pour compléter ce que l'on sait déjà. Et il faudra encore retrouver bien des choses... Beaucoup, beaucoup plus que l'on ne croit. L'histoire égyptienne devra être présentée dans sa relation avec l'époque actuelle, car il y a une corrélation entre les influences égyptiennes et la civilisation moderne. Le Temps n'est ici que symbolique. Car voici que revient un cycle ramenant à nouveau des entités [...] dont les expériences de vies antérieures diverses sont en relation de cause à effet avec leur environnement actuel [...]. Nous sommes donc dans une période particulièrement intéressante pour ceux qui désireraient faire progresser avec succès l'égyptologie. (Lecture 254-47.)

La plupart des 1 159 lectures cayciennes sur l'ancienne Égypte font mention de celle-ci de façon indirecte. Décrivant l'incarnation de son consultant sur les bords du Nil, Cayce donne, en passant, des détails concrets sur la civilisation égyptienne (prédynastique surtout).

Les origines : immigrants caucasiens et atlantes

L'Égypte ancienne paraît avoir été, dès la plus haute Antiquité, un refuge pour les peuples « sinistrés » des époques de grands bouleversements. En fait, les lectures cayciennes ne s'intéressent à l'Égypte qu'à partir de l'immigration d'une obscure tribu caucasienne :

Les gens d'Ararat (comme la montagne du Caucase) *avaient établi ce que l'on appellerait aujourd'hui une communauté, dans ce pays connu plus tard sous ce même nom d'Ararat, où le Déluge amena ensuite ces gens qui repeuplèrent la Terre.* (Lecture 294-147.)

La tribu caucasienne avait un vieux roi, Ararat ou Aarat, qui semble donc avoir laissé son nom à la montagne en question. Mais elle était en réalité dirigée par une sorte de prophète appelé Ra-Ta. C'est lui qui décida de la migration en Égypte :

Pourquoi l'Égypte ? Ce pays avait été choisi [...] non par le Roi, mais par le guide religieux — comme étant le centre actif des Forces Universelles de la Nature, aussi bien que des forces spirituelles. Et aussi, comme étant le pays le plus stable, le moins exposé aux cataclysmes géologiques comme ceux qui avaient provoqué la destruction de la Lémurie, puis de l'Atlantide et, plus tard, le Déluge. (Lecture 281-42.)

Cependant, la géographie de ces pays n'était pas du tout la même qu'aujourd'hui :

A cette époque [...], le Nil, au lieu de s'écouler vers le nord, se jetait dans l'Atlantique. Les eaux du Tibet et du Caucase se jetaient dans la mer du Nord. (Lecture 5748-1.)

Les lectures associent Perse et Caucase, ce qui est normal ; et avec les Carpates, ce que l'on comprend moins, car elles sont bien plus à l'ouest :

Les changements [...] dans la position de la Terre, qui avaient provoqué le déluge, amenèrent Ra-Ta dans les montagnes caspiennes et caucasiennes. (Lecture 294-151.)

... Les envahisseurs qui vinrent de Perse, c'est-à-dire du pays des Carpates, conduits par le prêtre Ra-Ta. (Lecture 3189-2.)

On interrogea Cayce :

OÙ ÉTAIT LA RÉGION DES CARPATES ?

Il répondit : *Aarat.*

MAIS POURRIEZ-VOUS LA SITUER SUR LA CARTE ACTUELLE ?

Dans la partie sud de l'Europe, de la Russie et de la Perse et les montagnes caucasiennes. (Lecture 364-13.)

La mer Noire est, du point de vue géologique, un effondrement récent. Avant cet effondrement, la chaîne du Caucase était-elle le prolongement des Carpates ? Aujourd'hui, elles sont séparées par la mer Noire. Donc, voilà notre tribu caucasienne sur le sentier de la guerre, sous la houlette du Ra-Ta en question — lequel avait des « pouvoirs » spéciaux :

Vous dites qu'une telle entité était un dieu ? Oh, que non ! Vous dites cela seulement parce qu'on ne comprend plus aujourd'hui ce qu'étaient les hommes de cette époque-là [...]. L'homme moderne n'a plus les facultés qui lui permettent de concevoir ce qui sort des limites de son Moi individuel... L'individu en ce temps-là n'était pas aussi étroitement prisonnier de la matière qu'aujourd'hui. (Lecture 281-4.)

C'est peut-être pourquoi tous les folklores parlent d'une époque où vivaient sur la Terre les dieux, puis les demi-dieux ? Quant à l'Égypte :

Elle était beaucoup plus fertile qu'aujourd'hui, même après la crue du Nil. Car il n'existait qu'un tiers seulement du Sahara actuel, lequel était de l'argile sableuse, avec du limon, en partie utilisable pour l'agriculture. (Lecture 275-38.)

Quant aux indigènes :

Ce n'était pas un peuple guerrier. Ils n'étaient pas préparés à se défendre. Les seules armes existantes étaient les outils agricoles et les outils utilisés pour construire les maisons. C'est tout ce qu'ils avaient ! Les moyens de transport consistaient en voitures à roues tirées par des bœufs, et autres animaux domestiques ou agricoles... (Lecture 900-277.)

ET DE QUELLE COULEUR ÉTAIENT CES ÉGYPTIENS ?

Presque de la même couleur que ce qu'on appellerait un Chinois authentique d'aujourd'hui !... Quoique la physionomie fût totalement différente... (Lecture 849-45.)

ET LES ENVAHISSEURS CAUCASIENS ?

Comme le nom Ra-Ta l'indique [?], il était parmi les premiers hommes de race blanche pure dans la vie terrestre d'alors... (Lecture 294-147.)

Les filles de Ra-Ta, plus tard, seront des beautés blondes :

Iso était belle de corps et avait les cheveux blonds... (Lecture 275-38.)

Mais les envahisseurs caucasiens n'étaient pas les seuls à s'intéresser à l'Égypte. Un flot continu d'immigrants atlantes — de race rouge — s'y déversait :

L'entité était parmi ces Atlantes qui s'installèrent en Égypte. (Lecture 1574-1.)

Une lecture donne même la description physique de l'un d'eux, qui devait plus tard jouer un rôle important, et que nous reverrons :

Hept-Supht, l'Atlante, avait environ 1,73 m, et pesait à peu près 72 kg. Couleur de peau : comme de l'or brun. Mais l'œil perçant, de couleur grise ; alerte, actif, le regard aigu qui magnétisait ceux qui l'approchaient. (Lecture 275-38.)

Atlantes et Caucasiens n'étaient pas les seuls étrangers en Égypte. Les lectures mentionnent aussi des immigrants indiens, arabes, perses, mongols, assyriens... Mais Ra-Ta et ses montagnards étaient équipés en force :

Ces gens, qui arrivaient de leurs montagnes, utilisaient des armes comme la fronde ou encore ils entraînaient des animaux sauvages qui étaient projetés sur l'ennemi pour le détruire, ce qui devint plus tard l'usage en Égypte : taureaux, ours, léopards, faucons... Quant à leurs moyens de transport, c'était la fin de l'époque des engins plus légers que l'air. Pour la guerre, ils avaient des radeaux flottants, en bois, des embarcations, des bêtes de somme. Quant à la piétaille, elle allait à pied ! (Lecture 900-277.)

Cette mosaïque de tribus de toutes les couleurs présentait la même étrange particularité que les Atlantes : à savoir, une certaine proportion d'hybrides mi-animaux, mi-humains. D'ailleurs :

En ce temps-là, la plupart des gens avaient une queue d'animal, voyez-vous ? (Lecture 5748-6.)

A l'époque, les indigènes égyptiens avaient des plumes sur leurs membres. (Lecture 585-12.)

Vous avez bien lu : des plumes ! D'autres avaient *du poil sur le corps, des pattes, des griffes...* Pour compliquer la situation, les immigrants atlantes avaient importé avec eux leurs « choses », esclaves mi-animaux, mi-humains, dont nous avons vu la détresse :

En ce temps-là, lorsque le sol de l'Atlantide avait commencé à se disloquer, était arrivé un flot de gens — ou plutôt de « choses » — [...] en provenance du continent Atlante. C'était au temps où le Nil, alors appelé le Nole, se déversait dans ce qui est maintenant l'océan Atlantique, du côté du Congo. (Lecture 5748-6.)

Cela, les géologues le savent... Quant aux Égyptiens, ils avaient trouvé un moyen de remédier à cet état de « choses » (si l'on peut dire !) : la sélection génétique par une planification autoritaire de la procréation. Pas question d'aller faire un enfant n'importe où et à n'importe qui : on devait se soumettre au contrôle étatique des naissances :

Les relations maritales d'alors n'étaient pas vécues, comme chez nous, dans un foyer individuel : il s'agissait plutôt d'un compagnonnage appointé, dont le but était le service de l'État [...]. Cela se faisait bien plus par décision de l'administration que par choix personnel.

Toutes les naissances avaient lieu dans un bâtiment spécial, qui comportait des chambres spécialement destinées à la conception des enfants. [...] Toutes les femmes d'un clan logeaient ensemble, le soir, dans le temple, alors que les hommes couchaient à l'extérieur. [...] Tous étaient soumis à la même loi d'État [...]. Les enfants qui naissaient étaient, dès trois mois, enlevés à leur famille, et élevés en groupe dans d'autres bâtiments. (Lecture 294-149.)

Cependant, à l'arrivée des envahisseurs caucasiens, l'Égypte était sans défense militaire. Elle avait un roi, du nom de Raai, qui préféra ne pas s'opposer à l'invasion :

L'entité, sous le nom de Raai, refusa d'écouter les avis de ceux qui le pressaient de se défendre contre les hordes d'envahisseurs venus du nord, les gens d'Arart. L'entité combattit très peu ces nouveaux arrivants, se soumettant plutôt que de faire couler le sang de son peuple. Cela lui valut d'être mal jugé par tous, y compris par les siens. (Lecture 1734-3.)

La dynastie des pharaons caucasiens

Après l'effacement volontaire du roi Raai, les envahisseurs prirent les rênes du pouvoir :

Un ordre nouveau fut instauré, de nouvelles lois furent promulguées, un nouveau système d'impôts mis en vigueur... Cependant, certains indigènes y firent des objections. (Lecture 275-38.) *Ce nouvel état de choses amena des troubles parmi les indigènes des classes dirigeantes, chez ceux qui avaient des ambitions politiques...* (Lecture 294-148.)

Finalement, un accord fut conclu entre les plus influents des Égyptiens, et le roi Arart. Une collaboration entre les différents groupes ethniques fut organisée. Arart, pour arranger les choses, abdiqua :

Araaraart, son fils, qui fut le second des rois du Nord, prit la succession de son père Arart, et régna dès sa seizième année. (Lecture 341-9.)

La collaboration entre ce deuxième pharaon caucasien et les sages égyptiens, — toujours sous la houlette de Ra-Ta —, amena une ère de réformes. Ils proposèrent :

Une base d'égalité pour tous devant la Loi.

... Un respect égal pour tout être vivant sur le plan matériel ; des chances égales de promotion pour chaque individu, lui per-

mettant de progresser, afin que chacun se considère comme étant au service des autres. (Lecture 341-44.)

Grâce à ce souci démocratique, la paix fut obtenue ainsi que la prospérité :

Araaraart ouvrit les mines d'Ophir, dans ce qui fut appelé plus tard Kadesh, ou encore en Perse, et dans ce qui est actuellement l'Abyssinie, et dans les régions peu explorées du haut Nil. Là, il y avait des mines de pierres précieuses ou dures, comme l'onyx, le béryl, la sardoine, le diamant, l'améthyste, l'opale. Les perles provenaient de la mer, près de ce qu'on appelle aujourd'hui Madagascar. Dans le nord [...] de l'Égypte, il y avait des mines qui produisaient des quantités de métaux : or, argent, cuivre, plomb, zinc, étain, etc. (Lecture 294-148.)

Et même ce fait étonnant :

On exploitait des gaz que l'on trouvait dans les collines. (Lecture 299-148.)

L'équipe Araaraart, Ra-Ta, et leurs associés égyptiens :

établirent des magasins, et aussi ce qu'on appellerait aujourd'hui des banques. (Lecture 299-148.)

Le niveau technologique était très avancé, si l'on en juge par ce qui suit :

L'entité était spécialement compétente pour extraire des pierres, des nuages, des éléments naturels, un fluide destiné à accélérer les phénomènes de la Nature dans les usages pratiques pour l'Homme — ce qu'on appelle aujourd'hui l'électricité. (Lecture 699-1.)

A cette époque, on voyageait beaucoup :

En ce temps-là, les Atlantes venaient en Égypte, ils allaient et venaient entre les deux pays. (Lecture 275-38.)

Les communications se faisaient :

par caravanes, avec, en partie une survivance de la technique perdue des engins plus légers que l'air, et les forces, dont nous avons déjà parlé, qui permettaient la propulsion dans l'eau. (Lecture 953-24.)

Car même en ce temps-là, et malgré tout ce qui avait été perdu, même chez ces peuples, il y avait des courants d'échanges culturels entre les différents pays, comme Poséidia, Og, aussi bien que les Pyrénées, la Sicile, et aussi des pays qui s'appellent maintenant la Norvège, la Chine, l'Inde, le Pérou, l'Amérique... Ce n'étaient pas leurs noms dans ce temps-là, car il n'y avait qu'une seule langue (sur toute la Terre), qui permettait de se comprendre. Il n'y avait pas encore eu de division des langues, dans ce pays-là... Cela commençait seulement en Atlantide (ou Poséidia). (Lecture 294-148.)

Cependant, comme le courant d'immigration atlante s'accentuait, l'instabilité politique reprit.

Révolution de palais et exil de Ra-Ta

Pourquoi Cayce nous parle-t-il tant de ce Ra-Ta, qui est la figure centrale de toute cette histoire ? Parce que... ce personnage aurait été une incarnation antérieure de Cayce lui-même ! Il a maintes et maintes fois répété qu'il était la réincarnation de ce prêtre caucasien qui devait jouer plus tard un rôle important en Égypte.

Pour en revenir à l'histoire de cette période égyptienne, c'était trop beau pour durer : les factions recommencèrent à s'agiter. Un parti d'envieux chercha à discréditer Ra-Ta :

Ils cherchèrent différentes façons pour prendre en faute le Grand Prêtre. (Lecture 294-148.)

Or Ra-Ta avait fait promulguer des lois supprimant la dictature de l'État sur la vie privée des citoyens. Il avait encouragé ces derniers à se marier selon leur libre choix :

et à s'établir dans des foyers individuels. (Lecture 294-147.)

Le Grand Prêtre avait essayé de présenter cette réforme de telle sorte que le choix d'un compagnon ou d'une compagne ne se fasse pas seulement sur une base physique, mais aussi mentale et spirituelle. (Lecture 849-45.)

Encourageant la monogamie, il avait lui-même pris femme pour donner l'exemple. (Autrement dit, que l'on ne tienne pas compte seulement de l'eugénisme prénatal, destiné à produire de parfaits spécimens de la race... Pratique qui nous rappelle de fâcheux souvenirs hitlériens !)

D'autre part, Ra-Ta avait établi des temples-hôpitaux, pour traiter les malheureux sous-produits des croisements avec les animaux. Dans ces établissements :

... ils perdaient graduellement les plumes de leurs jambes, la fourrure de leurs corps [...], leurs queues, leurs protubérances

variées ; leurs pattes, leurs griffes, leurs sabots étaient progressivement changés en pieds et en mains. (Lecture 294-149.)

Le séjour des individus dans le Temple du Sacrifice ressemblait à ce que l'on appellerait maintenant une hospitalisation. (Lecture 281-44.)

Or les ennemis de Ra-Ta trouvèrent son point faible : ils lui organisèrent une rencontre avec le plus parfait spécimen humain féminin du temps, une dénommée Isris, fille d'un prêtre. Le prétexte, bien sûr, était eugénique : un très bel homme comme Ra-Ta et une très belle femme comme Isris pourraient produire des spécimens humains parfaits... Apparemment, Ra-Ta tomba dans le piège, prit Isris comme maîtresse — alors qu'il était déjà marié — et provoqua ainsi un énorme scandale, étant donné qu' :

il n'était pas permis au Grand Prêtre d'avoir plusieurs femmes, et le fait que le Grand Prêtre eût pris pour concubine la fille du second prêtre, responsable des Sacrifices, et qui plus est, favorite du roi, mit le feu aux poudres. (Lecture 341-10.)

Finalement :

Le Grand Prêtre et sa concubine furent bannis et expédiés au sud du pays, en Nubie. Ils ne partirent pas seuls tous deux, mais accompagnés d'un groupe de 231 âmes. (Lecture 294-149.)

C'est-à-dire les indéfectibles fidèles du Ra-Ta, au nombre desquels l'Atlante Hept-Supht. Ra-Ta dut abandonner en otage la fille de ses amours illégitimes, Iso, qui mourut en bas âge loin de ses parents.

Or, tous ceux qui accompagnèrent Ra-Ta dans son exil se sont réincarnés aujourd'hui, et ont croisé sa vie en tant qu'Edgar Cayce. Consultants, famille, amis, collaborateurs, c'est pour eux que Cayce a donné les lectures d'incarnations en Égypte ancienne.

Par exemple, la danseuse Isris, maîtresse de Ra-Ta — et cause de son bannissement ! —, était, au XXe siècle, la femme légitime de Cayce ! (C'est ce que dit la lecture qu'il donne pour elle.)

Leur petite fille Iso se réincarna dans une certaine Gladys Davis, que les circonstances amenèrent à devenir la secrétaire de Cayce. Le pharaon Araaraart, qui, cédant à la pression, exila Ra-Ta, se réincarna en... fils de Cayce, Hugh Lynn, qui dut toute sa vie se battre pour défendre l'œuvre de son père (il laissa le souvenir de quelqu'un qui se prenait parfois pour un pharaon !). L'Atlante Hept-Supht et toute sa famille furent des amis des Cayce, etc. (Bien que les noms, par mesure de discrétion, aient été remplacés par des numéros et soient effacés des lectures, on finit tout de même, en travaillant à la Fondation, par savoir qui était qui !)

Tout cela, certes, peut paraître étonnant. Cependant, c'est dans la logique du système de la réincarnation par groupes, qui ramène ensemble les mêmes entités, pour refaire le même travail... Lorsque Cayce et ses amis décidèrent de fonder une association, — qui deviendra l'A.R.E. — on demandera à Cayce une lecture sur cette question. Et Cayce répétera dans son sommeil que tous ceux qui sont venus collaborer avec lui dans cette association, cette œuvre, sont la réincarnation de ses collaborateurs égyptiens d'autrefois, alors qu'il était le Grand Prêtre Ra-Ta :

Pour leur bénéfice, on devrait mettre en évidence le lien spécial entre cette histoire égyptienne et ceux qui sont engagés dans ce travail (l'Association for Research and Enlightment, c'est-à-dire la Fondation Cayce). *Car une grande partie de ce qui est tenté aujourd'hui l'a été dans cette expérience égyptienne. Voilà que revient un cycle du temps, qui ramène une fois de plus, aujourd'hui, des individus qui furent jadis assemblés sur la Terre pour un travail bien défini [...].*

Et nul n'est attiré dans cette œuvre, dont le but est d'établir une relation plus étroite avec la vérité de Dieu sur la Terre, — à travers ses applications spirituelles, mentales ou matérielles — qui n'ait déjà, auparavant, participé à la même entreprise en Égypte... (Lecture 254-42.)

Le principe de la réincarnation de groupe se vérifie d'abord pour Cayce lui-même :

Et quand le Prêtre Ra-Ta fut rétabli, après son retour d'exil, il développa cette recherche, cet ensemble d'études, qui est le but même de l'œuvre fondée aujourd'hui, dans un pays lointain (de l'Égypte : les États-Unis !). (Lecture 254-42.)

Il est certain que les gens de la Fondation Cayce sont fascinés par l'Égypte ancienne. Mais ce n'est pas en soi une preuve scientifique ! Moi-même, qui traduis Cayce, je suis parfaitement sûre d'une incarnation égyptienne, qui m'a laissé des souvenirs visuels. Mais cela non plus n'est pas une « preuve » !

Mais revenons-en à Ra-Ta, exilé par le roi — et qui reviendra. En attendant, Araaraart avait fort à faire. Il était contesté de partout, y compris par son jeune frère, qui avait pris la tête d'une rébellion. Et, pour aggraver les choses, les Atlantes ne sympathisaient guère avec les Égyptiens :

L'entité, du nom d'Ax-Tell, était le représentant de la Loi de Un. A son arrivée dans le pays, il ne trouva que peu d'assistance, n'étant d'accord ni avec le roi ni avec le Grand Prêtre. Il trouvait que le niveau de vie de ce pays-ci était bien inférieur à celui de son pays d'origine, l'Atlantide. (Lecture 487-17.)

Comme ces Atlantes avaient amené avec eux des « choses », ou individus, ou entités, qui étaient de pauvres êtres sans motivation, sans but dans la vie, fonctionnant comme des automates [...], les indigènes égyptiens eurent l'impression d'être jugés comme ne valant guère mieux que ces « choses » ! (Lecture 281-43.)

Les Atlantes, de plus en plus influents, représentaient une puissance redoutable :

Ils commencèrent à exercer une influence sur la vie morale et culturelle des Égyptiens. (Lecture 281-43.)

Mais il n'y avait pas que des bons Atlantes :

Sane-Naïd était beau, et sa beauté tentait les gens avec lesquels il était en relation, spécialement les Fils de Bélial qui s'étaient infiltrés avec leurs compatriotes atlantes en Égypte... (Lecture 989-2.)

Bref, une belle pagaille :

Il s'éleva un grand tumulte parmi les prêtres des différents services ; beaucoup tirèrent avantage de la situation, et apprirent à attaquer et à se défendre [...]. Des temps troublés commencèrent, pendant de nombreux, nombreux soleils. Il fallut attendre au moins neuf saisons avant que n'apparaisse un début d'apaisement — et pas vraiment avant que ne soit proposé un arrangement comportant le retour du Grand Prêtre. (Lecture 294-149.)

Le retour triomphal de Ra-Ta

Quant à l'ex-Grand Prêtre, accompagné de ses fidèles, il avait su plaire à une princesse nubienne :

L'entité était l'un des dirigeants, un prince du pays où avait été banni le Grand Prêtre. Au début, hostile aux idées de celui-ci, il évolua, et devint plus tard l'un de ses admirateurs. Quoique à cette époque, ce fût le sexe opposé qui gouvernât, l'entité était prince et usa de son pouvoir [...] pour favoriser l'avancement du Grand Prêtre parmi les proches de la princesse. (Lecture 816-3.)

Ra-Ta réussit si bien qu'en quelques années il devint le conseiller de la princesse régnante, et la plus haute personnalité du pays :

Ses compagnons d'exil, les 231 âmes, devinrent ses gardes du corps, ses assistants, ses interprètes — non pas de la langue —, mais leur activité consistait à interpréter les instructions du Grand Prêtre pour ceux qui ne pouvaient l'approcher en personne. (Lecture 294-150.)

Il était devenu tellement important qu'on ne pouvait plus l'approcher sans passer par tout un appareil hiérarchique qui faisait barrage ! Il fut à l'origine d'un grand mouvement de rénovation du pays nubien, stimulant les sciences et les arts, la recherche dans tous les domaines, en particulier

en astronomie, astrologie, géographie et agriculture. (Même lecture.)

Par contre, en Égypte, les choses allaient mal. On entendit parler des succès de Ra-Ta en Nubie, surtout par son ami Hept-Supht :

Le grand nombre d'Atlantes qui séjournaient maintenant en Égypte, et ceux qui continuaient encore à y entrer — car les prophéties sur la fin de l'Atlantide commençaient à devenir évidentes, et l'Égypte avait été choisie pour y déposer les archives atlantes —, tout cela fut la cause du retour de l'Atlante (Hept-Supht) *après seulement trois ans d'exil.* (Lecture 275-38.)

Hept-Supht conseilla au roi de rappeler Ra-Ta, le seul qui pût refaire l'unité du pays, face à la menace atlante, et au désordre général :

Les différentes factions, lasses de la guerre civile, finirent par se mettre d'accord sur le rappel de Ra-Ta. On arrangea les choses de telle sorte que lui fût confiée l'autorité sur tout le pays : ainsi, il devint ce que l'on appellerait aujourd'hui un dictateur, ou un monarque absolu de plein droit. (Lecture 294-149.)

Cependant, certains trouvaient le Grand Prêtre assez décrépit :

Les envoyés des différents groupes politiques allaient et

venaient (entre Égypte et Nubie), *durant les pourparlers visant à restaurer le pouvoir du Grand Prêtre. Il apparut à certains comme un homme âgé, usé, incapable physiquement de continuer... Et l'on commença à craindre que les forces ne lui manquent pour assumer les charges du pouvoir.* (Lecture 294-150.)

Mais en réalité, Ra-Ta était fort, par la puissance de son esprit, de son intelligence, et par son aptitude à coordonner les connaissances et les vérités nécessaires au progrès et à la conduite des peuples vers leur avancement dans ce temps-là. (Lecture 1925-1.)

ET DANS QUELLE SORTE DE VÉHICULE RA-TA ET SA SUITE REVINRENT-ILS EN ÉGYPTE ?

Dans ce que l'on appellerait maintenant des voitures propulsées par des gaz. C'étaient les Atlantes qui les avaient construites. (Lecture 275-38.)

Avant ses nouvelles fonctions officielles, Ra-Ta :

commença par se retirer, par faire une retraite, afin que la régénération de son corps puisse se faire, que son corps se décante de ses faiblesses physiques. Et puisant dans ces sources de régénération, il re-créa son propre corps dans ses forces élémentales, afin de pouvoir assumer matériellement sa tâche politique. (Lecture 28294-150.)

Autres lectures sur le même sujet, non moins étonnantes :

L'entité aida le Grand Prêtre, à l'époque où il procéda à une régénération de son corps, débarrassant celui-ci (de la trace) des années d'épreuve et de lutte qu'il avait traversées ; et l'entité se rajeunit elle-même par la même occasion. (Lecture 696-1.)

Le Grand Prêtre, comme il a été dit, dans toute sa taille une fois régénéré, c'est-à-dire à plus de cent ans de vie terrestre, avait six pieds un pouce de hauteur (c'est-à-dire environ 1,83 m) ; et, comme nous dirions aujourd'hui, en poids, il pesait cent quatre-vingt et une livres (environ 82 kg). Un beau teint clair, peu de cheveux sur la tête, ni de poils sur la figure et le corps. La peau presque blanche. (Lecture 275-38.)

Ces trois textes affirment que les anciens Égyptiens avaient trouvé le secret des techniques de rajeunissement — ce que les gérontologues actuels cherchent encore. Mais :

dans ce temps-là, l'espérance de vie dépassait cent ans, ou plusieurs centaines d'années. (Lecture 2533-4.)

Dans cette expérience terrestre, l'entité resta en activité plus de

454 ans (quatre cent cinquante-quatre ans), comme on compterait les années aujourd'hui. (Lecture 1472-10.)

La civilisation atlanto-caucasienne

Ra-Ta, une fois « rejuvenated », comme dit Cayce, s'assura le pouvoir absolu :

Le pays fut obéissant à ses directives. (Lecture 294-14.) *Dans le domaine de ce qu'on peut appeler la politique, ce retour amena pas mal de changements.* (Lecture 294-11.)

Isris, ou Isis, concubine, puis femme de Ra-Ta, vit grandir son autorité :

Elle occupa une position telle que ceux, qui voulaient avoir accès au Grand Prêtre, qui sollicitaient ses avis, devaient passer par elle. On ne parvenait au trône lui-même que par Isis. Non pas que son autorité fût supérieure à celle du roi, mais c'était une évolution nécessaire à la promotion de la femme. (Lecture 294-151.)

Le pays fut purgé des révolutionnaires, et Ra-Ta entreprit des réformes :

Les gens commencèrent de plus en plus à avoir des maisons individuelles. Et là, où il n'y avait autrefois que des forteresses, ou des temples, divisés en différentes sections, et où se passait aussi la vie commerciale, se construisirent peu à peu des maisons abritant des familles, des foyers, comme aujourd'hui — à la différence qu'il n'y avait pas qu'un seul conjoint. (Lecture 294-151.)

Polygamie et polyandrie semblent avoir été courantes :

ÉTAIS-JE UN HOMME, LORS DE CETTE INCARNATION OÙ J'ÉTAIS AVEC CEUX QUI BÂTIRENT LA GRANDE PYRAMIDE ?

Plutôt une femme, qui avait l'autorité et dirigeait les hommes ; et qui eut beaucoup de maris ! (Lecture 993-3.)

Les Atlantes, eux, au contraire des Égyptiens, savaient ce que c'était qu'une maison individuelle :

L'entité fut le premier Atlante né sur le sol égyptien, car sa mère était enceinte de lui lorsqu'elle entra dans le pays appelé aujourd'hui Égypte [...]. Du nom d'Atlanteus, l'entité parvint à un poste très important : il contrôlait un large secteur du bâtiment, car les Atlantes construisaient des maisons privées en pierre et en bois ; et donc, étaient compétents dans ce secteur. (Lecture 984-1.)

Cayce donne même une description de ces maisons égyptiennes d'alors :

Les envahisseurs (caucasiens) étaient plutôt accoutumés à vivre sous la tente, tandis que les Égyptiens vivaient dans des bâtiments collectifs en « dur » : maisons basses protégeant du froid et de la pluie, comme cela a toujours été. Mais la plus grande partie de la vie privée se passait sur le toit, comme on pourrait l'appeler. Les activités avaient lieu sur cette terrasse qui formait le toit. (Lecture 798-4.)

Les réfugiés atlantes collaborèrent très activement à cette civilisation nouvelle :

La construction de maisons individuelles représentait une évolution, c'était la suite de ces expériences novatrices qui avaient provoqué le bannissement du Grand Prêtre. Ce programme de construction avait été également proposé par les chefs atlantes, Ax-Tell et Ajax, qui disaient qu'ils l'avaient déjà expérimenté en Atlantide avant la destruction de ce continent, et qu'un tel programme favorisait l'unité nationale. (Lecture 2533-4.)

Quant à la vie économique, les lectures donnent beaucoup de détails :

Comme il n'existait pas alors de marchands, il y avait un seul magasin communautaire, pour tous. (Lecture 294-149.)

L'entité était alors chargée de gérer ce que nous appellerions les greniers collectifs, c'est-à-dire les réserves de céréales. L'entité s'occupait aussi des négociations avec l'étranger : ces grains étaient échangés contre des épices dans certains pays, contre des parfums dans d'autres, ou contre de l'or. (Lecture 1587-1.)

Le crédit, les assurances, la sécurité sociale existaient :

Leur but était d'assurer les individus, en couvrant leurs risques. C'était, en partie, le métier de l'entité. (Lecture 2533-4). *Elle travaillait à évaluer les besoins des différents districts, et le montant du crédit que l'administration pourrait accorder aux diverses collectivités.* (Lectures 2399-1.)

Cayce emploie le mot *insurance* (assurances), et parle même de syndicats :

Ce qu'on pourrait appeler assurances, ou caisse de sécurité mutuelle, organisée par les différents groupes. Les travailleurs de l'État, les enseignants, les fonctionnaires, les fermiers, aussi bien que les fabricants de papier ou les maçons, etc. Chacun de ces groupes sociaux bénéficiait d'une forme d'assurance mutuelle. Et c'était [...] ce que l'on appelle aujourd'hui les syndicats. (Lecture 2533-4.)

Le collectivisme égyptien est expliqué ainsi :

Les gens travaillaient ensemble, pour améliorer la collectivité, et non pas pour quelques individus capitalistes et exploiteurs. Il n'existait rien de tel dans ce temps-là. Car c'était la coutume de ce pays que chacun paie de sa personne — comme aujourd'hui ! Ceux qui ne travaillaient pas ne mangeaient pas — excepté les malades, ou ceux qui n'avaient pas encore l'âge de subvenir à leurs besoins. Ainsi se formèrent des associations pour assurer cette forme particulière de service que l'on appellera plus tard des coopératives. Mais ils étaient tous libres, voyez-vous ? (Lecture 2533-4.)

Tout ce qui existe aujourd'hui a déjà existé autrefois

C'est ce que dit la lecture suivante :

Rappelez-vous qu'il n'y a rien aujourd'hui qui n'ait existé depuis le début. C'est seulement la forme, le mode d'emploi, qui changent... On a perdu bien des secrets techniques [...]. Et bien des découvertes d'aujourd'hui ne sont que des redécouvertes, et faisaient alors partie du savoir ordinaire de la plupart des illettrés ! comme on les appellerait de nos jours. (Lecture 294-148.)

Les Atlantes, que les lectures qualifient souvent d'« ingénieurs », apportèrent leur puissante technologie à l'Égypte :

L'entité, un mathématicien, s'établit en Égypte ; associé avec Ajax et Ax-Tell, il s'appelait Pek-Al. Il fit les calculs pour la construction de barrages sur le Nil, destinés à régler le débit des eaux. (Lecture 2677-1.)

L'Atlante Ax-Tenuel développa les applications de la chimie et de l'électricité. (Lecture 1135-1.)

Ils consacrèrent une grande partie de leur temps à étudier les forces électriques, et l'électricité statique [...], en cherchant à démontrer que l'on pouvait les employer utilement — plutôt que pour détruire —, sur la Nature et les individus. Ils se tournèrent vers l'électro-métallurgie. Ainsi furent-ils capables de fondre le cuivre et le laiton, avec l'alliage d'or et d'arsenic en utilisant le courant électrique. Ils étaient capables d'affiner ces métaux pour en faire des instruments coupants [...] en particulier des instruments chirurgicaux. (Lecture 470-33.)

Les thérapies très sophistiquées de l'Égypte prédynastique

Ces recherches amenèrent à l'emploi du courant électrique pour travailler les métaux, par des procédés de carburation, et en les traitant de manière à produire des courants magnétiques applicables au corps humain. Le but était de traiter celui-ci en provoquant des modifications dans les énergies du corps. En somme, la possibilité de re-ionisation et de re-juvénation par la médecine énergétique. (Lecture 470-22.)

Les lectures disent que les Égyptiens avaient également trouvé des techniques pour modifier la pigmentation de la peau permettant de blanchir les Noirs :

De couleur bronze lorsqu'elle entra dans le service, elle devint d'un blanc pur après avoir été traitée. (Lecture 275-28.) *L'entité était parmi ceux qui savaient comment changer la couleur de la peau, en changeant ses réactions au moyen de certains minéraux dont on utilisait les vibrations. Celles-ci agissaient aussi sur les odeurs corporelles.* (Lecture 1616-1.)

Les techniques décrites sont si sophistiquées que l'on n'est pas toujours sûr de comprendre de quoi il s'agit. Mais nous voilà bien loin des « hommes primitifs », en tout cas du « Cro-Magnon couvert de peaux de bêtes »... Au contraire :

L'entité était habile à utiliser l'équipement électrique de ce temps-là pour la chirurgie. Comme le scalpel électrique avait une forme spéciale, due à la nature des métaux employés, il permettait une chirurgie sans écoulement de sang : l'emploi du courant coagulait le sang à l'endroit où de grosses artères ou veines devaient être incisées. (Lecture 470-33.)

La chirurgie électrique était utilisée aussi pour traiter les pauvres monstres :

L'entité (Asphar) fit usage de ses aptitudes d'ingénieur en construisant des machines pour traiter le corps humain, lorsqu'il fallait le débarrasser de ses excroissances animales ; ou en changer le sang ; ou utiliser les forces vibratoires pour le libérer lorsqu'il était possédé de mauvaises influences. (Lecture 470-22.)

Car on cherchait également à produire

des corps plus symétriques, aux proportions plus harmonieuses, au moyen de régimes alimentaires. (Lecture 275-33.)

Phytothérapie et aromathérapie jouaient un grand rôle :

Et aussi les essences odorantes qui contribuent à élever les vibrations — comme la lavande et l'iris —, c'était celles que tu avais choisies dans le Temple du Sacrifice. (Lecture 379-3.)

De nombreuses références aussi à la musicothérapie :

On se branchait sur les vibrations musicales de l'époque ; la viole, accordée avec les vibrations des feux de la Nature, peut être ou destructive, ou adoucissante, ou activer la combustion. Ainsi, dans le Temple du Sacrifice, officiais-tu, mettant ta compétence au service de ceux qui souhaitaient purifier leur corps. Ils brûlaient non seulement leurs désirs charnels, mais aussi les appendices animaux qui défiguraient leur corps. Et ainsi, grâce à tes efforts, est né l'Homme, tel qu'on le voit aujourd'hui, qui se tient debout, qui n'a plus de sabots, comme les bovins, ou de bois, comme le chevreuil, ou de cornes, comme la chèvre. Qui ne ressemble plus à un cochon [...], etc. Mais à un enfant de Dieu : il ne se détruit plus par l'abus des plaisirs physiques, ne s'embourbe plus dans le désespoir avec les fils des hommes mais garde confiance et foi. Et toi, tu les aidais en faisant de la musique accordée à celle des sphères célestes, qui les purifiait des influences nocives [...] en arrachant de la matière ce qui empêchait l'individu d'être uni à Dieu, la Force Créatrice. (Lecture 275-43.)

Médecine et psychologie holistiques en Égypte ancienne

Dans le contexte décrit par Cayce, la médecine n'est jamais séparée ni de la psychologie ni de la religion.

Les temples sont des hôpitaux, des séminaires, des universités :

Le Temple du Sacrifice, dans lequel furent réalisées les pre-

mières opérations chirurgicales, comme on dirait à présent. (Lecture 2329-3.)

Le passage des individus — selon leur libre choix, c'est sûr! — dans le Temple du Sacrifice, ressemblait beaucoup à ce qu'aujourd'hui on appellerait une hospitalisation. (Lecture 281-44.)

Dans le Temple du Sacrifice, l'homme se débarrassait de ces influences, séquelles de l'époque ancienne où il s'était projeté dans la matière pour satisfaire les désirs de la chair dans un corps animal [...]. Et, là, avait lieu la purification des désirs charnels; chaque âme, pour effacer ces tares, s'offrait elle-même sur l'autel du sacrifice, les feux devaient brûler ces désirs, amenant une purification de la chair. (Lecture 275-43.)

Le programme de désintoxication portait donc non seulement sur le corps physique, mais aussi sur le corps mental et sur le corps spirituel :

Le Temple du Sacrifice était une expérience physique, tandis que le Temple de la Beauté concernait plutôt le mental [...] et le spirituel. (Lecture 281-43.)

Cayce donne des descriptions détaillées des deux temples, des liturgies qui se déroulaient, associant, comme on le voit, la médecine, la psychologie et le développement spirituel, à l'art sous toutes ses formes :

Les gens commençaient par le Temple du Sacrifice; puis, s'y étant débarrassés des attributs animaux, qui les gênaient, ils venaient ensuite au Temple de la Beauté pour y chercher la connaissance [...].

Pour se faire initier, c'est-à-dire pour se préparer à recevoir l'enseignement des maîtres. (Lecture 281-25.)

Centrée sur la Loi de Un, comme en Atlantide, la religion égyptienne ancienne était donc monothéiste — ce que les égyptologues actuels commencent à envisager, depuis le chanoine Drioton.

Les initiations se faisaient à grand renfort de danses, de musiques, de couleurs, de parfums. Les Temples avaient un rôle d'université :

Dans le Temple de la Beauté étaient dispensés un enseignement et une éducation comparables à ceux des actuels collèges et universités. (Lecture 2533-4.)

Les lectures décrivent abondamment les vêtements des

Égyptiens. Il y avait même des couturiers... En tout cas un artisanat déjà brillant :

Quant aux robes de l'époque, que ce soit pour le service dans le Temple, ou dans la vie privée, elles étaient toujours en toile de lin — et, comme il a déjà été indiqué, de couleur blanche et pourpre. Hommes et femmes n'étaient pas habillés très différemment — sauf les Atlantes qui portaient des pantalons plus ou moins longs suivant leur rang social. (Lecture 275-38.)

(On notera cette mention intéressante du pantalon des Atlantes — à mettre en relation avec les braies des Gaulois... et avec la thèse de l'origine atlante des Celtes.)

C'est à cette époque que débuta la fabrication de la toile de lin, qui n'avait pas encore atteint la perfection qu'elle aura plus tard. On travaillait les cotons, le chanvre, les fleurs de papyrus et de lotus. (Lecture 294-151.)

Les instruments de musique étaient raffinés :

A cette époque, El-Ke-Dun fut le premier à combiner le pipeau et la lyre, c'est-à-dire un instrument à cordes pour accompagner des arrangements de chansons atlantes et égyptiennes. (Lecture 1476-1.) *Il fut l'un des premiers à jouer de la harpe, ou de la lyre, comme on l'appela plus tard. Mais dans ce temps-là, c'était plutôt une harpe, de même forme qu'aujourd'hui, mais un peu plus petite, et avec seulement six cordes.* (Lecture 275-33.)

Le Livre des Morts et les bibliothèques d'Alexandrie

Deux bases importantes de la culture égyptienne... Les lectures disent :

L'entité, à cette époque, vivait recluse derrière les murs du temple, enseignant le chant pour les défunts. Et c'est elle qui écrivit en partie le Livre des Morts. (Lecture 115-1.)

Quant aux fameuses bibliothèques d'Alexandrie, elles auraient daté du temps de Ra-Ta, dont l'une des filles :

était associée avec sa meilleure amie dans la fondation d'un centre culturel, à l'endroit connu maintenant comme Alexandrie. Elles commencèrent à rassembler des archives, des livres, des documents du monde entier. (Lecture 2835-1.) *L'entité était alors l'un des responsables administratifs de la terre appelée Deoshe, main-*

tenant Alexandrie. Il fut parmi ceux qui jetèrent les fondations de ce qui devint la plus grande collection de livres et de manuscrits ayant jamais existé sur la Terre... L'entité en fut l'initiateur, et son œuvre fut ensuite enrichie par les générations successives de ses descendants. (Lecture 412-5.)

On sait que les deux bibliothèques d'Alexandrie, qui totalisaient plus de 700 000 volumes, furent détruites, l'une par le feu en 47 avant J.-C. lors de l'entrée de Jules César en Égypte ; l'autre, au cours des guerres civiles et religieuses de 200 et 391 après J.-C. L'histoire officielle dit que tout fut perdu. Cependant Cayce se fait l'écho de traditions secrètes qui affirment que certains manuscrits existent toujours. Les bibliothécaires auraient mis en sûreté les livres les plus précieux, qu'on retrouvera un jour :

La plus grande partie de ce qu'il écrivit là fut détruite pendant le IIe siècle. C'étaient des compilations qu'il avait faites dans la Grande Bibliothèque d'Alexandrie. Certains manuscrits sont encore intacts, on peut les retrouver dans les ruines de l'endroit, et les restaurer. (Lecture 452-5.)

Du parchemin sur la planche pour les chercheurs de trésors !

Une autre lecture donne une date précise pour la fondation de la Grande Bibliothèque, et dit que le Christ vint en Égypte à l'âge adulte :

L'Atlante Apex-El [...] s'associa aux activités de ceux qui reconstruisaient l'Égypte. Et comme on le verra d'après ce qui peut encore être retrouvé à Alexandrie, il mérite d'être appelé le premier fondateur de la Bibliothèque du Savoir à Alexandrie ; et cela, dix mille trois cents ans avant que le Prince de la Paix (Jésus-Christ) *n'entre en Égypte pour y subir sa première initiation.* (Lecture 315-5.)

La Grande Pyramide... et les autres !

Il existait des pyramides en Égypte avant Ra-Ta, c'est ce que dit la lecture 993-1. Elles auraient été situées plus au sud. La Grande Pyramide, dite « de Chéops » par les Français, et de « Khoufou » par les Anglo-Saxons, aurait été construite :

Sous l'autorité de Ra-Ta [...] et d'Hermès comme guide, c'est-à-dire comme architecte, selon le terme actuel, qui travailla de concert avec le Grand Prêtre. Et avec Isis (comme elle se faisait appeler désormais), en tant que conseillère. (Lecture 294-15.)

Il ne faudrait pas croire qu'elle fut construite n'importe où, mais au contraire, suivant un emplacement mathématiquement choisi :

Si l'on examine les réseaux des lignes de force à la surface de la Terre avec une précision mathématique, on s'apercevra que l'épicentre en est tout près de l'endroit où se situe la Grande Pyramide. (Lecture 281-42.)

Au cours d'une lecture particulièrement consacrée à la Grande Pyramide, Gertrude Cayce posa à Edgar un certain nombre de questions :

QUELLE FUT LA DATE DE CONSTRUCTION DE LA GRANDE PYRAMIDE ?

Sa construction dura cent ans. Elle fut commencée, et terminée, sous le règne d'Araaraart, avec Hermès et Ra (c'est-à-dire Ra-Ta qui se fit appeler ainsi à la fin de sa vie).

MAIS LA DATE « AVANT JÉSUS-CHRIST » ?

De 10490 à 10390 avant que le Prince de la Paix n'entre en Égypte. (Lecture 5748-6.)

Cette date se retrouve, identique, dans plusieurs autres lectures données par Cayce ; ce qui est remarquable, c'est qu'il ne s'est jamais contredit là-dessus (alors que cela est arrivé, d'assez rares fois, je dois dire, dans d'autres secteurs) :

La construction de ce monument dura donc cent ans, comme on les compte maintenant. Sa forme fut conçue d'après les travaux de Ra-Ta, en relation avec la position des diverses étoiles dans ce lieu, qui gravitent autour du système solaire qui est le nôtre, et qui vont vers quoi ? Vers la constellation de la Balance. (Lecture 294-15.)

Cette dernière lecture, personne n'est sûr d'avoir su la traduire, pas même les commentateurs américains de Cayce. L'univers serait en expansion vers un point situé dans la direction de la Balance ? En anglais, cette constellation se dit, comme en latin : « Libra ». Et Cayce ajoute :

Le même nom que le pays où avait été banni le Grand Prêtre, c'est-à-dire la Libye. (En anglais : « Libya ».)

Ce mot était utilisé dans l'Antiquité pour désigner les pays sahariens — avec des frontières moins étroites que la Libye d'aujourd'hui (mais c'est peut-être pourquoi Kadhafi rêve de la « Grande Libye » ?). La réflexion de Cayce s'éclaire par le fait que ces pays des confins sahariens, l'actuelle Libye, ainsi que la Haute-Égypte, sont depuis toujours, en astrologie, régis par le signe de la Balance ! Quant à la Grande Pyramide :

A certains moments précis, on peut tirer des lignes abstraites entre l'entrée de la Grande Pyramide, et la seconde étoile de l'Ourse, appelée la Polaire. En octobre, on pourra voir les changements qui commencent à être visibles dans la position de La Polaire, en relation avec les lignes de la Grande Pyramide. L'Ourse change avec les lignes de la Grande Pyramide. Elle change peu à peu, et lorsque ce changement deviendra nettement visible — comme on peut en calculer la date d'après la Pyramide — alors viendra le commencement du changement dans les races (humaines). Il y aura un plus grand influx d'âmes provenant des civilisations atlante, lémurienne, etc. [...] Ces événements sont indiqués dans le changement de direction lorsqu'on progresse à l'intérieur de la Pyramide. (Lecture 5748-6.)

Bien entendu, on retrouve encore ici l'extraordinaire technologie atlante :

Les Atlantes apportèrent leur aide à la création de ce qu'on appelle la Pyramide, sur laquelle sont enregistrés tous les événements de la Terre depuis le commencement des âges, et jusqu'à ce que vienne le nouvel ordre du monde à venir. (Lecture 281-43.)

Et voici une figure familière, l'Atlante Hept-Supht :

Il devint plus tard l'un des responsables de la construction de cette pyramide... qui reste encore un mystère aujourd'hui. (Lecture 378-12.)

Les Atlantes, conscients du désastre qui allait s'abattre sur leur continent, voulaient apparemment sauver leurs archives de la destruction et avaient choisi de les mettre à l'abri en Égypte, dans l'ensemble monumental constitué par le Sphinx, les Pyramides, et d'autres bâtiments non encore exhumés à l'heure actuelle :

Cette entité atlante faisait partie des Enfants de la Loi de Un qui vinrent en Égypte dans le but de conserver les archives nationales [...]. Apportant l'expérience professionnelle qu'il avait acquise à Poséidia, il devint l'ingénieur en chef des travaux de fouilles et de terrassement. Il étudiait les vieux documents, et pré-

parait la construction du monument qui devait abriter les archives atlantes, aussi bien que la maison de l'initiation, c'est-à-dire la Grande Pyramide. (Lecture 2462-2.)

Cayce affirme que celle-ci n'est pas le tombeau de quelque illustre personnage. Il dit (lectures 294-152 et 5748-6) que la Grande Pyramide est un « mémorial », c'est-à-dire un monument destiné à conserver certaines connaissances pour l'instruction du public. Du public de l'époque, certainement, mais aussi des temps à venir — les nôtres... :

... Celle-ci (la Grande Pyramide) *a reçu en dépôt toutes les données historiques, depuis le commencement des Temps, telles qu'elles furent léguées par Arart, Araaraart, et Ra, jusqu'à cette période où l'on verra un changement dans la position de la Terre, et le retour du Grand Initié dans ce pays-là, et dans les autres, pour l'accomplissement des prophéties qui y sont inscrites. Tous les changements qui sont survenus dans la pensée religieuse du monde y sont montrés, dans les différentes structures du couloir ascendant, qui monte de la base jusqu'en haut, c'est-à-dire jusqu'à la tombe ouverte [...]. Ces changements sont décrits de façon symbolique à la fois par les stratifications de la maçonnerie, par la couleur des pierres, et aussi par la direction dans laquelle tourne le couloir.* (Lecture 5748-5.)

La période actuelle est représentée par le passage surbaissé, avec un creux montrant une tendance vers le bas, comme l'indiquent les diverses qualités de pierre employée. [...] L'âge pendant lequel se prépare une nouvelle race humaine, qui va apparaître... (Lecture 5748-6.)

En ce qui concerne les pyramides, le but de leur construction à l'époque du retour du Grand Prêtre, quelque 10500 ans avant l'arrivée du Christ dans ce même pays (d'Égypte), était, d'abord, une tentative de restaurer et de développer ce qui avait déjà commencé avec ce que l'on appelle le Sphinx, et l'ensemble des bâtiments entre celui-ci et le Nil — tentative de conserver les archives léguées par Arart et Araaraart à l'époque. Alors, avec Hermès et Ra, qui reprirent le projet d'Araaraart, débuta la construction de ce qui est maintenant Gizeh. Cette entreprise fut menée en accord avec les prophéties qui avaient déjà inspiré la construction du Temple des Archives et du Temple de la Beauté. Ainsi, fut édifié ce qui était destiné à être la Salle des Initiés. (Lecture 5748-5.)

La Salle des Initiés, c'est-à-dire la Chambre du roi avec son tombeau vide et la montagne de pierres ajoutées par-dessus !

Cayce déclare avec beaucoup de netteté :

La Grande Pyramide était le bâtiment où avaient lieu les initiations. (Lecture 2390-7.)

Ainsi, cette folie de pierre avait un double but : être, pour les générations futures, un livre d'Histoire géant, avec des chapitres de granite rouge... et un « lieu saint », le laboratoire secret où s'opérait la chimie des âmes et des corps qui traversaient les épreuves de l'initiation. L'initié, enfermé pendant plusieurs jours dans ces profondeurs de granite, livré à ses angoisses, devait livrer une série de combats dont la nature ne nous est pas parvenue. S'il échouait, il risquait la mort, ou l'infirmité à vie. S'il en sortait, il était devenu un autre homme, avec de puissantes facultés normales et paranormales.

ET QUELLE EST LA SIGNIFICATION DU SARCOPHAGE VIDE ? demanda Gertrude Cayce à son mari endormi :

Qu'il n'y aura plus de mort. Comprenez bien : la signification de la mort deviendra évidente et claire. (Lecture 5748-6.)

Car la Pyramide a subi les outrages des générations postérieures, même à l'époque des pharaons historiques :

En ce qui concerne la période à venir, entre 1950 et 1958 [...], il y a des parties (de la Pyramide) *qui ont été déplacées par ceux qui ont profané bien d'autres lieux dans le même pays ; en particulier par ce pharaon qui empêchait les gens de quitter le pays.* (Cf. le Pharaon de la Bible et de Moïse.) (Lecture 5718-5.)

ET COMMENT FUT CONSTRUITE LA GRANDE PYRAMIDE DE GIZEH ?

Par l'usage de ces forces de la Nature qui permettent au fer de flotter. Pareillement, on déplaçait les pierres à travers l'espace aérien. Cela sera découvert en '58 ! (Lecture 5748-6.)

ET QUELLE ÉTAIT LA SOURCE D'ÉNERGIE QUI FUT EMPLOYÉE POUR CONSTRUIRE CES PYRAMIDES ET CES TEMPLES ?

Les forces ascensionnelles de ces gaz qui sont de plus en plus employés dans notre civilisation actuelle. (Lecture 5750-1.)

ET EST-IL VRAI QUE LE CHRIST AURAIT ÉTÉ INITIÉ DANS LA GRANDE PYRAMIDE ?

Dans cette même pyramide, le Grand Initié, le Maître, gagna les plus hauts grades de l'initiation, en compagnie de Jean le Précurseur. En ce même lieu (sur les murs de la Pyramide), *on peut voir aussi inscrite l'annonce de l'entrée du Messie en 1998.* (Lecture 5748-5.)

DÉCRIVEZ L'INITIATION DU CHRIST EN ÉGYPTE, ET LES VERSETS DE L'ÉVANGILE QUI PARLENT DES « TROIS JOURS ET TROIS NUITS DANS LE TOMBEAU » INDIQUENT-ILS UNE INITIATION SPÉCIALE ?

Une partie de l'initiation, une partie du passage à travers lequel toute âme doit passer pour atteindre son développement, tout comme le Monde, à travers chaque période de l'Histoire de la Terre; ainsi, la mémoire de la Terre, comme il est indiqué sur le couloir qui mène au tombeau, dans l'intérieur de la Pyramide, représente ce que chaque entité, chaque âme, comme un initié, doit traverser avant d'atteindre sa libération. Et comme l'indique ce tombeau vide, qui n'a jamais été rempli, voyez-vous? Car Jésus seul était capable de le briser, ce qui arriva, indiquant Son accomplissement. (Lecture 2087-7.)

Ce texte mystérieux semble indiquer que l'on scellait le tombeau sur l'initié, pour la durée de l'initiation... Et que le Christ fut seul capable de briser ce tombeau scellé (auquel, d'ailleurs, il manque un morceau, comme on peut le constater aujourd'hui de visu !).

Et ce n'est pas tout... Il existerait encore d'autres pyramides que l'on n'a pas encore découvertes...

Ses écrits ont été détruits avec les bibliothèques du temple et d'Alexandrie. Cependant, il en reste encore dans les soubassements d'une pyramide qui n'a pas encore été découverte. (Lecture 31-1.)

Il y aurait même plusieurs de ces pyramides, puisque certaines lectures mettent le mot au pluriel.

ET OÙ SONT-ELLES DONC ?

Entre ce que l'on appelle le « Mystère des Âges » (nom du Sphinx dans le vocabulaire caycien !) *et le fleuve.* (Lecture 2124-3.)

Autrement dit, il semble qu'une pyramide, qui n'est pas celle de Chéops, servait de salle d'archives.

DANS QUELLE PYRAMIDE TROUVE-T-ON DES DOCUMENTS SUR LE CHRIST ?

Dans celle qui n'a pas encore été découverte. (Lecture 5749-2.)

D'autres lectures donnent une description détaillée de l'inauguration :

Pour cette cérémonie, il parut tout indiqué [...] de choisir quelqu'un qui représentait à la fois l'ancien temps et le nouveau; quelqu'un qui représentait les Enfants de la Loi en Atlantide, en Lémurie [...] et qui continuait à veiller sur les archives. C'est la raison pour laquelle fut choisi Hept-Supht, pour procéder [...] à la couverture de la Pyramide. (Lecture 378-14.)

Lors des dernières finitions de la Pyramide de l'Initiation, Hept-Supht la scella avec le sceau [...] des Atlantes — ce qu'il fit aussi pour les archives que l'on découvrira un jour [...]. L'inauguration solennelle commença par une procession de prêtres et d'initiés rangés en files selon leur appartenance à la Loi de Un. (Lecture 378-16.)

La Loi de Un : Cayce insiste sur le fait que l'Égypte préhistorique était monothéiste.

Le sommet qui couronnait la Pyramide — qui, depuis, a été arraché [...]. Le couronnement de la pointe était métallique. Il avait été fait pour être indestructible; c'était un alliage de cuivre, de laiton, d'or, avec d'autres métaux en usage dans ce temps-là... (idem.)

Une fois ce chef-d'œuvre terminé, Ra n'avait plus de raison de vivre; sa mort est décrite de façon énigmatique :

Il arriva un temps où la Pyramide, c'est-à-dire le mémorial, étant terminé, lui, Ra, monta à l'intérieur du « mont » et fut emporté au loin. (Lecture 294-152.)

Le texte dit : *was borne away,* suggérant que le Grand Prêtre mourut en choisissant son lieu et son heure... Le mont, dont parle le texte, est la Pyramide, que la lecture 457-2 qualifie de *mont sacré construit en face du Sphinx.*

... Et quand on visite le plateau de Gizeh, effectivement, les seuls monts qui pointent à l'horizon sont les pyramides !

Le mystère des mystères : le Grand Sphinx

C'est le nom que lui donne Cayce, qui l'appelle aussi : *le Mystère des Ages, le Gardien, la Sentinelle,* ou encore *le Mystère* tout court — ce qui laisse supposer qu'on n'a pas fini d'en faire le tour. Dans une lecture sur le pharaon Araaraart (ce nom impossible que Cayce épela plusieurs fois à sa secrétaire), il situe sous son règne la construction du Grand Sphinx de Gizeh :

Araaraart, le second des rois du Nord, ayant pris le pouvoir à seize ans, régna sur le pays pendant 98 ans [...]. Et c'est sous son règne que furent jetées les fondations de cette construction emblématique que l'on appelle le Sphinx. (Lecture 341-9.)

Interrompue par la guerre civile, sa construction fut reprise par Ra-Ta après son retour d'exil :

Lorsque le Grand Prêtre revint en Égypte, il entreprit de le reconstruire. Et cela, quelque 10500 ans avant la venue de Jésus dans le pays. A cette époque, il y eut donc une première tentative pour restaurer et compléter ce que l'on avait commencé sur le Sphinx — comme on l'appelle aujourd'hui. (Lecture 5748-5.)

D'après ce texte, Cayce estime donc que le Grand Sphinx est antérieur à la Grande Pyramide. Il donne des détails assez excitants pour les archéologues — et entrouvre une porte sur les mystères du Sphinx :

L'entité Arsrha travaillait comme sculpteur, sur la pierre, et aussi sur les pierres dures et précieuses, pour le roi Araaraart. Il enseignait aussi la géométrie, car il était mathématicien, un peu astrologue et devin. Il travailla aux premiers monuments qui furent restaurés et construits à cet endoit, étant le constructeur de ce qui est le Mystère des Mystères, maintenant appelé le Sphinx.

ET COMMENT S'Y PRIT-IL POUR CONSTRUIRE CELUI-CI ?

L'entité dessina les plans géométriques, et posa les fondations de ces bâtiments reliés au Sphinx. Dans les voûtes qui sont à la base du Sphinx on trouvera les documents concernant ces constructions. On voit que ce Sphinx a été bâti de la façon suivante : le sol fut creusé dans les plaines au-dessus de l'endroit où s'élevait le Temple d'Isis pendant le Déluge — survenu quelques siècles auparavant (quand ce peuple était descendu du pays du Nord, pour s'installer en maître dans le pays d'Égypte à l'époque de la première dynastie) [...].

La base du Sphinx repose sur des canaux de drainage ; et, dans l'angle qui fait face à Gizeh, on peut trouver les textes qui expliqueront comment fut faite cette construction, avec l'histoire du premier roi envahisseur. (Lecture 195-14.)

Le Grand Sphinx serait un portrait, celui d'Asriario, conseiller du roi :

Sa figure représente ce conseiller. Cela — et d'autres choses —

pourront être découvertes à la base de la patte avant gauche. (Lecture 953-24.)

Mais ce n'est pas tout. Cayce dit que le Sphinx garde un trésor qui n'a pas encore été découvert : les archives atlantes, entreposées dans une mystérieuse salle des Archives (en anglais : « Hall of Records »), dont il défend l'entrée :

Ces archives (atlantes), *l'entité Ax-Ten-Tna en fut le premier conservateur, qui les mit, pour les préserver, dans des salles, que l'on n'a pas encore retrouvées. Elles sont à mi-chemin entre le Sphinx et la Pyramide des Archives — celle-ci n'ayant pas non plus encore été exhumée.* (Lecture 1486-1.)

L'entité devrait faire des fouilles dans les trois endroits où ces archives ont été préservées : l'un, sur le sol atlante, qui a été submergé et va bientôt émerger à nouveau. L'autre en Égypte, dans une cachette remplie de documents, qui va du Sphinx à la Salle des Archives. L'autre au Yucatan, dans un Temple. (Lecture 2012-1.)

ET OÙ SONT LES DOCUMENTS QUI RACONTENT MA VIE ÉGYPTIENNE, QUE JE POURRAIS ÉTUDIER ?

Dans la Tombe des Archives — car le tombeau de cette entité faisait alors partie de la Salle des Archives que l'on n'a pas encore découverte. Elle se trouve entre — ou le long — de cette entrée qui va du Sphinx au temple, ou à la Pyramide — une pyramide spéciale, bien entendu (et non pas la Grande !). (Lecture 2329-3.)

ET QUAND RETROUVERA-T-ON CES ARCHIVES ?

En même temps que le bâtiment où sont conservées les archives [...]. Une chambre, ou plutôt un couloir, part de la patte droite du Sphinx, jusqu'à cette entrée de la Salle des Archives, ou Tombe des Archives. Mais on ne peut pas y entrer sans avoir l'intelligence de ces mystères. Car ceux qui ont été laissés comme gardiens ne laisseront pas passer avant que ne soit accomplie la période de régénération [...] des hommes dans une nouvelle race. (Lecture 5748-6.)

... Qui sont ces mystérieux Gardiens du Seuil ? Cayce ne le dit pas. Et dans quel dessein fut construit le Grand Sphinx de Gizeh ?

Dans la construction de la Grande Pyramide, et de ce qui est appelé maintenant le Mystère des Mystères (le Sphinx) *l'objectif était de construire un mémorial [...]. Avec le retour du Grand Prêtre, un peu plus tard, la construction qui avait été stoppée fut reprise par Isis, la reine, et par l'une des filles de Ra, avec l'idée de représenter, pour l'instruction du peuple, les relations de l'Homme et du monde des forces animales [...].*

On peut voir cela dans les différentes représentations des divers sphinx, comme on les appelle, dans d'autres endroits du pays. On voit des combinaisons de lion et d'homme, les différentes formes d'ailes, etc., dans leurs différents stades de développement; ces constructions étaient la représentation d'un stade d'évolution de l'Homme, au temps où il s'était projeté dans la matière, puis du développement par étapes qui l'a progressivement conduit à l'Homme d'aujourd'hui. (Lecture 5748-6.)

Quelqu'un demanda à Cayce si ces fameuses archives atlantes, cachées dans une salle murée, étaient dans la Chambre du roi, c'est-à-dire dans la Grande Pyramide :

La salle murée, qui contient les archives, est à un autre endroit — pas dans cette pyramide. (Lecture 378-16.)

ET QUE CONTIENT CETTE SALLE MURÉE ? QUELLES ARCHIVES EXACTEMENT ?

Les archives de l'Atlantide depuis le commencement des temps où l'Esprit prit forme et commença à descendre sur cette terre. Avec le développement des peuples durant leur séjour sur ce continent, avec les premières destructions, les changements qui survinrent [...]. L'Histoire, aussi, de toutes les nations de la Terre.

[...] L'histoire de la destruction finale de l'Atlantide, et la construction de la Pyramide de l'initiation — tout cela avec les noms des individus, des lieux, avec les dates, et les raisons de tout. Ainsi que des prophéties concernant la date et les temps où ces archives racontant la catastrophe de l'Atlantide seront à nouveau ouvertes... Car, avec le changement des temps, le temple doit s'élever à nouveau...

Voici sa localisation :

Au moment où le soleil s'élève au-dessus des eaux, la ligne d'ombre — ou de lumière — tombe entre les pattes du Sphinx, qui a été mis là comme une sentinelle, comme un gardien du seuil, et dans lequel on ne pourra entrer, dans les chambres qui s'y raccordent en partant de sa patte droite, que lorsque les temps seront accomplis, et que l'on aura vu se produire de grands chan-

gements dans l'expérience de l'Homme sur la Terre. (Lecture 378-16.)

Archéologues, à vos pioches !

L'Égypte des uns n'est pas celle des autres

L'Égypte décrite par Cayce n'est pas du tout celle des manuels d'égyptologie officielle. On admet que la civilisation égyptienne résulte d'une synthèse de plusieurs civilisations antérieures... Mais on ne parle pas des Atlantes !

Les lectures cayciennes diffèrent de l'égyptologie officielle sur des points importants :

Le monothéisme

Commençons par là. Passionnément discuté, rejeté par les uns, accepté par les autres, est le monothéisme de l'ancienne Égypte. On s'accorde en général sur le fait qu'Akhenaton imposa à Tell-El-Amarna le culte d'un dieu unique, Aton. Mais les égyptologues ne savent pas si ce monothéisme fut une nouveauté révolutionnaire, imposée par ce pharaon, ou bien, au contraire, la résurgence tardive d'un monothéisme beaucoup plus ancien. Or Cayce décrit la religion de la Loi de Un en Égypte comme le monothéisme le plus strict. Il ajoute que les dogmes de cette religion reposaient sur :

Ces mêmes principes de base qui furent donnés par Celui qui a dit : Bienheureux les doux, car ils recevront la Terre en héritage. (Lecture 254-42.)

La datation

L'égyptologie classique fait remonter les premières dynasties (ancien Empire) au plus tôt au IVe millénaire avant Jésus-Christ. Cayce, lui, prétend qu'il faut remonter au XIe millénaire ! Cependant, les égyptologues officiels sont loin d'être d'accord entre eux : par exemple, le premier pharaon est censé avoir été Ménès. Certains estiment qu'il a vécu en 5867 avant notre ère ; d'autres en 2320.... Trente siècles de flou, c'est tout de même beaucoup ! C'est que les listes de pharaons données par les historiens antiques et par les documents gravés sur la pierre (tables d'Abydos, de Karnak, de Saqqarah) sont incomplètes.

La préhistoire de l'Égypte nous est inconnue...

De même, la date de construction de la Grande Pyramide, et le pharaon qui la fit construire : les égyptologues ne sont pas d'accord, parce qu'au fond, personne n'est sûr de rien ! Hérodote attribue cet incroyable tas de pierres à un certain Chéops, alias Khoufou, pharaon de la quatrième dynastie — vers 2700 avant Jésus-Christ. Mais cette attribution reste douteuse (voir, sur cette question, l'excellent livre de William Fix *Pyramid Odyssey,* édité par Mercury Media Inc., P.O. Box 222, Urbana, Virginia 23175, U.S.A.).

Certains historiens de l'Antiquité, cependant, donnent les mêmes dates que Cayce. Manéthon, scribe égyptien qui vécut au IVe siècle avant Jésus-Christ, divisait l'histoire égyptienne en trois périodes : celle des dieux, des demi-dieux (ou héros 11 000 ans avant notre ère) et des hommes. Hérodote arrive lui aussi à une datation de 11 340 ans pour le début de l'histoire pharaonique.

Les historiens arabes Abou Bakr (IXe siècle de notre ère) et Massoudi (Xe siècle) croyaient que les pyramides de Gizeh avaient été construites avant le Déluge, pour préserver les connaissances de l'époque — comme une sorte de musée du Savoir. L'opinion de ces historiens arabes est généralement méprisée par les égyptologues occidentaux, parce qu'ils sont tardifs — c'est vrai —, et aussi parce qu'ils sont arabes ! Cependant, il ne faudrait pas oublier qu'à cette époque les savants arabes étaient bien mieux informés que leurs confrères d'Occident. D'après Massoudi, donc, c'est Sourid, pharaon d'avant le Déluge, qui construisit la Grande Pyramide.

Ces historiens arabes associent également Hermès à sa construction, comme le fait Cayce. On n'est pas avancé pour autant, car ce n'est qu'un nom, même si c'est un nom de dieu !

Les lectures disent également que la Pyramide de Chéops n'a jamais été un monument funéraire. En effet, on a bien une tombe... Mais de momie, point ! De mémoire d'archéologue — ou de pilleur de tombes — on n'a jamais trouvé le moindre matériel funéraire dans ce qu'on appelle la Chambre du roi.

Quant à l'initiation du Christ dans la Grande Pyramide, Cayce n'est pas le premier à en parler (voir plus loin).

Et la fameuse salle des Archives ? Déjà, Jamblique, au IIIᵉ siècle de notre ère, écrivait que : « Le Sphinx marque l'entrée de couloirs souterrains dans lesquels se trouvent des inscriptions, qui sont à la source de tout le savoir humain. » Ammien Marcellin, vers 390, dit aussi : « Les Anciens affirmaient qu'il existe des inscriptions sur les murs de galeries souterraines, autour des pyramides ; et que celles-ci devaient conserver les connaissances d'avant le Déluge. »

La technologie futuriste d'il y a onze mille ans...

Les textes cayciens ont parfois un air de science-fiction : chariots propulsés à gaz, engins aériens plus légers que l'air, centrales d'énergie alimentées par le rayonnement cosmique, laser et maser... Impensables il y a quelques décades, certaines assertions de Cayce pourraient aujourd'hui servir d'hypothèses de recherche.

On commence à soupçonner que les Anciens connaissaient les voyages aériens. Par exemple, on se pose des questions sur les cartes de l'amiral turc Piri Réïs (1513) et d'Oronteus Finaeus (1531), qui montrent le détail des côtes de l'Amérique du Sud, et de l'Antarctique, avec une telle précision, que les experts de la marine américaine pensent qu'elles n'ont pu être faites que d'après des observations aériennes.

Quant à l'électricité, Andrew Tomas, dans son livre : *Les Secrets de l'Atlantide,* paru chez Robert Laffont, décrit la découverte de batteries électriques dans une tombe ancienne, au cours de fouilles archéologiques menées en Irak par l'ingénieur allemand Wilhelm König, quelques années avant le début de la Seconde Guerre mondiale. Cette histoire ne prouve rien quant à l'existence des « engins plus légers que l'air » dont parle Cayce, qui amenèrent les Atlantes en Égypte. Mais elle signifie que les Anciens étaient peut-être moins primitifs qu'on ne le pense généralement !

Quant au problème technique de la construction de la Grande Pyramide, il est actuellement insoluble. Les ingénieurs qui l'ont examinée ne cessent de s'étonner de la perfection de la taille de ces énormes blocs ; de la finesse des joints ; de la précision, au millimètre près, de ses dimensions tant externes qu'internes (lesquelles représentent toutes les coordonnées géographiques de la Terre, avec une exactitude électronique !). Leurs conclusions : voudrait-on refaire la Grande Pyramide, avec tous les moyens modernes dont on dispose actuellement... qu'on n'y arriverait pas ! Même en supposant (!!!) que l'on dispose des énormes finances nécessaires, il y a des problèmes techniques qui resteraient insolubles.

Alors, faut-il croire Cayce, lorsqu'il dit que les blocs ont été transportés par téléguidage à travers l'air ?

Le génie médical des anciens Égyptiens

Ce que Cayce décrit nous paraît assez incroyable : le scalpel électrique au XIe millénaire avant Jésus-Christ, le rajeunissement des vieillards, les procédés pour blanchir la peau des Noirs... Nous n'avons, pour l'instant, aucun moyen de vérifier ces assertions. Notre science médicale n'est pas encore capable d'analyser le matériel trouvé dans les tombes égyptiennes. Le principal obstacle vient du fait que l'« Homo occidentalis » du XXe siècle est intimement persuadé qu'en médecine, il a tout inventé ! Rappelons tout de même que le médecin grec Démokédès savait guérir le cancer du sein, comme le raconte Hérodote — et que l'extraordinaire état de conservation de certaines momies indique des connaissances médicales très avancées...

Les « choses » ont-elles existé ?

Que penser de ce zoo mi-animal, mi-humain, que Cayce fait défiler devant nous ? Certes, il suffit de se promener en Égypte aujourd'hui pour voir apparaître partout ces sphinx, ces femmes à tête de vache, ces hommes à bec de faucon... Du côté des Grecs, la mythologie est pleine de panachages : faunes mi-biquets mi-gamins, satyres mi-boucs mi-hommes, centaures mi-chevaux mi-cavaliers... (Ayant tous la réputation d'être obsédés sexuels !)

Quant à la mythologie babylonienne, elle montre de superbes lions ailés à tête de barbu ; l'épopée de Gilgamesh parle des hommes-scorpions qui gardent le Royaume des morts...

D'où les Anciens ont-ils tiré ces monstres ? Est-il possible qu'ils soient le témoignage d'une époque disparue, où de tels hybrides existèrent-ils vraiment ? Nous les traitons comme des fictions poétiques. Mais tel n'était pas le point de vue des auteurs antiques, qui en donnent des descriptions détaillées, et croient à leur existence (nombreux exemples dans Strabon, Diodore de Sicile, Hérodote, etc.).

N'avons-nous pas, nous-mêmes, en France, un bestiaire fantastique avec des animaux en partie — ou à temps partiel ! — humains ? Jusqu'au XIXe siècle, par exemple, on a vu sur nos côtes des sirènes, c'est pourquoi elles étaient représentées à la proue des navires. La fée Mélusine, ancêtre des Lusignan, se changeait tous les samedis en serpent... Cas fréquent dans notre folklore (et jusqu'au XVIIIe siècle où un procès fameux — avec témoignages et abondance de documents écrits ! — se termina par l'exécution d'une châtelaine accusée de se changer périodiquement en louve... Elle avait été prise en flagrant délit !).

Nous nous défendons contre ces monstres en décidant que « rationnellement » ils ne peuvent pas exister...

Cayce apporte quelque chose de nouveau : c'est la compassion. Pour la première fois, quelqu'un parle de ces horreurs avec pitié. Jusque-là, ils provoquaient la peur (le mot « panique » vient du dieu Pan, homme à pattes de bouc). Mais tant qu'on n'aura pas retrouvé le squelette entier de l'un de ces hybrides, rien ne sera prouvé !

Enfin, l'origine du mot « Atlas », qui n'est ni arabe, ni latine, ni même, semble-t-il, grecque. Platon dit que l'« océan Atlantique » fut nommé d'après Atlas, fils aîné de Poséidon, fondateur du royaume englouti qu'on appela l'Atlantide. Hérodote appelle les habitants des montagnes de l'Atlas... les Atlantes ! La chose étrange est qu'il y avait, à l'arrivée des Espagnols, près de l'isthme de Panamá, une petite ville qui s'appelait en indien « Atlan ». Que les légendes mexicaines donnent une version du Déluge ou un certain Coxcox — qui pourrait s'appeler Noé ! — atterrit avec son arche à Atlan. Que les habitants de Mexico croient descendre d'un fabuleux empire appelé « Aztlan ». Que le *Popol-Vuh,* livre sacré des Mayas traduit par l'abbé Brasseur de Bourbourg, raconte l'histoire d'un empire englouti qui ressemble fort à l'Atlantide de Platon... Etc. Coïncidences ?

Le lecteur pourra lire également avec profit les passionnants livres d'Albert Slosman (déjà cité), qui dit, par exemple, que tous les noms de lieux berbères du Maroc et du Sahara (Ta-Ouz, Tidikelt, Taoudeni, etc.) peuvent s'écrire en hiéroglyphes égyptiens. Et c'est pour lui une preuve de la migration des Atlantes, depuis la côte atlantique du Maroc jusqu'en Égypte. D'autres auteurs français anciens avaient donné, déjà au XVIIIe siècle, une carte de l'Atlantide (l'abbé Moreux, par exemple). Gattefossé et Donnelly insistent sur l'étrange parenté entre les Guanches des Canaries, les Égyptiens anciens, les Amérindiens... et les Basques. Cayce a-t-il plagié tous ces savants auteurs ? Sa famille affirme que, de l'Atlantide, il ignorait jusqu'au nom... Ce que je crois volontiers !

En Amérique, ce n'est pas comme chez nous, où les gamins de Nîmes jouent à saute-mouton dans des arènes qui ont deux mille ans... Où les petits garçons de Marseille s'appellent encore Numa ou Marius comme les héros romains. Nous vivons toujours dans les vibrations de ce monde antique qui n'a jamais cessé de nous éblouir. Je n'ai trouvé rien de tel aux États-Unis, et c'est normal. Là-bas, les Cayce ne risquaient guère d'avoir le subconscient encombré des lectures de Platon sur l'Atlantide ! D'ailleurs, Cayce donne une foule de détails précis et passionnants qui n'existent ni dans le « Timée » ni dans le « Critias ». Pour moi sa vision de l'Atlantide est originale et ne doit rien à tous les savants auteurs qui ont traité le sujet avant lui.

Les Atlantes en Égypte

Un grand nombre d'atlantologues estiment que les Égyptiens, tout comme les Indiens précolombiens, descendraient d'Atlantes rescapés de la catastrophe. Outre les momies et les pyramides que l'on retrouve de part et d'autre de l'océan, les atlantologues ont remarqué :

— La concordance des espèces animales et végétales entre les deux rives de l'Atlantique, aux mêmes latitudes ;

— le fait que les Égyptiens se disaient les « hommes rouges ». On peut encore voir les personnages masculins peints de cette couleur sur les bas-reliefs. Les Atlantes, dit Cayce, étaient la « race rouge »... A mettre en relation avec l'appellation « Peaux-Rouges » donnée aux Amérindiens ;

— que, pour les Égyptiens, l'« Amenti », ou Pays des morts, était à l'ouest. De même, Guanches des Canaries et Hommes de Cro-Magnon enterraient leurs morts face tournée vers l'ouest ;

— que certains noms de localités se retrouvent aussi bien en Amérique centrale qu'en Europe, en particulier au Pays basque (noms indiens que les Espagnols trouvèrent en débarquant, à leur grand étonnement). Les linguistes ont remarqué l'étrange parenté entre le basque et certaines langues peaux-rouges d'Amérique du Nord.

5.

La Lémurie engloutie et l'or de Gobi

La Lémurie, ou « pays de Mû »

Une vingtaine de lectures mentionnent un autre continent perdu : La Lémurie, ou pays de Mû. Ce continent aurait connu une évolution comparable à celle de l'Atlantide : une brillante civilisation, puis la décadence amenée par une décomposition des valeurs spirituelles. Enfin, le cataclysme, avec de violentes éruptions volcaniques, des tremblements de terre, et, finalement, l'engloutissement au fond de l'océan. Son emplacement : au milieu du Pacifique. Les îles comme Pâques, ou les Marquises, etc., seraient les restes des anciens sommets du continent submergé.

Je dédie ces pages à mon fils Gilles qui, lorsqu'il était tout petit, répétait : « Je suis un muvian du pays de Mû. » (Et moi qui ne comprenais rien à ce qu'il racontait !)

Le Mû aurait existé bien avant l'Atlantide, et aurait sombré vers —200 000 ans avant notre ère, à l'époque où le continent atlante, au contraire, commençait à se développer.

Voici donc un extrait de lectures sur cette mystérieuse Lémurie :

Auparavant, nous trouvons cette entité incarnée dans l'un des pays où se réfugièrent les gens du Mû — c'est maintenant l'Arizona et l'Utah. (Lecture 816-3.)

Auparavant, nous trouvons cette entité dans le pays maintenant connu comme l'Amérique, à une époque de bouleversements géologiques qui avaient provoqué la submersion de

Mû, c'est-à-dire de la Lémurie et la migration de ses peuples. Et l'entité était une princesse du pays, qui enseignait la loi de Un. (Lecture 351-2.)

L'entité vivait dans ce pays que l'on appelle aujourd'hui le Mû, c'est-à-dire le continent disparu du Pacifique, le Paisible (dans le texte américain : « the vanished land of the Pacific, the Peaceful »). *C'était à l'époque où beaucoup de ceux qui étaient parvenus au pouvoir furent bannis et se préparaient à se réfugier ailleurs pour survivre. Car ils savaient que leur continent allait bientôt se désintégrer. Et l'entité fut parmi ceux qui voyagèrent depuis le Mû, jusqu'à ce qui est maintenant l'Oregon.* (Lecture 630-2.)

Une lecture fut donnée pour un consultant ex-Atlante, qui aurait trouvé refuge au Yucatán, et y aurait construit des temples :

... Car il y avait eu aussi des cataclysmes dans le pays du Mû, c'est-à-dire la Lémurie [...]. Les premiers temples bâtis par Iltar et ses fidèles furent détruits (au Yucatán) par des bouleversements géologiques. Ce que l'on est en train d'en retrouver actuellement, dont une partie en ruine depuis bien des siècles [...] est l'œuvre combinée de gens venus de Mû, d'Oz et d'Atlantis. [...] Les Incals étaient eux-mêmes les successeurs des peuples d'Oz, ou Og, au Pérou, et des peuples de Mû. (Lecture 5750-1.)

Comme en Atlantide, il semble avoir existé en Lémurie des monstres mi-humains, mi-animaux. Une lecture parle :

de ce que nous appellerions les associations matérielles avec des corps animaux. Car les projections (d'âmes humaines) *dans ceux-ci étaient venues de ces influences appelées « Lémures », ou Lémuriennes, ou originaires du pays de Mû.* (Lecture 877-10.)

Ce mot lémures désignait chez les Romains les fantômes qui rôdaient dans les maisons en apparaissant sous des formes monstrueuses — protégeant ou terrifiant les vivants, selon le cas. Quant à la tradition d'un continent submergé dans le Pacifique, elle est très ancienne. D'après certains auteurs, l'île de Pâques, comme les innombrables îles montagneuses du Pacifique, sont les anciens sommets de ce continent effondré. Le lecteur intéressé par le Mû pourra lire les œuvres du colonel Churchward (édité par Ives Washburn, New York), ainsi que *Le Paradis Perdu de Mû,* de Louis-Claude Vincent (aux Éditions Copernic, ou à la librairie de Nature et Progrès, Château de Chamarande, 91730 Chamarande), et, enfin, *Fantastique Ile de Pâques,* de Francis Mazière (Robert Laffont, 1965).

La ville de l'or sous les sables de Gobi

D'après Cayce, la civilisation de Mû aurait essaimé un peu partout autour du Pacifique. Peut-être la Lémurie avait-elle des colonies ? Ensuite, les réfugiés auraient apporté leur culture dans les pays où ils s'installèrent, c'est-à-dire, d'après Cayce, sur la côte Ouest des Amériques et en Extrême-Orient. Les lectures parlent de deux civilisations extrêmement brillantes : la Mongolie et l'Indochine :

Ce pays (Cayce parle du Gobi), *sous l'influence de Mû, parvint à ce que l'on appellerait aujourd'hui un très haut niveau d'avancement : les réalisations matérielles pratiques, le confort étaient très développés.* (Lecture 877-10.)

Une longue série de lectures donne des détails ahurissants sur cette civilisation défunte — et complètement oubliée ! Comme la vieille Lémurie et l'Atlantide, mais plus récemment, la civilisation mongole de Gobi aurait connu un âge d'or, puis la décadence, enfin la disparition totale, mais pas par l'eau et le feu. Comme disait Valéry : « Nous savons maintenant que les civilisations sont mortelles. » (Parce qu'il y avait, à son époque, des gens qui croyaient que ça dure toujours...)

Mais voilà plutôt ce qu'en dit Cayce :

... Dans le pays connu maintenant comme le Gobi vivait l'entité, à l'époque où ces peuples étaient extrêmement puissants. Car ils possédaient en très abondante quantité ce que tant d'hommes ont cherché, ce à quoi tant d'humains ont sacrifié leur vie, leur être, leur existence : l'or et les pierres précieuses. (Lecture 1256-1.)

Un assez grand nombre de lectures parlent d'un « Temple de l'Or », et d'une « Cité de l'Or » :

Dans le pays maintenant connu comme le Gobi, où était la Cité de l'Or. (Lecture 1951-1, mais aussi les lectures 1969-2, 2402-2, 2420-1, 3004-1, etc.)

On ne comprend pas clairement si ce *Temple of Gold* est dans la *City of Gold*; parfois l'une ou l'autre expression est employée indifféremment. Ce qui est frappant, en tout cas, c'est la mention de l'or dans la plupart des lectures — ce qui n'était le cas ni pour l'Atlantide ni pour l'Égypte. Et tout ça, apparemment, dort encore sous le désert de Gobi :

Avant cela, l'entité vivait en pays chinois, ou plutôt mongol, dans des villes qui ont été effacées de la carte par le sable et les insectes. (Lecture 3541-1.)

Voici une autre lecture donnée à une archéologue américaine, qui avait été prêtresse dans :

[...] le pays mongol, ou ce qui est devenu depuis le désert de Gobi [...]. Dans ce pays [...], l'entité pourra maintenant contribuer à découvrir, sous les sables du Gobi, une cité [...], avec un temple, qu'elle avait fait construire jadis. [...] A présent, l'entité peut aider à faire les plus merveilleuses découvertes archéologiques. Car il y a toute une civilisation enfouie avec ce temple. (Lecture 873-1.)

Une autre consultante :

L'entité fut prêtresse dans le Temple de l'Or — qui est encore à découvrir, afin que l'on connaisse mieux ces choses qui sont vieilles comme la Terre elle-même... Car l'amour de Dieu manifesté aux âmes des hommes sur la Terre est aussi ancien que la Terre elle-même... (Lecture 2402-2.)

Cette civilisation mongole préhistorique aurait atteint un très haut niveau de civilisation matérielle et morale. Je résume ce qu'en disent les lectures : une société sans classes, vraiment démocratique, avec des citoyens qui s'autogéraient sans avoir besoin de gouvernants... ni de prêtres. Cayce les compare aux Quakers, qui, dans leurs assemblées, admettaient que chacun s'exprime librement selon l'inspiration de l'Esprit. Cette société pratiquait aussi l'égalité entre les sexes, ainsi que la monogamie. Tout le monde travaillait, et recevait pour salaire d'une journée une pièce d'or dont la forme était carrée, avec un trou au milieu. Sa valeur d'une journée de travail avait cours pour n'importe quelle catégorie de citoyens (même les femmes et les enfants). Donc, une société sans discrimination sociale, sans esclaves... au début. Cependant, l'âge d'or ne semble pas avoir duré. La lecture 1416-1 suggère une décadence, car elle parle d'un individu qui :

étant secrétaire des finances du pays de Gobi, s'occupait des soins donnés aux indigents et aux travailleurs de la plus basse caste, ou classe, c'est-à-dire aux travailleurs qui travaillaient au jour le jour.

Donc, progressivement, apparition de castes et de travailleurs exploités... La Loi de Un, le monothéisme originel, s'effrita, et finalement :

A l'époque où cette entité exerçait une activité dans ce pays, elle mit plus d'une fois les peuples en garde contre cet esprit de rébellion qui se propageait, lequel esprit eut plus tard comme conséquence la progression dévastatrice des sables... Et ceux-ci, finalement, recouvrirent le Gobi. (Lecture 877-1.)

Alors, c'est tout simple, on n'a plus qu'à creuser. Ça pose moins de problèmes que l'archéologie sous-marine !

Les splendeurs de l'ancienne Indochine

L'Empire mongol semble avoir englobé l'Indochine. Une série de lectures décrit là aussi une civilisation qui a de l'or à n'en savoir que faire — et qui a développé une très grande créativité artistique. Les lectures parlent de sculpteurs, de graveurs, de bijoutiers, d'artisans et d'artistes du textile, qui travaillent la soie, etc. Ici aussi, au début, une civilisation monothéiste. Les femmes jouaient un rôle dominant :

A cette époque, c'étaient les femmes qui régnaient. (Lecture 2067-4.)

Une très intéressante lecture fut donnée le 1er octobre 1940 pour une femme-auteur, qui voulait écrire un livre sur l'Indochine :

Car l'entité était alors une prêtresse de grande envergure. C'était un imposant personnage, aussi bien physiquement que moralement, dans ses décisions et ses entreprises — quoique, souvent, elle ait été mal comprise [...]. Sa croyance fondamentale était : « Le Seigneur est Un. » On peut retrouver encore, dans les ruines, des traces de cette entité, qui s'appelait alors Tehexutz.

À QUELLE ÉPOQUE AI-JE VÉCU EN TANT QUE TEHEXUTZ ?

Cela dépend du système de chronologie adopté. Selon l'ère chrétienne, en 926 avant Jésus-Christ.

EST-CE QUE LA VILLE [...] DONT VOUS PARLEZ EST MAINTENANT

ANGKOR VAT ? ET AI-JE PRIS UNE PART QUELCONQUE À LA CONSTRUCTION DE SES TEMPLES ? ET CONSTRUIT QUOI ?

Tout cela en est la conséquence. Mais pas à la période considérée. (Lecture 2067-1.)

On se souvient qu'Angkor Vat avait disparu, avait été oublié. La cité fut redécouverte en 1850 par le missionnaire français Charles Bouillevaux, puis par la mission diplomatique de Doudart de Lagrée. Angkor, capitale du pays Khmer, était à son apogée au Xe siècle de notre ère.

Plusieurs princesses sont indiquées comme régnantes, alors que dans d'autres pays et à d'autres époques, les souverains sont plutôt des hommes. (Lectures 2762-1, par exemple, ou 2163-1, ou 2946-2.)

L'une d'entre elles :

était une princesse qui donna un enseignement religieux dans ce qui est maintenant l'Indochine. Elle y établit l'étude de la Loi de Un [...] que l'on retrouve dans les premiers temps des Ming, laquelle Loi de Un était venue de l'ouest. (Lecture 2946-2.)

Cette civilisation, comme celle du Gobi, était l'héritière de la défunte Lémurie, comme l'indiquent les lectures 1648-1 et 2067-1. L'Indochine ancienne semble également avoir été puissamment riche :

Le pays de l'Or, c'est-à-dire ce qui est maintenant l'Indochine. (Lecture 5259-1.)

Il y avait aussi là-bas un Temple de l'Or (lecture 1219-1) et :

La Cité de l'Or, dans ce qui est maintenant l'Indochine. (Lecture 3237-1, mais aussi 2946-2 et 1533-2.)

L'entité était dans le pays d'Indochine, à cette période où la ville et les temples étaient décorés avec de l'ivoire et de l'or. Là, l'entité était un décorateur, parent de la reine de ce temps-là [...]. D'où, aujourd'hui, son habileté dans le théâtre, les costumes, tout ce qui touche aux décors. (Lecture 348-1.)

L'entité était dans ce qui est maintenant l'Indochine à une époque de progrès dans l'application pratique des lois (physiques et chimiques) de la Nature. Par exemple, en utilisant les feux éternels pour en faire du combustible, comme le charbon, et le charbon de bois; en utilisant l'or et des métaux comme moyen d'échange. (Lecture 420-6.)

Et comment finit cette brillante civilisation ? Décimée par la maladie :

L'entité était dans ce pays maintenant connu comme le Siam ou plutôt une région de l'Indochine, qui étaient alors des provinces du grand empire mongol. Et voici l'aventure étrange survenue à ce grand pays : comme on peut le découvrir aujourd'hui, les insectes infligèrent une défaite totale à l'homme et à ses entreprises. Car, à cause des activités humaines, des hordes d'insectes envahirent le pays, le transformant en cauchemar pour ses habitants, physiquement, dans leur corps. Et le pays se vida de ses habitants... (Lecture 1298-1.)

DOIS-JE ALLER EN EXPÉDITION AU SIAM AVEC LE DR UNTEL ? demanda la consultante :

Oui [...]. Mais faites attention, en séjournant là-bas, à cet insecte. Pas celui que, maintenant on appelle le moustique, mais plutôt ce parasite qui s'incruste dans la peau. (Même lecture.)

Les lecteurs seront intéressés par le récit d'un voyage en Asie centrale, raconté par Gurdjieff un peu avant la dernière guerre mondiale (mais publié beaucoup plus tard, en 1960, par Julliard à Paris, dans *Rencontre avec des hommes remarquables)* :

« Après avoir quitté Tachkent, nous arrivâmes à F..., petite localité à la limite des sables du Gobi [...]. Nous nous mîmes à fréquenter... les habitants de cette localité, et ils nous dévoilèrent toutes sortes de croyances relatives au désert de Gobi.

La plupart des récits affirmaient que des villages, et même des villes entières, étaient ensevelies sous les sables du désert actuel, avec d'innombrables trésors et richesses ayant appartenu aux peuples qui avaient habité cette région, jadis prospère. L'emplacement de ces richesses, disaient-ils, était connu de certains hommes des villages voisins. C'était un secret qui se transmettait par héritage, sous la foi du serment, et quiconque violait ce serment... devait subir un châtiment.

Au cours de ces conversations, il fut plus d'une fois fait allusion à une région du désert de Gobi, où, au dire de nombreuses personnes, une grande ville avait été ensevelie sous les sables...

“ Le Gobi, nous dit le géologue Karpenko, est un désert dont les sables, comme l'affirme la science, sont de formation tardive ” (p. 202 et suivantes). »

... Intéressant, n'est-ce pas ? On trouve également mention de cet or enfoui sous le sable, chez Hérodote, l'historien grec. Et l'écrivain français Michel Peissel, au cours d'une expédition aux confins du Tibet, a pu interpréter le récit d'Hérodote, qui semble reposer sur des bases véridiques (Michel Peissel, *L'Or des fourmis,* Paris, Robert Laffont, 1984.)

Comme on le voit, Cayce s'oppose diamétralement au triomphalisme des historiens du XXe siècle. Nous avions cru que les peuples « préhistoriques » ou « archaïques » étaient « primitifs », et que l'Histoire était un progrès constant. Au contraire, Cayce nous présente une succession de civilisations incroyablement anciennes, et qui dépassent de très loin notre niveau tant moral que technologique...

Il voit plutôt l'Histoire comme une suite de décadences, et n'a pas l'air de trouver que nous soyons si brillants que ça ! Aujourd'hui, les progrès de l'archéologie remettent en question notre autosatisfaction d'Occidentaux. Il y a des proverbes qui sonnent de plus en plus faux. Par exemple, qu' « on n'arrête pas le progrès » ! Eh bien ! au contraire, d'après Cayce, on l'arrête beaucoup plus facilement qu'on ne croit ! Tout progrès est une question d'éthique, c'est-à-dire des valeurs que l'on cherche à promouvoir. Pour Cayce, les valeurs spirituelles qui font avancer la civilisation sont celles de la Loi de Un (dont il répète qu'elle est, en substance, la même que celle donnée par le Jésus historique, par Moïse, par Bouddha, etc.).

6.

La Perse d'avant les Mille et Une Nuits

Environ 680 lectures se rapportent à des incarnations dans la Perse ancienne. Beaucoup plus proches de nous dans le temps, elles ne décrivent plus que des hommes tout à fait humains. Les monstres de l'Atlantide ont disparu : robots, géants, et animaux préhistoriques semblent cette fois éteints à jamais.

La Perse antique est décrite à différentes époques :

— aux origines de la ville de Suse ;

— à la période achéménide, celle des « Grands Rois » : Nabuchodonosor, Darius, Cyrus, Xerxès, etc. ;

— à l'époque d'Alexandre le Grand ;

— enfin, au temps du Christ, en commençant par les Rois Mages...

Le lecteur sera surpris, comme précédemment, par la géographie très spéciale de Cayce :

Le pays maintenant connu comme la Perse, c'est-à-dire l'Arabie,

dit-il à plusieurs reprises.

Pour nous, aujourd'hui, ces deux pays, séparés par le golfe Persique et la Mésopotamie, ne sauraient se confondre. Et cela d'autant plus que l'Iran n'est pas un pays de langue arabe. Mais aux époques anciennes décrites par Cayce, la Perse semble avoir été le théâtre de conflits violents entre sédentaires et nomades. A certaines époques les nomades en provenance de l'Arabie submergeaient les cités perses. Cayce parle de cette opposition permanente entre :

Les nomades, qui vivaient au jour le jour, ne cherchant qu'à survivre et à satisfaire leurs appétits physiques, et les marchands, les commerçants en provenance de l'Inde, de l'Égypte, de l'Indochine, etc. (Lecture 2091-1.)

Lorsque les rois de ce qui est maintenant l'Arabie, envahirent la Perse [...] la population perse fut attaquée et décimée, et beaucoup de citoyens tués, au moment où les nomades prirent possession du pays. (Lecture 2740-2.)

Tout au long de cette histoire, le même conflit se répète ; les tribus arabes sont parfois désignées comme « Bédouins » :

Dans ce pays, lorsque les Bédouins arrivèrent en force pour le détruire. (Lecture 2713-5.)

La route de la soie

Les lectures ressuscitent sous nos yeux une ville de légende, désignée comme *La ville dans les Collines et les Plaines* (en américain : « City in the Hills and in the Plains »), ce qui est peut-être son nom d'origine en ancien persan. Évidemment, ce n'est pas très original pour nous, les villes anciennes d'Europe ayant été construites sur des collines à des fins défensives. Pour les Américains c'est moins banal, car la plupart de leurs villes sont construites sur des terrains plats comme le dos de la main ! Donc, cette ville antique était en partie construite sur les hauteurs, pour servir de refuge ; elle s'étendait également sur une plaine, qui fut pendant des millénaires l'une des grandes routes du monde : la « route de la soie », comme nous allons le voir. C'était l'itinéraire des caravanes qui échangeaient les épices, la soie... et les informations ! — entre l'Orient et l'Occident.

La ville [...] était située aux environs de ce qui est maintenant appelé Shustar, en Perse ou Arabie. (Lecture 991-1.)

Vous n'avez qu'à ouvrir votre atlas à la page de l'Iran : la ville de Shustar existe bel et bien. Et, à côté, des ruines : Suse, la capitale des Grands Rois achéménides.

Les lectures parlent des origines de Suse :

Cette ville dans les collines et les plaines se développa à partir d'une simple étape pour les caravanes, qui voyageaient d'est en ouest, ou vice versa, d'Égypte en Perse, en Inde, et jusqu'en Mongolie et en Indochine. La cité devint progressivement un lieu d'échanges, un centre commercial et religieux — une ville de cure, de soins pour les malades. (Lecture 2091-2.)

Un centre commercial et religieux, régi par des lois morales qui devinrent plus tard une grande part de la religion zoroastrienne. Ces activités faisaient de la ville un carrefour de races, un centre cosmopolite, avec des gens venus de partout, où régnait une ambiance très démocratique. (Lecture 1211-1.)

Cette époque vit un changement dans l'habitat, les peuples passant de la tente à une structure permanente dans la ville. (Lecture 553-1.)

L'entité était en Perse, dans cette ville appelée maintenant Shustar — qui fut d'abord une ville de tentes, puis un centre de prière, et un lieu de rencontre pour des gens venus des quatre coins de la Terre — ce qui offrit (à l'entité) une occasion de compréhension fraternelle. (Lecture 406-1.)

La ville n'était pas menacée seulement par les nomades d'Arabie. Elle était aussi l'objet de la convoitise des Grecs et des Crétois :

Il était ce qu'on appellerait aujourd'hui le manager de la Cité, c'est-à-dire le maire. Cependant, durant les mauvais jours amenés par les Grecs, l'entité fut celui qui, par sa négligence, laissa les pillards de Chypre et de Crète envahir la Cité. (Lecture 406-1.)

Nous trouvons l'entité dans le pays maintenant connu comme perse, ou arabe, à l'époque où les rois de Perse essayaient de lutter contre les nomades, afin de garder ouvertes les voies de communication commerciales entre la Perse, l'Inde, l'Égypte, la mer Égée, et la Caspienne, et les peuples du Nord, dans ce qui est maintenant l'Ukraine et la Grèce. (Lecture 1571-1.)

Car cette ville, Suse, et cette nation, la Perse, avaient un Roi. Cayce en donne le nom : Crésus. Ce qui n'est pas sans nous étonner, car ce nom est connu comme celui d'un tyran lydien (c'est-à-dire grec d'Asie) entre 560 et 546 avant Jésus-Christ. Le Crésus de l'Histoire, qui passait pour fabuleusement riche, exerçait sa « tyrannie » non pas en Perse, mais beaucoup plus à l'ouest, sur les côtes de la mer Ionienne. Pourtant, les lectures répètent son nom avec insistance, en le donnant comme roi de Perse :

L'entité était alors dans le pays des Perses, ou Arabes ; elle était mi-perse, mi-mède, sous le règne des premiers rois connus comme Crésus, dans ce qui est maintenant la Perse. (Lecture 1125-1.)

La lecture 870-1 parle de *la lignée des Crésus* que la lecture 962-1 situe à une époque très ancienne :

L'entité était parmi les gardiens du trésor royal sous le règne du premier et du second Crésus — car cette incarnation fut parmi les premières de l'entité, quelque 7000 à 10000 ans avant Jésus-Christ. (Lecture 962-1.)

Enfin, voilà le portrait de l'un des rois de cette dynastie :

L'entité, incarnée comme Crésus, était un homme au cœur dur, disposant de beaucoup de pouvoir qu'il utilisait mal [...] C'était en Perse, et l'entité y était roi, [...] dans les fonctions du deuxième Crésus. Il avait richesse, pouvoir, renommée... et il en abusait. (Lecture 5001-1.)

Un autre consultant de Cayce avait été dans une incarnation précédente :

le troisième Crésus, celui qui, le premier, fit usage des gaz, et de métaux encore inutilisés, comme le borax, l'étain, le soufre... dans des applications pratiques. Car l'entité, dans cette incarnation, contrôlait la plus grande partie des richesses du pays. (Lecture 1265-1.)

Ce Crésus-là semble avoir été milliardaire... Son ministre des finances :

gardien du trésor de Crésus, avait analysé la situation économique des divers peuples dans les différentes régions, et comment on pouvait en tirer des impôts [...]. Et, dans cette incarnation, l'entité possédait la plus grande collection de perles du golfe Persique [...]. Gardez-en toujours une sur le corps, aujourd'hui, [...] à cause de ses vibrations positives. (Lecture 2533-1.)

Cependant, tout riche qu'il était — ou peut-être à cause de cela ! — Crésus avait fort à faire contre les pillards du désert :

... L'entité était dans ce pays qu'on appelle la Perse. Elle fut parmi les réfugiés, à une période d'invasion, sous le règne de Crésus, et souffrit beaucoup de l'envahisseur. Elle aida les populations [...] et maintenant, il lui reste, de cette incarnation-là, un don de pitié, le don de penser à ceux qui souffrent... (Lecture 2729-1.)

Mais finalement :

ces troubles entre les nomades et le roi de Perse. (Lecture 2891-1.)

amenèrent :
la destruction du pouvoir royal de Crésus. (Lecture 2692-1.)
Car :
Uhjltd, leader des nomades (Lecture 2091-1.),
attaqua avec un succès définitif le roi de Suse :
l'entité était dans la maison du roi, dont une partie avait été détruite par les gens d'Uhjltd. (Lecture 403-1.)

Uhjltd (ou comment Cayce a pu être persan...)

Et voilà pourquoi tant de lectures s'intéressent à la Perse : ce personnage au nom imprononçable (il paraît que Cayce disait : « yoult » !) aurait été une incarnation précédente d'Edgar Cayce lui-même. Son histoire est un peu une réédition de celle de Ra-Ta, en plus sportif...

Car ce séjour d'Uhjltd était la continuation du précédent (en Égypte) *comme Ra-Ta.* (Lecture 294-8.)

Cette lecture, demandée et donnée par Cayce lui-même, pour apprendre quel avait été son passé, précise encore :

Parmi ceux qui avaient choisi de naître dans ce pays, maintenant connu comme l'Iran, on trouvait tous ceux qui avaient eu foi dans les enseignements donnés en Égypte, c'est-à-dire le pays du Soleil [...].

Dans ce pays d'Iran se retrouvèrent donc ensemble un groupe de gens qui cherchèrent à nouveau à établir ces idéaux spirituels enseignés précédemment dans le pays du Soleil [...]. Et c'est ainsi que naquit Uhjltd, qui, dans sa jeunesse, devint le chef officiel des gens des plaines. (Lecture 294-142.)

[...] *L'entité (Cayce), dans ce qui est maintenant l'Arabie, grandit sous le nom d'Uhjltd. [...]*

A cette époque, l'entité avait le pouvoir, le prestige, un rôle de roi. Il était le chef militaire, dans d'innombrables guerres, raids, ou expéditions, menés contre les peuples environnants, et cela, particulièrement au temps de la guerre contre le roi de Perse, Crésus.

Ce fut Uhjltd qui mena l'expédition contre ce pays. Il en fit la conquête, et lui imposa sa loi. (Lecture 294-8.)

Les aventures de cet Uhjltd : un vrai roman de cape et

d'épée ! Pour commencer, une vie de meneur, à la fois, religieux et militaire, un mélange de Mahomet et de Lawrence d'Arabie. Non sans épreuves physiques, la fortune des armes ne lui étant pas toujours favorable :

A la période du second raid sur la capitale [...] Uhjltd fut pris [...], enchaîné aux murs, pieds et mains, et mis au secret. (Lecture 294-142.)

Puis il réussit à s'évader — non sans avoir séduit une princesse perse qu'il épousera ensuite. Menant dans le désert une vie de hors-la-loi, Uhjltd :

construisit une grande ville — ou plutôt un grand champ de tentes. (Lecture 294-142.)

Et là, il rassembla ses fidèles en leur donnant un enseignement religieux :

Car, dans le sens spirituel, comme dans le sens physique du mot, Uhjltd était un excellent enseignant : n'avait-il pas été, autrefois, le Grand Prêtre ? (Lecture 294-142.)

Il s'acquit peu à peu une audience de plus en plus large, et :

Son pouvoir comme chef s'accrut [...]. Il commença à compter parmi les nations. (Lecture 294-142.)

Dans ces lectures, Uhjltd est appelé tantôt le « leader », tantôt le « teacher », c'est-à-dire tantôt le chef militaire, tantôt le chef spirituel.

Après un voyage en Égypte — son pays d'origine, car il était à moitié égyptien — il fit une rentrée triomphale dans le désert. Acclamé par ses Bédouins :

On attendait de lui qu'il unisse les différentes factions qui divisaient les tribus. (Lecture 294-144.)

Après avoir vaincu Crésus, et *mis fin à son règne* (lecture 2730-1), il s'installa dans la célèbre « Ville des Collines et des Plaines », qu'il reconstruisit, pour y régner à son tour. (Lecture 366-5.)

Il fit de Suse un centre religieux, une ville de pèlerinage, une nouvelle école de pensée. Certaines lectures parlent de « healing », c'est-à-dire de guérison par la prière et la liturgie (comme dans les temples égyptiens sous Ra-Ta) :

Car les enseignements d'Uhjltd et de ses collaborateurs mettaient en évidence que la vie spirituelle affecte le corps physique, par la prière et la méditation. Nombreux furent ceux que l'on amena à l'entité pour qu'il les guérisse de leurs maladies. (Lecture 993-3.)

Uhjltd enseigna à l'entité comment prier [...], car l'entité en question était l'enfant de ce chef; il l'aidait à accueillir et à répartir les différents groupes de malades qui venaient se faire soigner. L'entité devint ainsi son assistant, puis chef à son tour. (Lecture 993-3.)

Car Uhjltd, pendant sa vie dans le désert, avait traversé de très dures épreuves physiques, qui avaient développé ses pouvoirs psi.

Les lectures décrivent une sorte de renouveau religieux, social et politique, amené par Uhjltd. Une brillante époque de civilisation pour la ville de Suse... Complètement inconnue de l'archéologie officielle. En retrouvera-t-on un jour des témoignages ?

Zend, père de Zoroastre

Le personnage le plus mystérieux de cette séquence perse est « Zend, père de Zoroastre », parfois orthographié phonétiquement Zan, ou même San, par la secrétaire de Cayce :

Uhjltd, qui devint, comme on dirait aujourd'hui le leader, le chef militaire et politique, avant que Zan (Zend) ne s'élève à son tour à la position de leader spirituel de ces peuples. (Lecture 538-32.)

EST-CE QUE LES VÉRITÉS ENSEIGNÉES PAR SAN (OU ZEND) À CES PEUPLES COMPRENAIENT LE ZEND-AVESTA ? (Livre sacré des Zoroastriens) :

Mais c'étaient ceux-là mêmes ! (Lecture 288-29.)

Or ce Zend, dont Uhjltd fut le père dans la seconde partie de sa vie, n'est rien moins, d'après les lectures, qu'une incarnation du Christ (voir chapitre ci-après).

AVEC QUI ÉTAIT ZAN À CETTE PÉRIODE ?

Zan, celui qui devint le leader [...]. Zan n'est pas sur le plan terrestre à présent. Il vint encore comme l'un des fils des Hommes, et comme Sauveur de ce monde. Et lorsqu'il réapparaîtra, beaucoup de ceux qui étaient associés avec lui seront appelés bienheu-

reux. Car leur place a été préparée — s'ils restent fidèles. (Lecture 538-32.)

Cayce parle ailleurs de :

L'entrée du Maître sur le plan terrestre, car, à cette époque-là, il devint le leader de ces contrées. Et il y a beaucoup à apprendre en étudiant la pensée perse, ou, plus exactement ce que l'on appelle aujourd'hui la philosophie persane.

ET QUEL ÉTAIT SON NOM DANS CE TEMPS-LÀ ?

San (écrit phonétiquement par la secrétaire de Cayce, qui note : ou Zan, ou Zend...) (Lecture 993-3.)

EST-CE QUE DANS SA VIE PERSE COMME ZEND, JÉSUS DONNA LES ENSEIGNEMENTS DE BASE DE CE QUI DEVINT LE ZOROASTRISME ?

Dans toutes ces périodes où le principe de base était l'unité du Père, il (Jésus) *a marché* (sur la Terre) *avec les hommes.* (Lecture 394-8.)

D'après Cayce, la religion fondée par Zoroastre tire son origine de Zend, donné comme père de Zoroastre. Celui-là même dont les enseignements ont été facilités par la révolution politique et religieuse d'Uhjltd (qui avait été une sorte de précurseur) :

Dans ce pays, que l'on appelle aujourd'hui la Perse, où ces populations avaient été traumatisées par la disparition de leur chef, Uhjltd, et par l'invasion et la domination des Athéniens, l'entité fut parmi ceux qui tentèrent d'arrêter la marée montante des influences destructrices. Il essaya de préserver ce qui avait été créé du vivant du leader (Uhjltd), et assista Zend, c'est-à-dire Zoroastre et Zend, à rétablir dans une autre partie du pays, une zone-refuge. (Lecture 333-2.)

Ou encore :

Les fidèles de Zend. C'est-à-dire les Zoroastriens. (Lecture 2091-2.)

La vraie doctrine de Zoroastre

Quels étaient donc les enseignements religieux donnés successivement par Uhjltd, Zend, Zoroastre ?

Eh bien, la « Loi de Un » (Un seul Dieu), qui avait été celle des Égyptiens, après la disparition de l'Atlantide. Déjà, les lectures égyptiennes affirmaient que cette religion était, en essence, la même que celle enseignée par le Christ historique. Reprise en Perse par Uhjltd, elle sera, d'après Cayce, développée par Zend après lui, plus complètement. Car d'âge en âge, d'après Cayce, le Christ-entité a inspiré les Hommes pour leur apporter la lumière :

QUELLE PART JÉSUS [...] A-T-IL JOUÉ DANS LE DÉVELOPPEMENT DES RELIGIONS SUIVANTES : BOUDDHISME, ISLAM, CONFUCIANISME, SHINTOÏSME, PLATONISME, JUDAÏSME ?

Comme il a déjà été indiqué, il a, en tant qu'entité, influencé directement ou indirectement, toutes les formes de philosophie ou de religion qui ont enseigné que Dieu est UN [...]. Il fut Celui qui a guidé, ou inspiré ces principes de base, un peu de la même manière qu'Il a complété le judaïsme [...] par les enseignements donnés, tels que nous les connaissons, lors de Sa vie en tant que Jésus en Galilée et en Judée. Dans toutes les formes de religion citées, donc, c'est, à l'origine, le même Esprit qui a donné l'impulsion. Ce que les individus ont fait, et font encore avec ces principes de base, est de les modifier, de les présenter d'une façon qui réponde aux nécessités immédiates de leur temps et de leur pays. [...]. Car, comme il a été donné : « Écoute, Israël, il n'y a qu'un seul Dieu, et Il est ton Dieu. » Ceci est la pensée directrice qui a inspiré Confucius, Brahman, Mahomet, Bouddha. Ces derniers n'étaient que des interprètes, des instructeurs. [...] Ainsi, l'Esprit du Maître, l'Esprit du Fils, fut manifesté, donné, à chacun dans sa sphère respective. Et aujourd'hui comme hier, Dieu appelle l'Homme, où qu'il soit, pour chercher Sa Face [...] et quelle que soit la forme de pensée ou de religion que puisse prendre cet appel. Aujourd'hui, nous retrouvons les mêmes limites, le même sectarisme, où chacun crie : « Le Christ, c'est nous qui l'avons. C'est nous qui avons la bonne manière de l'approcher. Et si vous ne faites pas ci ou ça? vous serez exclu des siens. » Or Il a dit : « Celui qui garde mes commandements, celui-là m'aime. » Mais quels sont ces commandements ? : « Tu aimeras ton prochain comme toi-même. » C'est la Loi et l'Évangile de tous les temps, si l'on croit qu'il n'y a qu'un seul Dieu. (Lecture 364-9.)

Donc, cette religion de Zoroastre était « chrétienne » avant la lettre. D'un niveau moral élevé, elle insistait sur le refus du mensonge, sur le respect dû à toute créature vivante, en particulier l'animal. Elle a beaucoup influencé le judaïsme, comme l'a si bien montré Paul du Breuil, dans son livre passionnant *Zarathoustra* (éditions Payot, 1978).

Quant à Zoroastre lui-même (ou Zarathoustra), les historiens ne savent pas d'où il avait tiré sa doctrine — dont ils ne connaissent pas non plus la forme originelle. Ils n'en décrivent en général que des formes tardives, dégénérées en manichéisme. On ne connaît même pas avec certitude les dates de vie et de mort de Zoroastre, que l'on place en général vers le VIe siècle avant notre ère. Paul du Breuil, dans le livre magistral cité plus haut, rappelle que les disciples de Platon étaient persuadés que ce dernier était une réincarnation de Zoroastre.

Suggestions pour archéologues n'ayant peur de rien...

La Perse et le zoroastrisme sont méconnus. Bien que, d'après Cayce, des milliers d'années nous séparent des personnages dont il parle, on pourrait en retrouver cependant des traces... Inscriptions, objets précieux, monuments, tout n'a pas disparu. Certaines lectures sont encourageantes pour les archéologues :

L'entité vivait dans ce pays maintenant connu comme la Perse [...] en tant qu'aide de camp du roi Crésus. C'était quelqu'un avec qui il fallait compter [...]. Parvenu au pouvoir [...], il éleva beaucoup de constructions pour les peuples de ces régions. Et l'on peut voir encore des restes des monuments qu'il avait élevés, dans les collines situées exactement au sud-est de ce qui est maintenant Shushtar. Là, l'entité construisit une sorte de mémorial à la gloire de Crésus. Et il reste encore beaucoup d'or à cet endroit! (Lecture 2738-1.)

L'entité était la princesse et la souveraine de ce pays qui devint Ur en Chaldée [...]. On peut encore retrouver des traces de ses activités à cette époque et dans ce pays — qui ont été conservées dans les tombes. Et non seulement des témoignages de la vie privée de l'entité, mais encore des témoignages des croyances religieuses auxquelles elle adhéra après avoir rencontré Uhjltd (Lecture 357-2.)

Voilà du pain sur la planche pour les archéologues courageux !

Les « Grands Rois » achéménides

Si le cycle d'Uhjltd et la fondation de Suse semblent appartenir à la Perse préhistorique, un autre ensemble de lectures décrit une période plus récente : la Perse achéménide. C'est la glorieuse époque des « Grands Rois », sur lesquels on a tout de même pas mal d'informations.

Cette période des lectures cayciennes s'ouvre avec Nabuchodonosor (605-562 av. J.-C.), et se termine avec Alexandre le Grand (356-323). Les « Grands Rois » achéménides, à partir de Darius, font de Suse leur capitale administrative. Les lectures s'insèrent cette fois dans un contexte historique classique.

Ce qu'elles ont d'intéressant, c'est qu'elles décrivent des personnalités mêlées tant à l'histoire perse qu'à l'histoire grecque et juive. La Bible raconte comment Nabuchodonosor écrasa la révolte de Joiaqim, roi de Juda, et, finalement, détruisit Jérusalem, en 586, déportant les juifs à Babylone. La tradition judéo-chrétienne nous présente ceux-ci comme de vaillants croyants persécutés, et les Achéménides comme d'affreux païens.

Or la Perse achéménide était fortement marquée par l'influence de Zoroastre. Son éclatante civilisation reposait sur un monothéisme spiritualiste, qui n'était pas si loin du monothéisme juif des origines. Si Nabuchodonosor, lui, termine sa vie dans la folie (cf. Lectures 2486-1 et 3635-1), ses successeurs administreront l'Empire perse avec un souci de justice, et un esprit libéral, inspirés par leur foi zoroastrienne.

Un ensemble de lectures, particulièrement étonnant, donne une version de l'histoire d'Assuérus (Xerxès pour les Grecs), dont voici le portrait :

Assuérus monta sur le trône vers sa vingtième année. Ce n'était pas un homme grossier. Mais, avec la vie facile, et les flatteries dont il était entouré de la part des princes et de ses divers conseillers il devint ce qu'on appellerait aujourd'hui un homme aux mœurs dissolues. Son allure générale était belle, mais il avait un nez « romain », assez fort, comme on dirait aujourd'hui — avec des yeux noisette et des cheveux blonds [...]. A son avènement, son Empire s'étendait sur ce que l'on appelle la Perse, l'Arabie, la Turquie en partie, toute la Palestine, tout l'Hindoustan, tout ce qui est maintenant le Tibet, l'Inde... (Lecture 1096-3.)

C'est d'ailleurs ce que dit la Bible dans le « Livre d'Esther », en parlant de « cet Assuérus dont l'Empire s'étendait de l'Inde à l'Éthiopie » (mais on n'est pas sûr qu'il s'agisse du Xerxès Ier de Salamine, car plusieurs autres « Grands Rois » ont porté ce nom). Voici encore ce qu'en dit la Bible :

« En ce temps-là, comme Assuérus siégeait sur son trône, dans la citadelle de Suse, la troisième année de son règne, il donna un banquet à tous ses grands officiers et serviteurs, chefs de l'armée des Mèdes et des Perses, nobles et gouverneurs des provinces. Il voulait étaler à leurs yeux la richesse de son Empire [...]. Et toute la population de la citadelle de Suse, du plus grand au plus petit, se vit offrir un banquet de sept jours [...]. Le septième jour, mis en gaieté par le vin, le roi ordonna [...] qu'on lui amenât la reine Vashti, coiffée du diadème royal, pour montrer sa beauté au peuple et aux grands officiers, car elle était très belle. Mais la reine Vashti refusa. »

Sur quoi Assuérus, furieux, la répudie et décide de chercher une remplaçante : la place est libre pour Esther ! Les lectures donnent un intéressant aperçu sur cette affaire, montrant la rivalité des différents groupes de pression autour du roi — en particulier la lutte entre un parti zoroastrien traditionnel, et un parti juif. Ce dernier finira par l'emporter sous le règne d'Assuérus. La consultation qu'on va lire a été donnée pour une Américaine de cinquante ans, qui aurait été cette Vashti dans une incarnation ancienne :

Dans cette vie-là, l'entité était la fille de l'un des généraux et elle était très belle [...]. A l'âge de seize ans, elle fut choisie par le roi — à la suite des intrigues de ses parents, qui étaient des chefs locaux, et espéraient par là garder la faveur royale. Et comme elle fut considérée comme la plus belle de toutes les femmes de la Cour, cette entité Vashti devint la favorite. (Lecture 1096-2.)

Mais ce n'était pas un rôle facile :

Les princes des différentes régions commencèrent à débaucher le roi. En effet, ils essayaient de faire prévaloir leur influence politique, en plaçant auprès du souverain des créatures à eux, telle Vashti, la reine [...].

Il y avait celles qui étaient appelées les reines, et celles qui étaient les chambrières du roi et qui servaient à ses plaisirs. Et sur ceux-ci veillaient les princes des différentes contrées... (Même lecture.)

Or Vashti avait été élevée dans :

... ce qu'on appellerait la pensée religieuse et morale des enseignements de Zend, dont il avait donné l'exemple. A savoir que les dirigeants, les chefs, ne devaient avoir qu'une seule femme. Cependant, Assuérus et ceux qui l'entouraient établirent comme règle officielle le choix de plusieurs. (Lecture 1096-2.)

Vashti, fidèle à la stricte religion zoroastrienne, c'est-à-dire la version perse de la Loi de Un, avait comme principe : un seul Dieu — une même dignité pour tout être humain — et, par voie de conséquence, une seule épouse.

Au contraire, la polygamie introduisait des discriminations entre les sexes, ce qui était totalement contraire à la Loi de Un (et à la Loi de Moïse, issue de la même Loi de Un par l'Égypte ! Voir le livre d'A. Slosman : *Moïse l'Égyptien* chez Robert Laffont).

Aussi Vashti, mariée malgré elle à un homme qui ne partageait pas sa foi :

avait-elle essayé de changer les idées du roi sur le plan moral et religieux. Cependant, il écoutait de plus en plus ceux qui lui faisaient remarquer qu'il n'avait pas d'héritier, car Vashti n'avait pas réussi à être mère [...].

Et il y avait des périodes où le roi se laissait aller, buvait et faisait la noce, sous l'influence non seulement du parti indien, mais aussi du parti juif, et de tous les groupes de pression qui essayaient de le manipuler. Ainsi, lorsque Vashti reçut l'ordre d'apparaître au banquet pour déployer ses charmes physiques, cet ordre avait-il été suggéré non pas par les gens de son peuple, mais par les Juifs, car il y avait des Juifs et des Indiens qui assistaient aux danses de la Cour. Et le refus de Vashti, alors qu'elle avait à peine plus de vingt ans, amena au pouvoir, par le choix d'une nouvelle reine, ceux qui allaient prendre sa place. (Lecture 1096-2.)

Cette même lecture dit, en effet, que Vashti avait été élevée en Inde, son pays d'adoption, bien qu'elle fût d'une famille perse.

Et pourquoi Vashti refusa-t-elle de s'exhiber publiquement à la demande du roi ? Ce n'était pas seulement à cause des intrigues politiques de ceux qui avaient été placés à des postes de pouvoir [...], mais à cause de l'attitude morale qu'elle estimait devoir tenir en tant que fidèle de la religion de Zend. (Lecture 1096-2.)

Bien que Cayce n'emploie pas le mot, la malheureuse Vashti était une championne du féminisme, tout au moins de la dignité de la femme. C'est étonnant de penser que nous avons plutôt régressé dans ce domaine, et que les Égyptiennes ou les Mongoles des temps préhistoriques avaient plus de liberté que les Américaines du XXe siècle (bien que celles-là s'imaginent avoir inventé les droits de la femme !). (On se souvient aussi des théories de Robert Graves sur la prééminence des femmes, prêtresses des cultes lunaires à l'aube de la Préhistoire.)

Mais nous ne sommes pas au bout de nos surprises : parmi les consultantes de Cayce, une autre personne s'entendit dire qu'elle avait été... Esther !

Et cela suivant le principe de la réincarnation de groupe, qui veut que les entités qui se sont connues à une époque se retrouvent dans une autre... Cette consultante, une femme d'affaires américaine de quarante-trois ans, aurait également eu une vie atlante, une vie inca, une vie égyptienne, une vie au Siam. Dans chacune de ces vies, elle aurait eu une situation privilégiée, en particulier comme princesse au Siam. L'ensemble de la lecture laisse entendre, qu'ainsi haut placée, elle aurait manqué de charité, tout en s'autorisant des indulgences qu'elle refusait aux autres. En Atlantide, elle aurait manifesté beaucoup de mépris aux pauvres robots mi-animaux, mi-humains. Et c'est seulement en tant qu'Esther qu'elle aurait commencé à apprendre la tolérance. Elle demanda à Cayce :

POURQUOI AI-JE DÛ SUBIR DES ATTAQUES DE PARALYSIE FACIALE ?

Parce que dans ces expériences de vie, comme reine (Esther) et comme princesse favorisée de tant de beauté, vous avez perdu, sur le plan spirituel — alors qu'une haute conscience vous avait été donnée [..]. C'est seulement aujourd'hui que ce haut niveau de conscience trouve son expression en tolérance, en espoir, en patience dans la souffrance, afin que vous puissiez trouver la vraie lumière. (Lecture 1298.)

La lecture dit que cette entité n'avait pas appliqué dans son comportement quotidien les principes de la loi de UN, d'amour et de compassion.

D'où sa triste réincarnation d'aujourd'hui... Avoir été la reine d'un tel Empire, et se retrouver avec une paralysie faciale dans cet univers hideux de béton et de plastique qu'est l'Amérique moderne — tout de même, quelle déchéance...

Les rois Mages

Les références à la Perse ancienne se terminent — chronologiquement — par un groupe de lectures sur les rois Mages (appelés en anglais : *The Wise Men* = les Sages). Ils se rattachent au cycle perse, dans la mesure où ils arrivent des pays jadis contrôlés par les Achéménides, et parce qu'ils semblent avoir conservé les connaissances ésotériques de la Perse du temps de Zoroastre :

Dans ces temps qui précédèrent la venue du Prince de la Paix sur la Terre, nous trouvons l'entité incarnée dans ce pays que l'on appelle aujourd'hui la Perse. C'était un sage, un expert, un savant, qui avait un rôle de conseil auprès des gens ; il connaissait les mathématiques des anciens temps, aussi bien que les enseignements des Perses antiques contemporains de Zend, [...] et d'Ubjltd. Il apportait à ceux qu'il conseillait une meilleure interprétation des lois astrologiques, aussi bien que des lois naturelles [...]. C'est ainsi que nous trouvons l'entité parmi ces personnages hautement folkloriques — et qui cependant ont réellement existé — les Mages qui vinrent d'Orient en ce temps-là. C'est pourquoi, dans la vie actuelle de cette entité (un Américain de quarante-neuf ans), *nous voyons une profonde sensibilité à ces vieilles légendes si souvent rabâchées — et l'entité les accepte pour vraies au fond d'elle-même [...]. Cette entité fut celle qui apporta l'encens à l'enfant. Elle s'appelait alors Achlar.* (Lecture 1908-1.)

Un autre roi Mage :

L'entité était parmi les Mages qui vinrent à Jérusalem et à Bethléem, quand le Maître naquit sur la Terre. L'entité s'appelait Ashtueil, et venait des montagnes de ce qui est maintenant l'Arabie et l'Inde [...]. L'entité apporta l'encens. (Lecture 256-1.)

Plus tard, ce même consultant demanda à Cayce :

LESQUELLES DE MES INCARNATIONS INFLUENCERONT MES ACTIVITÉS, MES MOTIVATIONS, DANS LES ANNÉES QUI VIENNENT ?

L'incarnation perse, où vous aviez étudié les influences stel-

laires et les séjours des âmes dans les plans environnant la Terre, afin d'expliquer les motivations des âmes humaines. (Lecture 256-5.)

Et combien y eut-il de Mages ? :

DANS UNE LECTURE, VOUS NOUS DITES, MONSIEUR CAYCE, QUE LES MAGES ARRIVÈRENT DE L'INDE, DE L'ÉGYPTE, DU GOBI ; ET DANS UNE AUTRE, VOUS DITES QUE LES MAGES QUI APPORTÈRENT L'ENCENS VINRENT DE PERSE. ALORS, IL FAUDRAIT SAVOIR... QU'EST-CE QUI EST EXACT ? VOUS CITEZ LES MAGES ACHLAR ET ASHTUEIL ; MAIS COMMENT S'APPELAIENT LES AUTRES ?

Les deux (lectures) *sont correctes. Car il y eut plus d'une visite des Mages. La tradition a rapporté qu'il y avait trois Mages. Mais il y eut le quatrième et le cinquième, et ensuite le second groupe. Ils vinrent de Perse, d'Inde, d'Égypte, mais aussi de Chaldée, du Gobi, de ce qui est maintenant l'Indochine, le pays Thaï* (Lecture 2067-7.)

Les Mages, qui font une brève apparition dans l'Évangile de Matthieu (chap. II, 1, 3), sont restés très vivants dans notre folklore, en particulier dans les vieux Noëls provençaux. Peut-être est-ce dû à des informations de première main, apportées sur place par un groupe de parents et de familiers du Christ.

Quoi qu'il en soit, nous avons un riche folklore sur les Mages. Certains mystiques comme Anne-Catherine Emmerich en ont parlé. Elle décrit en détail leur costume, leur personnalité, leur nombreuse suite. Mais ni Cayce ni Anne-Catherine Emmerich ne les appellent comme chez nous « Melchior, Gaspard et Balthazar » !

Que les Mages aient été astrologues, chercheurs, érudits, est conforme à la tradition provençale :

l'entité vivait dans ce pays appelé aujourd'hui la Perse, c'est-à-dire la Chaldée, à cette époque où certains cherchaient à connaître et à comprendre ce qui allait arriver dans le monde, à cause d'une influence insolite, inconnue jusque-là, sinon par les traditions, qui faisait son entrée sur la Terre. Une influence venant d'ailleurs, qui allait marquer la vie de l'Humanité, son comportement. C'était l'époque où les Mages d'Inde, de Perse, d'Égypte, — et aussi du pays mongol, oui — faisaient des recherches sur les événements qui allaient arriver. L'entité était juive, mais, s'étant dégagée de la tradition mosaïque [...], elle avait préféré se joindre à ceux qui suivaient les enseignements de Zoroastre. (Lecture 1293-1.)

Cette même lecture précise que les signes avant-coureurs de la naissance de Jésus avaient été connus en Perse non seulement par la tradition, mais aussi par de nouvelles *visions et révélations* qu'avaient eu les Mages. Cayce, comme l'Évangile, parle de leurs connaissances astrologiques (ce qui embarrasse beaucoup certains ecclésiastiques : « Ces Mages, des figures intéressantes, certes... Mais quel dommage qu'ils se soient adonnés à ces lamentables superstitions ! » ai-je entendu prêcher dans une église de Paris !).

Et non seulement leur science des astres, mais leurs facultés psi, qui allaient de pair avec leur haut niveau spirituel :

Ils avaient maîtrisé l'intelligence des lois de la Terre, sans se laisser dominer par elles. Aussi étaient-ils considérés comme des sages, comme des savants ; ils étaient respectés comme des saints. En corps et en esprit, ils étaient en harmonie avec le but de leur vie. Les Mages étaient des chercheurs de la Vérité, qui cherchaient à connaître ces événements imminents. En utilisant ces pouvoirs que nous appelons aujourd'hui psi, ils découvrirent l'Enfant, l'endroit où Il était, et y allèrent. Aussi représentent-ils du point de vue métaphysique les trois phases de l'expérience humaine dans ce monde matériel : l'or symbolise la matière ; l'encens, l'éther, le monde éthérique ; la myrrhe, la force vivifiante, curative, qui accompagne ceux-ci. Autrement dit, le corps, l'esprit et l'âme. (Lecture 5749-7.)

Quant à la tradition provençale, elle ne doute pas une seconde que les Mages n'aient été rois. Certains ecclésiastiques modernes ont décidé que ça ne faisait pas assez démocratique...

Ce qu'il y a de très curieux dans les lectures de Cayce, c'est qu'il présente les Mages comme des membres d'une « fraternité » secrète internationale, celle des Esséniens (que nous verrons en détail au chapitre suivant). Les Mages auraient été en contact avec la fraternité essénienne, qui les tenait au courant des événements de Palestine :

L'entité vivait à la période juste avant l'arrivée du Maître sur la Terre. C'était alors un étudiant, qui travaillait avec les Esséniens, en se préparant aux événements précis qui allaient survenir. Événements qui allaient marquer l'histoire de l'Homme [...].

L'entité travaillait dans la chimie des métaux, ce qu'on appelle l'alchimie, et vécut assez longtemps pour voir dans le Temple le moment où la prophétesse Anne et le prêtre (le vieillard Siméon) *bénirent le Fils. Il eut la joie de voir se réaliser l'événement pour lequel il avait travaillé. Car il avait communiqué toutes les informations aux Mages.* (Lecture 2148-7.)

La lecture 1908-1, qui parle du mage Achlar, dit qu'il était en relation avec une grande prophétesse des Esséniens (que Cayce appelle Judy), car ils avaient en commun :

Une unité de pensée, de buts, et différentes activités qui leur permettaient de s'entraider l'un l'autre. (Lecture 1908-1.)

Dans la lecture consacrée à cette prophétesse, il est dit aussi qu'elle était très informée des traditions religieuses de l'Inde et de la Perse. Et :

... les contacts devenant difficiles à cause de la situation politique due aux Romains, elle vécut de plus en plus en recluse [...] jusqu'à la visite des Mages d'Orient, l'un de Perse, l'autre de l'Inde, le troisième d'Égypte. Ils parlèrent avec les frères de la fraternité essénienne, mais surtout avec l'entité Judy qui ayant fait beaucoup de recherche et d'études, était la plus érudite [...]. (Lecture 1472-3.)

Avez-vous déjà réfléchi pourquoi les Mages vinrent voir Hérode, qui n'était que le second ou le troisième dans la hiérarchie, plutôt que les Romains qui avaient l'autorité suprême sur le pays ? A cause de Judy. Elle savait que cela risquait de provoquer, dans le cœur de ce tyran dévoué et égoïste, des réactions qui risquaient d'amener des conflits entre ce despote et l'autorité romaine. Ni les Mages, ni Judy, ni les Esséniens ne clamèrent que ce nouveau roi allait remplacer Rome... Car il devait, en fait, remplacer le judaïsme ! (Même Lecture.)

7.

La guerre de Troie a bien eu lieu !

Environ 300 lectures parlent d'incarnations dans la Grèce antique. Trois d'entre elles concernent Cayce lui-même, qui aurait eu une incarnation pendant la guerre de Troie. Incarnation d'échec, cette fois, bien loin des brillants succès d'Uhjltd et de Ra-Ta :

Uhjltd [...] n'avait-il pas, autrefois, été le Grand Prêtre ? Et cependant, il échoua dans la réincarnation suivante, et encore dans la suivante... (Lecture 294-142.)

En effet, il n'était pas mort dans la sérénité, mais dans l'amertume. Car sa femme :

...fut assassinée par trahison. [...] D'où chez lui, la tendance à se méfier de ses amis [...].

Et cet homme, nous le retrouvons encore, avec une vengeance, un désir de détruire : revenu comme soldat. (Lecture 288-6.)

Xénon, gardien de la citadelle

Uhjltd se réincarnera donc :

[...] dans les forces grecques, pendant la guerre de Troie, au moment où l'assaut fut donné contre les portes de la citadelle. Il était le défenseur de l'une de ces portes, et y mourut. (Lecture 294-19.)

La suite de cette lecture contient une allusion aux cycles de réincarnation qui ramènent ensemble des entités qui ont déjà été liées. Nous en avons déjà parlé au chapitre de la réincarnation, mais cela paraît si important qu'on peut le rappeler. Cela explique aussi pourquoi Cayce s'étend si longuement sur les pays et les époques de ses incarnations antérieures (et pourquoi un grand nombre, pour ne pas dire la plupart de ses consultants, l'ont plus ou moins connu dans l'une de ses incarnations) :

Il y a, actuellement, beaucoup de personnes, incarnées sur le plan terrestre, avec lesquelles cet homme (Cayce) *avait été associé et le sera encore. Car le cycle des forces de la vie, et des influences de la Terre dans les forces de la relativité se manifestant dans l'Univers, ramènent beaucoup d'entités de cette période-là* (grecque) *sur la Terre actuellement. Les personnalités qui se révèlent aujourd'hui montrent une incapacité à se contrôler ; s'il arrive quelque chose de contrariant, elles réagissent impulsivement et avec colère aux circonstances inattendues. Et cette tendance, à cette époque-là* (grecque) *ne s'était pas améliorée pendant l'incarnation de l'entité* (Cayce) *sur le plan terrestre. Aussi, dans sa vie actuelle, ces impulsions violentes ont-elles encore à être surmontées.* (Lecture 294-19.)

Cette disposition est à mettre en relation avec *les afflictions de Mars et de Saturne* dans le thème natal de Cayce. Mars étant le symbole de l'agressivité, du soldat, et Saturne de la Grèce, des choses anciennes... et du changement, selon Cayce : donc, réaction agressive aux changements inattendus ! La même lecture insiste sur :

... la difficulté de l'entité à se contrôler et à se modérer. [...] L'entité ayant laissé entrer en elle des forces destructrices, dans ses incarnations précédentes, elle devra, à présent, reconstruire, ressusciter, réétablir et réincarner ses forces... (Lecture 294-19.)

Dans cette vie-là, il était sous les armes lorsque la puissance de Troie s'exerçait dans ce beau pays — ce pays que les nations du monde ont admiré pour la beauté de sa culture, son art, son raffinement intellectuel et matériel. Nous trouvons l'entité comme un soldat qui défendait l'une des portes — et ce fut à cet endroit même qu'il mourut, par la destruction matérielle de son corps physique. Dans cette vie-là, il avait fait beaucoup d'expériences diverses : étudiant en chimie, sculpteur, artisan, et finalement, soldat défenseur de la ville dans ses derniers jours. Il s'appelait Xénon... (Lecture 294-8.)

Gertrude Cayce :

VOUS AVEZ DEVANT VOUS L'ÂME-ENTITÉ ANIMANT LE CORPS CONNU COMME EDGAR CAYCE, PRÉSENT DANS CETTE PIÈCE. VOUS VOUDREZ BIEN NOUS PARLER PARTICULIÈREMENT DE CETTE EXPÉRIENCE TERRESTRE EN TANT QUE XÉNON, COMME CES SOURCES D'INFORMATION NOUS L'ONT PRÉSENTÉ. NOUS DEMANDONS AUX FORCES CRÉATRICES, Á LA PRÉSENCE JE SUIS DE CETTE ENTITÉ, DE NOUS DÉCRIRE LES ACTIVITÉS ET LA VIE DE XÉNON, DE NOUS DIRE COMMENT ET POURQUOI IL A ÉCHOUÉ, C'EST-À-DIRE PERDU (SUR LE PLAN SPIRITUEL), ALORS QUE CETTE ENTITÉ EDGAR CAYCE AVAIT SI BRILLAMMENT RÉUSSI EN TANT QUE RA-TA ET UHJLTD... DITES-NOUS DE FAÇON COMPRÉHENSIBLE (!) COMMENT CETTE ENTITÉ PEUT AUJOURD'HUI AFFRONTER CES ÉCHECS, ET RETROUVER SON NIVEAU DE DÉVELOPPEMENT ANCIEN EN TANT QUE RA-TA OU UHJLTD...

Oui, nous avons sous les yeux l'entité maintenant appelée Edgar Cayce, et son expérience ancienne en tant que Xénon. Pour donner une date (comme on compte le temps maintenant) cela se passait entre 1158 et 1012 av. J.-C.

Durant son existence, il s'éleva une contestation entre Grecs et Troyens, lesquels à l'époque, se cherchaient une justification à leur pouvoir, c'est-à-dire une excuse pour justifier une épreuve de force, qui leur donnerait une occasion de libérer leur combativité... Quels qu'en soient les termes. Il y a toujours eu un combat entre le Bien et le Mal, le Pouvoir et la Force, l'Irrésistible et l'Inébranlable... Dans ces circonstances revint au monde Ra-Ta, c'est-à-dire Uhjltd, afin de trouver dans cette expérience la force de résister à l'adversité, la solidité face aux hauts et aux bas de la vie — plutôt aux hauts ! Voilà ce que cette vie aurait dû lui apporter. L'entité fut d'abord un étudiant en chimie, en mécanique, et dans tous les arts qui faisaient partie de la civilisation de ce temps-là et du groupe auquel il appartenait. Cependant, c'est contre sa propre volonté qu'il fut forcé de participer activement au conflit déclaré. Il n'y avait pas beaucoup de chances que les assaillants pussent faire une percée, car les portes fortifiées contre l'ennemi avaient résisté à de nombreux assauts ; et parce que l'entité avait prouvé aux défenseurs de la cité qu'il avait physiquement la force de garder cette porte. Mais il arriva des circonstances qui affaiblirent cette force physique, amenées par les manœuvres subtiles de quelqu'un... Et la subtilité n'était pas dans le caractère de l'entité ! (Xénon s'est-il laissé enivrer ? Ou l'a-t-on drogué ? La lecture ne le dit pas.) *Et cela, à cause de la confiance qu'on avait mise en lui, lui amena, sur le plan social, la honte ; et, en lui-même, le sentiment d'être déshonoré. Et c'est l'une de ces pierres d'achoppement qui ont mené à leur perte — et perdent encore — plus d'un individu... Ainsi, l'entité se retrouva privée de sa force physique, de son aptitude à unir toutes ses forces dans l'action. Car il avait pris l'habitude d'avoir trop confiance en lui-même, ce qui amène souvent la défaite [...]. Ainsi, de cette façon, arriva l'échec de l'entité. Échec qui lui donna un tel sentiment d'être rejeté, déshonoré, déconsidéré, qu'il mourut en se détruisant lui-même, c'était au moment où [...] Achille prit le pouvoir [...]. Et voilà pourquoi ce dont l'entité a le plus besoin aujourd'hui, c'est de se remettre de cette expérience ! Et voici comment il peut faire [...] Qu'il mette sa confiance en Lui* (Dieu), *plutôt qu'en sa propre intelligence [...]. Ainsi, surmontera-t-il la tentation qui est toujours devant ses yeux, de s'abandonner au sentiment d'échec, à la honte, à la dévalorisation de soi...* (Lecture 294-183.)

Aussi les amis de Cayce craignaient-ils toujours de le voir se suicider à nouveau... Mais il avait appris la leçon de l'expérience troyenne. Ce qui lui permit de surmonter la prison, la fermeture de son hôpital, la faillite de ses associés, ses propres déboires financiers...

Ceux que la guerre de Troie intéressent pourront constater que les dates données par Cayce pour cette guerre ne sont pas très loin de la datation d'Ératosthène, qui la situe de 1140 à 1130 avant J.-C., d'après les documents existant encore de son temps.

L'article donne de très intéressants extraits de lectures sur la Grèce antique. En particulier sur Achille, Hector, Hélène, et d'autres personnages célèbres ou obscurs. Les lectures suggèrent qu'il y avait dans la citadelle de Troie des agents doubles, plus précisément, une femme nommée Xénia *qui aida Achille à franchir la porte.* (Lecture 101-1.)

Le cheval de Troie

Un ingénieur américain de trente-cinq ans, constructeur, demanda une consultation à Cayce. Ce dernier lui dit que, dans une incarnation ancienne :

Il était dans les forces armées grecques, quand eut lieu la guerre de Troie. Sous le nom de Caphalon, il avait conçu et construit le cheval introduit ensuite dans le camp ennemi, ce qui avait permis la prise de la ville. Il était alors d'une grande beauté physique, très respecté en tant que descendant d'une famille illustre, et spécialement doué par les dieux. Cependant, il mourut dans l'incendie qui suivit la fin du siège de la ville. (Lecture 470-1.)

Ce qui est conforme à l'Histoire, puisque les fouilles de Tell-Hissarlik en Asie Mineure ont prouvé que la Troie d'Homère avait été brûlée.

Jeanne d'Arc, mère du « bouillant Achille »

Toutes les périodes de l'Histoire grecque apparaissent dans les lectures cayciennes, et pas seulement la guerre de Troie. Nous avons déjà vu, dans le chapitre précédent sur la Perse, les Grecs comme une menace permanente pour la ville de Suse.

Beaucoup plus tard à l'époque classique, c'est-à-dire au vᵉ siècle avant notre ère, Cayce retrouve des incarnations contemporaines de Périclès. J'en ai vu aussi quelques-unes à la période suivante, celle d'Alexandre le Grand, et après lui, c'est-à-dire l'époque hellénistique. Sous l'Empire romain les lectures parlent encore de nombreuses vies grecques. Et même encore plus tard, des incarnations sous l'Empire byzantin... Ce qui nous amène aux Croisades ! Les Grecs ont fait parler d'eux pendant dix mille ans !

Parmi les incarnations françaises que j'ai étudiées à la Fondation Cayce, nombreuses sont celles qui viennent d'une incarnation grecque.

Ce sera le cas d'Edgar lui-même : après son suicide en tant que Xénon, nous le retrouverons à la Cour de Louis XV ! Les lectures donnent même une vie antérieure de la reine Marie-Antoinette au temps de Xénophon ! (voir tome II.)

Voici par exemple, et cela ne peut être un hasard, le cas de notre héroïne nationale, Jeanne d'Arc (dont nous avons parlé plus haut). Avant d'avoir été bergère à Domrémy, elle aurait, elle aussi, participé à la guerre de Troie. J'ai eu du mal à m'y faire... mais c'est écrit noir sur blanc dans les dossiers Cayce :

Elle vivait à l'époque des guerres, dans ce pays dont Achille était le maître. Elle contribua beaucoup à la puissance et à la force de ce dernier, étant, dans la chair, la mère d'Achille, et assurant le pouvoir selon les principes que l'on avait dans ce temps-là. Mais elle perdit sur le plan moral, en cherchant trop l'agrandissement de son pouvoir et de sa position sociale, selon des vues terrestres. D'où, maintenant, son aptitude à diriger les hommes et les femmes... (Lecture 302-1.)

Il est certain que la civilisation française en général, et particulièrement de la Renaissance au XVIIIe siècle, est pétrie de vibrations grecques : la façade du château de Versailles, la place de la Concorde, la Madeleine et la Chambre des députés, cousinent avec le Parthénon... Cette parenté s'expliquerait selon Edgar Cayce, par le retour d'un cycle d'âmes grecques. La beauté sous toutes ses formes, dans la mode, l'architecture, le mobilier, la peinture, la sculpture, cette recherche plastique qui fut portée à un très haut niveau dans la civilisation française nous viendraient de la Grèce antique par le jeu des réincarnations de groupe. (Quant aux ésotéristes anglais, ils sont persuadés que leur pays est le lieu d'une réincarnation massive d'âmes grecques anciennes. D'où le style « palladien », le sens de la démocratie, et les aventures de Byron en Grèce ?)

Cayce dit aussi que les prénoms que nous portons sont significatifs d'une vie antérieure. Un si grand nombre d'entre nous portent un prénom grec : Antoinette, Philippe, Gilles, Nicolas (... sans oublier les miens : Dorothée-Marguerite !).

8.

Une nouvelle lecture des Évangiles

On se souvient que Cayce fut grand lecteur de la Bible, qu'il relisait de A à Z chaque année. Il n'est donc pas étonnant de retrouver dans les lectures une foule de citations tirées des Écritures.

Ce qui est plus étonnant, c'est d'y retrouver des personnages qui ne figurent pas dans la Bible — et que, donc, Cayce n'a pas pu trouver dans celle-ci... Plus ahurissant encore est le retour de certains personnages bibliques célèbres, réincarnés en consultants de Cayce. Comment croire, par exemple, que cette petite Américaine de quatre ans, née en Pennsylvanie le 30 mars 1940, ait pu être, dans une vie antérieure, Élizabeth, mère de Jean-Baptiste ? Ou, plus étonnant encore, ce *bel homme* de trente et un ans, Judas, en personne ?... Mais qu'est-ce qu'une « personne », dans la perspective de la réincarnation ? Il est sûr qu'à l'état conscient, le pauvre Cayce n'aurait jamais osé affirmer de telles extravagances !

Certains l'accusèrent d'être fou à lier... (Mais Galilée, lorsqu'il affirmait que la Terre tourne, paraissait tout aussi fou à ses juges de l'Inquisition !)

Nous avions déjà vu, dans le chapitre sur la Perse, apparaître Esther, Assuérus et les Mages... C'était déjà surprenant ! Mais on peut tout attendre de personnages légendaires qui cousinent avec le Père Noël ! Lorsqu'il s'agit de personnalités étiquetées « saints » ou « apôtres » par les églises chrétiennes depuis deux mille ans, c'est plus étonnant...

Le plus choqué par ces lectures fut naturellement Cayce lui-même, car la Bible dont il parlait dans son sommeil n'était pas tout à fait la même que celle qu'il connaissait par cœur à l'état éveillé !

Non pas que le message évangélique de base « Aimer un seul Dieu et son prochain comme soi-même » fût différent.

Mais certains « détails » étaient difficiles à digérer pour un protestant traditionnel... Détails qui ont servi de prétexte à toutes les sanglantes guerres de religions au cours des siècles ! Par exemple : l'immaculée conception de Marie, sa virginité, le mariage, ou le célibat des Apôtres, la signification d'Israël, les années obscures de Jésus (qu'a-t-il bien pu faire entre douze et trente ans ?), le Purgatoire, la justification par les œuvres et la foi, l'éternité des peines de l'Enfer... J'arrête, parce que ma plume sent déjà le fagot, rien qu'à l'énoncé de ces sujets explosifs. Quand vous pensez que les chrétiens se sont massacrés entre eux au nom des dogmes que je viens d'énumérer !

Mais je ne vous ai pas encore avoué le pire... Surtout, lisez le livre jusqu'à la dernière page avant de me condamner à rôtir sur le bûcher. Lisez soigneusement toutes les *lectures* avant de me livrer à l'Inquisition. Et n'allez pas croire que je me sois permis d'inventer quoi que ce soit en traduisant Cayce : je jure devant le tribunal de mes lecteurs que je leur ai dit toute la vérité, et rien que la vérité (caycienne)... !

Donc le pire, le plus choquant pour un bon chrétien occidental, est certainement... la liste des incarnations antérieures du Christ ! Il fallait le faire ! Il fallait l'audace ingénue de Cayce pour en parler. Je me suis demandé si je devais avouer tout de suite ces lectures à scandale ou si, avec un art de jésuite, je devais les amener seulement pour le dessert ?...

Eh bien, puisque nous y sommes, attaquons bille en tête et commençons par là !

Le Karma d'Adam

Avant d'entrer dans le vif du sujet, je voudrais dire que tout ce que j'ai lu sur le Christ dans les textes cayciens est exprimé avec un profond respect, et un très grand amour, comme le lecteur le verra lui-même. Or le respect commande le respect, même si les opinions exprimées sont différentes de ce que nous avons appris au catéchisme.

L'idée de Cayce est la suivante : puisque la réincarnation semble être une loi universelle, une loi physique, une application de la théorie de l'évolution, le Christ n'y a pas échappé, devant totalement partager la condition humaine.

Il n'aurait pas non plus échappé au péché lors de Sa première incarnation en tant qu'Adam. C'est seulement en tant que Jésus, Sa dernière incarnation, qu'Il aurait complètement vaincu le mal, le péché et la mort, et liquidé ainsi le Karma d'Adam. Cayce fait une distinction entre l'Entité Christ, incarnée successivement en Adam, Melchisédech, Énoch, Zend (dont nous avons parlé plus haut), Josué, Joseph, etc., et la personnalité historique de Jésus. Cela ne vous rappelle-t-il pas quelque chose : l'apôtre Paul parlant du Christ Jésus comme du « Nouvel Adam » ? Depuis des siècles, nous y voyons une figure de style, une comparaison symbolique. Or voilà que Cayce affirme que l'expression est à prendre au pied de la lettre.

Personnellement, je crois qu'on aurait tort de considérer les incarnations antérieures de Jésus comme un détail secondaire : il me semble, au contraire, qu'elles sont un élément important. Elles répondent à beaucoup d'objections qui ont été faites au cours des siècles concernant Jésus. Nietzsche, entre autres, reprochait aux chrétiens d'avoir pour modèle un homme vaincu, exécuté comme un esclave... On dirait aujourd'hui un chômeur, un marginal, un asocial. La déception de Judas, et des apôtres qui attendaient un chef politique « musclé », se comprend aussi. Mais si l'on accepte la version de Cayce, selon laquelle Jésus fut aussi Josué, ce général en chef triomphant, si fort qu'il arrêta le soleil, et renversa les murs « cyclopéens » de Jéricho ; ou cet homme politique de génie qui régna sur l'Égypte en tant que Joseph... Alors, c'est différent. On peut penser que le Christ, après ces incarnations d'éclatante réussite sociale, militaire et politique, n'avait plus besoin de recommencer, en tant que Jésus, cette course aux honneurs !

Les gens « bien » sont sans pitié : ceux qui n'ont jamais péché n'ont aucune compassion... On le voit dans la parabole du fils prodigue : l'aîné qui est resté sagement à la maison se révèle à la fin comme un jaloux frustré. On peut se demander alors si Jésus aurait manifesté tant de bonté, s'Il avait toujours été parfait ? Pour comprendre la déchéance des hommes, n'était-il pas nécessaire qu'Il l'ait vécue aussi, le premier, en tant qu'Adam ?

Voici donc ces textes cayciens concernant Jésus le Christ.

EXPLIQUEZ-NOUS, MONSIEUR CAYCE, LES DIFFÉRENTES ÉTAPES DE DÉVELOPPEMENT SPIRITUEL (PAR LESQUELLES L'HOMME DOIT PASSER) AVANT ET APRÈS LA RÉINCARNATION SUR LA TERRE ?

On ne peut mieux l'illustrer que par Celui qui a été recherché comme un exemple sur la Terre. Lorsque, au commencement, l'Homme arriva sur ce plan que nous appelons la Terre, et que cette âme devint un vivant soumis aux lois qui gouvernent le plan terrestre, le Fils de l'Homme entra sur la Terre en tant que premier homme... Le Fils de l'Homme, le Fils de Dieu, le Fils de la Cause première, donc, se manifesta dans un corps matériel.

Ce n'était pas la première [...] manifestation d'un esprit sur la Terre mais c'était le premier homme en chair et en sang avec un corps parfaitement adapté aux lois du plan terrestre. (Lecture 5749-3.)

QUE SIGNIFIE LA CITATION DE PAUL : « DE MÊME QUE PAR LE PREMIER ADAM LE PÉCHÉ EST ENTRÉ DANS LE MONDE, DE MÊME PAR LE DERNIER ADAM TOUT SERA REVIVIFIÉ » (CORINTHIENS, XV-22) ?

L'entrée d'Adam dans le monde au commencement, signifiait qu'Il devait devenir le Sauveur du monde, car celui-ci avait été confié à Ses soins : « Sois fécond, multiplie-toi, et soumets la Terre », dit la Genèse [...].

Ainsi, en tant qu'Adam, le Fils de Dieu est capable de ramener le Monde, la Terre, à cette source dont elle est issue. Et tout pouvoir Lui est donné pour être le gardien de la Terre qu'Il a maîtrisée : car l'ego, la mort, l'enfer, le tombeau lui-même, de tout cela Il est devenu le maître, par le fait qu'Il a complètement maîtrisé son Moi incarné dans la chair. (Lecture 364-7.)

Voilà un grandiose commentaire du fameux verset de la Genèse : « Soumets la Terre », invoqué par des chrétiens peu éclairés pour détruire la Nature et tuer allégrement les animaux... La Nature qu'il s'agit de soumettre, Cayce le dit, c'est notre propre nature égoïste... Et non pas notre environnement qui n'en peut mais !

Car, depuis les fondations du monde, Il a préparé les voies, entrant ici et là, et partout, dans l'existence des hommes de telle sorte qu'Il connaisse chacune des tentations qui se dressent devant l'Homme, sur chacune des routes qu'il prend. Ensuite Il vint en tant que Christ sur la Terre, accomplissant ce qui fait de Lui la Voie. Et cela afin que nous-mêmes fassions de nous, à notre tour, notre voie à travers Lui pour approcher, avec l'audace du Fils le trône de Bonté, de Grâce et de Pardon, et que nous sachions que tout ce qui a été fait, a été lavé, effacé, dans ce qu'Il a souffert. (Lecture 442-3.)

S'IL VOUS PLAÎT, MONSIEUR CAYCE, POURRIEZ-VOUS NOUS DIRE LES PRINCIPALES INCARNATIONS DU CHRIST DANS L'HISTOIRE DU MONDE, DEPUIS ADAM ?

Au commencement comme Amilius ; comme Adam ; comme Melchisédech, comme Zend ; comme Ur ; comme Asaph ; comme Jéshua (traduit en français par Josué, fils de Yosadak (Esdras, III, 2), qui reconstruisit le Temple de Jérusalem après l'Exil), *comme Joseph ; comme Jésus.* (Lecture 364-7.)

Dans d'autres lectures, Cayce dira encore :

D'abord, au commencement, bien sûr (Il vint) ; ensuite, comme Énoch, comme Melchisédech, dans la perfection ; ensuite, sur la Terre, comme Joseph, Josué (fils de Nûn, différent du précédent : il s'agit ici du héros du « Livre de Josué », contemporain de Moïse) ; *Jéshua, Jésus.* (Lecture 5749-1.)

[...] ce Jésus de Nazareth, ce Jéshua de Jérusalem, ce Josué de Siloé, ce Joseph à la Cour de Pharaon, ce Melchisédech qui bénit Abraham, cet Énoch qui instruisit le peuple, cet Adam qui écouta Ève. (Lecture 3054-4.)

De même le fils de l'Homme, incarné dans la chair d'Adam, apporta le péché, c'est-à-dire la séparation d'avec Dieu, ainsi, dans le dernier Adam, le Christ, Il apporta l'union avec Dieu. (Lecture 452-3.)

[...] D'où la nécessité pour le Maître (c'est souvent ainsi que Cayce appelle Jésus), *le premier Adam, et le dernier Adam, de se manifester dans le monde matériel pour montrer la voie à chaque âme, et la manière d'aborder tous les problèmes, toutes les étapes des nécessités humaines, physiques, mentales, spirituelles.* (Lecture 2205-2.)

Lui, cette Conscience du Christ (Christ consciousness), *est celui dont il est parlé en premier lorsque Dieu dit : « Que la Lumière soit », et la Lumière fut. Et c'est cette Lumière qui est manifestée dans le Christ. Au commencement Elle prit conscience physique dans Adam ; et de même qu'en Adam, nous mourons tous, de même dans le dernier Adam, c'est-à-dire Jésus, devenant le Christ, nous sommes tous revivifiés. Mais pas avant Lui : car chacun de nous affronte son propre moi, son ego, comme Il l'a fait. Et cela n'est devenu possible dans une vie terrestre, que lorsque Lui, Jésus, fût devenu le Christ, et eût ouvert de chemin.* (Lecture 2879-1.)

Ainsi, l'Homme entra sur la Terre comme Homme, de par l'Esprit de son Créateur, voyez-vous, sous la forme de l'Homme de chair : celui, qui, selon la chair, meurt, pourrit, se dégrade en poussières, lorsqu'il entre dans la condition matérielle. L'Esprit est un don de Dieu, pour aider l'Homme à être uni à Lui, lorsque l'Homme veut bien appliquer ses forces créatrices au monde physique. L'Homme en tant qu'Adam (en tant que groupe, pas en tant qu'individu), entra dans le monde (car il entra sur terre dans cinq lieux différents en même temps, voyez-vous ?) à une époque où l'Homme n'avait pas envie de marcher suivant les voies de l'Esprit, mais plutôt suivant les désirs de sa chair. Ce qui fit entrer le péché dans le monde, car l'Homme s'éloignait de la face de son Créateur, voyez-vous ? C'est alors que la mort devint la part de l'Homme... (Lecture 900-227.)

Les commentaires théologiques de Cayce sont souvent ponctués de « voyez-vous » (en anglais : « you see ? »), qui malgré leur gentillesse bon enfant, ne contribuent en rien à éclairer notre lanterne...

ET DITES-NOUS, MONSIEUR CAYCE, QUAND JÉSUS EUT-IL CONNAISSANCE QU'IL SERAIT LE SAUVEUR DU MONDE ?

Lors de sa chute en Eden. (Lecture 2067-7.)

Essaie de rechercher, jour après jour, la volonté du Père comme elle fut manifestée en Lui (Jésus). Ainsi puisse-t-elle être manifestée en toi. Car Il ne te laissera pas dans la désolation, mais viendra à toi, si seulement tu veux bien L'inviter. Comme aux temps où, nous l'avons vu, Il marchait avec les hommes sur la Terre, en tant que Maître, et qu'Il était au milieu d'eux. Ou, lorsqu'en tant que Joseph, Il sauva les siens, qui L'avaient vendu comme esclave aux puissants royaumes de ce temps-là. Ou, lorsque, en tant que prêtre de Salem (Melchisédech), Il marcha avec les hommes et parla avec eux à l'époque où une petite tribu particulière prit conscience de sa vocation (celle d'Abraham) *ou, alors quIl était Asapha, ou Asaph [...]. Ou encore dans ce jardin, où survint la tentation... C'est-à-dire le premier Fils bien-aimé du Père, qui vint en tant qu'Amilius en Atlantide, et qui S'autorisa à Se laisser mener dans les voies de l'égoïsme* (le texte américain dit bien : « the ways of selfishness »). *Dans toutes ces étapes du développement de l'Homme à travers les âges, il y eut des périodes où Il vint sur la Terre marcher et parler avec les humains.* (Lecture 364-8.)

Un mot d'explication est nécessaire pour situer ces différents personnages, qui, selon Cayce, auraient été des incarnations du Christ.

— Amilius est donné dans les lectures comme le premier homme parfait dans sa forme physique, incarné sur Terre. Il serait apparu en Atlantide, et se serait ensuite projeté dans *Adam.*

— Énoch, personnage mystérieux, est l'auteur présumé d'un très beau livre prophétique (publié en français chez Robert Laffont).

— Quant à Melchisédech, conseiller d'Abraham, et « prêtre de Salem », les théologiens l'ont souvent considéré comme une « figure » du Christ. Celui-ci, dit Cayce :

Se manifesta dans Énoch, qui mérita d'échapper à la mort. [...] Et dans Melchisédech [...] qui vint au monde en se matérialisant de lui-même ; et se dématérialisa par le même processus. (Lecture 2072-4.)

Autrement dit, ni né ni mort comme tout le monde !

Certains recoupements de différentes lectures tardives laissent aussi penser qu'Hermès, l'architecte de la Grande Pyramide, fut aussi une incarnation antérieure de Jésus. Pourquoi les lectures n'en parlent-elles pas davantages ? Mystère... hermétique !

— Asaph, ou Asapha, ou Affa, aurait été le maître de chœur du roi David, et l'auteur des psaumes.

— Jéshua fut Grand Prêtre pendant la captivité à Babylone. Il aurait écrit ou récrit plusieurs des livres de la Bible. Au retour de l'exil, il aurait dirigé la reconstruction du Temple et restauré les anciennes liturgies selon la Tradition de Moïse.

Je n'insiste pas sur Josué et Joseph, qui sont très connus.

Vous avez, comme moi, remarqué la similitude des noms : Josué, Jésha, Joseph, Asaph, Jésus... qui n'est évidemment pas un hasard. En parcourant les « séquences d'incarnations » données par Cayce, on voit très souvent, d'une vie sur l'autre, l'entité porter presque le même nom. (Cf. plus loin, la lecture donnée pour Ruth et Alec, deux anciens Esséniens.)

Les lectures font une distinction entre le Christ, vivant et actif dans tous les temps, et son incarnation temporaire en tant que Jésus.

POURQUOI, MONSIEUR CAYCE, EST-CE QUE JE ME SENS PLUS ATTIRÉ VERS LE CHRISTIANISME QUE VERS LE JUDAÏSME ? demanda un rabbin.

N'as-tu pas essayé les deux ? N'as-tu pas découvert que l'essence de toutes choses, la Vérité vraie, est la même ? Il n'y en a qu'UNE : compassion et justice, paix et harmonie ! Car sans Moïse et son général Josué (qui était Jésus incarné corporellement), il n'y a pas de Christ. Le Christ n'est pas un homme. L'homme, c'était Jésus. Le Christ, c'est le messager, qui vit dans tous les temps. Sous le nom de Jésus à une époque, sous le nom de Josué à une autre, de Melchisédech à une autre encore. Et ce sont ceux-là mêmes qui firent le judaïsme ! Ceux-là vinrent, comme cet Enfant promis aux enfants de la Promesse. Et la Promesse, elle est en toi, afin que tu fasses ce qu'Il a dit : « Pais mes brebis ! » (Lecture 991-1.)

Enfin, dernière question, avec sa surprenante réponse :

COMMENT S'APPELAIT JÉSUS DANS SES RÉINCARNATIONS EN FRANCE, EN ANGLETERRE ET EN AMÉRIQUE ? (auxquelles Cayce avait fait allusion) :

Plutôt que d'une incarnation dans ces divers pays, il s'agissait de l'Esprit du Christ, c'est-à-dire du Maître marchant parmi les hommes. Car, que ce soit parmi les prêtres, comme ce fut le cas en France, ou parmi les humbles moines, comme ce fut le cas en Angleterre, ou bien parmi les fiers guerriers en Amérique, c'était toujours l'Esprit du Dieu unique, qui souffle de « préférer ton prochain, ton frère à toi-même » ! Cet Esprit prit possession de certains individus, ou plutôt travailla avec eux, jusqu'à ce que leur propre personnalité en tant qu'individus fut mise de côté. Et si tu veux qu'Il marche avec toi, fais de même : « Non pas ma volonté, Seigneur, mais la tienne, qu'elle soit faite en moi, aujourd'hui, maintenant ! » (Lecture 364-9.)

Les Esséniens

Les Esséniens semblent d'après les lectures, avoir été une sorte de fraternité mystique et prophétique :

Un ordre religieux à l'intérieur du judaïsme. (Lecture 1602-4.)

L'entité vivait alors parmi les étudiants Esséniens, en contact direct avec ceux qui prophétisaient, et faisaient des recherches dans les documents anciens annonçant la venue de cette nouvelle Lumière. (Lecture 489-1.)

A l'époque où le Maître vint sur Terre, l'entité était parmi les Esséniens qui travaillaient sur les prédictions, oui, sur les travaux préparatifs à Son entrée dans la vie des hommes de ce temps-là. (Lecture 1450-1.)

Les Esséniens étaient un groupe d'individus engagés dans une recherche sincère, mais ils n'étaient pas dans la ligne religieuse officielle définie par les rabbins de l'époque. Une de leurs réunions pourrait être décrite comme une série de méditations, avec l'emploi de certains rites, et formules rituelles [...] qui remontaient aux temps anciens où avait été établi le Tabernacle [...]. Dans ce genre de réunion, on interprétait les promesses, les prophéties, qui avaient été faites, concernant le temps, et la lumière dont viendrait le Sauveur promis [...].

Toutes ces réunions étaient secrètes... (Lecture 2067-11.)

AVONS-NOUS ÉTÉ ESSÉNIENS À LA PÉRIODE PALESTINIENNE ?

Oui, comme vos deux prénoms, (Ruth et Alec), l'indiquent. Mais rappelez-vous que les Esséniens se répartissaient en différents groupes, ou divisions, comme on en trouve aujourd'hui dans les églises. Et vous étiez dans deux groupes opposés. (Lecture 2072-15.)

(Ruth est un prénom hébreu, et Alec = Alexandre, grec.)

QUEL EST LA TRADUCTION EXACTE DU MOT « ESSÉNIEN » ?

Attente.

EST-CE QUE L'OBJECTIF PRINCIPAL DES ESSÉNIENS ÉTAIT LA FORMATION D'INDIVIDUS QUI SERAIENT DES CANAUX (en anglais : « channels ») POUR LA NAISSANCE DU MESSIE, ET QUI PLUS TARD SERAIENT ENVOYÉS DANS LE MONDE POUR REPRÉSENTER LA FRATERNITÉ ?

La préparation de certains individus était le premier objectif. La formation de missionnaires venait en second. (Lecture 254-109.)

EST-CE QUE CE SONT LES ESSÉNIENS QUI ONT ÉTÉ APPELÉS, SUIVANT LES ENDROITS, NAZIRS, ÉCOLE DES PROPHÈTES, HASSIDIS, THÉRAPEUTES, NAZARÉENS ? ET EST-CE QU'ILS ÉTAIENT UNE BRANCHE DE LA GRANDE FRATERNITÉ BLANCHE, LAQUELLE AVAIT COMMENCÉ EN ÉGYPTE, ET RECRUTAIT AUSSI BIEN LES JUIFS QUE LES GENTILS ?

En gros, oui. En détail, pas tout à fait. Ils furent parfois connus sous l'un ou l'autre de ces noms. C'est le cas des Nazirs, par exemple, qui appartenaient à l'école de pensée des Esséniens, vous voyez? Comme aujourd'hui, on dirait qu'il y a différentes branches dans le protestantisme. Ainsi existait-il différents groupes, qui avaient une même origine : l'École des Prophètes fondée par Élie. L'étude et la propagation de ces prophéties ayant commencé avec Samuel. Le mouvement n'était pas égyptien (bien qu'adopté par ceux d'Égypte). A une autre période, plus ancienne, ces derniers se rattachèrent à l'ensemble du mouvement, où l'on acceptait Juifs et Gentils sur pied d'égalité.

S'IL VOUS PLAÎT, PARLEZ DES FEMMES ASSOCIÉES À CE MOUVEMENT, DE CELLES QUI ÉTAIENT MEMBRES DE LA FRATERNITÉ ESSÉNIENNE. QUELS PRIVILÈGES AVAIENT-ELLES, ET AVEC QUELLES RESTRICTIONS, ET COMMENT ENTRAIENT-ELLES DANS L'ORDRE, ET QUELLE ÉTAIT LEUR VIE ?

Ce fut le commencement d'un temps où les femmes furent considérées comme égales des hommes dans leurs activités, et dans leur compétence à vivre et à transmettre les vérités enseignées. Elles entraient dans l'Ordre en s'y consacrant — généralement, elles y étaient consacrées par leurs parents. Mais c'était toujours librement, tout au long de l'engagement progressif. Cependant, elles acceptaient des restrictions sur certains aliments; et, à certaines périodes, sur les relations sexuelles. (Lecture 254-109.)

Ces Esséniens semblent avoir eu un très haut niveau culturel. Au temps du Christ, la personne qui les dirigeait était — chose remarquable — une femme :

Appelée Judy, qui enseigna comme un maître, car elle était prophétesse, et guérissait par la prière. Environ vingt-quatre ans avant l'entrée sur le plan terrestre de cette âme que l'on appela Jésus, nous trouvons les parents de Judy travaillant parmi les groupes de prophètes établis sur le mont Carmel — groupes qui avaient commencé avec Samuel, Élie, Élisée, Saül, et ceux des temps anciens. A cause des divisions qui étaient survenues dans le peuple, où s'opposaient Pharisiens et Sadducéens, était né le groupe des Esséniens, formé de ceux qui avaient à cœur de maintenir [...] les traditions des temps anciens, lorsque les hommes étaient visités par le surnaturel. Ces Esséniens avaient des expériences sortant de l'ordinaire : rêves, visions, voix, ou autres phénomènes, à travers lesquels ils interprétaient les coutumes, la Loi, l'histoire, du peuple juif, toutes les promesses qui lui avaient été faites, et comment elles avaient été interprétées par ceux-là mêmes qui avaient la charge de les conserver. L'entité Judy fut élevée dans cette atmosphère — non pas de discussions et de disputes, mais dans [...] ces études qui étaient considérées comme nécessaires [...]. Ainsi, cherchait-on à préserver les documents, et les traditions orales, en les écrivant [...].

Et également les traditions d'Égypte, de l'Inde, de la Perse et d'autres pays voisins ; tout cela devint une partie des études et des recherches de l'entité Judy, dans ses efforts pour recueillir et conserver toutes ces traditions, et tenir une chronique des événements.

EST-CE QUE J'AI EU, DANS CETTE VIE EN PALESTINE, UNE RELATION ÉTROITE AVEC JÉSUS ? demande la consultante qui aurait été cette Judy dans une vie antérieure :

Oui, vous avez été Son professeur pendant un temps. Et si proche de Lui par le cœur !

[...] Et c'est vous qui L'avez envoyé étudier en Perse, en Égypte, en Inde, oui, pour qu'Il puisse atteindre la connaissance parfaite de Ses activités sur le plan matériel... Lui qui devint la Voie et la Vérité. (Lecture 1472-3.)

Ces Esséniens semblent aussi avoir développé les pouvoirs psi qui vont de pair avec la connaissance de secrets ésotériques :

EST-CE QUE JUDY LA PROPHÉTESSE ASSISTA À LA CRUCIFIXION OU À LA RESURRECTION DE JÉSUS ?

Non, mais elle y était présente en esprit, c'est-à-dire en pensée. Car rappelez-vous qu'en ce temps-là, l'expérience de Judy lui permettait d'être présente en de nombreux endroits, sans que son corps physique y soit matériellement. (Lecture 2067-11.)

Les Esséniens étaient experts en astrologie :

[...] *L'entité était dans le pays de la Promesse, à l'époque où l'on attendait la venue du Saint. Elle était associée aux chefs des groupes connus comme Esséniens. En contact étroit avec Judy, l'entité [...] était alors une prophétesse, une devineresse. Elle étudiait l'astrologie, commme on appelle cela aujourd'hui, c'est-à-*

dire les effets des planètes, du soleil, de la lune, des étoiles, sur les comportements humains. (Lecture 2880-1.)

Toute la famille de Jésus semble avoir été essénienne. A commencer par le cousin :

Car Jean (le Baptiste) *était encore plus essénien que Jésus.* (Lecture 2067-11.)

Élizabeth, femme de Zacharie et mère de Jean, l'était aussi (lectures 2156-1 et 1602-1), ainsi que la prophétesse Anne, les amis de Marie et Joseph, et, bien entendu, ceux-ci. Les premiers disciples de Jésus, les Apôtres, les premiers chrétiens se recrutèrent d'après Cayce, chez les Esséniens. A l'époque où il commença à parler de ces derniers, bien peu de gens les connaissaient (sauf quelques rares lecteurs de Flavius Josèphe, Gurdjieff, ou Anne-Catherine Emmerich !) Les « Manuscrits » de la mer Morte n'ont été découverts à Qumrân qu'en 1947. Il a fallu ensuite dix bonnes années pour les regrouper, les traduire, et comprendre qu'ils provenaient d'une fraternité essénienne. En France, on a très vite entendu parler de cette affaire, parce que les fouilles sur place ont été menées par un archéologue français, le père de Vaux. Mais en Amérique, en 1947... Cayce était déjà mort ! Or ses lectures sur les Esséniens datent de bien longtemps avant (par exemple, la lecture 489-1, citée au début de ce chapitre, date de 1934).

Il est intéressant de noter aussi que l'on a retrouvé parmi les « Manuscrits » de la mer Morte un texte traitant d'astrologie. (Cf. : « Les Horoscopes de Qumrân », in *La revue de Qumrân.*)

Marie, âme sœur du Christ

Ce qui est dit d'elle pourra surprendre les catholiques peu informés, mais beaucoup moins ceux qui ont fréquenté les évangiles apocryphes et les textes ésotériques. Dans les lectures cayciennes, Marie apparaît comme une personnalité de toute première importance, ainsi que la voient les églises othodoxes et catholiques.

Cayce dit qu'elle faisait partie d'un groupe de douze jeunes filles sélectionnées par les Esséniens, pour devenir le « canal » par lequel naîtrait le Sauveur promis. Ces jeunes filles recevaient une éducation soignée dans le Temple essénien du mont Carmel. C'est là qu'aurait eu lieu l'événement connu comme l'Annonciation :

Sur les marches du Temple, qui conduisaient à l'autel, ce matin-là, le soleil levant illuminait cet escalier où montaient les petites filles choisies pour aller prier à l'autel, et faire brûler l'encens.

Et, ce jour-là, alors qu'elles montaient, baignées dans les rayons pourpres et dorés du soleil levant, alors que Marie atteignait la dernière marche, il y eut le tonnerre et les éclairs.

L'ange apparut, tenant la petite Marie par la main, et il la conduisit vers l'autel. Ce fut la manière dont elle fut désignée comme l'Élue. Elle fut montrée ouvrant le chemin aux autres jeunes filles. Car, ce jour-là, c'était elle qui était à la tête de la Procession.

EST-CE QUE CELA SE PASSA DANS LE TEMPLE OFFICIEL (DE JÉRUSALEM), OU BIEN DANS LE TEMPLE (DES ESSÉNIENS) SUR LE MONT CARMEL ?

Le temple des Esséniens, bien sûr. Car Zacharie avait été assassiné dans le temple officiel, au moment où il posait les mains sur les « cornes » de l'autel, à cause de ses idées. Aussi, ceux qui devaient être protégés étaient-ils au Carmel. (Lecture 5749-8.)

[...] Zacharie fut d'abord un membre de ce que l'on appellerait le clergé orthodoxe, officiel. Marie et sa cousine Élizabeth étaient esséniennes. Et c'est pour cette raison que Zacharie cachait sa femme Élizabeth dans les montagnes. Au moment où fut annoncée la naissance (de Jean-Baptiste), Zacharie proclama ses convictions, et fut assassiné. (Lecture 5749-8.)

Le temple du mont Carmel était le centre religieux de la Fraternité essénienne :

L'entité était en Terre promise à l'époque, où, dans ces groupes auxquels elles appartenait, se préparait la venue du Fils de l'Homme, du prince de la Paix [...]. Là, l'entité était en liaison étroite avec les prêtres qui travaillaient au Carmel, dans l'école établie jadis par Élie, Élisée, Samuel. On y enseignait les mystères de l'Homme, sa relation avec les forces intérieures et extérieures. L'entité était l'un des sages qui sélectionnaient les jeunes destinés à être éduqués spécialement pour devenir les canaux par lesquels la bénédiction viendrait au monde. Aussi, l'entité était-elle en contact avec les enseignements de ces groupes en Perse, en Inde, en

Égypte, et celle des Hébreux actifs à Olympie et dans les Iles de la Mer... (Lecture 2520-1.)

Voici maintenant des lectures sur la naissance de Jésus :

QUEL ÂGE AVAIT JOSEPH À L'ÉPOQUE DE SON MARIAGE ?

Trente-six ans.

ET MARIE ?

Seize.

ET OÙ LEUR MARIAGE FUT-IL CÉLÉBRÉ ?

Dans le Temple du mont Carmel. (Lecture 5749-8.)

EST-CE QUE JÉSUS ÉTAIT LE FILS « NATUREL », SELON LA CHAIR, DE JOSEPH ?

Comme on vous l'a déjà dit, lorsque (dans une vie antérieure) *vous aviez posé la question, à Athènes ce fut une conception due à l'Esprit Saint. Et vous aviez alors pris conscience que de telles choses peuvent arriver à ceux qui s'ouvrent totalement à la volonté du Père-Dieu, lorsque leur volonté est totalement unie à Lui.*

MAIS COMMENT PEUT-ON DEMANDER AU RESTE DE L'HUMANITÉ D'ATTEINDRE LA PERFECTION DE JÉSUS, ALORS QUE LES HOMMES NAISSENT D'UNE FAÇON BEAUCOUP MOINS DIVINE ?

Ah, que vienne le jour où les enfants des hommes comprendront enfin le but de la procréation sur la Terre ! [...] Car Celui qui est la Voie, demande que tous le suivent dans ce chemin. Et si deux âmes s'unissent avec l'idée non de gratifier leurs désirs terrestres, leurs impulsions charnelles, mais d'être le canal des âmes qui vont entrer, alors pourront naître ceux qui accéléreront l'évolution de l'Humanité. Car tous, nous devons être conduits plus haut [...] Tout comme Lui !

EST-CE QUE VOUS VOULEZ DIRE QUE NOUS ALLONS ÉVOLUER AU POINT QUE LES FEMMES METTRONT LEURS ENFANTS AU MONDE DE LA MÊME FAÇON QUE MARIE ?

Les âmes vont évoluer de telle sorte qu'elles seront capables un jour de mettre au monde d'autres âmes exactement comme le fit Marie. Et cela pourra arriver lorsque les âmes des hommes et des femmes deviendront peu à peu conscientes que ce temple du Dieu vivant qu'est leur corps, ce canal, peut être utilisé pour ces communications avec Dieu, le Père des âmes humaines. (Lecture 1158-5.)

EXPLIQUEZ L'IMMACULÉE CONCEPTION.

Étant donné que la chair est le résultat de l'activité de l'être mental (c'est-à-dire du corps spirituel et du corps mental) se propulsant de lui-même dans la matière, et que l'Esprit (comme Il l'a dit) n'est ni mâle ni femelle, mais les deux à la fois — chair et esprit ne font qu'UN. Lorsque l'Homme eut atteint le stade de séparation complète d'avec les Forces Créatrices, dans son esprit, alors la chair, telle que nous la connaissons aujourd'hui, devint une réalité concrète sur le plan matériel. L'« immaculée conception » est donc possible lorsque le physique et le mental vibrent totalement à l'unisson avec l'esprit : celui-ci peut agir rapidement sur les mécanismes de la chair. (Lecture 5748-9.)

EST-CE QUE L'ÉGLISE CATHOLIQUE ROMAINE, QUI ENSEIGNE QUE MARIE ÉTAIT SANS PÉCHÉ ORIGINEL DEPUIS LE MOMENT DE SA CONCEPTION DANS LE SEIN D'ANNE, DIT VRAI ?

C'est vrai de toutes les manières. Et plus encore en ceci : à tout ce qui a déjà été enseigné, à tout ce dont nous venons de parler, il faut ajouter, voyez-vous, que Marie était l'âme sœur du Maître, lorsqu'Il fit son entrée sur la Terre tout à fait au commencement.

EST-CE QU'ANNE ÉTAIT PRÉPARÉE À JOUER CE RÔLE DE MÈRE DE MARIE ?

Seulement en général. Voyez-vous, elle proclamait que l'enfant n'avait pas de père et personne ne la croyait !

ALORS, NI JÉSUS NI MARIE N'EURENT DE PÈRE HUMAIN ?

Ni Marie ni Jésus n'eurent de père humain. Ils furent une seule âme depuis que la Terre est Terre. (Lecture 5748-8).

Ailleurs, une lecture dit : *Amilius et MOI, Adam et Ève.* (Lecture 364-6) signifiant par là que Marie était déjà incarnée en Atlantide.

L'interlocuteur de Cayce, Thomas Sugrue, confond « immaculée conception » avec « naissance virginale ». Dans son esprit, la « conception immaculée » signifie : sans intervention « sale » (c'est le sens du mot maculé) d'un homme !... La définition de l'Église catholique est différente : « immaculée conception » veut dire que Marie a été dès sa conception libérée du « péché originel », c'est-à-dire de la tendance humaine à se fourvoyer. D'ailleurs, si Marie est officiellement qualifiée d'« Immaculée-Conception » par l'Église catholique, cela ne veut pas du tout dire qu'elle ait été conçue « par l'opération du Saint-Esprit » : les catholiques croient que Marie fut bien la fille de Joachim, suivant la loi physique habituelle. Cayce apporte un élément nouveau en affirmant qu'elle aurait été, elle aussi conçue sans l'aide d'un homme. D'où sa réponse ci-dessus : « C'est vrai de toutes les manières » *(correct in any case),* quel que soit le sens donné à la question.

POURQUOI JOSEPH FUT-IL TROUBLÉ LORSQUE MARIE DEVINT ENCEINTE, ALORS QU'ELLE ÉTAIT TOUJOURS VIERGE ?

A cause du milieu dans lequel il vivait, et parce qu'il était plus âgé que la jeune fille qui lui avait été donnée comme fiancée. En fait, comme on dirait aujourd'hui, à cause de ce que racontaient les gens ! Cependant, lorsqu'il fut assuré que ceci était divin non seulement par ce qu'on lui avait dit dans la fraternité (essénienne), mais aussi par les visions qu'il avait eues, alors il comprit [...]. C'est lorsqu'il vint la demander en mariage — Marie avait entre seize et dix-sept ans — qu'elle fut trouvée enceinte. (Lecture 5749-8.)

QUEL ÂGE AVAIT MARIE LORSQU'ELLE FUT CHOISIE POUR ÊTRE ÉDUQUÉE AU CARMEL ?

Quatre ans. Et entre douze et treize ans lorsqu'elle fut désignée comme l'Élue par l'ange, sur l'escalier du Temple. (Lecture 5749-8.)

La naissance de Jésus est racontée dans les lectures, comme dans la tradition provençale : avec une crèche qu'on a trouvée parce qu'il n'y avait pas de place à l'auberge ; avec l'Étoile, avec les bergers, avec le chœur des Anges chantant : « Gloria in excelsis »... sans oublier les rois Mages et leur équipage.

La seule différence avec la tradition provençale, c'est le personnage de l'aubergiste : dans la version traditionnelle, il est désagréable, et envoie au diable les futurs parents, en déclarant qu'il n'a pas de place.

Dans la version caycienne, si l'aubergiste refuse d'accepter Marie, c'est plutôt pour la protéger (lecture 1196-2). Il a été *enseigné et averti par les Esséniens* de l'événement qui se prépare, et il ne veut pas que Marie accouche sous l'œil curieux des clients, ou des espions. Mais il envoie sa fille Sara à la crèche pour aider la jeune accouchée (lecture 1152). Je ne donnerai pas ici les lectures concernant Noël : on les croirait sorties d'un vieux conte provençal !

Quant à la date réelle de la naissance de Jésus, très discutée, voilà ce qu'en a dit Cayce, en réponse à la question :

EST-CE QUE NOUS FÊTONS NOËL À UNE DATE À PEU PRÈS JUSTE ?

Oui, à quelque chose près, car beaucoup de changements sont intervenus dans la façon de compter le temps, c'est-à-dire dans les différents calendriers. C'est presque juste, le 24/25 décembre, comme vous comptez votre temps aujourd'hui. (Lecture 5749-8.)

QUAND ET OÙ JÉSUS EST-IL NÉ EN PALESTINE ?

A Bethléem en Judée, dans cette grotte qui n'est pas marquée à l'heure actuelle, mais appelée une « étable » (car en Amérique on représente la crèche comme un cabanon !).

ET QUAND EST-IL NÉ ?

Le dix-neuvième jour de ce que vous appelleriez aujourd'hui le mois de mars.

ET EN QUELLE ANNÉE ?

Cela dépend quel calendrier on utilise; selon le calendrier julien, l'an 4. Selon le calendrier mosaïque, ou hébraïque, l'an 1899. (Lecture 587-6.)

DANS L'UNE DES LECTURES, ON NOUS DIT QUE L'ANNIVERSAIRE DE LA NAISSANCE DE JÉSUS CORRESPOND AU 19 MARS, SELON NOTRE CALENDRIER ACTUEL . DANS UNE AUTRE, ON NOUS DIT QUE NOUS FÊTONS NOËL LE BON JOUR, C'EST-À-DIRE LES 24 OU 25 DÉCEMBRE COMME ON LE CALCULE AUJOURD'HUI. ALORS, FAUDRAIT SAVOIR !... POURQUOI CES CONTRADICTIONS ?

Les deux dates sont justes, cela dépend du calendrier qu'on utilise pour compter. Combien de fois ces calculs ont-ils été faits et refaits ? [...] Il faut prendre ces différents calendriers en considération, en suivant la chronologie des événements. (Lecture 2067-7.)

D'autre part, les catholiques s'adressent à la Mère de Jésus en la qualifiant de « Bienheureuse Marie toujours Vierge ». Ils risquent d'être assez surpris par les lectures où Cayce parle des frères et sœur de Jésus... Et cependant, n'ont-ils pas lu dans l'Évangile ce verset où les disciples disent à Jésus : « Ta mère et des frères te cherchent. » Les théologiens discutent depuis vingt siècles pour savoir si ce sont des « frères » vraiment frères, ou seulement des « cousins ». Mais ils ont eu beau expliquer que, soi-disant, on employait en hébreu le mot frère pour dire cousin, leur explication tirée par les cheveux n'a pas convaincu tout le monde... Voici la version de Cayce :

MARIE ET JOSEPH EURENT-ILS D'AUTRES ENFANTS ?

Jacques, Jude, et une fille. (Lecture 5749-8.)

COMBIEN DE TEMPS APRÈS LA NAISSANCE DE JÉSUS, MARIE ET

JOSEPH COMMENCÈRENT-ILS À VIVRE LA VIE NORMALE D'UN COUPLE MARIÉ, ET QUAND EURENT-ILS L'ENFANT APPELÉ JACQUES ?

Dix ans. Ils eurent successivement : Jacques, une fille, et Jude. (Lecture 5749-8.)

EST-CE QUE MARIE ÉTAIT OBLIGÉE D'ATTENDRE DIX ANS AVANT DE CONNAÎTRE PHYSIQUEMENT JOSEPH ?

Cette relation normale, naturelle, ne vint pas avant que Jésus ne s'en aille faire ses études, voyez-vous. Et ce n'était pas « obligé ». Ce fut un choix fait par tous les deux, à cause de leurs sentiments réciproques. Mais lorsqu'Il fut au loin, et sous la protection de ceux qui étaient Ses guides — des prêtres —, alors cette relation physique commença, comme une expérience normale. (Lecture 5749-8.)

Je dois dire qu'en tant que mère de famille, je préfère cette version. Il y a quelque chose de vraiment illogique à donner en modèle aux femmes mariées une épouse qui n'a jamais couché avec son propre mari !

La famille de Jésus

Pour commencer, parlons de cette sœur de Jésus :

Car l'entité vivait dans ce pays lorsque le Maître le parcourut : elle était la fille de Marie, mère du Seigneur, Ruth.

D'où sa tendance actuelle à aider les individus, les masses de ceux qui ont été matériellement défavorisés. [...] Dans cette vie, en tant que Ruth, l'entité était très liée aux milieux dirigeants, aux Romains. Et, après la Crucifixion, après ces expériences inoubliables avec les disciples et les Apôtres, elle partit en voyage avec ceux qui voulaient ouvrir le monde romain à l'influence du Christ manifesté dans l'homme Jésus [...]. L'entité épousa un Romain, et se retrouva avec lui à Rome.

Lorsqu'elle devint adolescente, après la naissance de Jude, et lorsque la mort de Joseph ramena Jésus, son frère, à la maison

... elle se posa beaucoup de questions sur cet étrange membre de sa famille,

... sur lequel les gens racontaient beaucoup de mal, tout en le craignant. Avec le départ de ce frère pour l'Égypte, où Il allait recevoir Son initiation finale, c'est-à-dire un enseignement, avec

Jean (encore un autre membre de la famille dont on parlait avec révérence, dont la mère avait été un vaisseau choisi par les prêtres esséniens, Jean qui descendait en ligne directe des grands prêtres juifs) — tout cela était beaucoup pour l'entité Ruth.

Évidemment, ce ne devait pas être facile d'être la fille, la sœur et la cousine de pareilles vedettes !

Lorsque le cousin Jean revint, et commença son ministère, qu'il renonça à sa position comme prêtre dans le Temple, pour devenir un hors-la-loi prêchant dans le désert, alors là, Ruth fut consternée [...].

C'est en revenant d'une réunion (où Jésus avait parlé) [...] *que l'entité rencontra son futur mari [...], un contrôleur des impôts, un Romain. Étant non seulement belle de corps, mais très active dans des œuvres de secours aux défavorisés, ce qui intéressait ce Romain pas comme les autres, il naquit entre eux une sympathie mutuelle, en raison de l'âge et des circonstances. [...] Elle continua ses activités en association avec cet ami [...]. Peu avant la Crucifixion fut consommé le mariage entre Ruth et cet ami, qui était devenu son mari, ce qu'il est aussi aujourd'hui. Et Jésus assista à ce mariage aussi, qu'Il bénit. Le mari fut rappelé à Rome, et c'est pendant qu'il y était que survint la Crucifixion. Période qui apporta à l'entité* (Ruth) *de grandes émotions, avec le rappel de Pilate devant les autorités romaines, la rencontre à nouveau avec sa mère et les saintes femmes, Lazare, l'autre Marie, Marthe, et tous les amis de sa mère [...]. Dans la dernière partie de sa vie, l'entité vint à Rome, où lui naquirent des enfants. Là, avec son compagnon, elle apporta son aide à ceux qui acceptaient les nouveaux enseignements,* (chrétiens) *[...] et qui étaient persécutés.* (Lecture 1158-2.)

La consultante de quarante-sept ans pour laquelle fut donnée cette lecture, pour le moins insolite, demanda :

POURRIEZ-VOUS ME DONNER DAVANTAGE DE DÉTAILS SUR MES CONTACTS AVEC JÉSUS ?

On vient de vous en donner. Les contacts personnels les plus étroits survinrent au moment de deuils. A cause de la différence d'âge, d'emploi du temps et d'activités différentes, et aussi de votre timidité, qui n'était pas une faute, mais due aux circonstances. Les contacts personnels se firent seulement lors de décès, comme la mort de votre père, Joseph. Et là, raisonnant de votre seul point de vue, vous vous demandiez : S'Il avait le don de guérir, pour-

quoi a-t-Il laissé mourir mon père? S'Il est comme tant de gens le proclament, pourquoi a-t-Il été absent si longtemps? Et pourquoi est-ce qu'Il continue à courir partout?

ET EST-CE QUE J'AI VU JÉSUS APRÈS LA RÉSURRECTION ?

Oui, sur le mont des Oliviers, comme tout le monde.

LES ENFANTS QUI NAQUIRENT À L'ENTITÉ, DANS CETTE EXISTENCE PALESTINIENNE, EST-CE QUE JE LES CONNAIS ? ET SI OUI, COMMENT ?

Il se peut que tu les connaisses, comme tes petits-enfants.

EST-CE QU'AUJOURD'HUI JE CONNAIS L'ENTITÉ QUI A ÉTÉ JADIS PIERRE ?

Non tu ne la connais pas. On peut connaître actuellement beaucoup d'entre les Apôtres et les disciples. Par exemple, on peut rencontrer Barthélemy, André, Jude qui fut ton frère. On peut les connaître. Et même Judas! Tu ne le connais pas, et il vaut mieux pour toi que tu ne le connaisses pas. Possible aussi que Jean revienne sur terre, et soit connu... (Lecture 1158-9, donnée en 1937.)

Quelques années auparavant, en 1924, l'un des financiers de Cayce, un jeune agent de change juif et new-yorkais, apprit que :

Lorsque le Maître vint en Terre promise, Il s'était incarné *comme le frère du Maître, selon la chair : Jude.* (Lecture 137-4.)

EST-CE QUE JE VIVAIS ENCORE AU MOMENT DE LA CRUCIFIXION DU CHRIST ?

Oui, en tant que Son frère. (Même lecture.)

EST-CE QUE UNTEL FUT UN PROPHÈTE, OU L'UN DES DISCIPLES DU CHRIST ?

Oui, Barthélemy.

ET POURQUOI EST-CE QUE J'AI TANT D'AFFECTION POUR LUI ?

A cause de cette vie passée en association avec les disciples et les Apôtres, qui furent très chers à l'entité Jude. (Lecture 137-123.)

Le même questionneur demanda à Cayce :

EST-CE QUE L'ENTITÉ CONNUE AUJOURD'HUI COMME MONSIEUR UNTEL, FUT JUDAS ISCARIOTE ?

Oui... Judas Iscariote, celui qui m'a trahi.

C'EST UN BRAVE TYPE, AUJOURD'HUI...

Oui, un brave type, et qui s'appuie entièrement sur toi. Innombrables ont été les épreuves de cette âme, dans la destruction d'innombrables villes et pays. Cependant, bien qu'aujourd'hui il ait beaucoup de biens au soleil, il s'appuie néanmoins sur toi. Son âme s'appuie sur toi...

EST-CE QUE JE DEVRAIS LUI PARLER DU TRAVAIL QUE NOUS FAISONS À VIRGINIA BEACH ?

Mais oui ! Plus nous serons nombreux, plus nous serons forts. (Lecture 137-125.)

Le pauvre « Judas » ne vint jamais, apparemment, demander sa lecture.

Le même consultant, qui ne reculait devant rien, demanda :

EST-CE QUE PIERRE EST AUJOURD'HUI VIVANT, INCARNÉ DANS UN CORPS ?

Il est né en 1913. (Lecture 137-123.)

Pour en terminer avec Judas, voici une lecture intéressante, qui illustre la possibilité de se tromper complètement dans les « souvenirs » des vies antérieures. Quelqu'un posa cette question :

QUELLE EXPLICATION POURRIEZ-VOUS FOURNIR À CETTE PERSONNE, QUI EST PERSUADÉE AVOIR ÉTÉ JUDAS ISCARIOTE DANS UNE AUTRE INCARNATION ?

Comme nous l'avons dit, cette entité a une « sensibilité médiumnique », dans son incarnation actuelle. Et les associations vécues autrefois, dans une période ancienne, furent telles qu'il en est encore influencé aujourd'hui, et c'est ce qui cause cette projection dans le passé. Dans cette expérience de vie ancienne, l'entité représentait le pouvoir politique officiel. En tant que tel, il entra en contact avec certains des disciples du Maître. Et, parmi [...] ceux qui travaillaient avec les Romains à cette période, se trouvaient l'entité ET Judas.

Les histoires sur Judas lui ont été racontées [...], éveillant le mépris de l'entité, qui apprit que Judas trahit son maître, se rendit coupable d'assassinat, d'inceste, et autres crimes, avec sa propre famille. Et cependant, se fit accepter par Quelqu'un que d'autres proclamaient leur Maître. Tout cela avait beaucoup frappé l'entité. Et l'entité suivit les activités et les rapports fournis par Judas, de telle manière que, plus tard, quand elle vint en contact plus étroit avec ses amis qui s'étaient joints à la famille du Maître, elle se fit d'amers reproches. L'entité se reprochait son comportement. D'où l'impression qu'a fait aujourd'hui, sur l'entité, l'interprétation des visions de certaines personnes, qui lui ont assuré qu'il avait été Judas ! Mais ne cède jamais à la tenta-

tion de te mépriser ! Car sache en ton for intérieur que le Maître, ton Seigneur et ton Dieu, connaît ce que tu as fait, et le pardonne [...]. « La chair est faible. » Le Seigneur ne veut pas qu'aucune âme périsse pour s'être accusée elle-même de ce qu'elle a pu faire, ou causer, parmi ses contemporains. [...] Alors, ne te retourne pas en arrière pour regarder ces associations, ces circonstances misérables. Ne te laisse pas aller à une vaine curiosité. Mais regarde plutôt en haut, vers Lui qui peut t'appeler à Le connaître et à Le rencontrer face à face...

Concentre-toi plutôt sur le fait que chaque âme doit connaître sa relation avec Les Forces Créatrices, c'est-à-dire le Père. Et doit l'appliquer à sa manière de se comporter avec son frère, même le plus petit ! [...] Car, tant qu'une entité ne voit pas dans son ennemi, ou dans celui qu'il déteste parce que ses façons lui déplaisent, une image de ce qu'il adorerait dans le Père, il ne connaît pas la voie, en vérité et dans ses actes. [...] Car n'avait-il pas confié les biens terrestres à la garde de Judas ? Ne lui avait-Il pas donné ainsi sa chance de faire face à son propre Moi ?

Alors cherche à te regarder en face, à affronter ton Moi, dans ce que tu fais, et ce que tu dis, jour après jour. Car en faisant cela, tu viens à connaître ta relation à ton Créateur. Et si tu appelles, Il entendra. Et Ses Promesses sont sûres. (Lecture 1265-2.)

Si j'ai donné un assez long extrait de cette lecture, c'est qu'elle est typique de Cayce. On y retrouve la phrase qu'il a mille fois répétée que chacun d'entre nous doit *meet the self,* c'est-à-dire affronter son Moi profond et réel. Et parce que cette lecture montre les ravages que peut provoquer une recherche des vies antérieures mal conduite. Dire à un pauvre type qu'il a été Judas, il y a de quoi lui coller un « trauma » pour le reste de la vie !

Pour en revenir à l'entourage de Jésus, bien d'autres vedettes de l'Évangile apparaissent au fil des lectures, comme étant réincarnées dans un actuel consultant. Par exemple... Marie-Madeleine ! Cayce la décrit physiquement :

Comme l'a peinte Léonard de Vinci [...] avec des cheveux presque roux, des yeux bleus, des traits de visage qui rappelaient son hérédité à la fois grecque et juive.

Au commencement de la lecture, il cite les paroles de Jésus :

« Partout où sera prêché mon évangile, on parlera d'elle » : quel héritage! Dans la vie présente, on constate que l'entité comprend facilement Ses enseignements, les vérités qu'Il a enseignées. Mais essaie d'avoir des vues plus larges, et ne condamne personne, puisqu'Il ne condamna même pas ceux qui Le persécutèrent. Condamner est une attitude construite dans ton mental. Efface cela de ta vie, à travers Lui qui rend tout possible [...]. Il faut que tu coordonnes en toi les croyances que tu avais dans une vie (égyptienne) *ancienne, avec celles que tu as trouvées lors de ton association avec le Maître Jésus, car ce sont les mêmes... Comme nous l'avons déjà dit, cette religion égyptienne était la base, les fondements de ce qui fut plus tard enseigné par le Maître dans cette période* (en Palestine).

La consultante, une Américaine de vingt-trois ans, devait être bien séduisante... Dans une lecture ultérieure, Cayce raconte la vie de Marie-Madeleine après la Résurrection, et comment elle travailla en étroite collaboration avec Marie, mère de Jésus, qui vint habiter chez Jean... l'apôtre milliardaire !

Car Jean, c'est bien connu, était le plus riche des disciples du Christ. Ses domaines seraient évalués, aujourd'hui, en monnaie américaine, à près d'un quart de millions de dollars (en 1933) ! (Lecture 295-8.)

Dans la première lecture (295-1) donnée pour cette jeune femme, aujourd'hui grand-mère, Cayce signale qu'elle est, au point de vue astrologique, sous l'influence de Vénus ce qui ne nous étonnera pas tellement ! Il donne ensuite une séquence de vies antérieures classiques (française, anglaise, palestinienne, persane, égyptienne, atlante), qui commence ainsi :

Avant cette vie-ci, l'entité vivait sous le règne du dernier des Louis. Elle était sa fille, qui s'enfuit, dans la neige, lors de cette tentative d'évasion au temps de la Révolution. L'entité fut le seul membre de la famille royale à survivre à cette période : elle fut conduite en secret dans un pays appelé aujourd'hui Autriche.

Je ne donne pas ici tout le passage concernant la fille de Louis XVI et de Marie-Antoinette, j'en reparlerai dans un deuxième volume consacré aux incarnations françaises. (Voir à ce sujet le livre de Michel Morin, *Le retour du Lys,* éditions Fernand Lanore, 1985.) Revenons plutôt aux vies anciennes de la consultante :

Dans l'incarnation précédant celle-ci, nous retrouvons l'entité, aimée par Lui (Jésus), car, dans cette vie-là, elle était la sœur de Marthe et de Lazare [...].

Dans l'incarnation encore avant, elle était en Égypte, au moment des dissensions entre le Grand Prêtre et le souverain. Elle était l'un des conseillers du souverain, et apporta au Grand Prêtre exilé le premier message lui offrant de revenir.

Et, après le retour du Grand Prêtre, elle fut chargée de la musique dans le Temple ; on pourra retrouver certaines de ses compositions musicales de ce temps-là, lorsque la première des pyramides sera ouverte [...]. Dans l'incarnation encore antérieure, elle vivait dans le pays connu comme atlante. L'entité était alors la princesse de ce pays-là, elle fit l'expérience de splendeurs fastueuses, qu'elle ne sut pas utiliser de la manière qu'il aurait fallu [...]. (Lecture 295-1.)

Dans une lecture ultérieure, Cayce mentionna deux autres incarnations, l'une en Angleterre médiévale, et l'autre en Perse (contemporaine de l'imprononçable Uhjltd !).

Cette entité féminine est intéressante pour nous à plusieurs titres : d'abord parce qu'en tant que fille de Louis XVI, elle appartient à l'Histoire de France. Ensuite parce que, comme d'innombrables incarnations françaises, c'est une ancienne Égyptienne. Et, enfin, parce qu'en tant que Marie-Madeleine, elle fait partie de notre folklore national. Rappelons, en effet, que Marie de Magdala, (Maguelonne en provençal), aurait, selon la Tradition, fini ses jours en Provence. La légende raconte qu'à la suite de persécutions en Palestine, elle fut abandonnée en mer, sur un méchant rafiot, avec son frère Lazare, sa sœur Marthe et leurs domestiques. Que l'embarcation atterrit miraculeusement au lieu-dit aujourd'hui : « Les Saintes-Maries-de-la-Mer », et que, de là, toute la famille se répandit dans les Gaules pour les évangéliser. Lazare monta à Paris (où il a encore une gare !), Marthe purgea le Rhône du monstre qui terrorisait les riverains : la « Tarasque » (d'où la ville de Tarascon). Quant à Madeleine, elle se retira dans une grotte sauvage de la montagne, pour y vivre en ermite. Elle y fut enterrée, dans une tombe qui est restée secrète ; d'où aujourd'hui le nom de la montagne : la Sainte-Baume (ou grotte). J'ai lu et relu les lectures de Cayce : il ne parle pas de ces traditions. Il faut dire aussi qu'il n'y avait dans son entourage aucun Provençal pour lui poser la question (le célèbre amiral de Grasse, qui bénéficie d'un monument à Virginia Beach, étant mort depuis deux siècles !).

Lazare lui-même, frère de Madeleine, apparaît dans une consultation donnée pour un naturopathe. Ce consultant-là, un célibataire de cinquante-six ans, — né en Inde, de parents persans — donnait des conférences de philosophie aux États-Unis. Avant d'avoir été Lazare, il avait été, comme sa sœur, atlante, puis égyptien sous le nom de Ra-El-La, ce qui est presque un anagramme de Lazare ! Je l'ai cité au chapitre sur l'Égypte ancienne, comme l'un des rédacteurs du *Livre des Morts* (lecture 1924-1). C'est peut-être pour cela qu'il eut droit à une petite résurrection personnelle...

Pour en terminer avec cette remarquable famille, parlons de Marthe. J'ai retrouvé sa lecture, qui a été donnée pour une « Female, 45 years, protestant » — c'est-à-dire une femme de quarante-cinq ans, protestante, une célibataire endurcie qui vivait avec sa sœur (mais pas Madeleine, cette fois !).

Il est vrai que ni les Évangiles ni le folklore provençal ne mentionnent un quelconque mari de Marthe... Pas plus qu'une épouse de Lazare !

La lecture donnée pour le beau-frère de Jésus, que nous avons vu apparaître plus haut, est intéressante parce qu'elle analyse l'ensemble des relations économiques, politiques et sociales, entre Rome et ses provinces, particulièrement la Judée.

Philoas, donc :

... épousa la sœur du Maître, Sa seule sœur (souligne Cayce) *et fut même marié par Lui, avec cette sœur qui avait reçu une éducation en Grèce et à Rome, à cause des relations de sa famille avec certains des Juifs qui étaient proromains.* (Lecture 1151-9.)

Philoas, Romain élevé à la grecque, semble avoir été un très haut fonctionnaire envoyé en poste en Palestine. D'après la lecture :

Il fit à Rome un rapport favorable aux chrétiens [...]. Ce qui fut pris en considération par l'Empereur, à Rome, et amena des décisions administratives conformes aux suggestions de l'entité. Pilate fut déplacé, et remplacé. (Lecture 1151-10.)

Le consultant à qui fut donnée cette lecture était, en Amérique au XXe siècle, un personnage important : il jouait un rôle de médiateur entre patronat et syndicats. Voici les conseils que lui donne Cayce :

A chacun de ces groupes, qu'ils soient syndicats ou patrons, tu as à rappeler constamment qu'ils doivent être animés par un idéal [...]. Tu dois savoir [...] que tu es le canal par lequel devra passer l'esprit d'amour fraternel, l'esprit de coopération, l'esprit de patience et de charité pour tous [...]. Cet esprit même fut à la base de la puissance de l'Empire romain. Et c'est seulement lorsque cet esprit commença à faiblir, sous le poids de l'égoïsme et de la recherche de vaine gloire, que cette puissance de Rome déclina. Car elle avait oublié son but: être la gardienne de son frère. (Même lecture.)

Philoas fut aussi l'un des « pèlerins d'Emmaüs », auxquels le Christ apparut après la Résurrection (Évangile de Luc) :

L'entité fut de ceux qui proclamèrent très haut la Résurrection [...], car il était là, le jour où le Christ apparut sur la route d'Emmaüs. (Lecture 1151-1.) *Et il voyagea avec Lui.* (Lecture 1151-3.)

Toutes les vies ne font pas apparaître, tant s'en faut, des personnages célèbres ou remarquables de l'Évangile. Une foule d'acteurs obscurs émergent des lectures, par exemple, Sobol, pleureuse professionnelle engagée pour l'enterrement de Lazare (2787) ; ou bien Joël, et Thaddeus, bergers le soir de Noël (1859 et 262) ; ou Adhar, petite sœur de Jean-Baptiste, morte de honte de la façon dont son frère s'affublait de peaux de mouton... Si bien que dans la vie suivante, elle avait une idée fixe : être à la pointe de la mode ! (Et qu'aujourd'hui encore, elle y attache une grande importance, lecture 1000-14.) Les lectures donnent le nom d'une foule de disciples de Jésus, d'obscurs sympathisants, ou d'opposants. Tous les épisodes connus des Évangiles défilent sous nos yeux, vus à travers l'histoire personnelle de spectateurs inconnus. Il y a plus de 500 lectures sur cette époque. Parmi celles-ci, deux ensembles tout à fait insolites sur la jeunesse du Christ et sur une vie judéo-romaine de Cayce.

Oui, qu'a-t-il fait entre douze ans (où ses parents le retrouvent au Temple parmi les rabbis), et trente ans, début de sa vie publique ?

Les Évangiles officiels sont muets là-dessus. Au contraire, les évangiles apocryphes, les récits de mystiques, parlent des voyages de Jésus en Inde (où il aurait laissé des traces à Srinagar au Cachemire), et au Tibet. Certains récits font allusion à des séjours en Perse, en Égypte. De nombreuses légendes locales, dans ces pays, s'en font l'écho.

DONNEZ DES DÉTAILS SUR L'ÉDUCATION DE JÉSUS ENFANT.

De six à seize ans, elle consistait à connaître les commandements de la Fraternité essénienne. Mais l'enfant apprit la Loi juive aussi, ou Loi mosaïque, de cette époque [...]. Et rappelez-vous qu'Il était normal, et se développa normalement. (Lecture 1010-17.)

Dans les lectures apparaît la gouvernante de Jésus, à la fois garde du corps et institutrice, mais ce n'était pas une bonne d'enfants ordinaire.

Elle appartenait à ce groupe d'Esséniens dirigés par la prophétesse Judy qui interprétaient les documents anciens continuant la tradition venue d'Égypte, depuis le Temple de la Beauté et le service du Temple du Sacrifice. Ainsi, lorsque fut venu le temps où Marie devait épouser Joseph et donner naissance au Messie, au Prince de la Paix [...], au Sauveur [...], Judy ordonna de choisir quelqu'un pour accompagner les parents en Égypte [...]. Ce fut Josie qui fut désignée par ceux de la Fraternité, quelquefois appelée Fraternité Blanche aujourd'hui [...]. Dans ce voyage, il n'y avait pas seulement Joseph, Marie, Josie et l'Enfant, mais d'autres groupes qui précédaient ou suivaient, organisés en vue de la protection physique indispensable à l'accomplissement de la Promesse [...].

Le séjour en Égypte se passa près de la ville d'Alexandrie [...]. Et l'un des travaux assignés à Josie était d'étudier certains documents qui avaient été en partie conservés dans les bibliothèques de l'endroit, car la Fraternité essénienne s'y intéressait.

ET QUELLE ÉTAIT LA NATURE DES ARCHIVES QUE DEVAIT ÉTUDIER JOSIE EN ÉGYPTE ?

Ces mêmes documents auxquels les Mages venus d'Orient

avaient fait allusion en disant : « D'après ces documents, nous avons vu Son Étoile. » Il s'agissait, comme on le dirait aujourd'hui, de prévisions astrologiques, aussi bien que d'une masse d'informations rassemblées au fil des siècles par tous ceux qui s'étaient intéressés à la venue du Messie [...]. Tous ces documents traitaient non seulement de ce que devraient faire les parents (de Jésus), mais encore de leurs lieux de séjour, des caractéristiques qu'auraient ceux [...] qui seraient en contact avec l'Enfant ; et comment les vêtements portés par Lui guériraient les autres enfants [...]. Car Son corps, étant parfait, rayonnait la santé, la vie elle-même. Exactement de la même manière qu'aujourd'hui, certains individus émettent des vibrations de santé et de vie, par leur être spirituel, vibrations qui détruisent n'importe quelle forme de maladie physique ! (Lecture 1010-12.)

Ainsi, ces deux femmes exceptionnelles — la gouvernante — archiviste, et la prophétesse, dirigèrent toutes les études élémentaires de Jésus.

VOUDRIEZ-VOUS NOUS DONNER, S'IL VOUS PLAÎT, MONSIEUR CAYCE, UN RÉSUMÉ DE LA VIE ET DES ACTIVITÉS DE JÉSUS LE CHRIST, DEPUIS SA NAISSANCE, JUSQU'AU COMMENCEMENT DE SON MINISTÈRE EN PALESTINE AUTOUR DE SA TRENTIÈME ANNÉE, AVEC LES LIEUX, LES VOYAGES, LES ÉTUDES, ETC.

[...] Pendant sa jeunesse, en accord avec lois et coutumes, Il vécut dans la maison de son père. Ensuite, Il fut pris en charge par ses maîtres [...], d'abord en Inde, puis en Perse, puis en Égypte, puisqu'il est écrit : « Mon fils sera appelé en Égypte. » Quant à ses études, c'était une partie du programme de préparation établi pour Lui (par Judy). Elles comportaient en premier lieu l'étude des bases de la Loi. Et, la Loi, dans le Grand Initié, doit se manifester par l'amour, la pitié, la paix, afin que soit pleinement accompli le but pour lequel Il fut appelé. (Lecture 5749-2.)

EST-CE QU'IL EXISTE ENCORE QUELQUE PART DES MANUSCRITS DONNANT CES INFORMATIONS QUI NOUS MANQUENT ? ET SI OUI, EST-CE QU'ON VA LES DÉCOUVRIR BIENTÔT ?

Il y en a qui sont des faux. Tous ceux qui ont existé — les textes d'origine — ont été détruits lors des troubles d'Alexandrie. (Lecture 2067-7.)

S'IL VOUS PLAÎT, PARLEZ-NOUS DE L'ÉDUCATION DE JÉSUS EN

PALESTINE, DES ÉCOLES QU'IL FRÉQUENTA, ET COMBIEN DE TEMPS, ET CE QU'IL Y ÉTUDIA, ET SOUS QUEL NOM IL ÉTAIT INSCRIT ?

Sa scolarité en Palestine ne dura que le temps de son séjour dans le Temple — la période où Il était à Jérusalem, comme le raconte Luc, au milieu des rabbins et des professeurs. Ses études en Perse, en Inde, en Égypte, couvrirent de bien plus longues périodes. Dans les écoles, Il était toujours inscrit sous le nom de Jeshua.

PARLEZ-NOUS DES ÉTUDES DE JÉSUS EN ÉGYPTE, DANS LES ÉCOLES ESSÉNIENNES D'ALEXANDRIE ET D'HÉLIOPOLIS (AUXQUELLES CAYCE AVAIT FAIT ALLUSION PLUSIEURS FOIS, VOIR AUSSI LE CHAPITRE SUR L'ÉGYPTE ET LA GRANDE PYRAMIDE), QUI ÉTAIENT SES PROFESSEURS, ET SUR QUOI PORTAIENT LES ÉTUDES ?

Ce n'était pas à Alexandrie, mais plutôt à Héliopolis qu'Il fit les études qui menaient à la prêtrise, c'est-à-dire la préparation des examens et leur passage — comme le fit aussi Jean (le Baptiste). Ils étaient chacun dans une classe différente. (Lecture 2067-7.)

L'examen en question se terminait par l'initiation dans la Pyramide.

S'IL VOUS PLAÎT, DÉCRIVEZ LES CONTACTS DE JÉSUS AVEC LES ÉCOLES DE PERSE. EST-CE QUE C'EST À HÉLIOPOLIS QU'IL ÉLABORA UNE MÉTHODE DE MÉDITATION DANS LE SILENCE (dans le texte : « Entering the silence », ET QU'IL MANIFESTA SES POUVOIRS DE GUÉRISSEUR ?

Cela, c'était plutôt son activité en Perse, dans la « Ville des Collines ». L'Égypte, elle, centralisait alors les enseignements venus de nombreux pays. Car là était le centre magnétique et vibratoire du rayonnement de la Terre. (Lecture 2067-7.)

COMBIEN DE TEMPS JÉSUS RESTA-T-IL EN INDE ?

De treize à seize ans. Une année de voyage en Perse. Il passa la plus grande partie de son temps en Égypte, en études... Comme le démontreront largement les documents qui seront découverts, et qui sont encore enfouis dans la Pyramide... Car c'est là qu'étaient instruits les initiés. (Lecture 5749-2.)

DÉCRIVEZ-NOUS LES ENSEIGNEMENTS QUE JÉSUS REÇUT EN INDE.

Ils portaient sur la manière de purifier et de désintoxiquer le corps, de le fortifier physiquement, aussi bien que mentalement. Dans ses voyages en Perse, Jésus étudia la médecine, et les moyens de coordonner les énergies des corps (physique, mental et spirituel) *selon l'enseignement donné là par Zu, et par Ra en Égypte, ce qui avait été la base des enseignements dans le Temple.* (Lecture 5749-2.)

EST-CE QUE JÉSUS EN INDE [...] ÉTUDIA À BÉNARÈS AVEC LE MAÎTRE INDIEN UDRAKA ?

Il y fut trois ans. Le maître s'appelait Arcahia.

EST-CE QU'IL SUIVIT L'ÉCOLE DES ESSÉNIENS À JAGANNATH EN INDE ?

Toutes les écoles étaient en partie dérivées des écoles esséniennes. Mais ce n'était pas l'essénisme pur, tel qu'il était pratiqué au Carmel. (Lecture 2067-7.)

A quelqu'un qui lui demandait si Jésus avait étudié en Grèce chez les philosophes, qui l'auraient appelé, Cayce répondit que :

Jésus n'avait jamais été séduisant pour la sagesse mondaine.

De toute façon, la « fameuse sagesse grecque » tire toutes ses sources de l'Égypte ancienne. Comme des études récentes l'ont démontré, tous les grands philosophes grecs firent le voyage d'Égypte pour s'y instruire, y compris Pythagore et son théorème ! On avait oublié que le « miracle grec » est un enfant des Pyramides...

Lucius, évêque de Laodicée

En décembre 1937, Edgar Cayce, de passage chez son ami D.E. Kahn, donna une lecture pour une consultante d'âge mûr, une New-Yorkaise d'une grande élégance et d'une rare beauté. Et ce fut la surprise :

L'entité a vécu au temps où le Maître marchait sur Terre [...]. Elle fut parmi ces gens descendus de leurs collines, qui assistèrent à l'entrée triomphale de Jésus à Jérusalem. Elle s'appelait Mariaerh. [...] Elle avait grandi dans les collines de Judée, près de chez Élizabeth et Zacharie. C'est pourquoi, dès sa plus tendre enfance, elle avait entendu parler de Jésus, ce jeune homme qui était venu visiter Jean, juste avant le début de son ministère. La famille de l'entité était juive, mais d'un groupe [...] qui s'était séparé du judaïsme orthodoxe, c'est-à-dire les Samaritains. Elle descendit à Jérusalem à l'âge de quatorze ans, la majorité pour une femme, l'âge nubile, pour y être inscrite à l'état civil. [...] Elle en profita pour rendre visite à des cousins âgés, dont sa parente Élizabeth. Et c'est alors qu'elle était à Jérusalem que Jésus y fit son entrée triomphale, venant de Béthanie. Ce fut la première fois que l'entité entendit parler de l'événement qui avait eu lieu dans cette localité : la résurrection de Lazare. Elle entendit aussi parler des activités auxquelles était mêlée sa famille. C'est ainsi que, dès sa jeunesse, l'entité connut la plupart de celles qui travaillaient dans le groupe appelé plus tard : « Les Saintes Femmes. » Elle partagea leurs activités : ce fut toute une époque de sa vie [...]. Plus tard, lors de la Pentecôte, elle fut parmi les dix premières personnes à être baptisées ce jour-là [...].

Puis elle rencontra un certain Lucius, un parent de Luc, avec lequel elle travailla en étroite collaboration. Et ce Lucius, c'est l'entité qui est maintenant appelée Cayce, à travers qui sont données ces informations [...].

Avec Lucius, l'entité partagea tous les travaux missionnaires, toutes les charges du ministère pour la fondation de la nouvelle église à ses débuts [...]. Et elle alla avec lui à Laodicée, où prêcha Paul ; et là, elle l'aida dans toutes ses activités, comme sa compagne, son aide, son épouse. (Lecture 1468-2.)

Arrivé à ce point, Cayce éternua, et s'arrêta au milieu d'une phrase. Puis, une fois réveillé, et informé de ce qu'il avait dit dans son sommeil, il ajouta :

On finira plus tard, dans une autre lecture. On a suffisamment matière à réflexion comme ça aujourd'hui. Ces informations sont assez ahurissantes pour nous...

Quelques jours après, Cayce écrivit à son ex-femme de Palestine :

Il faudra que je vous revoie pour que nous parlions de tout cela... J'espère que vous n'êtes pas trop horrifiée. Mais réfléchissez-y.

La dame répondit par retour du courrier : CHER MONSIEUR CAYCE, ... JE NE SUIS PAS HORRIFIÉE ! JE PENSE QUE MA LECTURE, OUI, EST SIDÉRANTE... JE SUIS BIEN ÉTONNÉE D'AVOIR PU ÊTRE L'ASSISTANTE D'UN PERSONNAGE AUSSI IMPORTANT... ET VOUS, EST-CE QUE VOUS SAVIEZ, AVANT CETTE LECTURE, QUE VOUS AVIEZ ÉTÉ LUCIUS ? Et la dame de remarquer que c'est un personnage cité dans le Nouveau Testament.

Réponse de Cayce quelques jours après :

Non, nous n'avions pas eu de certitude bien définie que j'aie pu être ce Lucius, et de cette manière-là, dans la lecture de vie générale que j'avais déjà eue. Cette révélation devait venir en son temps, avec vous... Si je l'avais su avant, cela n'aurait pas signifié grand-chose pour moi à cette époque. Je vais maintenant demander pour moi une lecture plus complète de mes vies antérieures. Et je suis très anxieux de savoir ce qu'elle dira...

Ce qu'il fit... Et voici le résultat :

Oui, nous avons devant nous les dossiers concernant l'entité appelée aujourd'hui. Edgar Cayce, et ses expériences de vie sur le plan terrestre, en tant que Lucius de Cyrène, c'est-à-dire connu dans la première partie de cette vie-là comme Lucius Septulus, d'une famille gréco-romaine de la ville de Cyrène.

Dans sa jeunesse, Lucius avait la réputation plutôt d'un bon à rien. Il traînait à droite et à gauche, et devint ce que l'on appellerait aujourd'hui un soldat de fortune. (Lecture 294-192.)

Le lecteur aura remarqué que c'est la troisième incarnation successive où Cayce fait plus ou moins le métier de soldat : en tant qu'Uhjltd, il s'était battu à la tête de sa tribu. Ensuite à la guerre de Troie, en tant que Xénon. Et le revoilà dans les armées romaines Les séquences de vie se suivent... et se ressemblent !

A l'époque où Jésus exerça son ministère dans la région de Jérusalem, Lucius y vint. Intéressé par les activités des disciples, et la grandeur des leçons données par le Maître, il traînait à leur suite, comme un parasite ; mais en ayant l'idée que le temps était venu d'une révolte contre les légions romaines, contre le pouvoir de Rome ; et l'entité Lucius attendait que cela arrive, et le souhaitait. Il s'efforçait dans ce dessein de prendre des contacts et de se tenir au courant des mouvements politiques à Rome et parmi les Juifs, ainsi que des décrets de toute nature qui étaient promulgués. L'entité était méprisée des Juifs de l'entourage du Maître. Cependant, il se fit embaucher parmi les soixante-dix disciples chargés d'enseigner. Cherchant de plus en plus à se rapprocher du Maître, Lucius avait contre lui d'être un étranger : aussi ne fut-il pas retenu comme apôtre. [...]

Après la Crucifixion, au moment de la Pentecôte, Lucius assista à cette réunion où se manifesta l'Esprit, où Pierre parla « en langues », bien qu'il parlât dans son propre dialecte, son message fut entendu par chaque auditeur dans sa propre langue !

Cela impressionna tellement Lucius qu'il se reconvertit intérieurement et décida de se dévouer totalement. Depuis lors, il collabora étroitement avec disciples et apôtres.

Mais lorsque commencèrent les persécutions, et qu'on devait choisir ceux qui deviendraient diacres, comme Philippe ou Étienne, Lucius fut à nouveau rejeté, à cause de ses relations avec un certain Saül, plus tard appelé Paul. Car ce dernier était un de ses compatriotes de la région de Tarse, et citoyen romain comme lui. On lui posa des questions sur sa « judéité », bien que Saül (c'est-à-dire Paul) eût témoigné qu'il était juif. Et c'était vrai : la mère de Lucius était de la tribu de Benjamin, mais pas son père.

Il s'ensuivit tout un débat sur l'opportunité de donner des postes de responsabilité, dans l'Église, à des hommes qui n'étaient pas descendants de parents juifs. Toujours la même question : est-ce que la Parole était destinée seulement au peuple de Jésus, aux Juifs ? Pendant le séjour de Lucius à Jérusalem, avant les grandes persécutions où Jacques fut décapité et Étienne lapidé, cette question se posa de nouveau. Car Lucius, grâce aux relations de sa compagne, ou femme, comme on dirait aujourd'hui, vivait entretenu par Marie (Madeleine), Marthe et Lazare. Ceux-là aussi se demandaient ce qu'ils devaient faire de lui. On confond souvent Lucius avec Luc, qui étaient parents. Ils eurent l'occasion de coopérer étroitement après la conversion de Saül devenu Paul, qu'ils assistèrent de plus en plus. Lorsque Lucius fut accepté par Paul, il se décida à retourner dans sa patrie avec sa compagne, pour fuir les persécutions, et y établir une église. C'est ainsi que, dans la dernière partie de sa vie, il devint évêque, c'est-à-dire le directeur, le président de l'assemblée des prêtres, ou presbytère. C'est ainsi qu'on appelait le prêtre, ou le père, ou le haut conseiller, dans ces premiers temps de l'Église, c'est-à-dire celui à qui l'on soumettait en dernier ressort toutes les questions de théologie ou de droit [...]. Dans ces matières, l'évêque avait le dernier mot, sauf si, après son verdict, on faisait appel au jugement de l'Église de Jérusalem, c'est-à-dire des Apôtres eux-mêmes. De temps en temps, certains débats amenaient des divergences. Comme, par exemple, la question qui fut posée par Paul et qui agita fort les gens de la région, de savoir si les évêques devaient être mariés [...]. Ainsi, des désaccords survinrent entre Lucius et Paul. (Lecture 294-192.)

Cependant, dans l'Évangile, Pierre semble être marié, puisque Jésus guérit sa belle-mère ! Détail confirmé d'ailleurs par les lectures, qui ajoutent que l'apôtre Thomas, lui aussi, était marié. Comme Lucius :

Ce qui amena dans sa vie bien des problèmes entre lui et sa femme. D'abord, parce qu'elle était beaucoup plus jeune que lui. Et ensuite, parce qu'ils n'avaient pas d'enfants. La crise arriva au point qu'ils se séparèrent, et elle s'en alla vivre avec [...] la prophétesse Judy, Élizabeth et Marie, mère du Seigneur [...].

Finalement, après que ces dernières, qui étaient des personnes d'âge mûr et d'expérience, eurent conseillé la jeune femme, celle-ci fut ramenée à Lucius [...].

Alors vint une période où ils furent de nouveau très unis. Et avec la naissance d'un enfant, vint un temps de paix et de bonheur, à la fin de la vie de Lucius [...].

Et vraiment, l'entité en tant que Lucius peut avoir une très bonne et puissante influence sur la vie actuelle de l'entité en tant que Cayce ! (Même lecture.)

La misogynie de l'apôtre Paul, du moins son incompréhension des problèmes conjugaux, est encore plus flagrante dans la suite des lectures de Mariaerh :

Oui, dit Cayce à mi-voix, reprenant l'histoire, Mariaerh la Samaritaine, venant des collines de Judée, compagne, c'est-à-dire épouse de Lucius de Cyrène, évêque de l'Église de Laodicée [...] Oui. Lorsque Lucius fut nommé à la tête de l'Église de Laodicée par Paul et Barnabé, et que l'entité travaillait à aider son mari dans son ministère, elle traversa une dure épreuve, à cause des enseignements de Paul. Celui-ci estimait que les principaux chefs des églises [...] devaient, comme condition préalable à leur ordination comme évêques, être célibataires. Et cela ajouté au fait que Mariaerh n'avait pas d'enfants, elle se sentit particulièrement visée par les sermons de Paul [...]. Et d'autant plus qu'elle était bien plus jeune que Lucius ! Cela amena de grands chagrins à l'entité [...].

[...] Ce fut seulement beaucoup plus tard qu'un fils lui naquit, fils qui grandit en grâce et en faveur devant tous [...]. Elle vécut jusqu'à l'âge de soixante-neuf ans, et vit ce fils, Sylvius, choisi et consacré par ses supérieurs au service du Maître. (Lecture 1468-3.)

La séparation d'avec son mari dut être d'autant plus amère pour la pauvre Mariaerh... qu'une autre femme semble y avoir été mêlée, une admiratrice de Paul, qui faisait la pluie et le beau temps partout où elle passait. C'est en tout cas ce que raconta une lecture donnée un an après ! (comme quoi le clergé chrétien, déjà misogyne, ne brillait pas par sa compréhension des problèmes familiaux...) Cayce le notera plus particulièrement dans la lecture 1404-1, où il parle, à propos de l'Église :

... de son incompréhension des valeurs spirituelles de la vie de famille.

Dans d'autres incarnations, avant cette vie judéo-romaine, Mariaerh avait déjà connu son Lucius, en tant qu'Uhjltd, en Perse, dans une époque troublée où elle avait été quelque chose comme infirmière. Et encore avant, en Égypte, où elle avait accompagné Ra-Ta dans son exil (voir chapitres précédents).

Je crois qu'il est intéressant pour mes lecteurs de leur donner davantage de détails sur le cas Mariaerh, parce qu'il illustre assez bien les mécanismes de la réincarnation.

Dans cette vie-ci, la consultante était déjà deux fois divorcée. Pourquoi ? demanda-t-elle à Cayce. Parce que, répondit-il en substance, elle avait tiré de sa vie palestinienne une piètre idée du mariage, Paul s'étant chargé de lui empoisonner l'existence avec sa maxime : « Celui qui se marie fait bien, celui qui ne se marie pas fait mieux ! »

Toute une suite de correspondance s'échangea entre la dame norvégienne et Cayce, analysant et commentant chaque paragraphe de chaque lecture donnée pour elle. Elle nota le fait que ses deux maris avaient été beaucoup plus âgés qu'elle — comme Lucius !

Que ses parents, comme ceux de Mariaerh, préféraient les églises contestataires, estimant les églises officielles tout à fait sclérosées. Ils s'étaient sentis attirés par la « Science chrétienne » (Christian Science), où elle-même travailla des années. Dans ce groupe religieux, elle avait vécu, écrivait-elle à Cayce, exactement les mêmes problèmes que la pauvre Mariaerh. C'est-à-dire qu'elle avait dû subir d'orageuses discussions sur le thème : « Faut-il ou non se marier pour servir convenablement l'Église ? Et, si oui, faut-il faire un mariage seulement " spirituel " ? » Problème qui l'avait perturbée pendant des années !

A la Fondation Cayce, chaque lecture est suivie d'un dossier, constitué en général des lettres du consultant à la suite de la lecture, de la réponse de Cayce, etc. C'est particulièrement intéressant dans le cas de la réincarnation, parce que l'intéressé(e) peut donner des détails confirmant éventuellement la véracité des vies antérieures données. Dans le cas de Mariaerh, s'il n'y a pas de « preuves » à proprement parler, parce qu'il s'agit d'une vie trop ancienne, il y a au moins des coïncidences troublantes. Cayce ne connaissait pas cette dame avant la première consultation. Il est remarquable qu'il ait mis le doigt sur LE problème qui la tourmentait depuis toujours !

Ils s'écrivirent beaucoup... Ce n'est pas tous les jours qu'on retrouve sa femme d'il y a vingt siècles ! Plus tard encore, il lui donnera d'autres lectures, avec beaucoup de détails. L'une sur une vie « early America » entre 1794 et 1812 :

[...] L'entité fit partie d'un groupe, ou d'une secte, appelée les Amis (Quakers). Elle venait des environs d'Oslo, en Norvège, et s'installa dans la « Ville de l'amour fraternel » (entendez : Philadelphie, même sens en grec). *L'entité était jeune, elle n'avait que quatre ans, lors de ce voyage. Ses parents s'appelaient Abigaïl et Joseph, pas Joseph comme on dit ici, mais en norvégien : Joda [...]. Sa mère actuelle était alors sa plus jeune sœur, née dans le nouveau pays.* (Lecture 1468-4.)

Or la consultante de Cayce était une Américaine d'origine norvégienne. Ce cas illustre bien un fait fréquent dans les séquences d'incarnations : la transition progressive d'une nationalité à l'autre, les gens choisissent de préférence, en se réincarnant, une famille qui leur rappelle un pays où ils ont déjà vécu !

La dame écrivit à Cayce :

CELA M'ÉTONNE QUE JE SOIS VENUE DE NORVÈGE. CAR, BIEN QUE J'AIE AUTREFOIS ÉTÉ PERSUADÉE AVOIR EU UNE INCARNATION NORVÉGIENNE, J'AVAIS FINI PAR PENSER QUE JE FAISAIS PLUTÔT PARTIE DE LA COLONIE DES SUÉDOIS QUI IMMIGRÈRENT PAR ICI. JE NE SAVAIS PAS QU'IL Y AVAIT EU DES IMMIGRANTS NORVÉGIENS AUSSI. [...] LES NORVÉGIENS ME PARAISSENT BEAUCOUP PLUS RAFFINÉS QUE LES SUÉDOIS ! A SEIZE ANS, MA MÈRE M'A EMMENÉE EN NORVÈGE VISITER DES GENS, ET J'AI IMMÉDIATEMENT ADORÉ CE PAYS ! J'AI PLEURÉ QUAND IL A FALLU REPARTIR... SI QUELQU'UN PASSE DANS LA RUE, ICI, ET PARLE NORVÉGIEN, JE TRAÎNE EN TENDANT L'OREILLE, ET JE COMPRENDS PRESQUE TOUJOURS DES BRIBES DE CE QUI SE DIT [...]. J'AI PERDU MES

PARENTS À SEIZE ANS, ET DEPUIS L'ÂGE DE VINGT ANS, JE N'AI PLUS JAMAIS CONNU DE NORVÉGIENS. AU FUR ET À MESURE QUE LES ANNÉES PASSENT, MON AMOUR POUR LA NORVÈGE ET LES NORVÉGIENS NE FAIT QU'AUGMENTER... QUANT À MA MÈRE, QUI AURAIT ÉTÉ MA JEUNE SŒUR DANS CETTE VIE PRÉCÉDENTE, IL M'A TOUJOURS SEMBLÉ ÊTRE LA PLUS VIEILLE DES DEUX, ET J'AI SOUVENT DIT QUE, SI ELLE AVAIT VÉCU, C'EST MOI QUI L'AURAIS PRISE EN CHARGE !

Au cours d'une des consultations, la dame demanda encore : EST-CE QUE, DANS CETTE EXPÉRIENCE DE VIE AMÉRICAINE, J'AI ÉTÉ ASSOCIÉE AVEC EDGAR CAYCE ? (Qui eut une, sinon deux, incarnations américaines avant d'être Cayce.)

Vous l'avez connu, mais ne lui avez pas été physiquement associée. (Lecture 1468-4.)

Edgar raconta qu'il avait rêvé d'elle lorsqu'elle était cette jeune fille de Philadelphie. Il la décrit :

Grande, très blonde, avec des cheveux très longs, des yeux bleu noisette, une figure ovale allongée. Elle portait une robe à crinoline presque noire, avec des parements et un col blanc.

La consultante répondit que lorsqu'elle était petite, elle était obsédée par le désir d'avoir des cheveux longs... Dans l'une des lectures, Cayce lui dit aussi que dans cette vie en Amérique, elle jouait beaucoup de piano, et très bien. La dame répondit qu'elle continuait à aimer la musique, et que, lorsqu'elle était enfant, elle ne cessait de pianoter partout, du bout des doigts... Elle ne pouvait s'en empêcher, ce qui horripilait ses parents ! Je ne donne pas ici les mille et un détails qui concordent avec le contenu des lectures... Mais encore ceci :

Auparavant, l'entité était en Norvège, dans ce qui est maintenant une partie du Helzen Fjord. Sa vie fut si difficile qu'elle prit congé de toute sa famille en se suicidant. C'est pourquoi, aujourd'hui, elle souffre parfois d'une si grande solitude

(et c'est pourquoi aussi elle écrivait de si longues lettres au cher Edgar !).

Elle s'appelait alors Amele Schwelenger. Et [...], après la naissance de son second enfant [...] elle se détruisit en se jetant dans les eaux du fjord. C'est ce qui explique qu'aujourd'hui, l'entité souffre si souvent de dépression, de découragement. La raison pour laquelle cette information n'a pas été donnée au début des lectures, c'est qu'elle aurait risqué de vous plonger dans la condamnation de vous-même et la démoralisation [...]. Quant à la date de cette vie-là : 1592. (Lecture 1468-6.)

Dans cette lecture, Cayce lui dit aussi qu'elle avait eu, en plus, deux autres incarnations grecques : l'une à Corinthe en 1028, et l'autre, beaucoup plus ancienne, au temps de Périclès, où elle travaillait en contact étroit avec celui-ci et son égérie Aspasie.

Dans la vie actuelle, la consultante, directrice d'une agence de relations publiques, évolue dans le beau monde... ET SE REND COMPTE, dit-elle à Cayce, DU DANGER D'ÊTRE FASCINÉE PAR L'ARGENT ET LE SNOBISME... »

9.

La double vie de John Bainbridge

Après son incarnation comme Lucius, nous retrouverons Edgar Cayce réincarné — deux fois de suite — selon les lectures, en Amérique du Nord, sous le nom de Bainbridge. Cela se passait dans les immenses régions où la soif de conquête attirait les Européens en mal d'aventures — ce que nous appelons le Far West — mis à part le fait que Bainbridge n'était pas un cow-boy, mais un soldat anglais :

Dans la vie juste avant celle-ci [comme Edgar Cayce] *nous retrouvons l'entité dans le même pays qu'aujourd'hui. Mais c'était un soldat des armées anglaises, à l'époque de leur progression dans les Grandes Plaines. Son nom était John Bainbridge. Dans cette vie-là, il était né en Angleterre, en Cornouailles. Instruit et formé dans les forces armées canadiennes, il arriva ensuite dans ces plaines connues maintenant comme l'Amérique, c'est-à-dire les États-Unis. Il mourut noyé en traversant la rivière lors d'une bataille, près de son actuelle résidence* [Dayton, Ohio]. *Dans cette vie-là, juste avant celle-ci [...], il mena l'existence d'un aventurier, au temps où les armées royales anglaises, dont il était, entrèrent dans ce pays pour le coloniser. Il était en relation avec un groupe de colons qui avaient débarqué sur la côte Est de cette terre nouvelle qu'on appelle aujourd'hui la Virginie. Cela se passait près de ce qui est maintenant la station balnéaire appelée Virginia Beach. John Bainbridge participa à un raid sur les côtes Sud du pays et en réchappa. Puis avec les forces armées qui progressaient vers l'intérieur, il traversa les villes de cette région-ci, villes dont beaucoup lui sont bien connues dans sa vie actuelle.*

Il s'ouvrit un chemin vers les Grands Lacs, jusqu'à l'endroit où se trouve maintenant Chicago, et où existait alors un fort. Là, il participa à un combat au cours duquel il tenta de traverser l'Ohio. Et c'est là qu'il mourut. [...] Et, dans son actuelle évolution (en tant que Cayce), *on retrouve chez lui encore bien des traits de caractère venant de cette vie d'aventurier!* (Lecture 294-8.)

Pas cow-boy, mais play-boy...

Pendant ce séjour terrestre, il ne fut jamais marié, bien qu'il eût pas mal rôti le balai... (Lecture 294-8.)

En effet, un certain nombre de personnes qui vinrent consulter Cayce semblent avoir été mêlées à cette vie d'aventures. Parmi elles, plusieurs femmes qui auraient été les maîtresses de Bainbridge, dont une jeune Américaine de vingt-deux ans, blanche, qui apprit par sa lecture qu'elle aurait été une princesse indienne! Elle aurait aimé Bainbridge, qui l'aurait abandonnée, non sans avoir profité de sa fortune :

Parmi vos vies antérieures, celle qui influence le plus fortement votre vie actuelle [...], la voici : vous étiez une princesse indienne de la tribu de Powhatan en Virginie, et votre nom était : « Étoile qui se lève ». Cette princesse était la demi-sœur de la célèbre Pocahontas [...]. Elle appartenait donc à ces tribus indiennes que les premiers colons trouvèrent installées dans le pays [...]. Cette princesse avait des visions, elle faisait de la voyance par l'eau, par l'observation de la lune et des étoiles.

[...] Ou encore, elle interprétait les cris des chiens [...]. Étoile du Matin signa un traité de paix avec les nouveaux arrivants, et devint la maîtresse de l'un des colons. Vers le milieu de sa vie, elle vécut avec le dénommé Bainbridge. Or elle possédait une grande fortune terrienne, et cela lui apporta bien des chagrins. Car si elle perdit sur le plan moral, ce fut uniquement à cause de ce Bainbridge, de sa veulerie, de sa mesquinerie... A cause de lui, elle perdit foi et espoir, et confiance dans l'homme blanc. D'où, aujourd'hui [...] le peu de crédit qu'elle accorde aux individus. (Lecture 543-11.)

... A la fin de sa vie, Cayce disait qu'il sentait bien que sa pauvreté était la conséquence de son mauvais usage de l'argent d'autrui, en tant que Bainbridge. Cet oiseau volage perdait son temps dans :

... *d'innombrables escapades avec le sexe opposé.* (Lecture 294-8.)

Il semble avoir semé ici et là pas mal d'enfants illégitimes, qu'il ne se soucia guère d'élever. Comme par exemple, Clara Baindridge :

... *enfant de l'une des nombreuses compagnes de Bainbridge, dans cette vie impossible [« in what a life »* dans le texte !]. (Lecture 3635-1.)

Deux vies de suite sous le même nom : est-ce possible ?

Les premiers commentateurs de Cayce avaient identifié un seul Bainbridge. Or les lectures semblent dire que Cayce aurait eu deux incarnations, et non pas une, sous ce nom. Est-ce possible ?

La répétition du même prénom d'une vie à l'autre est assez fréquente dans les séquences d'incarnation données par Cayce (ainsi que par d'autres médiums).

Et si l'entité se réincarne dans la même famille — ce qui n'est pas rare non plus —, il peut y avoir également répétition du nom de famille. Un exemple, dans la descendance de Cayce lui-même : lorsque son fils Hugh Lynn eut un fils, il demanda à son père une lecture pour le nouveau-né. Cayce dit que cet enfant était la réincarnation de son grand-père à lui, Edgar. Et qu'il conseillait donc de lui donner le même prénom, Thomas !

Ainsi, le premier Baindridge, sujet anglais, aurait abordé le 7 octobre 1625 la côte américaine de Virginie :

Il y a juste 300 ans aujourd'hui, jour pour jour, heure pour heure, comme on les compte sur la Terre, que l'entité (Bainbridge, alias Cayce) *débarqua ici* (Virginia Beach !). *Vous voyez ?* (Lecture 294-39, donnée le 7 octobre 1925 à Virginia Beach, par Cayce pour lui-même.)

On sait que les premiers colons européens étaient arrivés en mai 1607, avaient fondé Jamestown* (un peu au sud de Was-

* Lire l'histoire de la fondation de Jamestown dans *Captain Smith,* de Georges Walter (Jean-Claude Lattès éditeur, Paris, 1980).

hington). Quelques années plus tard, John Rolfe, le premier planteur de tabac de Virginie, épousera Pocahontas, fille du chef algonquin Powhatan. Ces événements auraient été contemporains du Bainbridge qui avait débarqué en 1625, le premier John Bainbridge, celui du XVIIe siècle.

Mais une autre lecture dit que Bainbridge vivait en 1742, soit 117 ans plus tard après son débarquement en Virginie. Alors là, deux possibilités : ou bien la secrétaire qui a transcrit la lecture s'est trompée dans les dates — ce qui lui arrivait parfois ; ou bien il s'agit d'un second personnage, au siècle suivant. Cette dernière hypothèse semble confirmée par l'ensemble des textes :

Auparavant, nous trouvons l'entité comme un aventurier qui vint dans ce pays sous le nom de John Bainbridge [...]. Il perdit beaucoup sur le plan spirituel au cours de cette vie terrestre. Car ce fut une existence de vagabond... Beaucoup de gens avec lesquels il fut en contact souffrirent à cause de lui. D'où son retour rapide sur le plan terrestre et cette vie agitée, ces errances dans des décors qu'il avait connus dans son expérience précédente. L'entité était sur la Terre en 1742. (Lecture 294-19.)

Il s'agirait donc cette fois du second Bainbridge, celui du XVIIIe siècle. Rater une vie, la recommencer encore... et la rater, est-ce possible ? La tradition ésotérique l'affirme. Le cas Bainbridge, tout étonnant qu'il nous paraisse, serait un cas type de séquence de réincarnation « redoublée », comme le mauvais élève qui redouble sa classe (sans pour autant s'améliorer, comme il arrive souvent !).

De savants commentateurs ont comparé les lectures données à différents consultants qui auraient vécu au temps des premiers colons.

Par recoupement, deux époques apparaissent nettement, avec des personnages différents. Bien que les lectures semblent parfois confondre les deux Bainbridge, en voici une qui est claire :

Mr Cayce était dans les forces armées du pays du Nord, près de l'endroit où il vit actuellement (Dayton, Ohio). *Il campait à cet endroit. La destruction de son corps physique a souvent été soudaine — ici, par l'eau. Et, dans son incarnation précédente, juste avant, il fut le fondateur de Jamestown, en Virginie. D'où, toujours, l'appel du rivage.* (Lecture 5717-5.)

... Et le retour de Cayce à Virginia Beach, située tout près de Jamestown !

L'arbre gît où il est tombé

Ces trois vies successives d'une même entité (voilà que je me mets à parler comme Cayce !) éclairent pour nous une autre loi : nous reviendrions nécessairement aux endroits où nous avons créé du karma. C'est ce que j'appellerais le karma géographique... La vie d'Edgar Cayce entre Ohio et Virginie devait lui permettre de rattraper les bavures de ces deux vies de « bon à rien », ou de « vaurien » *wastrel,* comme il dit !), vécues au même endroit. Il y a beaucoup à méditer sur ce lien karmique de l'homme et du paysage qui l'entoure. Peut-être le paysan Cayce, qui toute sa vie aima jardiner et planter des arbres, avait-il une dette à l'égard de ce sol qu'il avait ravagé en tant que soldat ? (Car les soldats de ce temps-là n'avaient rien d'écologistes !) :

En tant que Bainbridge, l'existence terrestre de l'entité fut celle d'un vaurien — si on la considère en soi. Mais il avait à connaître les extrêmes du bien et du mal, dans sa propre expérience vécue, aussi bien que dans celle des autres. C'est pourquoi l'entité fut conduite dans cet endroit, parce que, comme a dit le Maître, l'arbre gît là où il est tombé. (Lecture 5755-1.)

Entendez : c'est à partir de l'endroit où il est tombé qu'il doit se relever !

Ces lectures attirent aussi l'attention sur les cas de passage d'une race à une autre dans une suite d'incarnations. Celui de la princesse indienne réincarnée en Blanche américaine au XXe siècle suggère que, parmi les citoyens actuels des États-Unis aujourd'hui, certains de ceux qui sont si fiers d'être blancs ont peut-être été rouges (ou noirs ?) dans leur vie précédente ?

Donc si la loi du karma est vraie, et si elle est juste, les réserves où se meurent les derniers Indiens doivent être peuplées d'anciens Buffalo Bill qui paient leur violence de Blancs d'autrefois ?

10.

Edgar Cayce a-t-il été français ?

J'ai été très surprise en découvrant dans les dossiers Cayce plus de 300 incarnations françaises. Autrement dit, une proportion, non négligeable des consultants de Cayce, au début de ce siècle, auraient vécu antérieurement en France. N'est-il pas drôle de penser — si Cayce dit vrai — que Thomas Jefferson aurait été gaulois ? Et les sorcières de Salem, des Croisés ? La quasi-totalité des incarnations françaises de ces dossiers avaient auparavant été égyptiennes, comme Cayce lui-même.

La France éternelle

Cayce appartenait encore à une génération d'Américains du Sud marqués par un héritage culturel français. Cet héritage, à la génération suivante, a presque disparu pour des raisons historiques : la défaite du Sud lors de la guerre de Sécession, et le petit nombre de Français qui ont immigré aux États-Unis comparativement à d'autres pays européens. Aussi les consultants de Cayce ne lui ont-ils jamais posé une seule question sur la France.

J'ai trouvé UNE consultante française dans les dossiers Cayce, l'oiseau rare ! C'était une archéologue, qui habitait la Californie. Dans sa lecture, donnée le 25 mars 1938, Cayce en profita pour parler de l'entité « France » :

Car chaque nation, chaque peuple, s'est construit, de par

l'esprit même de ses citoyens, une position correspondant à la place qu'elle veut tenir dans l'écheveau des affaires de la Terre. Et non seulement de la Terre, mais aussi de l'Univers. Et, en ce qui concerne les gens de France, ils ont construit une dépendance, et une indépendance, sur la joie donnée par la Beauté. Sur le respect accordé au corps considéré comme sacré. Aussi bien que sur le respect vis-à-vis des Forces Créatrices présentes à l'intérieur de toute expérience de vie. (Lecture 1554-3.)

Ce qu'il y a de curieux, c'est la phrase sur les « affaires de l'Univers » : est-ce que la France enverra des colonies sur Vénus, « plan » planétaire de la Beauté ? La consultante posa un très grand nombre de questions sur ses vies antérieures, auxquelles Cayce répondit avec une exceptionnelle bonne volonté. Il lui découvrit plusieurs vies françaises, dont une assez peu glorieuse, comme épouse délaissée d'un Croisé. D'autre part, cette dame avait adopté un neveu, Georges, mi-indochinois, mi-français, et capitaine d'aviation. Elle demanda où elle l'avait déjà connu :

Dans une vie en Grèce, où il était déjà dans une position de capitaine. (Même lecture.)

Notez que Georges est un prénom grec et que du seul prénom on aurait déjà pu tirer une vie grecque ! La lecture dit aussi qu'il avait fini par s'élever à une position importante, où il avait méprisé les gens des classes inférieures (dont les « métèques » !). Cela expliquait sa réincarnation actuelle dans une classe de gens qui souffrent d'un mépris aussi général qu'injustifié : les métis !

Une autre femme, américaine, elle, reçut la lecture suivante pendant la Seconde Guerre mondiale :

Avant cette incarnation, l'entité a vécu dans le pays maintenant connu comme la France. C'était au temps des Croisades [...].

N'ayez jamais l'idée que la France puisse être éliminée de la Terre, en dépit de la souffrance dans laquelle vit aujourd'hui la nation française. Elle est comme l'un des sept péchés capitaux, et aussi comme l'une des douze vertus de la Famille humaine. (Lecture 2072-15.)

Cette assurance d'une pérennité de la France — la France éternelle — existe dans d'autres prophéties, mais Cayce ignorait sûrement ces dernières.

Les mystérieuses incarnations françaises d'Edgar Cayce

Il existe un certain nombre de lectures où Cayce raconte ses propres incarnations en France, en mentionnant trois grands noms correspondant à trois époques : Richelieu (donc le règne de Louis XIII), Louis XIV et Louis XV. Il donnc une foule de détails qui portent sur ces trois règnes, c'est-à-dire, en gros, sur deux siècles, le XVIIe et le XVIIIe. Mais comme il décrit toujours une petite vie d'enfant, très courte (mort avant l'adolescence), il semble que l'on soit en présence de plusieurs vies françaises répétitives, comme dans le cas précédent de la double vie de John Bainbridge en Amérique. Cet enfant aurait vécu à la Cour, en tant que bâtard d'une fille de France, c'est-à-dire petit-fils du souverain régnant.

J'ai fait des recherches à la Bibliothèque royale de Versailles, où sont répertoriés tous les personnages qui ont vécu à la Cour : chacun fait l'objet de fiches très détaillées. Tous ceux qui ont appartenu de près ou de loin à la famille royale sont connus (dans cette Cour de Versailles où finalement il n'existait pas de « vie privée » pour les princes du sang).

Je n'ai pas trouvé d'enfant que l'on puisse identifier à coup sûr : aucun petit-fils illégitime de Louis XIII, de Louis XIV ou de Louis XV ne correspondant parfaitement aux descriptions de Cayce.

Par contre, s'il s'agit de deux enfants différents, sous deux rois différents, c'est plausible.

Un commentateur de Cayce, que je ne nommerais pas par charité, a cherché à démontrer qu'il s'agirait d'un petit-fils noir de Louis XIV... Conclusion un peu légère. J'ai été moi-même vérifier à Versailles et n'ai rien trouvé dans les archives qui puisse étayer cette théorie que les historiens sérieux considèrent comme fantaisiste. Ajoutons d'ailleurs que Cayce lui-même n'a jamais dit que cet enfant eût été noir. Le commentateur en question semble d'ailleurs tout ignorer de la langue française et n'a pas consulté les documents originaux des archives de Versailles.

Je développerai cette question plus en détail dans le deuxième tome de cet ouvrage, en même temps que les fascinantes vies antérieures de certains personnages connus de l'Histoire de France. Nous avons déjà rencontré Jeanne d'Arc, saint Martin de Tours, Madame Royale... mais il y en a bien d'autres !

Je termine le chapitre en donnant un bref extrait de lecture :

Dans la vie précédente, nous trouvons l'entité (il s'agit d'Edgar lui-même) *à la Cour des Français, lorsque Louis XV était roi, et que l'entité était confiée à la Garde royale, mais ce fut de courte durée en nombre d'années, comme on les compte sur le plan terrestre. Cette entité, donc, fut confiée à un garde de la Cour royale, qui appartenait à la Maison du roi, et qui perdit la vie en défendant l'enfant qui lui avait été confié [...] et le nom de cet enfant était Ralph Dahl* (Raphaël ?). (Lecture 294-8.)

Au point de vue datation, cette petite vie d'enfant s'intercalerait entre les vies de John Bainbridge. Et expliquerait pourquoi Edgar Cayce se réincarna finalement dans une famille américaine d'origine française...

IV

LE DÉVELOPPEMENT MÉTHODIQUE DES FACULTÉS « PSI »

1.

Tout le monde peut être « voyant »

Parfois, en arrivant à une croisée des chemins, où il faudrait prendre une décision, on ne sait trop laquelle, car on n'y voit pas clair. Alors on cherche quelqu'un d'autre qui puisse « voir » à notre place.

Or, Cayce estime que chacun d'entre nous peut trouver sa réponse — autrement dit, être son propre « voyant ». Car, dit-il, les facultés psi :

existent de façon latente dans chaque individu. (Lecture 256-2.) *Toutes les entités ont des pouvoirs psi, mystiques et des dons de voyance.* (Lecture 1500-4.)

La grande originalité de Cayce, c'est qu'il n'hésite pas à encourager tout le monde à développer ses pouvoirs psi. Une nouvelle race d'humanité va naître où les gens voyageront à la vitesse de la pensée, verront les esprits de la Nature, n'auront plus besoin de radio ou de téléphone pour communiquer à distance...

Mais s'ils sont mal utilisés, à des fins égoïstes, ces pouvoirs psi sont dangereux pour ceux qui les manient, et pour leurs victimes :

Car ces facultés peuvent devenir très, très perturbatrices si elles ne sont pas enracinées dans la forte habitude de marcher le plus strictement possible dans un chemin spirituel. (Lecture 1460-2.)

POUR CETTE PERSONNE, QUELLE SERAIT LA MEILLEURE FAÇON DE DÉVELOPPER SES FACULTÉS DE VOYANCE ?

Qu'elle travaille à la compréhension d'elle-même, car les visions, la voyance, sont de la nature des forces spirituelles et mentales. C'est dans une perspective d'assistance aux autres, pour les aider à s'élever, que se développeront le mieux ces forces. Elles doivent être toutes utilisées, mais sans motivations égoïstes. (Lecture 900-5.)

Car on peut utiliser les forces « psi », ou pour le Bien ou pour le Mal; pour le Mal si c'est par vanité seulement; pour le Bien, pour un progrès, si les forces, qui guident le Moi intérieur, sont adoucies par la promesse d'une vérité, d'une voie, d'une lumière. Elles doivent être mises sous une direction spirituelle, et non pas soumises à l'égoïsme de l'entité. (Lecture 1460-2.)

Qu'est-ce qu'on appelle « facultés psi » ?

La parapsychologie traite de tout ce qui ne s'explique pas « scientifiquement ». Tout ces phénomènes qui échappent à l'analyse rationnelle proviendraient de facultés non logiques : les facultés psi. C'est-à-dire :

— la voyance, ou faculté de discerner les événements passés et futurs, éloignés dans l'espace ou le temps. C'est aussi la faculté de voir les auras qui enveloppent les êtres vivants;

— la psychométrie, ou faculté de décrire l'histoire d'un objet que l'on tient dans la main;

— la médiumnité, ou aptitude à communiquer avec les entités désincarnées;

— le chamanisme, ou possibilité d'interpréter le langage des animaux, des plantes, du sol, les voix du vent, de communiquer avec les esprits de la Nature (gnomes, fées, anges, etc.);

— la télépathie, ou communication mentale avec des personnes situées à grande distance;

— la sourcellerie, ou art de trouver ce qui est caché sous la terre, et la radiesthésie qui en est dérivée;

— la science des rêves : interprétation, possibilité de diriger les rêves à volonté, etc.;

— le don de guérison par la prière, la parole, la pensée, le contact des mains, etc.

Toutes ces facultés, et bien d'autres encore, décrites par nombre d'auteurs connus, sont l'héritage de chaque être humain :

Au commencement du monde, les forces psi étaient l'expression naturelle de l'entité humaine [...]. Les cycles du Temps ramènent aujourd'hui sur la Terre ceux qui manifestèrent ces forces psychiques de la façon la plus éclatante et la plus bénéfique. (Lecture 364-11.)

... dont notre Cayce lui-même, qui fut jadis un grand médium en Égypte !

Le vrai sens de l'expression facultés psi (en anglais : « psychic forces »), *c'est la manifestation dans le monde matériel des forces spirituelles et mentales, cachées et latentes.* (Lecture 3744-1.)

Quant au développement de ces aptitudes, il est à encourager :

Chaque âme a la possibilité d'accomplir tout ce qui peut l'être sur Terre. Si elle veut développer ses aptitudes parapsychologiques, elle peut très bien le faire. Cela dépend des idéaux qu'elle poursuit. (Lecture 3083-1.)

Chaque âme est une portion de Dieu, et c'est l'origine de cette force psi, c'est-à-dire spirituelle, qui cherche sans cesse à s'exprimer. (Lecture 531-2.)

Car nous pouvons tout savoir, tout connaître, et répondre à toutes les questions : « Ce que je fais, vous pouvez aussi bien le faire que moi ! » disait Cayce à son entourage :

Chaque entité est une part du Tout Universel. A ce titre, toute connaissance, toute intelligence de tout, est accessible à la conscience de chaque entité, et cela fait partie de l'expérience humaine. (Lecture 2823-1.)

Se libérer de toute dépendance

A quoi reconnaît-on un gourou malfaisant ? A ce qu'il n'encourage jamais ses fidèles à se tenir debout. Il les maintient dans une attitude de dépendance, en les empêchant de s'assumer eux-mêmes, au lieu de les éduquer à développer leur liberté, c'est-à-dire user de leurs attributs divins. Car nous sommes des dieux déchus, en train de reconquérir progressivement nos pouvoirs divins. Cayce, au contraire, comme

Krishnamurti[*] a toujours encouragé chacun à trouver son propre chemin, sans dépendre de qui que ce soit :

Veux-tu devenir un automate? Un être manipulé par une force extérieure à toi-même? Être le jouet d'une influence, devenir un objet dont on tire les ficelles et dont les actions sont décidées par d'autres? [...] C'est ainsi que l'on perd son autonomie, que la personnalité finit par être submergée par celle de quelqu'un d'autre [...]. (Lecture 270-28.)

Entraîne ton mental à devenir conscient de la divinité qui l'habite, et surtout, ne te diminue pas, mais plutôt, ne rate pas une occasion de glorifier cette divinité présente au fond de toi. (Lecture 2421-2.)

Car ton corps est le Temple du Dieu vivant. Garde-le dans toute sa beauté. Prends-en soin, et tu l'apprécieras mieux à sa juste valeur. Et ainsi, tu prendras conscience qu'il est le lieu où tu rejoins Sa présence. (Lecture 3179-1.)

Et c'est cette présence divine, justement, qui est la source de tous les pouvoirs psi. Les techniques pour se brancher sur cette divinité intérieure sont multiples. Mais elles passent par une relaxation du corps physique : il faut d'abord être « bien dans sa peau » au niveau du corps. D'où la nécessité de se relaxer avant toute recherche psi.

Ensuite, il existe depuis toujours ce que l'on appelle des « supports de mancie » : techniques, ou procédés divers, qui aident à développer l'écoute intérieure. Personnellement, j'utilise l'astrologie, le feu dans la cheminée ou la flamme de la bougie, le pendule, le I-King, la photo. D'autres regardent l'eau, les nuages, les cartes, le cristal, le marc de café, etc.

Les Romains interprétaient le vol des oiseaux, les Grecs et les druides écoutaient les arbres et les fontaines... Et la Pythie sentait les vapeurs de soufre qui montaient des entrailles de la Terre. Toutes les techniques, toutes, sont bonnes dans la mesure où elles aident à « se brancher » sur sa voix intérieure, sur la voix divine qui est au fond de nous.

Chacun des cinq sens peut, et doit, jouer aussi sur le registre psi. Par exemple, certaines odeurs dans une maison sont révélatrices de la présence d'une entité désincarnée. On peut

---

[*] *Krishnamurti*, par Mary Lutyens, éditions Arista, 42, rue Monge, 75005 Paris, 1984.

« voir », mais on peut aussi « entendre » : c'est la clairaudience, où l'on entend intérieurement, parfois sans mots ! Certains médiums utilisent le toucher. Par exemple, cette jeune femme qui trouve dans la bibliothèque le livre qu'elle cherche... en promenant ses doigts sur la tranche des volumes alignés sur les rayons, avertie par la sensation qu'il " colle " à ses doigts. Le goût peut être utilisé en psi. Telle cette sorcière qui suçe un sucre que le consultant a serré dans sa main, ou le goût détestable des fruits comestibles qui poussent dans un lieu où fut commis un meurtre.

Bref, tous nos sens sont utilisables pour développer le « sixième sens » ! :

Les facultés psi viennent de l'âme, et opèrent au moyen des sens, que ce soit l'ouïe, la vue, l'odorat, etc., ou n'importe quelle partie du système sensoriel. (Lecture 5752-1.)

Les facultés psi sont d'une infinie variété. Cayce n'a pas parlé de toutes, mais il s'est attaché plus particulièrement à :

— la lecture des auras et leur interprétation ;
— la guérison spirituelle ;
— la numérologie ;
— l'astrologie ;
— l'interprétation des rêves.

Je donnerai donc à mes lecteurs un choix de lectures sur chacun de ces sujets.

Intuition et imagination

L'intuition peut donc être considérée comme le commencement pratique de la parapsychologie.

DONNEZ-NOUS, MONSIEUR CAYCE, DES DIRECTIVES POUR DÉVELOPPER L'INTUITION.

Faites encore et toujours davantage confiance à ce qui vient du tréfonds de vous. Voici une manière très courante — mais très efficace — de développer l'intuition : chaque fois qu'une question se pose, interrogez votre moi mental, et obtenez-en la réponse, oui ou non. Faites confiance à cette réponse. N'agissez pas immédiatement (si vous voulez développer les forces de l'intuition), mais, en priant et méditant, regardez à l'intérieur de vous-même, et demandez si c'est oui ou non. La réponse vient en même temps que se développe l'intuition. (Lecture 283-4.)

Notez que c'est exactement ce que l'on fait en radiesthésie lorsqu'on utilise le pendule : on lui soumet une question précise, et sa réponse, oui ou non, indiquée par le sens giratoire, ne fait qu'exprimer la réponse du moi profond (cf. *Premières leçons de radiesthésie,* éd. Solar, Presses de la Cité, Paris).

COMMENT L'ENTITÉ POURRAIT-ELLE ÉTUDIER CE SENS INTUITIF ET S'ENTRAÎNER À LE DÉVELOPPER DE FAÇON PRATIQUE ?

Entraîner l'intuition ? Mais c'est comme l'électricité ! Comment la maîtrise-t-on ? En contrôlant en soi les pensées, les activités du mental, les activités du corps, qui permettent ainsi aux activités spirituelles de faire leur percée. S'entraîner à l'intuition ? Non pas, plutôt apprendre à gouverner celle-ci [...]. En contrôlant, en dirigeant ces forces de l'intuition, surgissent ces puissances qui se manifestent à travers le corps physique. Gardez le corps, l'esprit, l'âme, branchés sur les sphères des énergies célestes, plutôt que sur les forces terrestres. (Lecture 255-12.)

Ainsi, c'est clair, l'intuition appartient à ceux qui ne sont pas complètement emprisonnés dans la matière, mais savent, quelque part en eux-mêmes, s'en dégager :

Si l'entité voulait faire confiance aux puissances de son intuition, qui sont de nature psi, c'est-à-dire qu'elles se développent à partir de l'âme, cela deviendrait pour elle une grande force, et même un chemin vers la foi... (Lecture 809-1.)

La lecture ci-dessus indique bien que ces phénomènes ne sont pas « diaboliques », comme le disent parfois les Églises, mais bien au contraire, un puissant facteur de progrès spirituel.

Quant à l'imagination, décriée au point qu'on l'appelle la « folle du logis », elle peut aussi être considérée comme une faculté psi. Sa créativité devrait être respectée :

L'entité possède une vive imagination, c'est-à-dire un don de vision. Et trop souvent, cette faculté a été étouffée par son entourage familial; il serait bon que chaque personne exprime ses espoirs, ses peurs intérieures latentes, dans son esprit en cours d'évolution. Que donc cette imagination, ou don de vision, soit guidée par des idéaux à sa mesure. Car il y a le corps physique, le corps mental ou intellect et le corps spirituel; chacun de ces corps a ses facultés propres et a besoin de s'exprimer. (Lecture 2443-1.)

Il est à noter que le mot français « rêverie » prend souvent le sens négatif de « rêvasserie », alors que le même mot français, utilisé en américain, signifie « imagination créatrice ». Celle-ci est à la base de techniques d'autoguérison par visualisation, et, à ce titre, a récemment soulevé l'intérêt des psychologues. L'imagination est aussi à la base de la création artistique et littéraire, mais cela tout le monde le sait ! Ce que l'on sait moins, c'est qu'elle est aussi à la base de l'humour, que certaines lectures apparentent aux facultés psi :

L'entité a toujours tendance à faire de l'esprit [...]. A certains moments, l'entité voit si bien l'humour des situations, qu'elle n'en voit plus que le ridicule, au lieu d'utiliser la force créatrice qui est dans l'humour [...]. En général, l'entité est très intuitive. (Lecture 2421-2.)

Ceux qui sentent le soufre...

ET QUE PENSER, MONSIEUR CAYCE, DE CEUX QUI CRITIQUENT LES MÉDIUMS, LA VOYANCE, LA PARAPSYCHOLOGIE ?

En France, dans ladite « bonne société », il est de bon ton de critiquer et de condamner ceux qui travaillent dans les domaines variés de la parapsychologie. Les sceptiques opposent toujours les mêmes arguments : « Moi, je m'en tiens au bon sens. » Ou bien : « Tous ces charlatans sont dangereux. » (Traduisez : « Maman, j'ai peur de tout ce qui est nouveau ! ») Dans l'aristocratie catholique et la bourgeoisie, on a peur, parce que cinq siècles d'Inquisition, de bûchers, de guerres de religion ont paralysé la liberté de pensée. Les époques de brillante civilisation, tels la Renaissance ou le XVIIIe siècle coïncidèrent cependant avec un renouveau de cette liberté... et un développement de la parapsychologie ! L'intelligentsia parisienne qu'elle soit de droite ou de gauche, et de façon générale, en France, la majorité de ceux qui détiennent une parcelle de pouvoir se sentent menacés dès que l'on parle de voyance, de guérisons psi, etc. En général, leurs arguments sont très moutonniers, parce qu'ils ne connaissent rien dans ces domaines : ils les condamnent sans jamais prendre la peine de se documenter. Le même phénomène existe aux États-Unis, où l'on a demandé à Cayce :

POURQUOI TANT DE GENS RIDICULISENT-ILS L'IDÉE QUE LES FACULTÉS PSI POURRAIENT FOURNIR ELLES AUSSI DES INFORMATIONS UTILES ? Il répondit :

C'est parce que l'on ne comprend pas les lois gouvernant ces phénomènes parapsychologiques. Une grande partie de cette incompréhension est due au mauvais usage de la connaissance obtenue par ces pouvoirs.

Mauvais usage, qui, en effet, a pu amener des forces destructrices, et cela peut encore arriver. Mais la seule réalité vitale est celle qui se manifeste sur le plan matériel, c'est-à-dire physique, par ce que l'on appelle la parapsychologie. Ceux qui ridiculisent les manifestations de celle-ci sont plus à plaindre qu'à condamner, car ils risquent de se retrouver dans des situations de frustration et de malheur qui seront nécessaires au développement de leur âme. Car, sans les forces psi qui animent le monde, la vie physique serait comme un bateau sans pilote. C'est justement cet élément psi qui est la force directrice, la force vitale de toute existence. L'esprit, l'âme de notre condition existentielle est justement cette force dite occulte, ou psi. (Lecture 3744-1.)

Faut-il consulter ceux qui, professionnellement, ont développé leurs facultés psi ? Oui, cela peut apporter une aide précieuse. Cayce lui-même n'a donné son message qu'à travers des milliers de consultants... A la fin de sa vie, son succès était devenu tel qu'il devait donner les rendez-vous deux ans à l'avance !

Mais il n'était pas le seul homme de son époque capable de faire de bonnes voyances. Moi-même, j'en ai connu d'autres, des hommes et des femmes qui ne lui étaient pas inférieurs, comme, par exemple, l'extraordinaire Marthe Robin en France.

Un seul homme face à une telle demande, c'était trop. Aussi les lectures suggéraient-elles de former des élèves... Ce que Cayce ne fit jamais, par manque de temps ou par modestie.

DEVRIONS-NOUS COMMENCER UN PROGRAMME DE FORMATION POUR QU'EDGAR CAYCE AIT DES ASSISTANTS ?

Mais oui, il le faudrait. Nous l'avons souvent dit [...]. (Lecture 254-46.)

N'ayez pas peur. Car le développement de nombreuses apti-

tudes psi deviendra la force qui guidera des centaines de voyants dans leur tâche d'assister les gens [...]. (Lecture 254-4.)

Comme nous l'avons souvent dit ici, les canaux par où peut passer cette information donnée dans les lectures sont en nombre illimité. Ils réussiront, à condition de ne pas projeter leur moi individuel, leur personnalité en tant qu'individu (sur les messages qu'ils transmettent). (Lecture 254-53.)

2.

Vous pouvez voir les auras

Sur les tableaux anciens, les saints personnages sont entourés d'un nimbe de lumière, parfois la tête seule se détache sur une auréole : les peintres de jadis savaient que le corps humain est entouré d'un champ d'énergie lumineuse.

Les premières photos d'auras — dans notre civilisation — ont été prises par deux chercheurs russes, les Kirlian. Et ce qu'a pu saisir leur appareil, nos yeux peuvent le percevoir aussi.

Cayce voyait naturellement les auras des gens, et croyait que tout le monde en était capable. Il le raconte lui-même dans un petit livre charmant qu'il écrivit à la fin de sa vie, le seul livre qu'il ait jamais écrit à l'état éveillé* !

Aussi loin que j'essaie de me souvenir, j'ai vu les couleurs autour des gens. Je ne peux pas me rappeler avoir vu des êtres humains qui n'aient pas frappé ma rétine avec leurs bleus, leurs verts, leurs rouges fluides coulant autour de leur tête et leurs épaules. J'ai mis longtemps à réaliser que les autres gens ne voyaient pas ces couleurs. Et c'est tardivement que j'ai entendu pour la première fois le mot « aura », et ai appris à l'utiliser pour décrire ce que je voyais, ce phénomène pour moi si ordinaire! Je n'imagine même jamais les gens sans leur aura. Je la vois changer chez mes amis et mes proches, au cours de leur existence. Maladie, malheur, amour, bonheur, tous ces états se voient dans

---

* *Auras,* par Edgar Cayce, A.R.E. Presse, P.O.BOX 595, Virginia Beach, VA, U.S.A.

leur aura. Pour moi, l'aura est comme la météo de l'âme... Elle montre dans quelle direction soufflent les vents de la destinée. Bien des gens sont capables de voir les auras [...].

L'aura d'une personne révèle bien des choses à son sujet. Et, lorsque j'ai compris [...] que cela avait une signification spirituelle, j'ai commencé à étudier les couleurs dans l'idée de les interpréter. Au fil des années, j'ai fini par construire un système d'interprétation, que je compare de temps à autre avec l'expérience d'autres gens qui voient les auras. Et il est intéressant de noter que, la plupart du temps, ces gens et moi-même tombons d'accord sur la même interprétation. Les seules divergences portent sur les couleurs qui sont dans nos auras personnelles [...]. Par exemple, j'ai beaucoup de bleu dans mon aura : aussi mon interprétation de cette couleur ne coïncidera pas toujours avec celle d'une personne dont l'aura ne comportera pas de bleu : car elle interprétera cette couleur avec plus d'objectivité que moi ! Une personne de mes amies a beaucoup de vert dans son aura, et elle n'aime guère cette couleur dans l'aura des autres ! Elle lui donne une interprétation négative, bien que ce soit la couleur des guérisseurs. Il m'arrive de lire certains livres traitant d'occultisme et du symbolisme des couleurs. En général, ils sont en accord avec ce que j'ai expérimenté moi-même. La lecture de l'aura d'un individu est tout un art, que l'on maîtrise avec le temps, par une constante observation, et d'incessantes mises au point [...].

Bien entendu, je ne lis pas les auras professionnellement : je n'oserais y songer ! Mais je suis persuadé que c'est une aptitude qu'un jour tout le monde possédera. Donc, je m'efforce d'encourager les gens, de les habituer à cette idée qu'il y a une aura [...].

Une amie m'a raconté que lorsqu'une personne quelle qu'elle soit, lui ment, ou cherche à la tromper en répondant évasivement, elle voit une bande de vert citron dans l'aura de son interlocuteur, horizontalement ; juste au-dessus de la tête. Cela ne rate jamais, et ses étudiants s'émerveillent de son aptitude à détecter n'importe quel mensonge !

Et voici ce qu'une autre personne m'a raconté : un jour, elle était dans un grand magasin, au sixième étage. Alors qu'elle appelait l'ascenseur pour redescendre, elle remarqua un rayon avec des chandails rouges, si brillants qu'elle eut envie d'aller les voir de près. Cependant, l'ascenseur était arrivé, et elle allait entrer dedans, lorsqu'elle sentit qu'elle n'en avait plus envie :

l'intérieur de l'ascenseur, quoique bien éclairé, lui parut sombre. Quelque chose n'allait pas. Instinctivement, elle dit au liftier de continuer sans elle. Puis elle retourna voir les chandails rouges, et, tout en les examinant, réalisa ce qui avait provoqué son malaise : ces gens entassés dans l'ascenseur n'avaient pas d'aura ! Et, tandis qu'elle regardait les chandails rouges, le câble de l'ascenseur se rompit. Il s'écrasa au sol et tous les occupants furent tués !

... Ainsi, la lecture des auras peut-elle se révéler d'une grande utilité ! Une autre personne que je connais voit les incarnations passées de ses interlocuteurs. Lorsque ceux-ci parlent de quelque chose qu'ils ont connu au cours de l'une de leurs vies précédentes, elle le voit. Si quelqu'un lui dit : « J'ai toujours aimé l'Italie et j'ai envie d'y aller », elle voit la silhouette, par exemple, d'un Italien de la Renaissance dans l'aura de la personne qui parle [...] c'est-à-dire une image de la personnalité que son interlocuteur avait dans cette vie-là. Et qu'est-ce que c'est, sinon une « lecture de vies antérieures » ? Cela peut paraître bizarre, mais la première fois que l'on m'a raconté cela, j'étais sceptique ! Jusqu'à ce qu'un soir, assis sur le perron de ma maison, je n'aie moi-même vu la chose ! Un de mes amis discutait avec passion de l'histoire d'Angleterre. Dans son aura, je vis alors la silhouette d'un jeune moine... Et je me rappelai alors la lecture que j'avais donnée (endormi !) *pour cet ami : il y était décrit comme moine en Angleterre dans l'une de ses vies ! [...]*

Je crois que la majorité des gens voient les auras, mais sans réaliser qu'ils les voient ! [...] Si vous dites : « Mais pourquoi donc porte-t-elle cette couleur ? Cela ne lui va pas ! », ou « Comme cette robe lui va bien », vous avez vu l'aura, dans les deux cas. La première personne portait une couleur qui jurait avec son aura, tandis que la seconde en portait une qui s'harmonisait avec. Observez soigneusement les couleurs qui prédominent dans le costume de vos amis : vous verrez qu'elles varient avec leur comportement.

Le rouge

Il représente traditionnellement le corps, la Terre, le feu de l'enfer ! [...] Il indique force, vigueur, énergie. Mais son interpré-

tation dépend de la nuance et de sa corrélation avec les autres couleurs. Le rouge sombre indique un tempérament violent et une tendance aux troubles nerveux. Une personne avec du rouge sombre dans son aura peut paraître forte extérieurement, mais il y a quelque part une souffrance qui atteint son système nerveux. Ce genre de personne sera dominatrice et impulsive. Si la nuance de rouge est plus claire, on aura alors une personne impulsive, ou centrée sur elle-même. Le rouge écarlate peut indiquer un ego envahissant. Rose, rouge corail, sont des couleurs liées à l'immaturité. On les voit habituellement chez les jeunes. Dans le cas d'un adulte, cela indique une mentalité d'adolescent attardé, un souci infantile de soi-même. Chaque fois qu'il y a du rouge, il y a tendance aux troubles nerveux. De telles personnes devraient prendre le temps de se calmer et de sortir d'elles-mêmes. Le rouge, couleur de la planète Mars, correspond au DO de la gamme musicale. Dans le christianisme primitif, le rouge était associé à la Passion du Christ. C'était la couleur de la guerre, de la lutte, du sacrifice.

L'orange

Couleur du Soleil, elle est revitalisante. C'est, en général, une bonne couleur, indiquant une ouverture aux autres. Cependant, nuance! Si l'orange vif indique la vitalité et le contrôle de soi, l'orange sombre dénote une attitude de laisser-aller, de manque d'ambition, et, ordinairement, de paresse. Les gens qui ont de l'orange dans leur aura sont sujets aux troubles des reins. Dans la liturgie chrétienne, l'orange symbolisait la gloire, la force, les fruits de la Terre, toutes choses naturellement associées au Soleil. Dans la gamme, l'orange correspond à la note RÉ.

Le jaune

Doré, éclatant, il indique la santé de ceux qui sont « bien dans leur peau », de ceux qui prennent un juste soin d'eux-mêmes, qui ne s'en font pas, et qui apprennent facilement. Ils sont heureux, amicaux et serviables. Mais si le jaune est pâle, ils sont timides.

Si le jaune tire sur le rouge, ils sont timides [...] et indécis, se laissant mener par les autres. Le jaune correspond au MI et à la planète Mercure.

Le vert

S'il est émeraude, et particulièrement avec une touche de bleu, c'est la couleur de la guérison. Serviable, fortifiant, amical, le vert est la couleur des médecins et des infirmières, qui en ont toujours dans leur aura. C'est rarement une couleur dominante, mais plutôt un contrepoint. Plus il tend vers le bleu, plus il est utile et digne de confiance. Mais s'il tend vers le jaune, il s'affaiblit. Le vert citron, avec beaucoup de jaune, symbolise la tromperie. En règle générale, le vert guérisseur, intense, ne se voit qu'en petite quantité, mais il est bon d'en avoir dans son aura. Il correspond à Saturne, et à la note musicale FA. Dans la liturgie chrétienne primitive, on l'associait à la jeunesse, à la fertilité de la Nature.

Le bleu

Il a toujours été la couleur de l'Esprit, le symbole de la contemplation, de la prière, du ciel [...]. On dit aussi que le bleu est la vraie couleur du Soleil, et qu'il est la couleur de Jupiter, qui régit les plus hautes pensées et les grandes idées. Presque toutes les nuances de bleu sont bonnes, mais les plus intenses sont les meilleures. Le bleu pâle indique une personne superficielle qui, néanmoins, lutte pour conquérir sa maturité.

Le bleu moyen révèle quelqu'un qui travaille dur à s'améliorer [...]. Le bleu marine révèle le travailleur de fond qui s'immerge dans sa tâche. Les gens du bleu sombre, ou intense, poursuivent en général une recherche spirituelle et vouent leur vie à une grande cause, avec désintéressement (que ce soit la science, l'art, le service social, etc.). J'ai vu avec ce bleu foncé intense beaucoup de sœurs de charité, d'écrivains et aussi de chanteurs ! Le bleu est associé à la note SI. Dans la liturgie, il symbolisait les plus hauts états spirituels de l'âme.

L'indigo et le violet

Ces couleurs indiquent un être qui poursuit une expérience religieuse, ou qui cherche une cause à laquelle se donner. Au fur et à mesure qu'il la trouve, et s'y consacre, ces couleurs font place au bleu intense. Il semble que ce dernier soit une émanation naturelle de l'âme, aussitôt que celle-ci a pris le chemin qui lui convient. Mais ceux qui ont du pourpre ont tendance à l'orgueil, car il y a une infiltration de rose. Les troubles cardiaques, les maux d'estomac sont fréquents chez ceux qui ont de l'indigo, du violet et du pourpre dans leur aura. L'indigo correspond à la note LA, et à la planète Vénus. Le violet correspond à la Lune, et à la note SI. Du point de vue liturgique, leur signification était la pénitence et le chagrin.

Le blanc

C'est, rationnellement, la couleur parfaite, vers laquelle nous tendons tous. Si nos âmes avaient atteint l'harmonie absolue, toutes nos vibrations colorées se fondraient dans un blanc éclatant. Le Christ eut cette aura [...].

La couleur c'est la lumière, et la lumière c'est la manifestation de la Création. Sans lumière, il n'y aurait pas de vie. La lumière est le premier témoignage de la Création. Tout autour de nous existent des couleurs que nous ne pouvons pas voir, de la même façon qu'il y a des sons que nous ne pouvons pas entendre car notre monde de compréhension est trop étroit. Nous voyons seulement quelques couleurs entre le rouge et le violet. Au-delà de l'un et de l'autre existe un nombre insoupçonné de couleurs. Certaines sont si brillantes que nous aurions un choc si nous les voyions, et nous deviendrions aveugles [...]. La thérapie par les couleurs deviendra courante lorsque nous aurons accepté l'existence des auras, et appris à les lire... Naturellement, nous ne pouvons pas d'un seul coup transformer nos auras en pure lumière blanche. Mais nous pouvons apprendre à dépister les signes de désordre nerveux, physique et mental, et, ainsi, les traiter comme il convient, grâce au diagnostic fait par l'aura. [...] Celle-ci émane du corps tout entier, mais habituellement, elle est plus intense autour des épaules et de la tête. C'est là qu'on la voit le plus facilement. Probablement à cause des nombreux centres glandulaires et nerveux localisés à cet endroit.

De façon générale, les couleurs sombres dénotent plus d'effort pratique, de puissance de volonté, de force mentale. Les couleurs de base changent au fur et à mesure que la personne se développe, ou s'attarde ! Mais les tons plus légers, les pastels, se fondent et s'effacent rapidement au fur et à mesure que s'affirme le tempérament. L'esprit, constructeur de l'âme, est le facteur essentiel qui régit l'aura. La nourriture, l'environnement et d'autres conditions, ont aussi leurs effets.

La forme de l'aura peut aider à son interprétation [...]. Plusieurs fois, j'ai vu des gens dont les auras comportaient de petits crochets lumineux. Chaque fois, il s'agissait de quelqu'un qui avait une responsabilité importante auprès de larges groupes humains en tant que directeur, ou inspirateur.

Une fois, j'ai vu un homme dont l'aura était traversée par un rai de lumière venant d'en haut et tombant sur son épaule gauche, avec du blanc, du vert en quantité, et beaucoup de rouge mélangé de bleu. Je l'interprétai comme une inspiration que cet homme recevait, et qu'il utilisait pour un but constructif. Je lui demandai s'il n'était pas écrivain, car j'eus le sentiment que c'était juste l'aura qu'il fallait pour ce genre de travail. Il me répondit que oui, mais que maintenant, il faisait plutôt un travail d'enseignant et de conférencier, en s'efforçant d'aider autrui par ses informations.

Et comment apprend-on à lire les auras ?

Les gens « ordinaires » peuvent-ils apprendre à lire les auras ? Grâce à celles-ci, les médecins pourraient immédiatement localiser l'organe malade de leurs patients (certains le font déjà ainsi). Quant aux chefs d'entreprise, ils pourraient voir du premier coup d'œil s'ils embauchent un employé honnête !

Est-ce que certaines drogues favorisent la lecture des auras ? Est-ce que les rituels religieux employés dans différentes églises avaient pour but d'initier les fidèles à la lecture des auras ? C'était sûrement le cas chez les Esséniens* (voir ci-dessus, page 271). Aujourd'hui, les groupes de prière, de méditation, ou d'étude que j'anime en font l'expérience très facilement.

Le premier pas important est d'apprendre à regarder vraiment la personne dont on veut voir l'aura.

C'est la qualité de l' « écoute », si je puis dire, la qualité de l'attention, que nous devons travailler. Une autre condition indispensable est de ne pas se crisper sur les résultats. Il faut commencer en se mettant dans l'attitude de l'enfant qui joue : si ça marche, tant mieux ! Si ça ne marche pas, ça n'est pas grave, on recommencera plus tard. Une part de jeu facilite énormément le fonctionnement des mécanismes psi.

Les motivations aussi sont importantes : dans quel but exactement souhaitez-vous lire les auras ? Si vous pensez que ce serait une grande aide dans le service que vous rendez aux autres, vous avez donc une attitude ouverte et généreuse, qui facilitera la perception de l'aura.

La tradition attribuait aux saints d'autrefois un don de « double vue » qui comportait, entre autres, l'aptitude à lire ces auras.

Pratiquement il faudrait, comme l'indique Cayce, commencer par être attentif aux couleurs que les gens portent sur eux :

Cela peut être un jeu passionnant d'observer combien de gens énergiques et vigoureux portent une touche de rouge, ou bien en mettent dans leur maison et leur jardin. Amusez-vous, au contraire, à compter le nombre de personnes tranquilles qui portent du bleu. Ceux qui sont calmes, sûrs d'eux, ouverts à la spiritualité, ne vont jamais sans bleu vif... comme s'ils faisaient tourner au bleu tout ce qu'ils touchent ! Et regardez les gens brillants, radieux, ceux qui aiment rire et jouer, les « rayons de soleil », qui ne sont jamais fatigués ni pessimistes, regardez-les porter du jaune ou voir les choses en jaune bouton d'or comme la fleur !

Les couleurs reflètent l'âme, l'esprit et le corps, mais rappelez-vous qu'elles indiquent un manque de perfection, un inachèvement. Si nous étions ce que nous devrions être, la pure lumière blanche émanerait de nous... Si par hasard vous voyez chez

---

* Lire : *De mémoire d'Essénien* par Anne et Daniel Maurois-Givaudan, éditions Arista, Paris, 1984.

quelqu'un cette lumière blanche, suivez-le comme l'Étoile... Car c'en est une! Mais, en attendant, on peut se contenter de moins, se réconforter avec le bleu, se fortifier avec le rouge, et rire dans les rayons solaires du jaune doré!

Méditation et auras

Certaines pratiques favorisent en général le développement des facultés psi : obligez-vous à regarder une bougie allumée, assis chez vous dans une attitude confortable. Ou bien, allongé sous un arbre, faites le vide en vous-même. Ou bien, marchez dans la Nature en vous ouvrant à la joie qu'elle dégage... Cayce n'a cessé d'encourager ses consultants à pratiquer la méditation silencieuse où l'on écoute son moi intérieur. On peut commencer, en s'aidant des formules sacrées classiques proposées par les différentes religions, tels le rosaire, la prière du cœur orthodoxe, la récitation de l'incantation de l'« Aum », etc. Toutes les religions, sous une forme ou une autre, ont enseigné des techniques de méditation fondées sur la répétition d'un « mantram » ou parole sacrée, répétition qui coordonne peu à peu les rythmes intérieurs, ouvre les chrakras aux énergies cosmiques, pacifient et permettent de s'élever au-dessus de la matière physique (et des émotions qui en viennent).

Il peut arriver qu'un individu ait du mal à visualiser certaines choses. Mais au plus profond de la méditation, il expérimente des énergies qui surgissent lorsque l'Esprit des Forces Créatrices (= Dieu), *la dimension universelle de l'âme, l'esprit [...] fusionnent dans le Tout (au lieu que l'entité se perde dans un fouillis d'influences confuses). C'est alors que les visions de l'âme surgissent à la faveur de la méditation.* (Lecture 987-4.)

La vie citadine n'aide pas les individus à percevoir les réalités invisibles. Il est nécessaire de faire de longs séjours dans la Nature, de communiquer avec elle, de contempler longuement les arbres, les animaux, les nuages, la mer, les montagnes... Cette contemplation finit nécessairement par amener un affinement de la vision de toutes les couleurs, visibles et invisibles! La méditation, par l'éveil des centres glandulaires, amène une perception spéciale des couleurs « auriques » :

Comme on le sait, la vibration est l'essence même de la couleur. A mesure que la couleur, donc la vibration, vient à la conscience, en remontant le long des centres glandulaires, l'individu fait, dans sa méditation, l'expérience d'une prise de conscience des couleurs. Il s'agit là d'une expérience bien précise, bien définie. (Qui varie suivant chaque individu, explique Cayce dans la lecture 281-30.)

3.

La numérologie : comptez dessus !

Parmi les « supports de mancie », c'est-à-dire les techniques (voir ci-dessus) qui déclenchent l'intuition en facilitant la voyance, l'une des meilleures est certainement la numérologie.

De tout temps, les nombres ont été utilisés ainsi. Les ésotéristes juifs, plus particulièrement les kabbalistes, ont fait grand usage de numérologie, c'est-à-dire de l'interprétation symbolique des nombres. Mais c'est bien plus ancien que le judaïsme, lequel tire sa science de l'Égypte antique et de Zoroastre... Et par là, probablement de l'Atlantide !

Cayce a vivement encouragé le développement de la numérologie, comme une voie permettant d'améliorer à la fois les facultés psi et le chemin spirituel de chacun.

LES FACULTÉS PSI DE L'ENTITÉ PEUVENT-ELLES ÊTRE EXPRIMÉES, OU DÉVELOPPÉES PAR LA NUMÉROLOGIE ?

En ce qui concerne les individus, chacun vibre à certains nombres, en fonction de son nom, de sa date de naissance, de sa relation à différentes activités. Et ces nombres apparaissent alors comme des forces, ou comme des faiblesses, ou encore comme des aides, ou comme l'indication d'un changement, ou, enfin, comme des forces spirituelles. Mais ils sont plutôt, comme nous l'avons dit, des signes, des présages : il faut les prendre comme des avertissements, comme une aide qui nous est donnée, comme un apport constructif à notre vie personnelle [...]. En numérologie, il y a de nombreuses écoles qui font autorité. Étudiez-les, si vous voulez y connaître quelque chose ! Cependant, faites toujours confiance à l'Esprit de Vérité ; laissez-le faire son chemin jusqu'à vous, quelle que soit la voie qu'il emprunte [...]. (Lecture 261-15.)

Plus haut, au début de la lecture, Cayce précisait :

En ce qui concerne cette entité, elle peut, oui, travailler sur les symboles de la numérologie. Mais les forces intuitives qui surgissent à travers celle-ci en font un chemin spirituel plus sûr, plus sain, avec moins de danger de s'égarer. Car, en ce qui concerne les nombres, la numérologie :

UN indique la force, le pouvoir, l'influence. Cependant, il peut avoir toutes les faiblesses des autres influences qui se conjuguent à lui. Mais UN est connu comme la puissance, le pouvoir, et même comme l'union du Moi avec les Forces Créatrices qui s'expriment à travers la matière et son activité sous n'importe quelle forme.

DEUX, c'est la division. Et dans son multiple, c'est-à-dire QUATRE, la division arrive à son maximum de faiblesse. En SIX et en HUIT, c'est pareil. Cependant, il faut préciser que si UN est force, DEUX, faiblesse, TROIS est la force de UN combinée avec la faiblesse de DEUX. QUATRE étant toujours davantage division et faiblesse. SIX représente les changements qui ont été opérés dans la double force de TROIS. SEPT est le nombre spirituel. HUIT indique le changement facilitant les échanges.

NEUF donne force et puissance, avec une alternance. Ces données ne sont qu'indicatives. Rien d'autre que des signes, qui peuvent toujours être modifiés par la force agissante de la cause dont ils émanent. La force de votre intuition est supérieure, car elle peut venir davantage de l'Esprit de Vérité uni à l'Énergie Créatrice. Aussi la réponse peut-elle vous être montrée à travers n'importe quoi : les Urim et les Thummin (gadgets divinatoires de la religion juive ancienne), *ou les rêves, ou les nombres, etc. Car c'est Lui* (le Christ), *qui est la force de toutes ces techniques, et qui se manifeste ainsi en vous et à travers vous, si vous obéissez à Ses recommandations.*

S'IL EN EST AINSI, COMMENT PEUT-ON UTILISER CETTE MÉTHODE DES NOMBRES POUR VENIR EN AIDE À AUTRUI ?

Comme indiqué ci-dessus. (Lecture 261-15.)

Et voici encore une autre lecture donnée par Cayce sur la numérologie :

Beaucoup ont déjà approché le sujet sous différents angles [...]. Mais nous partirons du point de vue suivant : rendre la numéro-

logie utile aux gens, dans leur vie personnelle. Si les Anciens, dans toutes les civilisations, portèrent un très grand intérêt aux chiffres, cela indique bien que nombre d'individus, dans les circonstances les plus variées, leur accordaient une valeur. On croyait que les nombres avaient une influence sur la liturgie ou sur les rituels d'adoration religieuse privée. Selon la circonstance, on attribuait certains pouvoirs à certains nombres [...]. Et si cette influence était réelle ou non, cela dépendait de la confiance, de la foi, que mettaient les gens dans ces rituels, ces croyances. Et, cependant, si on les considère, ces nombres, on peut voir que, d'une façon scientifique, il y a des nombres qui brisent certaines combinaisons de la matière, ou en forment d'autres, et cela dans la Nature elle-même. C'est-à-dire que dans la réponse de l'Homme aux conditions naturelles qui l'entourent, il y a l'intervention récurrente de certains nombres. Comme en musique, où tout repose sur la gamme des notes [...] que l'on peut diviser à l'infini. Il en va de même dans les associations et combinaisons de couleurs [...] et dans les éléments ou corps simples de la Nature. [...] Alors, quoi d'étonnant à ce que les Anciens [...] aient accordé leur confiance à la numérologie, à l'étude symbolique des nombres? La plus haute autorité dans ce domaine est certainement [...] le Talmud, lequel combine la science des anciens Perses, ou Chaldéens, avec celle des Égyptiens, des Indiens, des Indochinois, etc. [...].

UN est le commencement, pour sûr! Avant UN, il n'y a rien, et après UN, non plus. Si Tout est en UN, comme UN seul Dieu, UN Fils, UN Esprit. Aussi ce nombre est-il l'essence de toute force, de toute forme d'énergie. Toutes les activités émanent de l'UN.

DEUX, c'est la combinaison, et là commence la division du TOUT ou UN. Si DEUX peut faire naître la force, il fait en même temps naître la faiblesse. Vous pouvez en voir l'illustration en peinture, en musique, dans les métaux, dans n'importe quoi!

TROIS est la combinaison du UN et du DEUX. Cela crée la force, par la création d'une alternance dans la division : DEUX contre UN ou vice versa. Il y a là une force, la plus grande de celles que l'on puisse trouver dans les combinaisons numériques.

QUATRE : ici encore, c'est la division [...] qui crée la faiblesse maximale.

CINQ indique le changement [...].

SIX à nouveau recrée la beauté des influences symétriques de tous les nombres créant la force.

SEPT, également, signifie les forces spirituelles, comme le montre son emploi dans toutes sortes de liturgies. [...].

HUIT montre encore cette combinaison de force et de faiblesse.

NEUF, c'est la plénitude dans les nombres bien que n'ayant pas autant de force que le DIX, ni la faiblesse du HUIT. NEUF manifeste l'accomplissement dans les forces de l'ordre naturel, accomplissement qui apporte un changement imminent dans la vie.

DIX : dans ce chiffre, nous avons [...] la force qui réside dans le petit nombre.

Dans ONZE, on voit à nouveau la beauté des nombres, mais aussi la trahison dans les nombres...

DOUZE est un produit fini, élaboré, qui se retrouve partout dans la Nature. Il fut donné comme une combinaison de toutes les forces existantes : celles des formes naturelles, celles des forces mystiques, celles des nombres dans leur relation à l'intérieur des combinaisons. Comme la voix des DOUZE...

Et maintenant, comment pouvons-nous appliquer pratiquement tout cela à notre vie quotidienne ? Quel est mon nombre personnel ? Et comment, de quelle manière suis-je influencé par les nombres ?

La numérologie, ou science des nombres, peut être qualifiée de non essentielle par ceux qui sentent — ou savent — qu'elle ne peut les influencer que s'ils le permettent. Et il en va de même avec n'importe quelle autre force de la Nature [...]. Ainsi de l'effet des nombres.

Additionnez la période de l'année, dépendant d'où l'on part, aux nombres du nom. (Le nombre final) *donne sa signification numérologique à l'individu. On y arrive en additionnant les nombres correspondant à chaque lettre de l'alphabet dont est composé le nom. Leur somme totale donnera ce qui caractérise l'individu. [...] Et si vous utilisez la numérologie, que ce soit toujours d'une façon bienfaisante, jamais pour amener des forces de destruction !* (Lecture 5751-1.)

Cayce met nettement en garde son lecteur contre l'abus de la numérologie : en être l'esclave, ou bien l'utiliser à des fins destructrices. La numérologie bien comprise ne doit pas être déterministe :

Rappelez-vous que ces nombres — et les nombres en général, en eux-mêmes — n'ont qu'une signification relative, selon la pensée de l'Homme à leur égard. Ils ne sont pas infaillibles! Car l'Homme a le pouvoir de modifier sa pensée sur n'importe quoi, et, par cette pensée, de perturber n'importe quel facteur de causalité... y compris les chiffres des dates de naissance! (Lecture 137-119.)

En effet, l'analyse du caractère par l'addition de la valeur numérique des lettres du nom (ou des chiffres et des lettres de la date de naissance) peut donner de bons résultats... Mais ni plus ni moins que n'importe quelle autre technique d'investigation psychologique. Les résultats obtenus par la numérologie sont comparables à ceux obtenus par la graphologie, l'astrologie (qui d'ailleurs s'appuie sur une base numérologique), par la radiesthésie, par la chirologie, etc. La numérologie peut également aider le médecin dans son diagnostic médical. Le Dr Jeannine Fontaine m'avait beaucoup étonnée, lors d'une consultation, en me demandant de compter tout haut jusqu'à 20. Je lui en demandai la raison : « C'est, me dit-elle, que le chiffre sur lequel bute le malade révèle son problème de fond, tant physique que psychologique. » (Voir Dr J. Fontaine, *Médecine des Trois Corps.*) ... En fait, la pratique de la numérologie, comme celle de toutes les autres techniques psi énumérées ci-dessus, sert surtout à affiner l'intuition, c'est-à-dire à développer nos facultés médiumniques.

4.

L'astrologie de l'ère du Verseau

L'astrologie de Cayce a de quoi surprendre... Elle est difficile à avaler pour les astrologues formés à l'école du XIXe siècle, que leur perspective matérialiste appauvrit. Cayce, lui, réintroduit dans l'astrologie deux dimensions qui lui rendent son envolée :

— la réincarnation ;

— les séjours planétaires... Pas moins !

Autrement dit, votre thème de naissance ne décrit pas seulement les conditions de votre vie actuelle, ni même seulement vos incarnations précédentes. Cela, c'est l'*Astrologie karmique* (dont j'ai exposé les principes dans un livre paru chez Robert Laffont en 1983).

Votre thème raconte aussi vos séjours sur les planètes de notre système solaire, entre deux vies sur la Terre. Oui, Vénus, Mars, la Lune... nous y avons tous déjà été y faire un tour ! Sans notre corps terrien, bien entendu. Et nous pourrons y retourner après la mort, sans qu'aucun vaisseau spatial ne soit nécessaire.

Mais oui, vous avez déjà habité Mars

Chaque âme, d'après Cayce, choisit sa date de naissance, qu'il appelle « entrée sur le plan terrestre », ou encore « entrée sur le plan de la matière ». Et cette entrée est choisie en fonction des cycles du Temps qui conviennent à l'évolution de chaque âme — comme nous l'avons déjà dit au chapitre sur la réincarnation. Or, ces cycles du Temps sont déterminés par des positions planétaires.

Le premier principe caycien, c'est donc que nous choisissons notre date de naissance en fonction de notre programme d'incarnation. Ce programme se lit aisément sur notre thème astrologique de naissance.

Le second principe est que notre vie actuelle est la résultante non seulement de nos vies terrestres précédentes — c'est-à-dire de nos incarnations — mais également de nos séjours planétaires. Incarnations anciennes et séjours planétaires sont pareillement lisibles sur le thème. Celui-ci — comme votre nom — résume toute votre histoire depuis le Commencement des Temps :

Toutes les âmes furent créées au commencement. Et, depuis, elles cherchent leur chemin pour retourner là d'où elles vinrent. (Lecture 3744-4.)

Le retour se fait par une progression spirituelle qui est aussi une progression à travers notre système solaire :

EST-CE QUE JÉSUS POURRAIT ÊTRE DÉCRIT COMME L'ÂME QUI LA PREMIÈRE PARCOURUT LE CYCLE DES VIES TERRESTRES POUR ARRIVER À LA PERFECTION ? Y COMPRIS LA PERFECTION DANS SES VIES PLANÉTAIRES ?

Oui. En tant qu'homme, voyez-vous. (Lecture 5749-14.)

Et comme, selon Cayce, l'entité Christ est le prototype de l'être humain, que chaque homme est appelé à suivre, sur le même « parcours du combattant » :

Lorsqu'un individu s'incarne sur la Terre, il a déjà pu passer par toutes les autres sphères planétaires, une fois, deux fois, ou plus. Ces changements ont pour but de lui apporter des expériences qui lui permettent de comprendre chaque type de relation, magnifiée dans sa sphère spécifique. Sur la Terre, nous les trouvons toutes réunies. (Lecture 311-12.)

Pour Cayce, les « planètes », ou « sphères », ou « plans planétaires » de notre système solaire sont autant de « lieux » réels, bien réels, où nous avons une leçon spécifique à apprendre. Entre les séjours planétaires, nous pouvons nous incarner sur la Terre pour mettre en pratique les leçons apprises sur ces lieux du ciel. La Terre est un champ d'expérience, où tous les types de relation peuvent être expérimentés.

Et lorsque nous aurons appris toutes nos leçons cosmiques à travers les séjours tant planétaires que terrestres, nous serons libérés : nous sortirons de ce système solaire pour nous envoler vers d'autres galaxies.

Très nombreuses sont les lectures où Cayce dit d'un enfant : *qu'il a pris son envol depuis Vénus,* ou *qu'il arrive de Saturne...*

Une fois qu'on a admis la théorie de la réincarnation, on est bien obligé de se poser la question : ET OÙ VA-T-ON ENTRE DEUX VIES TERRESTRES ?

Les dogmes officiels des églises nous offrent trois alternatives : le Ciel, l'Enfer ou le Purgatoire. Or, d'après les témoignages — innombrables — sur ce qui se passe après la mort, les âmes traversent des états et des lieux beaucoup plus variés, avec un mélange de bonheur et de souffrance. Ciel, Enfer et Purgatoire ne sont qu'un résumé schématique des divers états de conscience vécus après la mort — ou avant la naissance :

Il existe bien des lieux de séjours dans d'autres royaumes du système solaire [...]. Non pas que nous gardions un corps physique, terrestre, sur Mercure, Vénus, Jupiter, Uranus ou Saturne, etc. Mais, lorsqu'on quitte son corps pour aller dans ces royaumes planétaires, on fait une prise de conscience, à mesure que l'on réagit aux conditions d'existence qu'offrent ces planètes, de par leur position dans le système solaire. (Lecture 2823-1.)

Ainsi, lorsque l'âme quitte l'environnement matériel qui est celui de la Terre, arrive-t-elle dans les régions astrales. Celles-ci représentent des étapes dans l'éveil de la conscience. On leur a donné des noms de planètes, c'est-à-dire que ce sont des centres d'activité où se cristallisent certaines forces. Non pas que ceux qui habitent sur ces planètes soient des êtres de chair et de sang comme on en voit sur la Terre. Mais les êtres conscients y prennent la forme et le mode d'existence adapté à l'environnement planétaire. (Lecture 1650-1.)

Car, durant ces périodes intermédiaires entre les séjours terrestres, l'être reste conscient. Car l'âme est immortelle, elle continue à vivre, elle est consciente, et le sait, elle a pleine conscience de ce qui a été construit par elle. (Lecture 2620-2.)

ET EST-CE QUE L'ÂME CHOISIT LA PLANÈTE OÙ ELLE VA APRÈS CHAQUE INCARNATION ?

Dans la Création, toutes les forces sont en relation les unes avec les autres, et avec celles de la chair sur le plan terrestre. En se développant de plan en plan, on suit les ramifications des conditions tracées par la volonté pendant son existence. Et cela à travers les éternités [...].

Sur Mercure, on trouve tout ce qui touche à l'intelligence.

Sur Mars, à l'agressivité, à la colère.

Sur la Terre, à la chair.

Sur Vénus, à l'amour.

Sur Jupiter, à la force.

Sur Saturne, au commencement des épreuves terrestres. Car Saturne est le lieu où toute matière imparfaite est rejetée en vue d'une refonte.

Sur Uranus, on trouve tout ce qui touche aux facultés psi.

Sur Neptune, à l'amour mystique.

Sur Septimus (Pluton) à la prise de conscience. (Lecture 900-10.)

S'IL VOUS PLAÎT, MONSIEUR CAYCE, ÉNUMÉREZ-NOUS LES PLANÈTES, DANS L'ORDRE DU DÉVELOPPEMENT DES ÂMES, ET DONNEZ, POUR CHACUNE, SON INFLUENCE CARACTÉRISTIQUE.

On vient de vous les donner. Les influences planétaires [...] peuvent être modifiées parfois, selon la force de volonté des individus, du point de vue humain, s'entend. On peut illustrer cela par l'exemple de cet homme qui fut appelé Jésus et dont la caractéristique était l'unité parfaite avec le Père Créateur. Il a dû passer par tous les stades de développement. Et Il est devenu parfait dans Son intelligence, dans Son agressivité, dans Sa chair, dans Son amour, dans Sa mort, dans Ses facultés psi, dans Son amour mystique, dans Sa connaissance consciente. Parfait dans l'art de manier les forces les plus puissantes. C'est pourquoi Il est comme le prototype, car, ayant satisfait aux lois cosmiques, Il est devenu parfait [...]. Ainsi est-Il un modèle pour les hommes, et seulement pour eux, car Il a vécu et est mort en tant qu'Homme. (Lecture 900-10.)

ET À QUOI RESSEMBLE LA VIE SUR LES PLANÈTES ?

Il n'y a rien d'étrange à ce que la musique, la couleur, les phénomènes vibratoires, existent sur les planètes. Tout comme les planètes sont une part, et un schéma de l'Univers total. (Lecture 5755-1.)

Chaque planète a sa forme particulière, ses vibrations propres :

Chaque force planétaire vibre selon sa longueur d'onde spécifique, différente des autres. L'entité qui entre dans le champ de force d'une planète entre dans son registre vibratoire; elle ne change pas obligatoirement, mais c'est une grâce de Dieu qu'elle puisse le faire! (Lecture 281-55.)

On n'atteint pas en une seule fois la vibration exacte qui, nous mettant sur la même longueur d'onde que le Créateur, permet l'union avec Lui [...]. D'où les nombreuses étapes de développement existant dans l'Univers, dans le grand système des forces universelles. Chaque étape du développement doit se manifester à travers la chair, qui permet de tester nos vibrations dans l'Univers. De cette manière, et pour cette raison, tous les êtres doivent se manifester dans la chair et ainsi se développer à travers les ères du Temps et les immensités de l'Espace, ce qu'on appelle l'Éternité. (Lecture 900-16.)

De là le fait que l'entité passe par ces étapes, ces stages, que certains ont vus comme des marches d'escalier, ou comme des cycles, et que quelques-uns expérimentent comme des lieux. (Lecture 5755-1.)

Le tour du système solaire

Les citations de Cayce sur chacune des planètes sont si abondantes qu'elles ont été regroupées en plusieurs très gros volumes... Je n'en citerai, pour chacune, qu'un bref extrait caractéristique.

Mercure

Les aptitudes mentales qui s'expriment dans la condition mercurienne donnent à une âme-entité, lorsqu'elle entre ensuite dans la condition terrestre, un très haut niveau d'intelligence, et des capacités intellectuelles très fortes. Ainsi peut-on observer, chez celui qui vient de cet environnement mercurien, une facilité pour apprendre, une puissance mentale, bien supérieures à celles que possèdent ceux qui arrivent d'un séjour sur Saturne, Mars, Vénus, Uranus, Pluton ou la Lune. (Lecture 945-1.)

De Mercure viennent ces hautes capacités intellectuelles, ce besoin d'analyser les choses en profondeur, en soi-même, et ce besoin d'en toujours tirer les conclusions. (Lecture 2144-1.)

De son séjour sur Mercure lui vient cette acuité de perception intellectuelle, cette facilité d'adaptation aux problèmes mathématiques [...]. (Lecture 553-1.)

Les influences combinées de Mercure avec Uranus donnent du génie :

Les influences de Mercure mêlées à celles d'Uranus donnent les plus hautes possibilités intellectuelles : on a alors des individus [...] qui déchiffrent facilement les caractères des gens et, ainsi, s'adaptent intelligemment aux diverses associations ainsi qu'à leurs patrons. Ils sont capables de diriger les activités des autres dans leurs associations avec eux. C'est particulièrement vrai lorsqu'il s'agit de récupérer, d'amasser, ou de rassembler quelque chose : argent, biens concernant l'équipement ou la qualité de la vie. Ils sont à l'aise dans les métiers touchant à l'argent, comme assureur ou banquier. (Lecture 630-2.)

Vénus

En astrologie traditionnelle, la planète a toujours été symbole d'harmonie — c'est ce que dit Cayce :

Ce don de sympathie, c'est-à-dire d'être capable, dans n'importe quelle circonstance, de tenter d'alléger la souffrance d'autrui [...]. Ce trait de caractère vient non seulement de Vénus, mais aussi de son influence sur différents séjours terrestres de l'entité. (Lecture 309-1.)

Dans les aspects astrologiques de naissance, nous trouvons que l'entité a rapporté de ses séjours sur Vénus l'amour de la beauté, et spécialement l'amour du chant. (Lecture 1990-3.)

Vénus est l'influence directrice de cette expérience de vie; aussi nous trouvons que la maison devrait être le moyen privilégié d'expression de l'entité [...]. C'est en construisant une maison remplie d'art et de beauté, où la beauté est présente sous toutes ses formes et à tous les étages, que l'entité pourrait réussir le mieux dans cette vie. Et la maison, le foyer, c'est le plus haut « métier » où soit appelée une âme individuelle. (Lecture 2571.)

Les influences vénusiennes donnent un tempérament aimant, ouvert, honnête, qui se fait des amis à chaque coin de rue [...]. Cependant, si ces relations deviennent agréables au point d'amener l'entité à négliger la vie spirituelle, alors elles peuvent devenir nuisibles. (Lecture 1442-1.)

L'entité était, en second, sous l'influence de Vénus. L'expérience précédente de cette entité — une vie française — faisait suite à une entrée dans Vénus. Résultat, pratiquement : un enfant de l'amour ! [...] Dans Vénus, la forme corporelle est proche de celle que nous avons sur le plan tridimensionnel de la Terre [...]. Elle recouvre tout ce que vous appelez amour — qui, bien sûr, peut être licencieux ou égoïste ; mais qui peut être aussi si vaste, et si largement ouvert, qu'on y trouve le moins d'égoïsme, et le plus d'idéal, le maximum de générosité. Qu'est-ce que l'amour ? Donc, qu'est-ce que Vénus ? C'est la Beauté, l'Amour, l'Espoir, la Charité. (Lecture 5755-1.)

Les mauvais aspects de la Lune impliquant Vénus rendent la vie affective particulièrement difficile :

Un être dont les forces lunaires et vénusiennes sont opposées à son bonheur dans son actuel séjour terrestre. Et ces forces, l'entité doit les surmonter, ici et maintenant, car elles ont constitué, dans d'autres sphères, les conditions mêmes de ce que l'entité doit aujourd'hui regarder en face. Et ces influences, qui, dans sa vie actuelle, s'exercent par l'intermédiaire de la Lune et de Vénus, apportent beaucoup de perturbations dans sa vie pratique et amoureuse. (Lecture 2553-8.)

Mars

De Mars provient la tendance du corps-esprit à se mettre en colère. La colère n'est pas mauvaise, si elle est gouvernée. Car il y a des choses sur la Terre qui ne sont pas bien gouvernées. Et il y a une force puissante dans la colère elle-même. (Lecture 361-4.)

Car il y a aussi un bon usage de la colère :

DANS LA LECTURE DONNÉE PAR VOUS LE 24 JUILLET 1932, QUE VOULIEZ-VOUS DIRE, MONSIEUR CAYCE, PAR LA PHRASE : « SOIS EN COLÈRE, MAIS NE PÈCHE PAS ? »

Celui qui contrôle sa colère est en train d'apprendre la première leçon de base des lois de l'expérience terrestre. Celui qui contrôle sa colère [...] peut, tout en détestant la chose qui a provoqué chez lui ce sentiment de colère, aimer néanmoins l'âme de celui qui en est la cause. Et, malgré tout, témoigner à cette personne patience, espoir, amour, douceur et pureté de cœur. Les doux hériteront de la Terre, a-t-Il dit. Et ceux qui ont le cœur pur verront Dieu. C'est ce qu'Il nous a promis. Crois-tu en Lui ? Alors, être en colère, et pourtant ne pas mal agir, c'est sentir que ces promesses t'appartiennent. Elles te sont destinées, à toi. (Lecture 262-25.)

Mars n'est pas que « maléfique » :

Mars indique l'aptitude à aimer aussi bien qu'à haïr. (Lecture 2902-1.) *Nous trouvons en Mars une haute opinion de soi-même. Ce qui est excellent, à condition de ne pas en abuser !* (Lecture 262-25.)

Dans l'ensemble, ce que Cayce dit de Mars est très proche de la tradition astrologique occidentale, excepté pour ce qui suit :

Il y a une grande quantité d'émotion impliquée dans la combinaison de Mercure avec Mars, émotion qui naît dans le mental et cherche à trouver son expression dans la vie. (Lecture 3664-1.)

Dans la description caycienne de l'Homme, les émotions naissent du corps physique, et celui-ci naît du désir de Mars (symbole de l'étincelle de tout commencement, et aussi de tout désir amoureux).

Jupiter

Pour la majorité des astrologues, cette planète symbolise l'expansion :

Une influence bienfaisante, la conscience de l'Univers pour celui qui séjourne sur la Terre. Cette planète pousse à l'harmonie dans les relations avec autrui, donne à l'entité le don de la parole, et une bonne voix pour chanter. (Lecture 3188-1.)

En effet, beaucoup d'artistes lyriques, comme Maria Callas, ou d'artistes de variétés, sont marqués par la planète Jupiter, ou par le signe qu'il régit, le Sagittaire. Par ailleurs, l'influence de Jupiter encourage la sincérité (lecture 2571-1), une bonne adaptation aux autres, l'enseignement, de façon générale les responsabilités sociales et politiques (lecture 309-1). Les guérisseurs sont marqués par cette planète (même lecture, cf. Maurice Mességué qui a Jupiter maître du Soleil !). La planète facilite aussi les bons contacts avec l'étranger (1037-1), et ses mauvais aspects ressemblent à ceux de Mars : agressivité et violence (lecture 1990-3). On se rappellera aussi que le thème des États-Unis est marqué par une conjonction Soleil-Jupiter en Cancer.

Saturne

L'une des particularités de l'astrologie caycienne, c'est son interprétation de Saturne :

En Saturne, nous trouvons la tendance au changement, et, par là, la tendance à brasser beaucoup trop d'affaires et d'une façon brouillonne. (Lecture 1426-1.)

De Saturne vient cette tendance à démarrer sans cesse de nouvelles expériences, de nouvelles associations, de nouvelles activités; avec une tendance à rarement les terminer. (Lecture 361-4.)

La tradition astrologique occidentale voit plutôt Saturne comme symbole du Temps, du plomb, de la permanence, du blocage, de l'inhibition... Cayce la voit comme un symbole du changement dans le Temps. Car Saturne est décrite par lui comme une sorte de prison planétaire, qui a pour fonction d'obliger les gens à changer profondément :

Sur de nombreuses planètes à l'intérieur de ce système solaire, on trouve des individus qui sont bannis, exilés, dans certaines conditions, sur des sphères où ils doivent séjourner pour leur développement. Ils y retournent encore, et encore, et encore, jusqu'à ce qu'enfin ils soient préparés pour rencontrer l'Éternel Créateur de notre Univers tout entier. (Lecture 3744-3.)

Il arrive parfois que l'entité spirituelle soit bannie sur Saturne, qui est le lieu du système solaire où toute matière insuffisante est rejetée pour y être refondue [...]. Par exemple, nous trouvons une entité qui, sur le plan de la Terre, a manifesté tant de haine, d'hypertrophie de son moi charnel, au point que tous ses désirs lui paraissaient naturels, ces mauvais désirs devront trouver leur refonte, leur purification dans les sphères des forces relationnelles de Saturne. Il y aura donc un passage de l'entité spirituelle à tra-

vers ces sphères, passage qu'elle devra vivre, afin de pouvoir encore manifester le développement qu'elle aura acquis sur le plan terrestre. Car les entités doivent toutes se manifester dans la chair, et unir leur volonté à celle de Dieu, c'est-à-dire à la Force Créatrice de l'Univers. Et cela de telle sorte que leur développement atteigne ce plan de la Terre, puis, de là, se poursuive dans d'autres systèmes dont notre système solaire n'est qu'une petite partie [...]. Ainsi, l'entité doit-elle se développer dans la sphère terrestre jusqu'à ce qu'elle ait atteint le stade de perfection à partir duquel elle pourra aller dans les plans spirituels, comme on les appellerait par comparaison avec le plan physique, ou charnel, qu'est la Terre. (Lecture 900-25.) *C'est pour travailler à son propre salut — comme on dirait ici-bas — que l'entité, l'individu, se bannit lui-même ainsi.* (Lecture 3744-2.)

Car la Terre et Saturne sont différentes. Sur Saturne vont ceux qui doivent se renouveler, ou recommencer, c'est-à-dire ceux qui ont éliminé de leur expérience terrestre une grande partie de ce qu'ils auraient dû travailler, et qu'ils devront à nouveau dynamiser en passant à travers d'autres champs de force planétaires. (Lecture 945-1.)

Cayce lui-même dit qu'il fit un séjour :

dans les champs de force de Saturne, après sa vie ratée comme Bainbridge (lecture 294-8). La même remarque se lit dans la lecture donnée pour Arthur Lammers, qui avait participé à la guerre de Troie, après quoi, il avait dû passer par :

Saturne, lieu où toute matière insatisfaisante est jetée. (Lecture 5717-1.)

Saturne est donc la poubelle de notre Terre... La combinaison des influences saturniennes avec les autres influences planétaires est décrite de façon parfois surprenante :

Les influences de Mars et de Saturne se développent chez cette entité dans le sens d'un goût pour tout ce qui touche à la musique (car l'entité arrive de Vénus), L'entité entreprend sans arrêt de nouvelles activités, entamant de nouvelles relations, non seulement pour elle-même, mais poussant aussi les autres autour d'elle. (Lecture 324-5.)

Il faudrait développer au maximum les forces latentes de Vénus, sinon les impulsions venues de Saturne pousseront l'entité à avoir de nombreux foyers, de nombreux mariages. Et ce n'est pas très bon dans cette expérience de vie, si elle veut se développer, car la cohérence intérieure et la persévérance sont sœurs de la patience, laquelle est justement la leçon que l'entité doit apprendre dans cette vie. (Lecture 1431-1.)

Or si l'on médite sur la classique maîtrise des planètes sur les signes, on se souviendra que Saturne est le second maître du Verseau et de la Balance... Deux signes d'air dont la stabilité et la patience laissent souvent à désirer ! Quant à la combinaison Saturne-Mars, conformément à ce qu'en dit l'astrologie traditionnelle, elle donne de grands politiques :

C'est quelqu'un que les forces qu'il a reçues sur Mars et Saturne ont rendu lent à la colère, mais extrêmement subtil dans la poursuite de ses objectifs, bons ou mauvais. (Lecture 221-2.)

Saturne amène des changements qui sont loin d'être toujours agréables, d'où ce pessimisme saturnien :

Nous trouvons en Saturne tous ces changements qui surviennent à certaines périodes, qui font que l'entité tombe facilement dans le découragement et les pleurs. Mais rappelez-vous qu'Il a exprimé cela en pleurant avec ceux qui pleurent, et en se réjouissant avec ceux qui se réjouissent [...]. Alors, minimisez ces tendances au découragement et au pessimisme. (Lecture 2571-1.)

Cependant, la combinaison de Saturne et d'Uranus est particulièrement violente, Uranus accentuant la tendance au changement :

Dans Saturne on trouve les changements subits et violents, ces influx qui font voler en éclats un environnement bloqué dans sa croissance, et provoquent une modification subite de la conjoncture matérielle. Cela se manifeste apparemment par une intervention d'autrui qui fait réagir le Moi impliqué dans cette relation humaine. Ce qui amène des périodes où sont mises à l'épreuve ton endurance, ta patience, ton amour de la vérité et de l'harmonie [...]. Car la combinaison de ces influences saturniennes avec Uranus amène des extrêmes dans le matériel aussi bien que dans le mental. (Lecture 1981-1.)

Uranus

C'est une planète très importante actuellement, puisque Uranus régit le Verseau, constellation dans laquelle va bientôt se lever notre Soleil... Comme nous venons de le voir ci-dessus, c'est la planète des extrémistes ! L'astrologie occidentale, depuis sa découverte au XVIIIe siècle, considère qu'Uranus symbolise la foudre, la révolution, l'imprévu, l'intuition scientifique aussi géniale qu'inattendue, l'amitié et le besoin d'espace, tant matériel que mental. Cayce confirme :

Sur Uranus se trouvent ces extrêmes auxquels l'entité est portée. (Lecture 3478-2.)

Uranus apporte à l'entité cette curiosité pour l'insolite, l'occulte, pour les phénomènes spirituels, pour toute activité qui relie l'entité à la conscience universelle. Cela serait très bien si c'était équilibré, mais lorsque surgissent doutes et peurs, l'entité est portée aux extrêmes. (Lecture 3617-1.)

Sur Uranus, on trouve les extrêmes, l'intérêt pour l'insolite, pour les mystères du Temps, pour les mystères de la vie, pour les mystères des vies humaines sur la Terre [...]. Mais attention, si quelqu'un dépourvu d'agressivité n'arrive à rien, celui qui ne contrôle pas sa violence est bien pire ! (Lecture 3188-1.)

Un assez grand nombre de lectures lient Uranus à l'Atlantide, la planète symbolisant l'électricité, le génie de la technologie ; on se souvient aussi que les Atlantes furent des ingénieurs hors pair (voir chapitre 3).

L'entité n'est pas seulement un Atlante, mais aussi un Uranien. De là cette certitude intérieure, parfois, qu'elle a raison, et que tous les autres, sans exception, se trompent ! Ou alors le contraire : que tout le monde a raison, sauf elle ! Ce qui donne une personnalité assez spéciale, influencée [...] par Uranus qui la porte aux extrêmes dans ses désirs. L'entité a besoin de façon urgente, et tout le temps, d'aimer quelqu'un — ce qui peut-être ou très bon, ou très mauvais... (Lecture 3226-1.)

Comme de nombreuses autres entités, qui sont entrées sur la Terre dans ce cycle de 1910-1911, celle-ci est atlante. Et cela, combiné avec l'influence uranienne, donne quelqu'un d'extrémiste, à certains moments. Cette entité peut devenir une âme très évoluée, ou, au contraire, apporter guerre et tribulations à un grand nombre. (Lecture 2428-1.)

Nous trouvons sur Uranus les extrêmes, et, cependant, pour cette entité, la conscience totale de sa plénitude, datant de cette expérience de vie en Atlantide. (Lecture 2794-3.) *Ici, nous trouvons Mercure, Vénus, Jupiter et Uranus. Et Uranus, oui, qui, dans cette vie en Atlantide, a donné à l'entité ces compétences hors du commun — et amène ces circonstances soudaines, extrêmes, qui surgissent dans sa vie.* (2791-1.)

Aussi, pour savoir si une entité a vécu en Atlantide, faudrait-il regarder dans son thème natal la force et la position d'Uranus. Il me paraît certain que l'Atlantide vibrait sous son influence, ne serait-ce que par la soudaineté très uranienne des catastrophes qui l'affectèrent.

Atlantes et Uraniens reviennent aujourd'hui :

Un Atlante! Un qui fera de sa vie un magnifique succès ou un misérable échec. Et cela, combiné à l'influx uranien, fait apparaître l'entité comme un esprit assez cynique. (Lecture 3376-2.)

Uranus a une autre caractéristique : la planète semble être également un lieu de refonte pour certaines âmes qui ont besoin de changement, comme Saturne.

Celles-ci passent par Uranus pour :

accentuer en elles ce qui est bon et ce qui est mauvais. (Lecture 311-2.)

Amenant ainsi le mal à un extrême si peu supportable qu'il faudra bien changer ! Uranus, considérée comme beaucoup par la planète de l'astrologie, développe beaucoup les facultés psi :

Et comme les facultés psi qui se manifestent proviennent d'une expérience sur Uranus, cela donne [...] quelqu'un de très percutant — et cependant, tantôt obstiné, tantôt flottant [...] Aussi maintient-elle non seulement sa famille, mais également ses amis et ses partenaires amoureux, dans l'incertitude de ce qu'elle fera, les obligeant à deviner quelles seront ses activités. Aptitude à l'imprévisible qui peut servir dans un poste de responsabilité. (Lecture 630-2.)

Tes séjours sur Uranus, mon frère, t'ont donné une vive curiosité intellectuelle pour les choses cachées. Ils ont fait de toi un extrémiste [...] Ils t'ont donné, également, ce désir de solitude, à certains moments, pour mieux exprimer ton intelligence, et cet intérêt pour l'occultisme et la mystique. (Lecture 553-1.)

Uranus est associé au Christ en qui se rejoignent les extrêmes :

De l'influence uranienne vient l'intérêt pour les choses spirituelles, aussi bien que la conscience de ce qui est sordide ou mesquin. Les extrêmes, tu le sais, ne se rejoignent que dans le Christ.

Aussi, dans les états d'abattement extrême, sache qu'Il t'écoute! (Lecture 1968-1.)

Neptune

Mais ces extrémistes atlantes n'étaient pas seulement uraniens. Ils étaient également neptuniens, comme le suggère Platon, qui dit que Poséidon/Neptune fut l'un des rois de l'Atlantide. Neptune régit l'eau, les océans, les rêves, l'intuition, la poésie mystique :

En interprétant les archives (akashiques) *concernant cette entité, nous la trouvons non seulement en Atlantide — et une véritable Atlante —, mais aussi dans Uranus et Neptune. De là son aptitude à devenir une initiée. Mais attention au choix de ses partenaires, au choix des groupes qu'elle fréquentera, et des étiquettes auxquelles elle se ralliera. Ainsi, Mercure lui donne cette brillante intelligence, Uranus et Neptune cet intérêt dans l'occultisme et la mystique.* (Lecture 2795-1.)

Les Neptuniens sont également de bons jardiniers :

En Neptune, il y a ce pouvoir de l'eau et des forces aquatiques. Et l'aptitude à faire revivre, à rendre la vie à toutes choses. Et presque tout ce qui est planté dans la terre par l'entité vivra. (Lecture 2641-1.)

Avec ce phénomène étonnant :

Et les fleurs, les branches coupées, fleuriront ou donneront un plus grand parfum au contact du corps de cette entité, ou près d'elle. Et rares sont ceux qui ont ce don. (Même lecture.)

On connaissait le « flou » neptunien, les illusions et la fuite dans les rêves, la drogue ou la boisson, dues à l'influence de la planète. Mais ce n'est pas toujours le cas, car le mysticisme bien compris suppose aussi une psychologie, une rigueur, qui aident à mieux gérer la vie pratique, comme on l'a vu dans les grands ordres monastiques du Moyen Âge :

En Neptune, vient l'intérêt pour les choses spirituelles et la psychologie. (Lecture 3126-1.)

De Neptune vient cette vie menée avec rigueur, d'une manière à la fois méthodique et mystique. (Lecture 255-5.)

C'est pourquoi Neptune inspire toutes sortes de créateurs divers, des architectes, des juristes (lecture 2051-5), des marins

(2213-1), des écrivains avec une tendance à la célébrité (4228-1). Cayce met l'accent sur la différence entre l'influx neptunien et l'influx uranien :

Cette personne a de grandes aptitudes intellectuelles. Au fil de ses apparitions sur la Terre, elle garde l'influence ennoblissante d'une pensée mystique inspirant de très haut son action dans le siècle. Car elle est ancrée dans ces forces mystiques, spirituelles, que l'on trouve sur Neptune, ainsi que dans les forces occultes que l'on trouve sur Uranus. (Lecture 551-3.)

Le texte fait une différence entre les *mystic forces* de Neptune et les *occult forces* d'Uranus. C'est vrai que l'on peut avoir développé de grandes facultés psi, et les utiliser sans aucun amour mystique.

L'astrologie actuelle considère Neptune comme l'octave supérieure de Vénus, — l'amour — et Uranus comme l'octave supérieure de Mercure — l'intelligence. L'influx uranien donne une perception rapide comme la foudre, une intelligence des raisons cachées. Tandis que l'influx neptunien fait percevoir les vibrations supérieures de l'amour mystique, c'est-à-dire l'union avec Dieu.

Pluton

La planète fut identifiée en 1930. Mais Cayce en avait parlé bien avant, dès 1923, en l'appelant : *Septimus,* ce qui signifie le « Septième ». En effet, Pluton est le septième corps céleste important après la Terre (en s'éloignant du Soleil). Plus tard, lorsque son nom deviendra officiel, Cayce dira Pluton comme tout le monde. Il l'avait aussi parfois appelée *Vulcain,* ce qui est peut-être un souvenir du nom de cette planète dans l'Antiquité (où on la connaissait certainement). Comme cela prêtait à confusion, il répondit à la question :

EXISTE-T-IL UNE PLANÈTE ANCIENNEMENT CONNUE COMME LILITH OU VULCAIN ?

Pluton et Vulcain sont une seule et même planète. Mais pas Lilith. Lilith désigne une personnalité. (Lecture 826-8.)

En 1939, il eut le pressentiment que cette planète prendrait beaucoup d'influence dans les années à venir :

Il s'agit de quelque chose qui est en train de prendre de l'impor-

tance dans l'Univers, dans les zones célestes près de la Terre plus exactement. Si certains ont cru que l'impact de Pluton s'efface graduellement, il n'en est rien. Au contraire, il ne cesse de croître, et sera l'une des influences directrices sur l'activité des hommes à venir, dans leur relation avec les forces du monde spirituel [...].

Pour l'instant, les hommes sont seulement en train d'en prendre conscience. Mais d'ici cent à deux cents ans, il y aura une puissante influence de Pluton sur la race humaine. Car cette planète est la plus proche des activités terrestres, et soyez sûr qu'elle va exercer une influence croissante. (Lecture 1100-27.)

ET DE QUELLE NATURE ?

La tendance à être centré sur soi-même, et à concentrer son action sur les forces de la Terre, vient de Pluton. (Lecture 3126-1.) *De la position du Bélier, et de celle de Septimus vient cette force sur le plan financier, qui se développera jusqu'aux derniers jours dans ce plan terrestre. Pour plusieurs générations à venir, ses effets se feront sentir, sauf si la volonté de l'individu y coupe court.* (Lecture 5717-1.)

Les influences astrologiques combinées chez ce natif semblent à première vue défavorables, car elles viennent pour beaucoup de Sirius et de Pluton. Leur influence se traduit par des changements soudains dans les affaires sociales, familiales, dans les relations d'affaires ou les relations physiques. Et cependant, ces circonstances défavorables peuvent être utilisées. (Lecture 1727-1.)

En matière financière, à travers le Bélier et Septimus [...] ces influences marquent ceux qui, gouvernés par la soif du pouvoir et l'âpreté, ont tendance à utiliser toutes les autres forces en vue d'obtenir des gains financiers personnels [...]. (Lecture 5717-2.)

Pluton est certainement l'octave supérieure de Mars :

Attention à certaines influences [...] que l'on voit dans Mars et dans Vulcain (Pluton). *Attention au feu, aux armes à feu, aux explosifs [...]. Attention aux accès de colère, au ressentiment que l'on construit par colère dans les relations avec les autres [...]. Gardez le contact avec les forces de l'Amour.* (Lecture 1735-2.)

Ainsi Pluton donne-t-il aux natifs qu'il influence une puissance qui les pousse à s'affronter aux problèmes matériels.

Ils s'acharnent à conquérir la Terre, et en particulier l'argent. Et dans ce combat martien avec les réalités de la vie terrestre, ils peuvent gagner une connaissance des lois du Cosmos. C'est pourquoi Cayce disait plus haut qu'en *Pluton était la prise de conscience...*

Les luminaires : Soleil et Lune

Que dit Cayce de ces deux astres majeurs ?

La plus forte influence qui s'exerce sur la destinée de l'Homme est celle du Soleil, en premier lieu. Ensuite viennent les planètes les plus proches de la Terre, ou celles qui montent avec l'Ascendant sur l'horizon au moment de la naissance. (Lecture 3744-3.)

Cependant, le Soleil et la Lune forment un tout, indissociable, car ils sont pour nous aussi complémentaires que le yin et le yang, le jour et la nuit, l'envers et l'endroit... Mais :

Le Soleil indique la force vitale et la Vie, tandis que la Lune indique les changements. (Lecture 5746-1.)

On se rappelle que le I-King s'appelle en chinois : le *Livre des changements,* car il n'y a pas de vie sans changements incessants !

D'après les aspects astrologiques, on peut retrouver un séjour fait sur la Lune par cette entité. De là, l'influence lunaire sur ce natif. Ne dormez jamais avec le visage exposé au clair de Lune ! Il y aurait beaucoup à dire aussi sur l'exposition aux rayons du Soleil. Car Lune et Soleil gouvernent les émotions. (Lecture 1401-1.)

Comme le Soleil est source de Vie — dans la matérialité terrestre — la beauté du satellite de la Terre, vécue dans ces séjours lunaires, d'où l'âme de l'individu part voyager vers les autres planètes [...] donne une expérience vitale à l'entité ou âme, lorsqu'elle passe par là. (Lecture 805-4.)

Les habitants de la Lune, satellite de la Terre, précédèrent ceux qui, adaptés à la matière, vinrent habiter sur la Terre sous la forme matérielle. Et cette entité fut parmi ceux qui habitèrent ainsi sur la Lune; elle reste très influencée par deux séjours qu'elle fit là-bas. (Lecture 264-3.)

L'astrologie classique pense que le Soleil régit les affaires sentimentales... mais apparemment, la Lune aussi :

Les éléments de la Lune influencent les affaires d'amour. (Lecture 900-6.) *L'influence de la Lune sur cette entité joue particu-*

lièrement sur la satisfaction matérielle des désirs amoureux. (Lecture 900-14.)

La Lune joue dans le sens d'un accroissement de tout ce qui est physique, et, également, pousse l'entité à se développer vers une haute vocation établie... L'effet du Soleil, cependant, ici, est comme une trace brillante qui éclaire les relations de cet être avec ceux qu'il rencontre. (Lecture 288-1.)

Et, conformément à la tradition astrologique, les natifs fortement lunaires sont changeants :

Avec cette Lune adverse, l'entité change avec les phases de la Lune. Pas dans ses buts ni dans ses intentions profondes [...], mais dans la façon dont elle s'exprime en face des autres. (Lecture 39-2.)

La Lune étant mal aspectée [...], l'entité vit des périodes où tout ce qu'elle touche [...] est marqué par la chance, mais, à d'autres, tout tourne mal! (Lecture 2855-1.)

L'entité a fait un séjour sur la Lune. D'où, au fil des années, au fur et à mesure qu'elle se développe, ce fait que, bien que belle de corps et sachant s'exprimer, elle apparaisse comme une personne inconsistante. (Lecture 1620-2.)

Soleil et Lune sont tous deux aussi essentiels au bon fonctionnement de nos organes :

Ainsi, astrologiquement, dans le système solaire auquel appartient la Terre, les autres corps célestes ont une influence sur les centres de contrôle du corps humain, comme le Soleil sur le cerveau, la Lune sur le sexe. (Lecture 2608-1.)

Tout ce qui est élément « Eau » dans notre corps est régi par la Lune, c'est ce que dit l'astrologie classique. La Lune a la maîtrise des eaux, parce que :

Au commencement, notre propre plan, la Terre, fut lancée sur orbite. La création des autres planètes, à l'origine, leur assigna comme fonction de régir le destin de toute matière créée. Exactement comme la division des eaux, qui se fit sous l'action de la Lune, est encore régie par celle-ci, sur son chemin autour de la Terre. (Lecture 3744-3.)

La lune et les désincarnés

Dans la tradition ésotérique, la pleine Lune permet une communication plus facile avec les morts. D'ailleurs, combien d'entre nous ressentent une sorte d'excitation qui les fait planer au-dessus d'eux-mêmes lors des nuits de pleine Lune ? Et c'est à ce moment-là que se tenaient les sabbats de sorcières, qu'officiaient les prêtresses des cultes lunaires dont parle si bien Robert Graves. La Lune serait un relais entre la Terre et les autres lieux de l'astral. Et voici une chose extraordinaire évoquée par Cayce, à propos de la Lune. En 1937, se trouvait parmi ses consultants un homme qui s'occupait de plongée sous-marine. Il se proposait de photographier l'épave encore immergée du paquebot *Lusitania,* torpillé au large de l'Irlande pendant la Première Guerre mondiale. Il interrogea Cayce :

POUR CES PHOTOS, QUELLE EST LA PÉRIODE DE L'ANNÉE — MOIS, JOUR, HEURE — LA MEILLEURE POUR LA VISIBILITÉ ?

Cayce répondit que c'était la pleine Lune de mai, ou celle de juin, ou d'août, et ajouta :

De plus, certaines choses devraient être prises en considération par ceux qui voudront photographier cette épave. Ces périodes qui vous ont été données comme étant les meilleures pour la visibilité, et l'efficacité opérationnelle, sont celles où l'influence de la Lune sur les eaux est la plus grande. Et cela spécialement dans ces parages où ces individus — c'est-à-dire les âmes de ceux dont les corps sont encore coincés dans l'épave — travailleront avec ces forces lunaires. Car, pour beaucoup, leur libération est un tournant aussi important que la date du naufrage.

LES PLONGEURS PEUVENT-ILS ATTENDRE DE LA SYMPATHIE, OU DE L'HOSTILITÉ, DE LA PART DE CEUX QUI SONT MORTS AU MOMENT DU NAUFRAGE ?

De la sympathie, et même de l'aide, comme nous l'avons indiqué. Car il y en a des centaines, qui sont là, dans un état d'angoisse. Ils aideront à ce travail, et d'une façon directive. (Lecture 1395-1.)

Cette zone au sud de l'Irlande est affectée par des marnages très importants : les marées y sont exceptionnellement fortes. Cayce se fait l'écho des traditions bretonnes sur les marins perdus en mer, qui reviennent par les nuits de pleine Lune, ou bien qui « donnent de la voix » lors des tempêtes d'équinoxe.

Signes du Zodiaque. Planètes et influence des astres

Le Zodiaque est autour de nous comme une lanterne magique qui aurait douze fenêtres de couleurs différentes. Les planètes passent à tour de rôle à travers les douze vitres colorées de la lanterne.

A chaque passage, leur lumière est modifiée par une couleur de la lanterne? Et c'est comme si toutes les leçons de Cosmos que nous devons apprendre étaient résumées en douze chapitres. L'école cosmique comprend douze matières, ou bien douze classes, de la primaire à la terminale... C'est pourquoi Jésus choisit douze apôtres — qui lui donnèrent bien du fil à retordre :

Chacun des douze apôtres symbolisait un centre majeur, une des régions, ou royaumes, à travers lesquelles la conscience a commencé à être consciente dans son corps sur la Terre. C'est pourquoi Il trouva — comme toi-même tu trouves en ton for intérieur — ces douze pierres d'achoppement, ces douze choses qui non seulement te dégoûtent, mais te déçoivent, liées aux réactions des gens et des choses. C'est le prix de la chair, de la prise de conscience dans la matière, et c'est seulement transitoire. Et cela passera, sache-le. Mais seuls demeurent à jamais la beauté, l'amour, l'espoir, la foi. (Lecture 2823-1.)

Et déjà, en Égypte ancienne, on savait qu'il y avait douze étapes obligatoires :

L'entité [...] travaillait dans le Temple; elle fut parmi les rares à passer par toutes les qualifications du temple du Sacrifice, c'est-à-dire qu'elle occupa ce qu'on appellerait aujourd'hui la chaire d'enseignement de chacune des douze maisons à travers lesquelles passait le Soleil — selon ce qu'on enseignait — symbolisant le parcours de chaque individu dans le monde matériel. (Lecture 3474-1.)

Les signes du zodiaque ont peut-être moins d'importance que ne le dit l'astrologie officielle. Et l'astrologie de Cayce est très loin des rubriques de l'astrologie journalistique :

En ce qui concerne les constellations du zodiaque, c'est-à-dire les signes zodiacaux, sur la vie de cette personne, ce sont seulement des influences qui vont et qui viennent dans son existence, et non pas des forces contraignantes présentes dans l'âme profonde de l'entité. Ce qui est assez opposé à ce que l'on enseigne aujourd'hui sur la Terre. (Lecture 8-1.)

On devrait comprendre que c'est le séjour fait par l'âme dans l'un de ces lieux planétaires, plutôt que les positions natales des planètes, qui exerce une influence [...]. Une entité n'est pas influencée par le fait que sa Lune est en Verseau, ou son Soleil en Capricorne, ou Vénus dans telle ou telle maison, ou signe [...], etc. Non. Ces positions célestes sont importantes pour l'entité à cause d'un séjour qu'elle y a fait en tant qu'âme. Voilà comment les planètes ont la plus forte influence sur une entité qui habite la Terre. (Lecture 630-2.)

De même, les aspects entre les planètes décrivent ces séjours planétaires :

Les séjours au-delà de la Terre — pendant les périodes intermédiaires entre deux incarnations — se traduisent par ce que l'on appelle les aspects astrologiques. Non pas que l'entité se soit manifestée physiquement sur les planètes, mais elle y habitait dans l'état de conscience spécifique de chacune de ces planètes. Et celles-ci ont une influence, on peut le croire, sur le mental d'un natif. (Lecture 2144-1.)

Quant aux signes, encore faudrait-il s'entendre... Car la précession des équinoxes nous ramène à presqu'un signe en arrière (en obligeant à une soustraction de 24°). Plus encore, les différents calendriers utilisés au cours des siècles à différentes époques ont faussé notre zodiaque :

Si vous étudiez l'astrologie, ne disposez pas les signes selon le calendrier égyptien, mais perse. Car l'interprétation des Perses (Chaldéens) est meilleure que celle des Égyptiens [...]. Les variations du Temps ont été corrigées par les Perses, mais pas par les Égyptiens dont les calculs faussent les signes de trente degrés. (Lecture 2011-3.)

L'astrologie caycienne n'est pas déterministe

De toute façon, séjours planétaires ou pas, Cayce dit expressément que la volonté de l'Homme est plus forte que l'influence des astres, conformément à ce qu'en disait Thomas d'Aquin :

Il faut que l'on comprenne qu'aucune influence, de quelque planète qu'elle vienne, aucune position, du Soleil, la Lune, ou d'un corps céleste quelconque, ne surpasse le pouvoir de la volonté de l'Homme, ce pouvoir que le Créateur a donné à l'Homme au commencement des Temps, lorsque celui-ci devint une âme vivante. Car l'Homme dispose du pouvoir de choisir. (Lecture 3744-3.)

En ce qui concerne les influences astrologiques, et l'usage que l'on en fait, il s'agit seulement de tendances intérieures. Ce que chacun fait avec ces influences dépend des choix qu'il a faits. De là, la nécessité pour chaque âme, chaque entité, d'avoir un idéal, un objectif spirituel, selon lequel elle vivra les schémas de la vie et ses associations avec ses frères humains. (Lecture 1710-3.)

Certains natifs sont peu influencés par leurs planètes de naissance :

En donnant ici les influences qui proviennent des expériences passées de l'entité, on voit qu'elle est très peu influencée par ses séjours dans les astres. Car ses tendances de caractère ne viennent pas tellement de ces aspects astrologiques, mais plutôt de ce que l'entité en a fait au cours de ses séjours terrestres précédents. (Lecture 2542-1.)

Parfois même, plus du tout :

Cette entité [...] à travers ses expériences sur la Terre, s'est avancée [...] jusqu'à un haut niveau spirituel : elle n'a plus besoin de se réincarner [...]. Et les aspects astrologiques ne sont pour rien dans son expérience de vie. (Lecture 5366-1.)

Environ 20 % des individus, actuellement, sont sous la dépendance de ce qu'ils ont fait de leurs pulsions au fil de leurs incarnations précédentes. Comme nous l'avons déjà dit, certains continuent dans la ligne de leur ciel natal ; d'autres seulement en partie. Enfin, il y a des gens qui agissent dans un sens diamétralement opposé à leurs planètes. (Lecture 5753-3.)

EST-IL BON POUR NOUS D'ÉTUDIER LES EFFETS DES PLANÈTES SUR NOS VIES, DE FAÇON À MIEUX COMPRENDRE NOS TENDANCES, NOS

PENCHANTS, ET LA FAÇON DONT NOUS SOMMES INFLUENCÉS PAR CES PLANÈTES ?

Si c'est étudié correctement, oui, c'est très, très bon. Comment s'y prendre pour étudier correctement l'astrologie? Dans la ligne des connaissances déjà acquises par l'homme moderne. Mais donnez plus encore que cela, dans les vies que vous étudiez. Faites comprendre que la volonté doit toujours être le facteur déterminant pour l'Homme, dans sa façon de se conduire, et que cette volonté doit le mener toujours plus haut.

ET COMMENT L'ASTROLOGIE PEUT-ELLE AIDER L'HOMME SUR LA TERRE AUJOURD'HUI ?

La position des planètes montre les tendances pour une vie donnée, sans référence à la volonté du natif. Alors faites comprendre à l'individu comment sa volonté doit tout surmonter.

ET LES TENDANCES D'UN NATIF SONT-ELLES INFLUENCÉES DAVANTAGE PAR LES PLANÈTES LES PLUS PROCHES DE LA TERRE À SA NAISSANCE ?

Par la planète qui se trouve au zénith dans le ciel quand le natif arrive à sa place [...], c'est-à-dire par la planète, ou sphère, qui est vue comme celle d'où l'âme et l'esprit ont pris leur envol pour venir sur la Terre. (Lecture 3744-3.)

ET EST-CE QU'UN HOROSCOPE DOIT ÊTRE BASÉ SUR L'HEURE DE NAISSANCE PHYSIQUE OU BIEN SUR L'HEURE DE NAISSANCE DE L'ÂME ? (Le consultant veut dire : sur l'heure où l'âme est venue s'incarner dans le fœtus, ou le nouveau-né, puisque ce phénomène peut se produire à date variable, entre la conception et la naissance, ou même après celle-ci !)

Sur l'heure de la naissance physique. (Lecture 826-8.)

Ces alternances de séjours planétaire et terrestre constituent pour nous des étapes indispensables à notre croissance, étapes que nous maîtrisons par l'usage de notre volonté :

L'âme, donc, doit retourner à son Créateur, et la volonté humaine est l'outil à employer pour ramener l'entité, l'âme, à la Cause Première (= Dieu, en caycien !), *afin qu'un jour elle puisse être capable [...] d'invoquer le Nom qui la fera s'unir totalement avec le Tout.* (Lecture 633-2.)

C'est pourquoi la volonté a été donnée à l'Homme, lorsqu'il arriva dans cette forme humaine telle que nous la voyons actuellement façonnée dans la matière. Cela, afin qu'il puisse choisir. (Lecture 262-52.)

Et si l'homme, avec sa volonté, utilise mal ses planètes ? C'est-à-dire rate sa vie ?

SI UNE ÂME NE S'AMÉLIORE PAS, QUE DEVIENT-ELLE ?

Mais c'est bien pourquoi elle se réincarne. C'est là, justement, le but de la réincarnation, qu'elle puisse avoir sa chance! La volonté de l'homme peut-elle indéfiniment défier son Créateur? (Lecture 826-8.)

Car chaque âme, chaque entité, est cocréatrice avec la Conscience de l'Univers (= Dieu) (Lecture 2571-1.)

Encore quelques particularités de l'astrologie caycienne

D'abord, l'attention donnée aux gens nés avec les planètes (Soleil ou autre), sur la « cuspide », c'est-à-dire la pointe, le début d'un signe. Autrement dit, des gens qui sont à cheval entre deux signes, entre deux séries de vibrations, et comme assis entre deux chaises !

Ceux qui sont nés au début d'une nouvelle influence (zodiacale ou astrale), alors que la précédente est en train de s'effacer [...] ont souvent des vies où ils sont comme dans un passage étroit, un défilé resserré. (Lecture 801-1.)

A travers les cuspides, le natif vit un changement d'influences ressenti inconsciemment, ou reconnu consciemment, et cela lui apporte toujours une attitude de rebelle vis-à-vis de ceux qui voudraient le dominer. (Lecture 220-1.)

Pour une entité née le dernier jour du signe des Poissons :

Cette entité arrive sur une cuspide. Et cela risque de produire chez elle des conflits émotionnels. (Lecture 2411-1.)

Un autre point sur lequel Cayce insiste beaucoup : l'importance des étoiles fixes, et particulièrement Orion, les Pléiades, et surtout Arcturus. Cette dernière serait « un autre soleil », et la porte de sortie de notre Univers. Lorsque nous serons libérés, après avoir maîtrisé nos leçons de Cosmos, nous devrons terminer l'apprentissage de ce système solaire par un stage sur Arcturus :

Nous trouvons ici le Soleil, et Arcturus, qui est un soleil en plus grand, donnant la force mentale et spirituelle pour aider l'âme à se développer. (Lecture 13741, 137-4.)

Les entités qui ont séjourné sur Arcturus ont toutes quelque chose d'exceptionnellement puissant. Cayce lui-même, avant sa vie persane, aurait fait un séjour sur cette étoile de première grandeur :

Car dans les champs de force d'Arcturus, tout est magnifié, dans la puissance de la volonté et la conquête de soi. Celle-ci est plus grande que la conquête d'innombrables mondes, et il s'agit ici de la conquête du nôtre, c'est-à-dire de la conquête des attributs solaires, ceux de notre Soleil. (Lecture 115-1.)

Arcturus marque le ciel de cette entité, c'est-à-dire que cette étoile est la centrale d'énergie d'où l'entité est revenue sur la Terre. Car Arcturus est la porte de notre système solaire. Et cependant, l'entité en est revenue, dans un but précis. (Lecture 2454-3.)

Cayce insiste sur le pouvoir, le rayonnement, la force, la prise de conscience universelle de ceux qui ont fait ce stage sur Arcturus (lectures 3454-3, 105-2, 4228-1, 957-1, 757-8, etc.). Arcturus ouvre des perspectives sur de fabuleux voyages interplanétaires dans des mondes pluridimensionnels :

Dans ce système solaire qui est le nôtre, l'entité doit passer par toutes les autres sphères [...]. Elle va d'abord dans cette centrale d'énergie, Arcturus, plus proche des Pléiades [...], et, ainsi, de proche en proche, durant les siècles des siècles, et à travers l'Espace — qui est UN — elle doit aller dans divers centres d'activité [...]. Et parfois, après dix mille ans, une entité peut revenir sur la Terre pour manifester la puissance qu'elle a acquise dans ces traversées. Lorsqu'une entité entre sur un de ces plans planétaires, elle y prend la forme adaptée à ce plan qu'elle occupe. Là, il n'y a pas seulement trois dimensions, comme sur la Terre, mais il peut y en avoir jusqu'à sept, comme sur Mercure, ou quatre, comme sur Vénus, ou cinq, comme sur Jupiter. Mais il n'y a qu'une seule dimension sur Mars. Il peut y en avoir beaucoup plus sur Neptune — ou bien aucune! — jusqu'à ce que l'entité ait été purifiée par les feux de Saturne. (Lecture 311-12.)

C'est un peu triste de revenir sur la Terre, avec « seulement » ses trois pauvres dimensions, surtout quand on s'est éclaté sur Arcturus... Mais il le faut, car :

Si les séjours astrologiques (dans les astres) correspondent aux forces mentales, celles qui se manifestent dans les rêves, les séjours sur la Terre, plan de la matière, correspondent à l'expression de ces forces mentales à travers les émotions. (Lecture 2571-1.)

Il faut comprendre que les séjours sur la Terre se rapportent au travail sur les émotions, tandis que les tendances mentales innées viennent des expériences de l'âme dans les régions planétaires autour de la Terre. (Lecture 1401-7.)

Car *chaque étape du développement doit se manifester dans la chair [...].* (Lecture 900-16.)

5.

L'art d'interpréter les rêves

Cayce les considérait comme une indispensable source d'information :

A notre époque, aujourd'hui (en 1923), *on n'accorde pas suffisamment d'intérêt aux rêves. Il faudrait, pour aider la famille des hommes à se développer, approfondir la connaissance du subconscient, du monde de l'âme, de l'esprit. Le rêve, c'est cela [...].* (Lecture 3744-4.)

A quoi ça sert de rêver ?

Dans les rêves [...] chaque âme individuelle passe en revue ses propres activités, selon des angles variés. (Lecture 257-136.)

Les rêves sont une expérience naturelle [...]. N'allez pas chercher des choses surnaturelles ou artificielles, le rêve est naturel, il vient de la Nature, de l'activité créatrice de Dieu, il vient du désir de Dieu d'offrir à l'Homme un chemin vers la Connaissance. (Lecture 900-143.)

Les rêves sont une manifestation du subconscient. Toute situation personnelle, avant de devenir réalité, est d'abord rêvée. (Lecture 138-16.)

Le sommeil est ce moment privilégié pendant lequel l'âme analyse le contenu de ses activités [...]. A ce moment-là, elle procède à des comparaisons selon les critères de l'harmonie, de la paix, de la joie, de l'amour, de la patience, tous fruits de l'Esprit. La haine, les paroles blessantes, les pensées sans bonté, l'oppression, sont les fruits de Satan. L'âme, ou bien déteste ce par quoi elle a passé, ou alors elle entre dans la joie du Seigneur. (Lecture 364-4.)

Dans les rêves, la corrélation entre le corps mental (l'intelligence) et les forces du subconscient est donnée. Et comme le conscient raisonne seulement par comparaison et le subconscient par induction, voilà pourquoi la corrélation entre les deux est présentée en rêve de façon symbolique. (Lecture 137-60.)

Les rêves qui sont présentés à la personne viennent pour l'éclairer, l'aider à prendre conscience de ce qu'elle doit faire dans sa vie quotidienne, si elle veut bien en tirer les conclusions. (Lecture 373 3937-1.)

Les rêves montrent la coordination entre les conditions existant dans l'intelligence physique, et les expériences du subconscient, cela afin de donner à l'entité les leçons dont elle a besoin et qu'elle pourra appliquer dans sa vie de tous les jours. (Lecture 900-185.)

Utiliser les rêves

Cayce avait un couple d'amis new-yorkais très intéressés par la recherche sur les rêves. Pendant des semaines et des mois, le mari et la femme notèrent leurs rêves et Cayce en donna une analyse.

De l'ensemble de ce travail, il ressort que le rêve décrit de façon symbolique l'état de nos différents corps, physique, mental et spirituel, à tous les niveaux. Un besoin alimentaire, par exemple, peut être indiqué en rêve. Ce serait l'origine d'un grand nombre de cauchemars :

Certains rêves sont de nature purement physique. Il s'agit d'une réaction à la prise de certains aliments que le système digestif n'a pu assimiler correctement. C'est alors que l'on fait des cauchemars ! (Lecture 4167-1.)

Une femme qui suivait un régime alimentaire peu adapté raconta à Cayce le rêve suivant :

« IL PLEUVAIT DE L'AMIDON, DE LA FÉCULE. JE SENTAIS QUE JE DEVAIS SORTIR DANS CETTE PLUIE ET M'ENDUIRE D'AMIDON TOUT LE CÔTÉ, POUR ATTÉNUER MES DOULEURS.

Ce rêve vous montre de façon symbolique ce qui serait bon pour votre corps. L'amidon, les féculents, sont un élément nécessaire à l'équilibre du corps physique. Votre régime vous en prive, provoquant des difficultés à éliminer les toxines. C'est ce qui a provoqué les douleurs. Consommez davantage de féculents. (Lecture 136-D.)

Mais le rêve peut aussi caractériser un état mental. Une personne fit un cauchemar dans lequel un homme, individu violent et sauvage, menaçait de tout casser dans sa maison. Cayce analysa ainsi le rêve :

Cette grande gueule qui fait tant de bruit, c'est votre Moi caractériel... Contrôlez ce Moi, puisque ce redoutable personnage doit être saisi et maîtrisé ! (Lecture 136-D.)

Les rêves nous donnent des leçons spirituelles, dont il y a d'innombrables exemples dans la Bible.

QUELLE EST LA SIGNIFICATION DE CE RÊVE OÙ L'ON ME TENDAIT UNE CUILLER ET UNE TASSE AVEC LESQUELLES JE NOURRISSAIS LES GENS D'UNE NOURRITURE SPIRITUELLE ?

Cela veut dire que vous devez donner l'information à petite dose, et non pas l'assener tout d'un coup à votre auditeur, chez qui cela provoquerait un rejet ! Sachez qu'aucun de nous, qui sommes des esprits limités, n'avons le monopole de la Vérité. (Lecture 286-6.)

Tout le monde peut bénéficier de l'aide de ses rêves :

Il n'y a pas d'individu qui n'ait été une fois ou l'autre averti, en rêve, de ce qui allait se passer, et lui arriver dans sa vie de tous les jours. (Lecture 5754-3.)

Les rêves nous annoncent les circonstances futures, pour nous y préparer. Cayce utilisera l'analyse des rêves pour diriger un groupe de financiers de New York. Son principal consultant, pour les rêves, fut d'ailleurs Morton Blumenthal, qui était agent de change. A ces amis, Cayce pouvait dire, selon leurs rêves, comment ils devaient mener leurs affaires, ce qu'ils devaient vendre ou acheter sur le marché. Il épargna ainsi à ceux qui eurent confiance en lui, d'être ruinés lors du krach de la Bourse de New York en 1929.

Voici par exemple le rêve que fit l'un de ces hommes d'affaires :

UN HOMME ESSAYAIT DE ME VENDRE UNE RADIO. QUELQU'UN MIT DU POISON SUR LA POIGNÉE DE LA PORTE D'ENTRÉE DE MA MAISON,

ET VOULAIT QUE J'Y TOUCHE. J'ÉTAIS TERRIFIÉ. IL ESSAYAIT DE ME FORCER À TOUCHER CETTE POIGNÉE EMPOISONNÉE. EN ME DÉBATTANT, JE ME SUIS RÉVEILLÉ, TREMPÉ DE SUEUR FROIDE.

Dans ce rêve vous est présentée la conjoncture économique à venir dans les affaires que vous menez. L'offre d'achat d'une radio se rapporte à un achat de stocks de radios, ou de valeurs dans ce secteur, qui vont bientôt vous être offertes. Et cela vous sera présenté de telle façon qu'on croira qu'il s'agit d'une magnifique affaire. Le poison mis sur la porte est un avertissement : ne faites aucun investissement, n'achetez aucun titre du marché de l'équipement radio dans les deux à trois semaines qui viennent.

Et voici un autre genre d'avertissement :

J'AI RÊVÉ DE QUELQUE CHOSE COMME D'UNE LIQUEUR ALCOOLISÉE QUI COULAIT SUR LE TAPIS DE NOTRE SALON DEVANT LE FEU, S'ÉCHAPPANT D'UNE BOUTEILLE OU D'UN TONNEAU QUI FUYAIT.

Il s'agit là, comme on peut le voir, d'un avertissement donné à l'entité concernant les alcools, et leur usage dans ce lieu. Attention de ne pas en abuser [...]. Ne laissez pas ces tendances devenir une pierre d'achoppement nuisible à votre santé, à votre vie domestique ou sociale. (Lecture 137-97.)

Un avertissement concernant la sécurité quotidienne :

J'AI RÊVÉ QU'ON ME DISAIT D'ALLER À DEAL EN PASSANT AVEC LA VOITURE PAR LA 42e RUE. MAIS, AI-JE RÉPONDU, J'AI PRÉVU DE PASSER PAR LA 23e RUE !

Cela est un avertissement : modifiez votre itinéraire pour aller à Deal, et vous verrez après pourquoi ! Ce rêve vous montre qu'il y a une puissance qui vous garde et vous protège. Alors, ne prenez pas ce chemin-là ! (Lecture 900-79.)

L'imagerie des rêves

La difficulté, dans l'interprétation des rêves, est que la clé en est différente pour chacun de nous. Il y a un symbolisme général, mais aussi un symbolisme particulier à chaque individu, et à chaque groupe d'individus. Les symboles diffèrent suivant l'inconscient collectif de chaque pays.

Lorsque je regarde l'un des innombrables manuels d'interprétation des rêves publiés aux États-Unis, et que j'essaie de les appliquer à mes propres rêves, c'est décevant : souvent mes symboles européens ne coïncident pas avec ceux qui sont compris outre-Atlantique.

COMMENT PUIS-JE INTERPRÉTER MES RÊVES LE MIEUX POSSIBLE ?

Cela viendra. Interprétez-les vous-même, comme vous les sentez. Non pas d'après un manuel, ou d'après ce que disent les autres, mais plutôt en sachant qu'il s'agit de symboles, de signes. (Lecture 1968-1.)

Cette personne peut analyser ses rêves et les interpréter mieux que quiconque car elle les analysera mieux pour elle-même que le meilleur des spécialistes. Et cela est vrai pour tout le monde ! (Lecture 257-138.)

Si les symboles diffèrent pour chaque individu, ou chaque groupe humain, c'est parce qu'ils sont liés à une expérience personnelle (ou collective) particulière.

Parfois, les rêves sont donnés en clair : le symbole n'en est pas un. Par exemple, j'avais rêvé d'un petit épagneul qui appartenait à Fénia, amie de mon fils. Dans le rêve, celle-ci se promenait sur une plage grecque en berçant tristement le chien dans ses bras. Or il ne s'agissait pas d'un chien « symbolique », mais de cet épagneul que nous aimions tous, qui s'appelait Rémo (et semblait être une âme animale très évoluée). Le rêve était l'annonce de sa mort, en clair. Mais dans d'autres circonstances, la présence du chien peut n'être que symbolique. Par exemple, la secrétaire de Cayce lui dit un jour : « J'AI RÊVÉ D'UN CHIEN... ET D'UN FEU. »

Le chien représente symboliquement le côté fidèle de votre Moi et aussi son côté infidèle, dans une relation de travail fondée sur la confiance que l'on vous fait. Le feu symbolise les feux intérieurs de votre Moi. Et c'est un avertissement. Car si ces feux ne sont pas contrôlés, ils vous déchireront et vous brûleront. Alors, soyez vigilante, et faites attention à ne pas vous lancer dans certaines activités incompatibles avec la confiance qui vous est faite. Sinon, vous risquez de devenir... une non-entité ! (Lecture 288-8.)

Très intéressant aussi est ce rêve concernant un serpent :

JE VIS UN PETIT TAS DE FEUILLES MORTES. ET, COMME JE LE REGARDAIS, JE VIS QUE CELA BOUGEAIT. JE PENSAIS QU'IL DEVAIT Y AVOIR UN SERPENT LÀ-DESSOUS. AUSSI JE PRIS UN BÂTON ET MARCHAIS DROIT DESSUS. LE TAS S'ÉTAIT DÉPLACÉ [...] ET UN SERPENT EN SORTIT

SA TÊTE EN DISANT : « NE ME FRAPPE PAS. JE NE T'ENNUIERAI PLUS. »
Voici l'analyse de Cayce :

Au fur et à mesure que vous désintoxiquez votre corps et que vous améliorez vos relations personnelles (fait indiqué par le déplacement du tas de feuilles) émergent en vous la sagesse et la connaissance de toutes choses (symbolisées par le serpent). Bien que les tentations puissent surgir (le serpent symbolisant le bon et le mauvais usage de toute connaissance), elles peuvent être maîtrisées par l'usage de bâton (symbole de la volonté). (Lecture 294-D.)

Les symboles qui apparaissent dans les rêves représentent le Moi profond, ou d'autres personnes, ou des faits, désignés par leur attribut marquant. L'aspect « ludique » des rêves produit assez souvent des jeux de mots, car dans le sommeil, l'esprit « joue » librement :

J'AI FAIT UN RÊVE TROUBLANT ET CONFUS (...) : J'ÉTAIS À NEW YORK, OÙ J'AVAIS DES PROBLÈMES. JE CROIS QUE J'ÉTAIS ASSOCIÉ AVEC UN NOMMÉ WOLFE À LA BOURSE DE NEW YORK.

Cela se rapporte au caractère attribué au loup (en anglais = wolf) *plutôt qu'à un homme nommé Wolfe. C'est-à-dire que dans les affaires boursières en question, il y a un individu qui s'est conduit avec la voracité d'un loup, vous faisant apparemment une faveur mais prenant avantage de ce qu'il sait sur vous.* (Lecture 137-41.)

Un exemple classique est celui des moyens de transport. La vie sur Terre est un voyage, à bord d'un véhicule qui est notre corps. Aussi bateaux, avions, voitures, etc., symbolisent-ils souvent le corps :

JE CONDUISAIS UNE VOITURE SUR UNE ROUTE QUI LONGEAIT LA BERGE D'UN LAC. SOUDAIN, JE VIS QUE JE ROULAIS SUR LE BAS-CÔTÉ : JE RISQUAIS DE PASSER PAR-DESSUS LA BERGE ET DE TOMBER DANS LE LAC. J'AVAIS LE TEMPS DE FREINER... POURTANT, JE N'EN FIS RIEN ! JE SAUTAI HORS DE LA VOITURE, ET PLONGEAI DANS LE LAC. LA VOITURE DÉGRINGOLA SUR MOI ET ME TUA.

Ici, dit en substance Cayce, il ne s'agit pas d'un fait annoncé à l'avance : l'accident est purement symbolique. C'est :

Un avertissement : il faut changer vos conditions de vie physique et vous occuper de votre santé, pendant qu'il est encore temps. Ne vous contentez pas d'y penser. Faites-le tout de suite. La leçon, la voici : savoir ce qu'il faut faire, et ne pas le faire, c'est vraiment une faute. (Lecture 140-10.)

UNTEL ET MOI-MÊME, NOUS ÉTIONS DANS UN BATEAU. IL Y AVAIT DES COUPS DE TONNERRE, UN COMBAT VIOLENT, DES COUPS DE FEU. LA FIN ARRIVA LORSQUE LE BATEAU FUT FRAPPÉ PAR LA FOUDRE : LA CHAUDIÈRE EXPLOSA, ET NOUS FÛMES TUÉS.

Le bateau est le voyage de la vie. Les combats symbolisent les changements, accompagnés d'épreuves qui vont venir. L'explosion et la mort symbolisent un changement de niveau dans la prise de conscience. Laquelle parvient à une plus grande paix, après s'être stabilisée. Tout cela est un avertissement pour les deux personnes concernées ; elles doivent se mettre dans une vie droite, juste, vis-à-vis l'une de l'autre, afin de pouvoir s'apporter réciproquement une plus grande harmonie. (Lecture 136.)

Il ne faut pas croire que chaque fois que l'on rêve de sa mort, cela va arriver bientôt. Assez souvent il s'agit d'une mort symbolique, indiquant un changement de conscience :

J'AI RÊVÉ QUE JE MOURAIS.

Cela signifie que vous naissez à de nouvelles pensées, à un nouveau stade de votre développement mental, au fur et à mesure que vos forces mentales et physiques se développent. Cela signifie l'éveil de votre subconscient, éveil analogue à celui qui se manifeste juste après la mort physique. (Lecture 136-6.)

D'après ces quelques exemples, on voit que l'interprétation doit se faire en descendant dans les profondeurs de notre Moi, par méditation ou prière, jusqu'à ce que nous ayions le sentiment d'avoir trouvé la bonne interprétation, c'est-à-dire ressenti le choc de la vérité ! Si l'on cherche honnêtement, on trouve toujours...

Il ne faudrait pas croire que les cauchemars, comme ci-dessus, amènent à tout coup des événements désastreux. Comme le dit aussi Jane Roberts dans *Seth Speaks : The nature of personal reality,* les cauchemars ont une fonction de décharge. Pendant des années, par exemple, je n'ai pas voulu interpréter mes rêves, qui, nuit après nuit, étaient des cauchemars. Mieux valait les oublier. Ils ne m'empêchaient pas de me réveiller en pleine forme le matin ! Alors ? Le livre de Seth donne l'explication : il s'établit pendant la nuit un autonettoyage de l'être tout entier. Les mécanismes rééquilibrants des trois corps remettent les choses en ordre, en rejetant les peurs accumulées pendant la journée. Aussi le cauchemar a-t-il une fonction de « jeu » qui décharge : il est la poubelle de nos angoisses !

Ces rêves désagréables fonctionnent exactement comme les enfants qui se libèrent de leurs peurs en jouant « au loup », « au prisonnier », « à la momie » (jeu dans lequel on fait même semblant d'être mort !).

Les rêves décrivent nos vies antérieures

QUELLE EST LA SIGNIFICATION DE DEUX SÉRIES DE RÊVES QUE J'AI EUS IL Y A QUELQUES ANNÉES, ET DANS LESQUELS JE VIVAIS APPAREMMENT UNE AUTRE VIE ?

Étudiez comme on vous l'a dit, et vous retrouverez ce que vous avez vu dans ces expériences d'une vie précédente, au temps de Noémi, d'Orpah, et de Ruth, dans les collines de Judée... (Lecture 2175-1.)

Le natif a donc revécu en rêve une vie biblique en Palestine : c'est un phénomène très, très fréquent, que de se revoir ainsi dans une autre existence. Les gens s'expliqueraient mieux certains de leurs rêves s'ils y intégraient la possibilité des vies antérieures :

Avant cette vie actuelle, l'entité s'était établie dans le pays où elle est née cette fois-ci, près de ce qui est maintenant Toledo dans l'Ohio. Et elle trouve beaucoup d'intérêt à cette région, étant presque consciente d'y avoir déjà vécu dans d'autres circonstances. Et celles-ci lui apparaissent parfois en rêve. (Lecture 5264-1.)

En ce qui concerne les vies antérieures, elles peuvent s'exprimer davantage [...] dans les rêves [...]. Car cette entité rêve beaucoup ; elle devrait écrire plus souvent ses expériences de rêve. (Lecture 3135-1.)

En ce qui concerne les vies antérieures sur la Terre, plan de la matière, elles influencent les émotions de l'entité, de même que ses séjours sur les autres planètes [...] et ces pulsions profondes qui surgissent des forces cachées, latentes, le mental peut parfois les entrevoir, le temps d'un éclair, lorsqu'elles apparaissent sous forme de rêves.

Ainsi cette personne a-t-elle eu, et aura-t-elle encore quelques rêves impressionnants. Car elle fut Atlante, et appliquait dans sa vie ces vérités spirituelles dont nous avons parlé. Ces souvenirs remontent parfois bien près de la surface [...] !(Lecture 1968-1.)

L'entité a vécu sur le golfe Persique, sur la côte nord de l'Afrique, et aussi dans la haute vallée du Nil. C'est pourquoi elle s'intéresse particulièrement à ces pays. Et, lorsqu'elle rêve, dans son sommeil ou bien dans ses rêveries éveillées [...] ce sont des images de ces pays qui lui apparaissent. Parce que ces paysages firent autrefois partie de son vécu. (Lecture 2147-1.)

Cayce lui-même rêva plusieurs fois de scènes se rapportant à l'une ou l'autre de ses vies antérieures, en particulier l'une où il avait assisté à un duel à mort entre Achille et Hector à la guerre de Troie. De tels rêves éclairent les relations que l'on peut avoir avec les gens qui nous entourent.

C'est ainsi que je me suis vue en rêve, avec ma fille Éléonore, à Versailles, au moment de la Révolution. La foule venue de Paris envahissait le château, en massacrant ceux qu'elle y rencontrait. Ma fille suggéra de nous cacher dans une pièce secrète, comme il en existe à Versailles. L'entrée se trouvait derrière une plaque de cheminée, facile d'accès. Le rêve était si vivant, avec des impressions sensorielles si fortes, si précises, que je ne peux pas croire que je les aurais « inventées » ! Par exemple, je portais une jupe de l'époque, plissée à la taille dont je sentais les plis à chaque mouvement ; cette tenue me permettait une grande agilité, grâce à quoi j'avais pu grimper dans la cheminée... Et j'entends encore le grondement terrible de la foule qui progressait à l'entrée d'une galerie où nous étions. Et la voix calme de ma fille, qui, hier comme aujourd'hui, ne perd jamais son sang-froid. Ce rêve m'a expliqué tant de choses sur elle et sur moi, et pourquoi j'ai toujours un choc en visitant, pour la centième fois peut-être, le château de Versailles ! Et pourquoi la Révolution de 1789 m'intéresse tant... Alors que je connais des gens qui sont malades d'horreur, et même s'évanouissent, en visitant la Conciergerie ! Y ont-ils été emprisonnés, avant d'être exécutés sur la place de la Concorde, qu'ils ne peuvent traverser sans frissonner ? Certains, même, la nuit, voient défiler sur cette place les charrettes des condamnés à mort qui arrivent devant la guillotine ! Pour moi, je ne vois de la Concorde que sa beauté, ses vibrations grecques et égyptiennes. Aussi je suppose n'y avoir jamais été guillotinée ! Tout cela n'a rien d'étonnant, selon Cayce, car :

Le rêve n'est rien d'autre pour un esprit humain, que le fait de se brancher sur son magasin personnel de souvenirs vécus, qui se remet en marche. (Lecture 262-83.)

La communication avec les morts

C'est un chapitre très important de l'art de rêver... Car souvent les morts n'ont d'autre moyen de nous faire comprendre ce que nous refusons d'entendre. Ils cherchent en vain à nous contacter, mais nous refusons, bien sûr, de les voir et de les écouter. Alors il ne leur reste plus que la communication par le rêve.

MONSIEUR CAYCE, J'AI RÊVÉ QUE MA MÈRE M'ÉTAIT APPARUE, ELLE M'A DIT : JE SUIS VIVANTE.

Cayce, l'interrompant :

Mais elle EST vivante ! (Lecture 136-45.)

« J'AI RÊVÉ QUE J'ENTENDAIS UNE VOIX QUI ME DISAIT : « VOTRE MÈRE EST VIVANTE ET HEUREUSE. »

Votre mère, est, en effet, vivante et heureuse, car il n'y a pas de mort, seulement une transition du plan physique au plan spirituel. La naissance dans le plan physique est considérée comme une nouvelle vie. Eh bien, c'est pareil pour la naissance dans le plan spirituel, c'est aussi le commencement d'une nouvelle vie, d'une nouvelle expérience.

EST-CE QUE MAMAN ESSAIE DE ME DIRE VRAIMENT QU'ELLE VIT ET EST HEUREUSE, OU BIEN EST-CE QUE JE SUIS FOLLE ?

Non, vous n'êtes pas folle. L'âme de votre mère vit bel et bien, en paix, et elle désire que vous le sachiez [...]. La Vie est plus vaste qu'une vie, et la mort n'est pas la fin [...].

PAPA ET MAMAN SONT VENUS VERS MOI EN RÊVE, ET ILS AVAIENT L'AIR HEUREUX DE ME VOIR, MAIS ILS ME DISAIENT QUE MA SŒUR S'ÉTAIT SUICIDÉE.

Ce rêve vous montre, grâce à l'intervention de votre père et de votre mère défunts, les pensées qu'entretient votre sœur. C'est parce qu'elle vit dans des conditions peu satisfaisantes. Comme vous le voyez, votre père et votre mère comptent sur vous pour éclairer, diriger et soutenir cette sœur. Donnez-lui des conseils spirituels, lui permettant de mieux comprendre, et de mûrir ; sinon, des expériences négatives la détruiront. Elle pense au suicide [...]. (Lecture 136-D.)

Les conseils des morts ne sont jamais à négliger :

MA MÈRE M'EST APPARUE EN RÊVE. JE L'AI VUE TRÈS DISTINCTEMENT. ELLE M'A DIT : VA CONSULTER L'OSTÉOPATHE ! [...]

Vous devez y aller [...]. C'est à nouveau une leçon pour vous, qui vous permettra de vérifier par l'expérience quotidienne certaines vérités qu'on vous a données. (Lecture 136-45.)

La survie des morts est l'une de ces vérités.

COMMENT CETTE PERSONNE PEUT-ELLE COMMUNIQUER AVEC L'ESPRIT DE SON PÈRE QUI EST MORT ?

Exactement comme on vous l'a déjà dit. Étudiez ce qui se passe dans cette zone-frontière entre la vie et la mort. Étudiez-la, pensez-y, mettez votre Moi dans ces conditions où le conscient laisse la place au superconscient qui devient alors directeur. A ce moment-là nous pouvons rentrer dans ce type de communication, comme le fait cette personne durant son sommeil. Mais il ne faut cependant pas tabler là-dessus, parce que cela peut devenir stressant pour l'autre entité (celle qui est « morte ») *à certains moments.* (Lecture 900-8.)

JE RÊVE CONTINUELLEMENT DE MON MARI DÉCÉDÉ. QU'EST-CE QUE CELA VEUT DIRE ?

Eh bien ! juste comme on vous le dit : sans pour autant vous mettre martel en tête, faites attention à ces informations qui vous sont présentées dans ces rêves, car elles vous sont données pour vous assister, vous aider, vous réconforter, tant physiquement que matériellement et spirituellement. C'est une aide que l'on cherche à vous apporter. (Lecture 2218-1.)

Car il est évident que l'amour entre deux êtres ne s'arrête pas avec la mort. L'entraide entre les vivants et les morts est une chose naturelle que l'Église appelait : « la communion des saints ». Cayce cependant met en garde ses consultants :

Ce n'est pas qu'il n'y ait pas la communion des saints. Mais attention, il y a aussi la communion des pécheurs ! N'allez pas chercher ceux-là ! (Lecture 2787-1.)

Tout de même, en rêve, il y a davantage de sécurité, car on ne va pas « les chercher »...

Techniques pour mieux rêver

Les sorciers indiens, comme le raconte Carlos Castaneda, enseignent des techniques de rêve à leurs initiés. Rêver à deux, et se rejoindre à volonté en rêve. Contrôler ses rêves, décider avant de s'endormir où l'on va aller se promener en esprit, et ce que l'on va aller explorer. Il n'y a aucune limite. En Égypte aussi, bien sûr, on enseignait tout cela, comme le raconte Joan Grant dans *Le Pharaon ailé* (éd. Robert Laffont). Les premiers degrés de l'initiation commençaient par l'étude des rêves chaque matin. Comme beaucoup d'entre nous ont déjà été égyptiens, cela ne me paraît pas trop difficile de leur demander d'analyser leurs rêves, comme on le faisait à Dendérah... Voici ce que vous pouvez faire, pratiquement :

— organisez votre emploi du temps de façon à réserver quelques minutes le matin pour écrire vos rêves :

Les rêves devraient être écrits. Sinon, au moment où le physique reprend son équilibre d'éveil, on perd beaucoup de ce qui aurait pu être utile. (Lecture 294-46.)

Écrivez votre rêve tout de suite, avant qu'il ne s'efface, même si vous ne le comprenez pas encore, vous le relirez plusieurs jours ou mois après, et vous verrez quelle situation il a décrite, dont peut-être, vous n'aviez pas pris conscience alors :

— évitez de vous faire réveiller par un réveil bruyant. Il vaudrait mieux, la veille, donner l'ordre à votre subconscient de vous éveiller à telle heure le matin : c'est efficace aussi ;

— travaillez sur une recherche spirituelle. Le progrès dans ce domaine va de pair avec un affinement de la conscience et de la mémoire :

Ceux qui sont plus proches des royaumes spirituels gardent plus facilement le souvenir de leurs visions, et de leurs rêves. (Lecture 5754-3.)

C'est pourquoi la méditation et la prière, spécialement avant de s'endormir, améliorent en général les perceptions psi et le souvenir des rêves, ainsi que l'intelligence de leur signification :

— couchez-vous tôt, et n'ayez pas peur de vous réveiller au milieu de la nuit, pour écrire immédiatement le rêve dont vous sortez (car il y a plusieurs périodes de rêve la nuit). Certaines heures sont plus favorables à ce genre d'étude, mais c'est variable selon chacun. On peut le voir dans leur thème astrologique : certains s'éveillent toujours la nuit entre une et deux heures du matin, parce que Mercure (symbole du mental) se trouve dans leur thème sur la maison III, laquelle correspond aux deux premières heures après minuit ;

— relisez votre « journal des rêves » avant de vous coucher. Cela stimule le rêve à venir. Avant de vous endormir, concentrez vous sur tel ou tel sujet, ou bien autosuggestionnez-vous en disant : « Cette nuit, je vais rêver de telle ou telle personne, de tel ou tel sujet. » Si vous relisez vos rêves précédents, vous serez surpris de constater qu'ils empruntent leur imagerie symbolique aux faits et gestes rencontrés dans la journée, ou dans les quelques jours précédents.

Les psychologues et chercheurs américains ont beaucoup travaillé sur les rêves. Cela n'a rien d'étonnant, si l'on sait que le rêve est régi, en astrologie, par le signe du Cancer. Or le thème des États-Unis est éclairé par le Soleil en Cancer.

A la Fondation Cayce, tout le monde raconte ses rêves, c'est même le sujet de conversation le plus intéressant de l'endroit ! Cependant, mes amis avaient du mal à m'aider à interpréter les miens : mon imagerie symbolique, trop européenne, se référait à un monde d'images dont ils n'avaient vraiment aucune idée, ce qui est normal. Il y a un langage du rêve qu'il faut apprendre comme les mots d'une langue étrangère.

6.

Être prophète dans son pays... Les prophéties d'Edgar Cayce

Qu'est-ce qu'une prophétie ? C'est un événement connu à l'avance, grâce à des moyens d'information parapsychologiques. Tous ceux dont nous avons parlé : astrologie, numérologie, rêves, voyance, clairaudience, etc., peuvent donner ce genre d'information.

Mais peut-on réellement annoncer à coup sûr un événement à l'avance ? Oui et non. La liberté, la volonté humaine, ont le pouvoir de contrarier les événements, de changer ou d'annuler ceux qui se préparaient... D'où le danger du métier de prophète ! Comme on le voit dans l'histoire du pauvre Jonas, racontée dans la Bible.

Le Seigneur Yahvé charge Jonas d'aller prophétiser dans Ninive, « la grande ville, qu'il fallait trois jours de marche pour traverser », (comme Paris !). Après un voyage mouvementé, agrémenté d'une villégiature dans l'œsophage d'un cétacé, Jonas arrive enfin à Ninive. Il s'installe sur la grand-place, et là, délivre son message : les habitants ont dépassé les bornes « leur malice est montée jusqu'à Yahvé » et leurs méfaits appellent un châtiment. Jonas prophétise : « Encore trois jours et Ninive sera détruite ! » Mission peu agréable, on s'en doute. Mais, ô surprise, « les gens de Ninive crurent en Dieu. Ils firent pénitence », depuis le roi jusqu'au dernier de ses sujets, y compris les animaux ! Et le roi déclara en substance : nous demanderons pardon, nous prendrons l'engagement de bien agir, « Et qui sait si Dieu ne se ravisera pas, si Sa colère ne se calmera pas, et qu'ainsi, nous ne périrons pas ? »

« Et Dieu, dit la Bible, vit qu'ils se détournaient de leur conduite mauvaise. Il se repentit des prophéties de malheur qu'Il leur avait faites, et ne les réalisa pas. » Les Ninivites furent donc épargnés... pour cette fois ! Le prophète, lui, perdit la face, comme le raconte avec humour le *Livre de Jonas* !

Cette histoire nous met clairement en face de notre pouvoir en tant qu'homme. S'il y a des catastrophes sur la Terre, il est clair que c'est nous qui les avons provoquées en violant quelque loi cosmique. Y compris les catastrophes géologiques (comme le suggère l'histoire de Sodome et Gomorrhe, apparemment détruites par une éruption volcanique à cause de la perversité de ses habitants).

Il semble qu'il nous soit très souvent possible de redresser le cap, et d'écarter les menaces de catastrophe. C'est l'opinion de Cayce. Cela devrait être aussi celle de toute personne qui cultive, professionnellement ou non, un don de prophétie. On ne devrait jamais faire de prédictions, ou de prophéties, autrement que « sous condition ». Car le pouvoir d'un seul homme, ou d'un petit groupe d'hommes, peut bloquer le processus de catastrophe alors qu'il est déjà enclenché :

EST-CE QUE LES BOULEVERSEMENTS GÉOLOGIQUES QUE VOUS AVEZ PRÉDITS POUR 1936-1938 EN ALABAMA SERONT PROGRESSIFS OU SOUDAINS ? (Question posée à Cayce le 19 novembre 1932.)

Progressifs.

ET QUELLE FORME PRENDRONT-ILS ?

Soyez certain que cela dépendra beaucoup de la philosophie des gens, de ce qu'ils entendent par la « Vérité » [...]. Car, comme vous devriez le comprendre, les activités des individus, selon leur ligne de pensée et leurs objectifs, créent une ambiance, qui (si elle est positive) peut préserver une ville, ou un pays. Cette ville, ce pays, ne sont alors pas touchés par les catastrophes géologiques et cela grâce à l'application concrète des lois spirituelles par les individus. (Lecture 311-10.)

Comme il ne s'est apparemment rien passé en Alabama à la date prévue, c'est que les citoyens de cet État ont réajusté leurs façons de voir...

En ce qui concerne les changements futurs, et leur accomplissement dans le Temps et l'Espace, cela dépendra des individus et des groupes humains. Cela dépendra de ce qu'ils feront, face à la Volonté divine, c'est-à-dire face au dessein de Dieu sur l'Homme. Les changements géologiques n'apporteront de bouleversement dans les affaires des hommes que dans la mesure où ces changements auront été provoqués par l'activité humaine, selon que l'on aura appliqué ou non les lois divines, à cette génération. (Lecture 1602-6.)

ON NOUS A DIT QUE, D'UN POINT DE VUE ASTROLOGIQUE, IL Y AURAIT EN MAI 1941 DES ÉVÉNEMENTS, UNE AGITATION SOCIALE, ET MÊME UNE RÉVOLUTION À NEW YORK. EST-CE QUE C'EST VRAI, DOIT-ON S'Y ATTENDRE ?

Comme nous vous l'avons déjà indiqué, cela dépendra des hommes eux-mêmes et de leurs activités. En ce qui vous concerne, ce qui vous arrivera dépendra de l'attitude que vous adopterez. Si vous vous installez dans la ville de New York avec une mentalité défaitiste, alors attendez-vous au pire ! Mais si vous vous y installez dans une perspective optimiste, et que vous agissez de même, alors ne vous faites pas de souci !

ALORS, JE DOIS RESTER DANS LA VILLE DE NEW YORK AVEC MA FAMILLE ?

Eh bien, cela dépend de vous et de ce que nous venons d'indiquer ! (Lecture 1602-2.)

Comme on le voit, Cayce ne fait pas de différence entre les bouleversements géologiques (séismes, éruptions, etc.) et les bouleversements politiques.

Il estime que tous les événements futurs, de quelque nature qu'ils soient, dépendent de l'attitude des hommes.

Dans sa pensée, aucune prophétie n'est donc absolue, et ce serait lui faire un mauvais procès que de constater que New York tient toujours debout et que l'Alabama n'a pas bougé non plus... Il faut donc prendre les prophéties de Cayce, que nous donnerons plus loin, sous cette réserve : que tout événement futur dépend de la volonté des individus ou des groupes humains concernés. Apparemment, il ne suffit pas non plus d'aller pleurer dans les bénitiers :

Vous devez prier pour la paix, mais pas seulement ! Encore faut-il que vous la cherchiez, en vivant vous-même la seconde partie du commandement divin : aime ton prochain comme toi-même. (Lecture 3976-22.)

(Et il est probable que ce commandement s'étende, non

seulement au prochain humain, mais aussi au prochain... animal* ! (car les épidémies qui frappent l'homme viendraient d'un Karma de cruauté envers le monde animal — Karma réactualisé par des agents microbiens).

Cayce analyse la cause de tous les malheurs de l'humanité :

Tu aimerais le Seigneur ton Dieu de tout ton cœur et ton prochain comme toi-même : là-dedans est contenue toute la Loi, toute la réponse aux questions terrestres, et pour chaque âme. Là est la clé des affaires mondiales actuelles [...]. Or la réponse de l'Homme a toujours été la volonté de puissance, par l'argent, le pouvoir, la possession de la terre, etc. Cela n'a jamais été dans la manière de Dieu, et ne le sera jamais. Agir plutôt progressivement, pas à pas, dans le souci du respect d'autrui, c'est cette attitude qui a eu un effet protecteur dans l'histoire du monde, là où il y a eu dix villes, ou de multiples villes, ou nations, protégées de la destruction. En dépit du fait que nous ayons l'impression que l'histoire d'Abraham n'est qu'une parabole, un conte pour faire peur aux enfants, lorsqu'il voyait ces villes dans la plaine, menacées de destruction, et qu'il plaidait pour qu'elles fussent épargnées [...], il faut tout de même que nous comprenions dans notre cœur que nous sommes responsables de nos voisins et de nos frères. [...] Et qui est notre voisin ? Celui qui habite la porte à côté, ou celui qui vit à l'autre bout du monde ? Ni vraiment l'un ni vraiment l'autre, mais celui qui a besoin de notre compréhension, celui qui a fait un faux pas, celui qui est tombé. (Lecture 3976-8.)

Un jour nous serons tous prophètes

« A la fin des temps, vos fils et vos filles prophétiseront », dit l'apôtre Paul. Mais l'Évangile de signaler ailleurs la multiplication des faux prophètes qui marquera la « fin des Temps ». Lorsqu'on développe systématiquement ses pouvoirs psi, on arrive nécessairement au stade de la prévision... ou de la pro-

* Voir, sur le problème animal : *De nombreuses vies, de nombreuses amours, op. cit. Les Noces avec la Terre* et *Nature mon Amour,* de Roland de Miller, éditions Scriba, 1982, 2, rue Raspail, 84800 L'Isle-sur-Sorgue.

phétie : on sent à l'avance certains événements. On pressent l'avenir, et si une catastrophe doit arriver, on en reçoit l'annonce intérieurement... ce qui est bien utile ! Cayce a donc vivement encouragé ses consultants à développer cette perception des événements futurs.

COMMENT PUIS-JE DÉVELOPPER MES FACULTÉS PSI POUR PRÉVOIR LES DIFFICULTÉS QUI SURGIRONT, ET SAISIR MES CHANCES À L'AVANCE ? CECI POUR MOI-MÊME, POUR MES ENFANTS, POUR LES AUTRES ?

Laissez plutôt cela venir comme une retombée du désir de progrès spirituel plutôt que de commencer par des techniques matérielles. Car il est sûr que ces manifestations font partie d'un tout. Mais si les dons de prophétie sont recherchés seulement pour leurs avantages matériels, pour des satisfactions terrestres alors ils perdent leur créativité et meurent. (Lecture 1947-3.)

A quelqu'un qui lui posait la même question, mais voulait plus précisément développer l'écriture automatique, Cayce conseilla :

Commencez par lire la Bible, pour trouver les passages donnant l'avertissement recherché, aussi bien que l'instruction à quelqu'un qui voudrait apporter quelque chose à l'humanité. Cela fait, l'entité peut devenir d'une grande aide à autrui, grâce à ces pouvoirs qu'elle a choisi de développer [...]. Et en étudiant ces passages de la Bible, ne vous contentez pas de les lire, mais essayez d'en saisir la signification profonde sur le plan de l'amour universel. (Lecture 5124-1.)

On sait que certains croyants protestants ont recours à la divination par la Bible : après avoir posé une question, on ouvre au hasard une page. Et, dans cette page, se trouve le verset qui donne la réponse. On aurait tort de se moquer de cette pratique : c'est exactement ce que font les Chinois qui consultent l'oracle du I-King ! Personnellement, j'ai essayé les deux avec succès. Par contre Cayce, à la différence de Kardec, n'est pas enthousiaste de la communication avec les esprits en général. Probablement à son époque, et dans son entourage en avait-on abusé : trop de vieilles dames se réunissaient pour tromper leur ennui autour d'une table. On interrogeait les esprits... n'importe lesquels ! Or, faute d'avoir pris les précautions nécessaires, faute de sérieux et de prudence, on risque certainement d'attirer des esprits du bas-astral. Cayce —

comme d'ailleurs Allan Kardec, fondateur du spiritisme — estime que le « garde-fou » est la foi en Dieu, le désir vrai et honnête de progrès spirituel (« *Paix aux hommes de bonne volonté* » : la vraie bonne volonté est en soi une protection).

DEVRAIS-JE M'ENTRAÎNER À L'ÉCRITURE AUTOMATIQUE, OU BIEN AVOIR RECOURS À UN MÉDIUM ?

Comme nous l'avons déjà indiqué, plutôt que l'écriture automatique, ou le recours à un médium, essayez d'écouter votre voix intérieure. Si l'information passe par ce que vous avez sous la main, par l'écriture automatique, très bien. Mais attention à certaines influences extérieures. N'oubliez pas que l'Univers, Dieu, est à l'intérieur de vous. La communion avec les Forces Cosmiques de la Nature, c'est-à-dire avec le Créateur, est votre droit en tant qu'Homme. Marchez avec Lui, pas moins ! (Lecture 1297-1.)

Ces influences extérieures, sachez de qui elles proviennent. C'est bien vrai que l'on vous a averti : « Éprouvez les esprits. » C'est toute la question. Essayez de vivre dans votre propre vie l'application de la Loi divine, alors il n'y aura pas de doute en votre for intérieur. (Lecture 3548-1.)

Être contrôlé, ou dirigé par une entité dont on ne sait pas si elle se réclame de l'Esprit de Vérité, c'est risquer de se faire briser [...]. Mets-toi dans les mains de Celui qui a dit : « Je suis ce que Je suis. » (Lecture 1376-1.)

Pour se protéger des mauvaises influences, des esprits parasites :

Mettez-vous sous le manteau, le vêtement protecteur du Christ. Non pas en tant qu'homme, ni en tant qu'individu, mais en tant que Christ — Conscience Universelle d'amour que nous voyons se manifester dans ceux qui ont oublié leur moi [...]. Car Il a promis : Si vous m'appelez, j'entendrai (« Frappez et l'on vous ouvrira »). C'est cela, la protection. (Lecture 1376.)

Cayce s'est montré plus favorable aux rêves :

SERAIS-JE CAPABLE DE PROPHÉTISER GRÂCE À MES RÊVES ?

Dites plutôt « interpréter »...

ALORS, EST-CE QUE JE SERAIS CAPABLE D'INTERPRÉTER ?

Oui, si seulement vous voulez bien ouvrir votre moi, de façon à devenir un « canal » (de la grâce) ! (Lecture 262-5.)

Une fois protégé par la confiance mise dans le Christ Cosmique, tout un chacun peut trouver en lui-même les réponses, entendre les avertissements nécessaires à sa sécurité. Comme dans la guérison psi, tout l'art consiste à :

... entrer dans son moi profond, en s'ouvrant aux perspectives spirituelles par la méditation telle qu'on vous l'a conseillée ici. Il faut entourer son moi de la Conscience Christique, qui vous servira de guide dans ce qui vous sera dévoilé [...]. Et ces puissances d'intuition qui surgissent des profondeurs du moi, lors de la méditation, vous donneront beaucoup, et vous guideront, au début. (Lecture 513-1.)

Les prophéties d'Edgar Cayce : ce sont les hommes qui provoquent les cataclysmes géologiques

Edgar Cayce a fait un certain nombre de prophéties, dont beaucoup ne se sont pas encore réalisées — du moins aux dates qu'il a données. Cela pour les raisons que nous avons expliquées plus haut, c'est-à-dire l'interférence de la volonté humaine. Ce qui est intéressant dans ces prophéties, c'est qu'elles recoupent celles que nous avons en Europe — et nous en avons beaucoup ! Mais il est sûr que Cayce n'en avait jamais entendu parler (pas plus, d'ailleurs, que l'actuelle équipe de la Fondation Cayce, comme j'ai pu le constater). Cette virginité absolue de Cayce par rapport aux prophéties européennes est pour nous une garantie de son honnêteté.

Malheureusement, il y a peu de lectures sur l'Europe. Si Cayce en parle, c'est de façon très générale. C'est dû au fait qu'il n'avait pas, dans son entourage, d'Européens, et particulièrement de Français, suffisamment concernés par l'avenir de l'Europe pour lui poser une liste de questions détaillées.

Cependant, il existe une extraordinaire lecture, qui date de janvier 1934, où apparaît enfin l'Europe :

Au sujet des bouleversements géologiques à venir, voici encore : la Terre se rompra dans l'ouest de l'Amérique. La plus grande partie du Japon doit s'effondrer dans la mer. La partie supérieure de l'Europe (c'est-à-dire, quand on regarde une carte, l'Europe du Nord) *se trouvera changée en un clin d'œil. De la terre ferme apparaîtra au large des côtes Est de l'Amérique. Il y aura des soulèvements dans l'Arctique et l'Antarctique, ce qui amènera des éruptions volcaniques dans les régions torrides, et alors arrivera le renversement de l'axe des pôles, qui aura comme conséquence que les pays à climat froid et semi-tropical, deviendront tropicaux, avec des mousses et des fougères. Cela commencera dans les années '58 à '98, lorsque viendront ces temps où Sa lumière pourra à nouveau être vue sur les nuages. Quant au temps exact, à la saison, aux lieux, cela ne sera donné qu'à ceux qui invoqueront Son Nom et porteront dans leurs corps la marque de ceux qui ont été appelés et choisis par Lui.* (Lecture 3976-15.)

Propos mystérieux... Sur ce renversement de l'axe des pôles, dont Cayce reparlera plusieurs fois :

QUEL SERA LE CHANGEMENT MAJEUR, OU LE COMMENCEMENT D'UN TEL CHANGEMENT S'IL Y EN A UN, QUI MARQUERA L'AN 2000 ?

Ce glissement de l'axe des pôles. C'est-à-dire le commencement d'un nouveau cycle. (Lecture 826-8, 11 août 1936.)

Pour en revenir à la lecture précédente (du 19 janvier 1934), on demanda à Cayce :

QUELS SONT LES CHANGEMENTS À VENIR CETTE ANNÉE SUR LE PLAN GÉOLOGIQUE ? Et Cayce, comme s'il n'avait pas entendu la question, continua sur sa lancée prophétique :

Des eaux libres apparaîtront dans le nord du Groënland. On verra de nouvelles terres apparaître dans la mer des Caraïbes. L'Inde sera débarrassée de la plus grande partie de cette souffrance matérielle qu'a subie ce peuple éprouvé. Quelqu'un qui s'est élevé au pouvoir en Europe centrale sera anéanti. Le jeune roi régnera bientôt. En Amérique, les forces politiques seront à nouveau stabilisées. Les peuples reprendront le pouvoir, chassant en maints endroits les cliques de politiciens. L'Amérique du Sud sera secouée d'un bout à l'autre [...].

ET DE QUEL PAYS PARLEZ-VOUS, MONSIEUR CAYCE, LORSQUE VOUS ÉVOQUEZ UN JEUNE ROI ?

De l'Allemagne. (Lecture 3976-15, janvier 1934.)

Cette lecture est très étonnante car, si l'on peut supposer que Cayce y parle d'Hitler comme de « cet homme qui règne sur l'Europe centrale », on n'a pas encore vu apparaître de « jeune roi ».

Or les prophéties européennes que nous avons — certaines datent déjà de plus de dix siècles — annoncent bien un futur « grand Monarque », descendant des Capétiens, qui doit naître obscurément quelque part en Allemagne. Nostradamus l'appelle « Le Grand Chyren », anagramme d'Henry — et Marie-Julie, la voyante de La Fraudais près de Nantes, l'appelle « Henri de la Croix » (voir *Mythe et légendes du Grand Monarque,* par Éric Muraise, Livre de Poche). Cayce se fait donc l'écho d'un cycle prophétique qui intéresse l'Allemagne, la France et l'Europe de l'Ouest en général, sans en avoir jamais entendu parler à l'état éveillé (pas plus, semble-t-il, qu'aujourd'hui, ses petits-enfants, à qui j'ai fait remarquer cette étonnante prophétie). Que tant de voyants, d'époques différentes, vivant dans des pays divers, et qui ne se sont pas donné le mot, parlent de ce « Grand Monarque » à venir, est vraiment troublant... Quant aux terres qui émergeront de l'Atlantique, il s'agit bien sûr de la réapparition de l'Atlantide, dont nous avons déjà parlé. Annoncée « pour '68 ou '69 », dans une lecture de juin 1940, elle se fait prier... (A cette date, ce sont les étudiants qui ont surgi dans les rues, mais pas l'Atlantide !)... Autre question :

EST-CE QUE LE DÉROULEMENT DÉTAILLÉ DES ÉRUPTIONS DE LA TERRE, QUI DOIT SE PRODUIRE EN 1936, EST DÉJÀ FIXÉ, DE TELLE SORTE QUE VOUS PUISSIEZ ME DONNER DES PRÉCISIONS ? QUE DEVIENDRA LA CÔTE PACIFIQUE, COMMENT SERA-T-ELLE TOUCHÉE, ET QUE PEUT-ON PRENDRE COMME PRÉCAUTIONS AVANT, PENDANT ET APRÈS CETTE CATASTROPHE ?

(Question posée en 1934.)

Toute cette activité volcanique et séismique est aujourd'hui sous la dépendance des individus, ou des groupes humains concernés dans ces régions. Et cela dépend de leurs besoins, de leurs motivations, etc. Que certains de ces événements soient inévitables, et destinés à arriver, c'est écrit. Mais donner une date, un temps précis, aujourd'hui, cela nous ne le pouvons pas. (Lecture 270-32.)

En effet, Cayce a abondamment prédit les catastrophes à venir en Californie. Ce n'est d'ailleurs un mystère pour aucun géologue qu'il s'agit d'une zone très instable, et les Californiens eux-mêmes savent bien qu'une épée de Damoclès est suspendue au-dessus de leur tête. La côte Est est aussi menacée :

JE SENS DEPUIS PLUSIEURS MOIS QUE JE DEVRAIS QUITTER LA VILLE DE NEW YORK. QU'EN PENSEZ- VOUS ?

(Question posée en 1941.)

Oui, ce serait bien. Il y a trop d'agitation. Ce type de vibrations ne fera que continuer, ce qui est très perturbant pour vous, ainsi que ces énergies de destruction — quoique ces forces destructrices n'entreront en action qu'à la prochaine génération.

EST-CE QUE LOS ANGELES EST UN LIEU SÛR ?

Los Angeles, San Francisco, la plupart de ces lieux, seront détruits. Avant même New York. (Lecture 1152-11.)

Si vous constatez une activité accrue du Vésuve, ou de la montagne Pelée (en Martinique) *alors la côte sud de la Californie et le pays compris entre Salt Lake City et le sud du Nevada peuvent s'attendre, dans les trois mois qui suivent, à une inondation due à des tremblements de terre. Mais ceux-ci seront plus importants encore dans l'hémisphère Sud.* (Lecture 270-35-21 janvier 1936.)

Dans la nuit du 3 mars 1936, Edgar Cayce eut un rêve prophétique sur sa future incarnation aux États-Unis décrivant un environnement complètement différent de celui d'aujourd'hui :

Je naissais de nouveau en 2100 dans le Nebraska. La mer, apparemment, recouvrait tout l'Ouest du pays, et la ville où j'habitais était sur la côte. Le nom de ma famille était bizarre. Très jeune, j'avais déclaré être Edgar Cayce qui avait vécu deux cents ans auparavant. Des savants, avec de longues barbes, très peu de cheveux, et des lunettes à verre épais, furent appelés pour m'examiner. Ils décidèrent de visiter les endroits où je disais avoir vécu, et avoir travaillé — le Kentucky, l'Alabama, New York, le Michigan et la Virginie. M'emmenant, moi, l'enfant, avec eux, ce groupe de savants partit visiter ces endroits, dans un vaisseau volant qui avait la forme d'un cigare en métal, et se déplaçait à une très grande vitesse. L'eau recouvrait une partie de l'Alabama. Norfolk, en Virginie, était devenu un immense port de mer. New York avait été détruite soit par une guerre, soit par un tremblement de terre, et on était en train de reconstruire la ville. Les industries étaient éparpillées dans la campagne. La plupart des maisons étaient en verre. On découvrit beaucoup de documents sur Edgar Cayce, qui furent réunis, et emportés au Nebraska pour y être étudiés par le groupe.

Prenez la peine, ami lecteur, de regarder une carte des États-Unis. Avez-vous repéré le Nebraska ? Intermédiaire entre le Sud-Dakota et le Kansas, à la verticale du Texas, cet État se trouve en plein centre des État-Unis. Dans le rêve de

Cayce, c'est toute la moitié ouest de l'Amérique du Nord qui a sombré sous l'Océan ! Terrifiant... Est-ce inévitable ?

Les tendances dans les cœurs et les âmes des hommes sont telles qu'elles provoquent ces bouleversements géologiques. Car, comme nous l'avons si souvent indiqué ici, ce n'est pas le monde, la Terre, les conditions géologiques, ni même les influences planétaires [...] qui régissent l'Homme. C'est plutôt l'Homme, qui par sa soumission aux lois divines, est capable de mettre de l'ordre dans le chaos ; ou bien, s'il méprise les lois divines, s'il refuse de s'y associer, il peut créer le chaos et ouvrir la porte aux forces qui détruiront son milieu de vie. Car Il a dit : « Les cieux et la Terre peuvent passer ; mes paroles ne passeront pas ! » On considère souvent cette phrase comme de la poésie. Mais si vous appliquez ces mots aux affaires mondiales, et à l'Univers actuel, qu'est-ce qui finalement tient tout ? Qu'est-ce qui maintient les fondations de la Terre ? Le Verbe de Dieu ! (Lecture 416-7.)

Ce qui est inquiétant, c'est que les Atlantes massivement réincarnés en Amérique n'ont qu'une rage, c'est de manipuler les forces de la Terre. On a déjà vu que leurs barrages gigantesques, construits au mépris du terrain, provoquaient des séismes. Que la pollution modifiait dramatiquement les écosystèmes. Cette rage de vouloir tuer la Nature, ce qu'ils appellent la maintenir *under control* (en la recouvrant de béton, par exemple), nous sommes en train de l'imiter. Car en Europe aussi, les Atlantes se réincarnent... Et que dire des Russes avec leurs projets de détournement des grands fleuves de Sibérie ? Ces plans herculéens portent la marque de la recherche du pouvoir, des ambitions politiques et matérielles, et aucunement de l'écoute patiente de la Nature, école des Lois divines.

... C'est ce que dit Cayce !

Voici une lecture générale sur le futur géologique des États-Unis et du Canada :

Beaucoup de coins de la côte Est seront bouleversés, de même que la côte ouest et le centre du pays. Dans très peu d'années, apparaîtront des terres dans l'Atlantique, aussi bien que dans le Pacifique. Et ce qui est actuellement le rivage sera au fond de l'océan. Bien des champs de bataille de la présente guerre mondiale seront sous la mer [...]. Des portions de ce qui est maintenant la côte Est, à la hauteur de New York, et la ville de New York elle-même, disparaîtront. Mais cela ne se produira qu'à une autre génération. Les parties sud de la Caroline et de la Georgie, disparaîtront — celles-là beaucoup plus tôt. L'eau des Grands Lacs se videra dans le golfe du Mexique, plutôt que dans la voie fluviale à propos de laquelle on a beaucoup discuté (le Saint-Laurent). *[...] A ce moment-là, la région habitée actuellement par l'entité* (Virginia Beach) *sera parmi les zones de sécurité. Tout comme le seront l'Ohio, l'Indiana, l'Illinois, et la plus grande partie du Canada du Sud et de l'Est* (... Mais c'est le Québec !), *tandis qu'à l'ouest il y aura beaucoup de perturbations dans ce pays.* (Lecture 1152-11, donnée le 15 août 1941.)

Excellent programme pour les Canadiens : le changement de l'axe des pôles va faire fondre leurs arpents de neige, il poussera des cocotiers à Montréal, et ils auront enfin du sable chaud... Ils l'ont bien mérité !

Et voilà aussi pourquoi Cayce a été prié de déménager à Virginia Beach, pour y installer ses lectures, afin qu'elles survivent au moins deux siècles... Virginia Beach est un faubourg de ce Norfolk qui doit supplanter New York en tant que port :

Norfolk, avec ses environs, deviendra le grand port de mer de la côte Est, le plus grand, plus grand que Philadelphie et New York. (Lecture 5541-2, en juillet 1932.)

En vertu de cette prophétie, le prix du terrain ne cesse de monter à Virginia Beach... Quant à la Méditerranée, qui est notre Californie, elle est également considérée comme instable par les géologues et par Cayce :

QUAND CES CHANGEMENTS GÉOLOGIQUES DEVIENDRONT-ILS APPARENTS ?

Lorsque se produiront les premières cassures dans la mer du Sud, le Sud Pacifique, pour sûr, ces bouleversements apparaîtront comme des submersions, ou, au contraire, des émergences de terres à l'autre bout du monde, c'est-à-dire en Méditerranée, dans la zone de l'Etna, alors nous saurons que cela a commencé. (Lecture 311-8, donnée en avril 1932.)

Cayce se fait l'écho des prophéties de La Salette où il était annoncé que « Marseille serait englouti ». Cependant, nulle part, il n'est question de la disparition totale de la France, sur le plan physique :

N'ayez jamais l'idée que la France puisse être éliminée de la Terre. (Lecture 2072-15.)

Prophéties économiques et politiques

Les bouleversements géologiques s'accompagneront certainement de guerres, de révolutions, de crises politiques...

Toute une série de lectures fut demandée là-dessus à Cayce, entre 1932 et 1945. En voici des extraits :

(En 1932) *l'Europe est une maison disloquée. Il y a quelques années existaient là des peuples puissants, qui ont été écrasés, à cause de l'égoïsme de quelques-uns, insoucieux du respect des droits d'autrui. Ces peuples sont en train de vivre une expérience de renaissance, et c'est l'épine dans la chair de bien des nations politiques et financières d'Europe [...].*

ET À QUELLE NATION FAITES-VOUS PLUS PARTICULIÈREMENT ALLUSION ?

A la Russie. (Lecture 3976-8.)

Plus tard, le 22 juin 1944, Cayce dira :

De Russie viendra l'espoir du monde, pas sous la forme de ce que l'on appelle le communisme, le bolchevisme. Non, mais la Liberté, la Liberté ! Et chaque homme vivra pour son prochain ! Le principe est né. Cela prendra des années et des années pour se concrétiser, mais de Russie viendra à nouveau l'espoir du monde. Guidé par quoi ? Par l'amitié avec la nation qui a inscrit sur sa monnaie : « En Dieu nous nous confions » (In God we trust).

Dans cette même lecture, chaque nation importante en prend pour son grade :

« In God we trust » : appliquez-vous cette formule du fond du cœur lorsque vous réglez vos factures ? Lorsque vous priez ? Lorsque vous envoyez vos missionnaires à l'étranger ? Dites-vous : « Je donne ceci, parce qu'en Dieu je mets ma confiance » ? Et non parce que vous comptez sur les cinquante centimes de bénéfice ? [...] Dans l'application pratique de ces grands principes, en comparaison de ce qu'en font d'autres nations du monde, l'Amérique, certes, peut se vanter d'un certain résultat. Mais lorsqu'elle oublie ce principe, c'est là le péché de l'Amérique.

Et il en va de même pour l'Angleterre, pays d'où sont venues ces idées — qui ne sont pas un idéal — d'essayer d'être un tout petit mieux placé que le voisin [...]. Cela, c'est le péché de l'Angleterre. En ce qui concerne la France, où furent appliqués pour la première fois ces grands principes (du respect de la liberté, dont

Cayce parle plus haut), *il lui arrive d'abuser des gratifications du corps, c'est cela le péché de la France.*

En ce pays qui fut autrefois Rome, où se développèrent jadis ces mêmes principes, qu'est-ce qui causa son élévation, puis sa chute, comme la Tour de Babel ? Les dissensions, et les activités qui ont renforcé l'esclavage, favorisant quelques-uns, de sorte que seule cette élite pouvait prétendre qu'elle pensait juste, en accord avec les forces les plus hautes [...]. Cela leur semblait un droit en tant qu'homme, mais finalement cet élitisme menait à la mort. Voilà le péché de l'Italie.

Le péché de la Chine ?

Cette quiétude dont elle ne voulait pas sortir — sinon pour une très lente croissance. Il y a comme un courant de progrès à travers ce pays, qui, depuis des siècles, demande à ce qu'on le laisse seul, juste pour se satisfaire des richesses intérieures qu'il porte en lui. La Chine s'est éveillée, elle a coupé ses cheveux [...]. Et elle a commencé à penser, et à faire quelque chose de ses pensées. Un jour, ce pays sera le berceau du christianisme, dans sa nouvelle façon d'être appliqué à la vie des hommes. C'est encore loin, à la façon dont nous comptons les années. Mais dans le cœur de Dieu, cela se fera en l'espace d'une journée. Car, demain, la Chine s'éveillera [...].

C'est comme pour l'Inde. Le berceau du savoir, qui n'est pas appliqué pratiquement, mais seulement connu intérieurement. Quel est le péché de l'Inde ? L'égoïsme, et si on laisse tomber le « isme », juste l'ego ! (Lecture 3976-29, le 22 juin 1944.)

Que la Chine devienne un jour le champ de réalisation des principes christiques — que nous n'avons pas été capables d'appliquer — je l'ai entendu dire maintes fois, à Chateauneuf-de-Galaure, où Marthe Robin, prophétesse méconnue, en parlait depuis très longtemps (sans avoir lu Cayce).

LA CHINE REMPLACERA-T-ELLE UN JOUR L'AMÉRIQUE ?

Comme nous l'avons déjà dit, l'Amérique doit prier davantage. Et agir dans le sens où elle prie. Sinon, elle sera entraînée dans ces problèmes dont nous avons parlé. Ce qui provoquera un déplacement de la civilisation toujours plus vers l'ouest [...]. Si la Chine persiste dans son attitude actuelle et reconquiert son identité, alors on ne pourra plus y interférer de l'extérieur. (Lecture 1598-2, le 29 mai 1938.)

EST-CE QUE L'AMÉRIQUE SERA IMPLIQUÉE DANS LA PROCHAINE GUERRE ? demanda-t-on à Cayce le 29 mai 1938.

Cela dépend de ce que nous venons de dire. Si l'Amérique agit comme elle prie, non. Mais si elle agit dans un sens, et prie dans un autre sens, c'est-à-dire si elle autorise le règne de ceux qui cherchent un agrandissement égoïste de leurs désirs personnels, alors là, oui, elle risque d'être entraînée dans la guerre. (Lecture 1598-2.)

Cayce avait plusieurs fois évoqué Hitler dans ses lectures. Il parle :

... des nazis — les Aryens —, qui ne cessent peu à peu de réveiller les animosités [...]. (Lecture 416-7, en 1935.)

Les Allemands sont-ils la réincarnation massive des Iraniens, ou Perses antiques (Aryas, qui est le même mot qu'Iran) ? A moins qu'il ne s'agisse d'un fragment de l'Atlantide (voir p. 177)...

Cela expliquerait l'usage abusif qui fut fait par Hitler du mot aryen (souligné par Cayce dans cette lecture) et par Nietzsche du nom « Zarathoustra »...

PARLEZ-NOUS DE LA SITUATION EN ALLEMAGNE.

Un homme qui représente tout un pays, aussi longtemps qu'il y maintient des distinctions de classe et de masse, ne peut qu'amener des troubles et des combats. Tant que son pouvoir se maintient à l'intérieur des limites indiquées par le principe : « Je suis le gardien de mon frère » — et sans forcer dessus ! — cela va. Mais être « le gardien de son frère » ne signifie pas « je vais lui dire tout ce qu'il doit faire, et ci, et ça, pour l'obliger à respecter la norme ! Mais plutôt que tous sont libres devant la Loi, celle de Dieu. (Lecture 3976-19, le 24 juin 1938.)

ET LA SITUATION EN ESPAGNE ?

Les troubles réels, ici, ne font que commencer. Car si l'on refuse d'accorder une juste considération à chacun des partis, alors d'autres viendront, qui dévoreront les dépouilles du pays. Cela est le résultat d'une graine semée dans le passé, il y a très longtemps. (Même lecture, 1938.)

En clair, la guerre d'Espagne est le paiement d'une dette karmique, probablement créée par la violence de la « Reconquista » (contre Maures et Juifs) et par celle de la conquête des Amériques.

Quant aux États-Unis, qui font l'objet de multiples lectures :

Comme nous l'avons déjà dit, les problèmes de l'Amérique risquent de lui venir plutôt de l'intérieur que de l'extérieur. (Lecture 3976-26.)

Car vous, peuple américain, qui vous réclamez des principes de la christianité — et l'avez même inscrit sur votre monnaie : « In God we trust », vous ne devez pas mettre votre confiance dans la puissance de l'Homme, ni dans celle de la politique ni de l'économie [...]. Et tant que vous vivez, puisse la lumière du Christ, qui est amour, s'étendre à toute la Terre, et non l'égoïsme, le pouvoir, l'argent [...]. Aux États-Unis à l'heure actuelle (en 1937), il y a des causes de troubles, spécialement dans les relations entre le Travail et le Capital [...]. Si l'idéal de justice est maintenu par ceux qui sont au pouvoir, il y aura une tendance générale vers davantage de sécurité, de prospérité économique, de paix. (Lecture 3976-17.)

Les crises qui surviennent dans d'autres pays (Cayce a parlé auparavant du communisme, du fascisme, des nazis,) *sont un avertissement pour les États-Unis. Car à qui appartient la richesse ? Et à qui appartient la terre et ses ressources ? Appartiennent-elles à ceux qui ont hérité d'une position de pouvoir ? Ou à ceux qui, à la sueur de leur front, produisent ces richesses ? [...] Et s'il n'y a pas réciprocité entre donner et prendre, si aucune considération n'est accordée aux travailleurs, alors qu'elle leur est due, si ceux qui sont les producteurs ne bénéficient pas des profits excédentaires, créés par leur travail, alors il y aura de grands troubles dans ce pays.* (Lecture 3976-19, 1938.)

En effet, si ceci (les droits des travailleurs) n'est pas pris en considération, une révolution peut arriver dans ce pays (les U.S.A.) *[...]. Car c'est ce qui arrive pour rééquilibrer les niveaux, lorsqu'il y a abondance de biens dans certains secteurs, et pauvreté dans d'autres. C'est ainsi qu'arrivent les crimes, les émeutes et tous les troubles, lorsque ceux qui sont au pouvoir ne prennent pas en considération chaque niveau de l'activité humaine, chaque aspect de la vie quotidienne.*

De telles conditions ont été le fait d'autres pays [...] comme la Russie, l'Italie, l'Allemagne. Et cela se passe encore actuellement en Espagne, en Chine, au Japon. De quoi s'agit-il ? De l'oppression exercée sur les travailleurs par ceux auxquels a été donné le pouvoir, pour qu'ils en usent comme s'ils étaient les gardiens de leurs frères. Et pas du tout, comme on le voit dans certains pays, pour mépriser les droits d'autrui [...].

Car tous les hommes sont UN à Ses yeux. Le Seigneur ne fait pas de discrimination entre les personnes, et ces discriminations ne peuvent jamais durer longtemps. (Lecture 3976-19, le 24 juin 1938.)

ET QUELLE DOIT ÊTRE NOTRE ATTITUDE ENVERS LES NÈGRES (« the Negro » dans le texte), ET COMMENT PEUT-ON SORTIR LE MIEUX POSSIBLE DU KARMA CRÉÉ DANS LES RELATIONS AVEC EUX ?

Ils sont tes frères. Ceux qui ont créé cette servitude, sans voir plus loin que le bout de leur nez, ont ainsi créé quelque chose qu'ils doivent maintenant affronter [...]. Car il a fait tous les hommes du même sang.

EST-CE QUE LE FASCISME EST UNE MENACE POUR NOTRE PAYS ?

Tout mouvement qui est étranger à la fraternité des Hommes, et à la paternité de Dieu, est dangereux.

VOUS AVEZ DIT ICI, MONSIEUR CAYCE, QUE L'ARGENT EST LA RACINE DE TOUS LES MAUX QUI PERTURBENT NOTRE PAYS. VOUDRIEZ-VOUS NOUS EN DONNER LES RAISONS, ET CE QUE L'ON POURRAIT FAIRE POUR RÉSOUDRE CES PROBLÈMES FINANCIERS ?

La cause première en est la peur de manquer, éprouvée par ceux qui contrôlent et dirigent les investissements de capitaux [...]. Et comment peut-on y remédier? Seulement par la patience, la persévérance, le retour à la confiance en Dieu, et non pas à la soif de pouvoir personnel. Car ceux qui ont faim se moquent pas mal de quelle source vient le pouvoir, tant que leur ventre n'est pas rempli! Et à moins que tous ne s'entendent pour s'élever jusqu'à une conception plus universelle, ces problèmes risquent d'amener un jour ici, en Amérique, la révolution. (Lecture 3976-24, juin 1939.)

Avertissements valables, bien entendu, pour nous! En 1941, dans la perspective de la participation des États-Unis à la Guerre, on demanda à Cayce :

LA GUERRE CIVILE AUX ÉTATS-UNIS EN RÉSULTERA-T-ELLE, ET QUAND, ET COMMENT ?

Comme nous vous l'avons si souvent dit ici, cela dépend de ceux qui ont vu clair, qui comprennent les problèmes, les tensions entre Travail et Capital, employé et employeur, selon qu'ils prient et vivent en accord avec leur prière, et les uns avec les autres. (Lecture 3976-26, du 28 avril 1941.)

Comment vivra-t-on à l'ère du Verseau ?

(ON A DIT) QUE L'ATLANTIDE RESURGIRAIT À NOUVEAU AUX TEMPS DE CRISE, OÙ NOUS PASSERONS DE L'ÈRE DES POISSONS À CELLE DU VERSEAU. EST-CE QUE L'ATLANTIDE VA SURGIR À NOUVEAU ? EST-CE QUE CELA CAUSERA UN CHANGEMENT SOUDAIN ? ET EN QUELLE ANNÉE ?

En 1998, il est possible qu'il y ait beaucoup de remue-ménage, apporté par les bouleversements progressifs qui viennent. Ce sont ces périodes d'activité du cycle solaire, c'est-à-dire ces années où le passage du Soleil à travers différentes sphères deviendra un tournant essentiel du changement entre l'Age des Poissons et l'Age du Verseau. C'est une évolution progressive, non pas cataclysmique, dans l'expérience de la Terre à ce moment-là.

PEUT-ON DONNER UNE DATE POUR LE COMMENCEMENT DE L'ÂGE DU VERSEAU ?

Cela a déjà été donné [...] et vous ne commencerez vraiment à le comprendre qu'en 1998. (Lecture 1602-3.)

EN VUE DE CHANGEMENTS QUI POURRAIENT SE PRODUIRE POLITIQUEMENT, ET QUI AFFECTERAIENT LES CONDITIONS ÉCONOMIQUES ET SOCIALES, CONSEILLEZ-VOUS D'ACHETER UNE MAISON À LA CAMPAGNE, AVEC UN PETIT LOPIN DE TERRE, DANS L'IDÉE DE SE SUFFIRE À SOI-MÊME LE PLUS POSSIBLE ?

Comme nous l'avons déjà dit, ce serait l'idéal pour chaque individu dans ce pays (les U.S.A.). *Chacun devrait être capable [...] de se créer ou de construire une retraite à la campagne, où il pourrait produire ces choses dont on a besoin pour la subsistance matérielle.*

Car considérez l'époque ancienne : ils n'étaient pas si fous que ça ! Quand c'étaient les familles qui produisaient sur leur ferme, combien meilleure était la qualité de la vie des individus, la qualité des produits. Et il n'y avait pas la moitié des choses et des gens inutiles qu'il y a maintenant ! (Lecture 470-35.)

Toute la lecture 470-35 encourage l'agriculture biologique, à utiliser les engrais naturels, l'engrais vert, le terreau, etc. Mes lecteurs pourront se renseigner auprès de Nature et Progrès (Association européenne d'agriculture biologique, 14 rue Goncourt, 75011 Paris, tél. : (1) 700.60.36.

Chaque individu devrait posséder un lopin de terre suffisant pour se nourrir. Car la Terre est notre Mère, exactement comme Dieu est notre Père sur le plan spirituel, la Terre est notre Mère sur le plan matériel. (Lecture 470-35.)

Cette lecture encourage non seulement chacun à cultiver son jardin, mais aussi à se regrouper en coopératives alimentaires agricoles :

... considérez-les sérieusement [...]. Cela pourrait devenir un jour non seulement un mouvement sur plan local, mais aussi national. Et ce serait une solution à certains problèmes de ce pays (les U.S.A.) *et une façon d'assurer de meilleurs produits à un meilleur peuple. Vous attendez une nouvelle race d'hommes? Mais que faites-vous pour la préparer? Vous devez prévoir de la nourriture pour leur corps aussi bien que pour le développement de leur intelligence et de leur âme.* (Lecture 470-35.)

A l'heure où j'écris, l'Amérique dans son ensemble n'a pas écouté les conseils de Cayce. Peut-être faut-il attendre qu'elle aille assez loin dans l'horreur de la nourriture artificielle et de la pollution citadine, pour enfin revenir à cette symbiose avec la terre ? Mais j'ai confiance que cela arrivera. En Europe aussi, et cela nous est plus facile, car nous n'avons pas complètement coupé nos racines terriennes.

Voici un autre passage où Cayce parle de la « main verte » :

... les légumes et les fruits sont liés au caractère de l'homme qui les cultive. S'il en prend soin avec amour, cela fait toute la différence! (Même lecture.)

On se rappelle aussi que, dans le rêve de Cayce cité plus haut, il voyait avec étonnement les industries « éparpillées dans la campagne ». Ce retour à la terre fait l'objet, en Europe également, d'un grand nombre de prophéties.

Le retour du Christ

Autre perspective qui agite beaucoup les croyants américains : le retour du Christ (« The Second Coming »). C'est une chose dont on ne parle guère chez nous — et pourtant, c'est très intéressant. Le retour du Christ est ce que nous demandons, sans y penser, lorsque nous récitons le verset du Notre Père : « que Ton règne vienne ». Et si les Juifs attendent cette venue du Messie glorieux, c'est qu' :

Israël symbolise tous ceux qui cherchent la Vérité, pas seulement les descendants d'Abraham, mais toute nation, toute tribu, quelle que soit la langue qu'elle parle. [...] C'est cela, la signification du mot « Israël ». (Lecture 2772-1.)

Et Cayce d'expliquer longuement que le mot Israël signifie attente de Dieu, et cette attente n'est pas finie. Puis il évoque la Grande Pyramide, sur les murs intérieurs de laquelle sont inscrits tous les événements à venir, y compris :

L'entrée sur la Terre du Messie, à cette date : 1998. (Lecture 5748-5.)

Entrée qui ne passera pas inaperçue, cette fois :

Et les changements dans la matière sont un signe [...] comme l'ont dit les Anciens, quand le Soleil s'obscurcira et que la Terre se brisera en divers lieux. Et alors sera proclamé, à travers la perception des cœurs, des esprits et des âmes de ceux qui ont cherché Sa voie — que Son étoile est apparue [...]. Car Il est en train de préparer Sa manifestation devant les Hommes. A ceux qui cherchent, dans la dernière partie de l'année du Seigneur, comme on compte les années parmi les hommes, en '36, Il apparaîtra ! (Lecture 3976-15.)

En 2036 ? Et voici une autre question :

EST-CE QUE JÉSUS LE CHRIST EXISTE ACTUELLEMENT SUR UNE SPHÈRE (PLANÉTAIRE) PARTICULIÈRE, OU BIEN EST-IL SUR LE PLAN TERRESTRE, DANS UN AUTRE CORPS ?

Comme il a été écrit, tout pouvoir Lui ayant été donné sur la Terre et dans les Cieux [...] Il est donc, Lui-même, actuellement, dans l'espace. Et aussi dans cette énergie qui dynamise chaque entité individuelle, selon sa foi et sa croyance. Ceci, en tant qu'Entité spirituelle. Donc, pas dans un corps charnel sur Terre, mais Il peut venir à volonté pour celui qui veut être Un avec Lui, et agit par amour de façon à rendre cela possible. Mais Il peut venir à volonté pour celui qui veut être Un avec Lui, et agit par amour de façon à rendre cela possible. Mais Il reviendra, de la même façon qu'on L'a vu partir, dans le corps qu'Il occupait lors de Sa vie en Galilée [...].

QUAND JÉSUS LE CHRIST REVIENDRA, EST-CE QU'IL ÉTABLIRA SON ROYAUME SUR LA TERRE, ET CE ROYAUME DURERA-T-IL ÉTERNELLEMENT ?

Mais relisez donc ce qui a été écrit, Ses promesses, avec les mots que vous avez écrits [...]. Il régnera mille ans, et Satan sera à nouveau déchaîné pour une saison. (Lecture 5749-1).

Événements intéressants auxquels j'aimerais bien assister, pas vous ? Dans les différentes prophéties, le retour du Christ est toujours lié à la présence de l'Antéchrist, et à la fameuse bataille de Megiddo (ruines de la cité antique de Salomon, qui s'appelle aujourd'hui Tell-Megiddo en Israël. Ce qui est traduit en anglais par « Armageddon ». Là aura lieu, suivant la Tradition, la dernière grande bataille entre les forces du Bien et celles du Mal).

La pourriture des ministres des cultes sera mise en évidence dans certains endroits, et des troubles, des combats se produiront. Et il y aura une période de flottement, car arriveront sur le plan terrestre les émissaires du Trône de Vie, du Trône de Lumière, et d'Immortalité, qui viendront pour enseigner les Hommes, et ils feront guerre, dans les airs, aux émissaires de l'Ombre. Et alors, vous saurez que l'Armageddon est imminent. (Lecture 3976-15.)

Mais ce n'est pas tout : le Christ reviendra avec Ses amis intimes, qui avaient déjà apparu dans la période palestinienne :

Jean reviendra, sera connu. (Lecture 1158-9, en 1937.)

L'entité était proche du plus jeune des disciples [...] ce Jean qui devrait bientôt maintenant revenir sur le plan terrestre. (Lecture 1703-3.)

Plusieurs lectures donnent son nom : encore une fois Jean (lecture 3976-15) et même son nom de famille : Peniel. Les commentateurs américains de Cayce — Gott mit uns ! — ne doutent pas une seconde qu'il ne naisse aux États-Unis (et de préférence Blanc, cela va de soi...) !

Les lectures là-dessus ne sont pas claires, claires... Qui vivra verra !

Annexe

RENSEIGNEMENTS PRATIQUES

Les principaux événements de la vie d'Edgar Cayce

1877 18 mars, à 15 heures 30, Hopskinville, Kentucky : naissance d'Edgar Cayce.

1893 Edgar a seize ans. Ayant terminé sa scolarité, il travaille à la ferme d'un de ses oncles, et rêve de devenir pasteur.

1899 Août : Le père d'Edgar, L.B. Cayce, s'installe dans la ville même de Hopskinville. Edgar suit. Il trouve du travail comme vendeur à la librairie Hopper, et fait la connaissance de Gertrude Evans, sa future femme.

1900 Edgar est représentant de la papeterie Morton, à Louisville, Kentucky, et de la compagnie d'assurances de son père à Hopskinville. Très fatigué, il perd la voix.

Automne : Embauché dans le studio de photographie de W.R. Bowles, à Hopskinville.

1901 Hiver : Le Pr Hart endort Edgar sous hypnose.

31 mars : Layne obtient de lui la première de toutes les « lectures » ; grâce à quoi il retrouve sa voix.

1er avril : Première lecture pour un malade autre que lui-même : Layne. Celui-ci guérit. Succès immédiat à Hopskinville. Layne et Cayce ouvrent un cabinet de consultation, où Cayce donne des lectures deux fois par jour. Layne prépare les remèdes et « conduit » les lectures. Premières lectures données pour des absents que Cayce « voit » à distance.

1902 Printemps : Cayce travaille comme photographe à Bowling Green, Kentucky, en espérant bien ne plus jamais être guérisseur. Il perd la voix, et ne la retrouve que lorsqu'il accepte de donner à nouveau des lectures pour les patients amenés par Layne, une fois par semaine. Guérison de la petite Dietrich, arriérée mentale. Grands articles dans la presse locale. Edgar Cayce, toujours à court d'argent, ne veut pas se faire payer.

1903 17 juin : Enfin, mariage avec Gertrude Evans !

L'ordre des médecins interdit à l'équipe Layne-Cayce d'exercer (mais offre tout de même une bourse d'études à Layne, pour qu'il puisse étudier la médecine à l'université). Cayce, enchanté, pense qu'il est enfin délivré de ses patients ! Le lendemain, il reperd sa voix. Le Dr Blackburn se charge de l'aider à la retrouver, en conduisant une nouvelle lecture que Cayce se donne à lui-même. La voix revient.

1905 Cayce monte un studio de photo, avec un associé, à Bowling Green. Il donne des lectures dans l'arrière-boutique, avec le Dr Blackburn comme suggestionneur, et en liaison avec un comité de médecins.

1906 23 décembre : Incendie du studio, dans lequel Cayce venait de faire une exposition de gravures. Il est totalement ruiné.
Obligé de reprendre les consultations pour vivre, il donne des lectures financières et boursières pour le consortium des producteurs de blé dont son père fait partie. On n'écoute pas ses conseils : faillite du consortium. Edgar, dégoûté, espère bien ne plus jamais donner de lectures... Il perd sa voix.

1907 16 mars : Naissance de son fils aîné, Hugh Lynn.

1909 La famille revient à Hopskinville.

1910 Edgar travaille pour les frères Russel, à Anniston, Alabama. Puis il s'associe avec un ami pour exploiter un nouveau studio. Il fait la connaissance du Dr Wesley Ketchum, qui conduit ses lectures. Mais Ketchum alerte la presse. Articles dans le *Boston Herald* le 29 septembre, et dans le *New York Times,* le 9 octobre, qui livre son nom au grand public. « Les étranges pouvoirs d'Edgar Cayce stupéfient le corps médical », ou « l'homme illettré qui devient médecin quand on l'hypnotise ».
Le Dr Ketchum fonde une société pour le soutenir : cette société a quatre associés : Ketchum, le père d'Edgar, Edgar et un de leurs amis, (Albert Noe) : la « Psychic reading corporation ».
Automne-hiver Edgar s'installe comme « diagnosticien médiumnique » *(psychic diagnostician),* et donne des lectures deux fois par jour, tout en continuant la photo.

1911 Voyage à Chicago. Beaucoup de presse, mais le corps médical se dérobe, et maltraite Edgar endormi, sous prétexte d'« expériences ».
22 mai : Première lecture connue évoquant la réincarnation (Edgar ne l'a pas lue, il ne relit jamais les lectures à cette époque !). Le 28 mars était né un deuxième fils, Milon Porter, qui meurt le 17 mai de la même année.

1911/1912 Gertrude tombe malade, elle se meurt de tuberculose. Cayce lui donne une lecture, qui préconise de la traiter avec une forte dose d'héroïne, des manipulations ostéopathiques et des inhalations d'alcool de pomme dans un tonneau de chêne calciné !
Le traitement réussit et Gertrude est sauvée. Gertrude devient le seul conducteur des lectures d'Edgar.

1912 Rupture avec Ketchum. La famille s'installe à Annistan, puis à Selma, Alabama, où Edgar ouvre un nouveau studio de photo.
Rencontre avec la famille Kahn : David restera jusqu'à la fin un ami et collaborateur pour Cayce ; il lui suggère de développer les lectures psychologiques et professionnelles.

1914 Hugh Lynn, en jouant avec le matériel du laboratoire, provoque une explosion de magnésium. Il risque de perdre un œil. Cayce donne une lecture pour lui, et le sauve.
David Kahn est mobilisé, et part en France avec le contingent américain. Il en reviendra sain et sauf, comme le lui avait prédit Cayce.

1917 Mort de Léon Kahn, jeune frère de David, parce que les médecins ont refusé la prescription de Cayce.

1918 9 février : naissance du troisième fils d'Edgar et de Gertrude : Edgar Evans. David Kahn amène à Cayce beaucoup de nouveaux clients, dont certains sont européens.

1919 Première lecture d'astrologie, donnée pour un journaliste texan, sur le thème natal d'Edgar. (Mais il l'oubliera jusqu'à la lecture donnée pour Lammers en 1923), à partir de laquelle l'astrologie sera vraiment intégrée dans les lectures.

Edgar et son ami David Kahn décident d'aller prospecter les champs de pétrole au Texas, afin de réunir les fonds pour construire un hôpital. Grosses difficultés sur le terrain, avec les associés.

1922 Le rêve texan est terminé, dissolution de la société recherches pétrolières.

1923 Arthur Lammers engage Cayce, le fait venir avec sa famille à Dayton, Ohio, et lui commande toute une série de lectures.

En septembre, les Cayce engagent une secrétaire : Gladys Davis.

Morton Blumenthal, de New York, ami de David Kahn, propose les fonds pour construire l'hôpital.

2 novembre : Première lecture d'une longue série, sur les rêves, demandée par Morton Blumenthal.

1924 Blumenthal installe la famille Cayce à Virginia Beach, que les lectures ne cessent de conseiller.

1925 La construction de l'hôpital commence, financée par les Blumenthal. Morton travaille sur le projet de l'« Atlantic University » qui fonctionnera avec l'hôpital.

1927 Cayce donne un grand nombre de lectures financières, pour guider le groupe des agents de change et hommes d'affaires de New York, amis des Kahn et des Blumenthal. Le 6 mai est créée l'« Association of National Investigators », ancêtre de l'A.R.E.

1928 11 novembre : Inauguration officielle de l'hôpital Cayce.

1928/1929 L'*Atlantic university* fonctionne.

1929 Automne : Krach de la Bourse à New York ; crise économique et chômage.

Décembre : sortie du premier bulletin officiel de l'association : *The New to-morrow.*

1930 Automne : Morton Blumenthal quitte le groupe.

1931 28 février : L'hôpital ferme définitivement ses portes, et le bâtiment est vendu.

6 juin : L'Association est réorganisée, et devient l'A.R.E. en prenant le nom d'*Association for Research and Engligtenment,* que les lectures ont conseillé depuis 1928. Personne ne sait au juste ce que cela veut dire à l'époque, les deux mots ne signifient rien de spécial, mais on fait confiance aux lectures !

11 novembre : Les Cayce sont arrêtés à New York et accusés de dire la « bonne aventure ». L'affaire se termine par un non-lieu.

1932 Premier congrès de l'A.R.E.

1940 Seconde Guerre mondiale. Les deux fils de Cayce sont mobilisés. Edgar, submergé par les demandes de lectures, en donne jusqu'à six et sept par jour. Sa santé ne résiste pas.

1944 Cayce est hospitalisé à l'hôpital de Roanoke. Une crise cardiaque le laisse paralysé du côté gauche. Il est très affaibli.

1945 3 janvier : Mort d'Edgar Cayce.
11 avril : Mort de Gertrude, le jour de Pâques.

1956 L'A.R.E. rachète l'ancien hôpital Cayce, sur l'Atlantic Avenue, en face de la mer, et y installe ses dossiers, en particulier la collection des 14 246 lectures (qui ont été conservées grâce à l'intervention de Gladys Davis).

La Fondation E. Cayce

La Fondation Cayce, c'est-à-dire l'A.R.E. (Association for Research and Enlightenment) est sise à Virginia Beach, au coin de la 67ᵉ rue de l'Atlantic Avenue.

Adresse postale :

P.O. Box 595,
Virginia Beach
VA 23451
U.S.A.

et téléphone : (804) 428 35 88

Les lecteurs qui souhaitent davantage d'informations sur Edgar Cayce peuvent s'adresser à l'association Le Navire Argo, 38, avenue Gabriel, 75008 Paris, qui organise des cours et des ateliers dans l'esprit d'Edgar Cayce (astrologie karmique, lecture des auras, etc.).

Table des matières

IV
LE DÉVELOPPEMENT MÉTHODIQUE DES FACULTÉS « PSI »

Achevé d'imprimer au Canada
Imprimerie Gagné Ltée
Louiseville

Dorothée Kœchlin de Bizemont

a déjà publié chez Robert Laffont

L'ASTROLOGIE KARMIQUE
(L'astrologie d'Edgar Cayce)

Comment retrouver ses vies antérieures ? Une méthode facile, sans aucun danger, accessible à tous : l'astrologie. Votre carte du ciel, ou horoscope, raconte qui vous étiez avant de naître, dans quels pays et à quelle époque vous avez vécu auparavant, et si vous avez déjà connu les personnes qui vous sont chères aujourd'hui - et comment.

Document de couverture : Le losange, motif des tapis persans et caucasiens, est un très ancien symbole de protection divine. Cayce parlera beaucoup du Caucase et de la Perse, qui ont profondément marqué sa philosophie.